“十二五”国家重点图书出版规划项目
当代中国城市—区域:权力·空间·制度研究丛书
主编/刘君德

健康城市与城市健康

——国际视野下的公共政策研究

马祖琦 著

东南大学出版社
SOUTHEAST UNIVERSITY PRESS
南京·2015

内容提要

随着世界城镇化进程的稳步推进，越来越多的人口涌入城市。与此同时，城市问题不断暴露并日益凸显，极大地威胁到居民的生活质量。在一定程度上甚至可以说，城市已经成为各类社会问题集聚的“重灾区”。本书运用了城市科学、公共管理学、城市地理学、经济地理学等相关理论和研究方法，试图从诸多相互关联的侧面揭示城市健康问题的综合性、复杂性和社会性，通过反思，提出相应的建议设想。在写作过程中，笔者查阅了较多的国内外文献资料，研究内容具有一定的广度和深度。

本书适合城市科学、公共管理学、人文地理学、经济地理学等相关专业人员和感兴趣的人士阅读参考。

图书在版编目(CIP)数据

健康城市与城市健康：国际视野下的公共政策研究/马祖琦著. —南京：东南大学出版社，2015.8
（当代中国城市—区域：权力·空间·制度研究丛书/刘君德主编）
ISBN 978-7-5641-5976-4

Ⅰ.①健… Ⅱ.①马… Ⅲ.①城市管理—政策支持—研究 Ⅳ.①C912.81

中国版本图书馆 CIP 数据核字(2015)第 189340 号

书　　名：健康城市与城市健康——国际视野下的公共政策研究
著　　者：马祖琦
责任编辑：徐步政　孙惠玉　　编辑邮箱：xubzh@seu.edu.cn
文字编辑：李　贤

出版发行：东南大学出版社
社　　址：南京市四牌楼 2 号　　邮　　编：210096
网　　址：http://www.seupress.com
出 版 人：江建中

印　　刷：江苏凤凰扬州鑫华印刷有限公司
排　　版：南京新洲印刷有限公司制版中心
开　　本：787 mm×1092 mm　1/16　　印张：17　　字数：380 千
版　　次：2015 年 8 月第 1 版　　2015 年 8 月第 1 次印刷
书　　号：ISBN 978-7-5641-5976-4
定　　价：49.00 元

经　　销：全国各地新华书店
发行热线：025—83790519　83791830

当代中国城市—区域:权力·空间·制度研究丛书

目录

总序

中国行政区经济理论的缘起、发展与未来

城市—区域问题是当代中国现代化建设中极其重要的命题，也是我国人文社会经济科学学者们长期关注的领域。改革开放以来，我从事的城市—区域问题的研究主要侧重于行政区划视角。

我从1983年开始介入行政区划问题，1989—1993年提出"行政区经济"概念，随后又提出发展和完善中国特色的"行政区经济"理论，至今已经有25年多了。2008年，我与我的部分学生一起认真商讨和策划，决定与东南大学出版社合作出版《当代中国城市—区域：权力·空间·制度研究丛书》(以下简称《丛书》)，意在为构建具有中国特色的行政区经济理论注入新的活力，并从权力·空间·制度视角对当代中国城市—区域发展问题进行新的探索。如今，经过近3年的筹划与准备，《丛书》终于问世了！

在《丛书》出版之际，我作为"行政区经济"这一概念和理论的创始者，很有必要就行政区经济理论形成的来龙去脉和相关问题作一些说明，这对那些有志、有兴趣介入行政区经济理论建构的同志，或希望能够利用行政区经济理论来揭示或解释当代中国各种城市—区域的社会经济文化现象或问题的同志以及规划、建设管理部门的同志们来说，可以提供更为清晰的学术发展思路。

这里，我主要循着行政区经济理论的形成与发展过程，就四个方面作一些简要说明：(一)我对行政区划问题研究的缘起是什么？我是怎么提出"行政区经济"理论概念的？(二)以新学科建设和人才培养为标志的"行政区经济"理论体系与内容框架形成的实践工作与理论建设这两个方面做了哪些重要工作？(三)行政区经济理论体系还有哪些重大问题需要进一步深入研究与思考？(四)"行政区经济"理论可否适应未来世界各国行政区划问题的研究？(或者说，行政区经济能否作为一种理论思想向更深、更广的方向不断拓展，使行政区经济具有更广泛的解释力？)通过对这四个相互关联的问题的回答，以期引起大家对行政区经济理论的进一步关注、思考；也希望行政区经济理论能够在本套《丛书》的相关专著中得以发展、深入。

一

在世界人类文明发展史上，行政区划是关于国家政治、行政体制与地域空间相互耦合的重要文化成果之一。行政区划的建立不仅关系到国家与社会的长治久安与繁荣稳定，而且关系到国家行政结构的组织方式，关系到国家区域权力空间结构的发展趋势与调整方式。因此，行政区划问题不仅表现为一种外在的区域政治权力的空间投影，而且体现了一种内在的政治思想方式与内涵。

天下大势，合久必分，分久必合，无论从我国古代王朝时期的封建帝制到皇朝时期的郡县制与行省制，还是近代以来政党时期的民主制，怎样解决从古到今的朝代更替或政党执政问题，一直是人们孜孜以求的政治理想。我国古代的行政区划问题就是每每伴随着王朝兴衰更替而不断调整的。从我国古代历史看，每一次王朝更替之后，都会在行政区划体制方面发生重大变化。反过来说，每一次大的行政区划体制的调整，都是为了及时适应国家政治与行政体制改革方面的重大改变。

1983年，我被委派担任中国科学院南方亚热带丘陵山区综合科学考察队第三分队队长，1984年起在安徽皖南山区、浙江省西部和南部山区以及福建省闽江流域开展丘陵山区的综合科学考察工作。在皖南贵池县考察时，当时的贵池县委、县政府主要领导向我反映，贵池县发展的主要问题是行政区划问题，希望考察队能帮助他们解决或向有关部门呼吁。这让我感到很意外，也引起了我的关注。但因为我们当时并没有行政区划方面的科考任务，所以，在结束贵池科考任务的第二天，我就留下两位同志，一起就行政区划问题进行细致、深入的调研，重点考察被当地称之为"三国四方七十三家房客"的多头管理体制问题以及撤销池州地区、将贵池划归长江北部安庆地区管辖后的影响问题。我们认真听取了当时贵池县有关部门和方方面面的意见，并对行政区划与管理体制现状中存在的问题进行了实地考察。之后，我带着问题回到了上海，在完成有关皖南综合科考报告的同时，对贵池县行政区划问题进行了深入思考，确实觉得贵池县乃至于整个皖南地区都存在着行政区划变动频繁、撤并随意、层次重叠、部门林立、条块分割、多头管理等问题，严重影响了机关工作效率，浪费了行政经费，使一个文化历史悠久、开发建设条件良好的贵池在城市—区域经济发展方面受到重重阻力。我当时深深意识到，由于行政区划体制造成的无谓的资源浪费现象和经济发展缓慢、城市建设无序等问题的严重性，让人十分痛心！

在这种情况下，我与几位同志商议决定以考察队的名义向时任中共中央总书记的胡耀邦上书(华师科〔1984〕第106号文《关于安徽省贵池县经济体制问题的情况与建议》)，力陈安徽省皖南地区贵池县行政区划存在的问题，希望能给予解决。出乎意料的是，仅仅过了十余天时间，华东师范大学党委就转来了有关领导的批示，肯定了我们所反映的意见。这件事给了我莫大鼓舞，也使我决定对行政区划问题进行深入研究，并就安徽省的有关行政区划问题给予了持续关注。1985年5月，我再次带领考察队员对皖南地区的行政区划问题进行专题深入调研，发现大量问题，写成2万余字的专题文章：《安徽省皖南地区行政区划体制的调查与思考》，作为考察队的重大成果发表于《安徽省南部丘陵山区国土开发与整治》的专著(华东师范大学出版社，1987)中，该文又被收录于《中国行政区划研究》(中国社会出版社，1991)。

1986年11月，考察队赴福建闽江上游建溪流域进行了为期两个月的综合科学考察，同样发现这一地区存在行政区划与行政管理体制问题，遂于1987年2月以书面报告(《关于福建省建阳地区行政区划及闽江委员会体制等问题的情况与建议》)向福建省有关部门作了反映，同样得到了积极回应。

这可以说是我开始对行政区划问题进行研究的缘起。

1989年，我们完成了南方亚热带丘陵山区的综合科学考察任务，出版了一系列重要成果。1990—1991年，在全国大规模开展国土规划的背景下，我多次受邀参加了安徽省计委召开的有关地区（黄山、安庆、池州、宣城、合肥等地市和安徽沿江带等）国土规划评审会，在会上，我根据多年考察的经验体会与发现，指出了行政区划体制因素对中国国土资源开发、城市—区域经济发展的强烈影响，提出了"行政—经济区"的概念。我认为："这种行政—经济区对推动我国社会主义生产力的发展起着主导作用。然而正是行政—经济区，在地方分权体制下，使各级地方经济发展追求'大而全'或'小而全'，导致区域经济的封闭性特点，从而对整体经济的发展带来消极影响。"（专文《关于我国行政区划体制问题的初步探讨》发表于1991年中国社会出版社出版的《中国行政区划研究》）。1992年，在广州召开的"全国首次经济特区和沿海开放地带行政区划研讨会"上，我进一步强调了中国转型期行政区划的重要作用，明确提出了"行政区经济"的概念，阐明了随着我国政治经济体制改革的深入推进，行政区域政府的经济功能将逐步淡化的观点。1993年，我与我的第一位博士生舒庆同志合作在《经济地理》第1期上发表了《论行政区划、行政管理体制与区域经济发展战略》一文，首次比较系统地对行政区经济的结构特征和淡化行政区经济功能等问题进行了论述。这可以说是我对行政区经济概念的提出阶段。

二

随着我们对行政区划研究的不断深入与"行政区经济"理论在学术界和政府部门引起的积极反响，特别是基于行政区划改革的必要性与紧迫性，1990年，经国家民政部批准，在华东师范大学成立了中国行政区划研究中心。迄今为止，这是国内唯一的专门从事行政区划问题研究的专业研究机构。

如果说"行政区经济"理论的提出，是意图把我国现行行政区划现实问题研究推进到理论认识阶段的话，那么，中国行政区划研究中心的设立，则为我国行政区划体制问题的系统深入研究提供了一个重要的组织平台。在国家民政部的关心指导下，在华东师范大学党政有关部门的大力支持下，我作为中国行政区划研究中心的"领头羊"，在这一阶段与我的历届学生们（包括9名与我合作的博士后）一起，主要做了两个方面的工作：

一是积极投身行政区划现实问题的实证与论证、规划工作及理论研究，完成了一批较有分量的研究成果，为中央主管部门和地方政府的行政区划与行政管理体制改革提供了决策依据。这主要表现在我与我的学生们一起，在近20年的时间里，先后完成了40余项与行政区划相关的课题。最主要的有："江苏省苏、锡、常地区行政区划改革研究"、"江苏省'三泰'地区行政区划调整研究"、"海南省设市预测与规划"、"社会主义市场经济条件下城市行政区与经济区关系综合研究"、"浦东新区行政区—社区体系研究"、"我国国民经济分级调控空间组织模式可行性方案研究"、"中国大都市公共行政组织与管理模式研究"、"上海创建国际大都市的行政区划改革研究"、"中国城市化进程中的行政区划体制改革与创新研究"、"关于海南省调整海口市行政区划方案的论证报告"等。其中，"江苏省苏、锡、常地区行政区划改革研究"获全国高校首届人文社会科学优秀成果一等奖（1995），"上海行政区划体制改革与浦东新区建制镇区划调整及城镇发展战略研究"获上海市第四届决策咨询研究成果一等奖（2001），"关于海南省调整海口市行政区划方案的论证报告"（2002）作为附件上报国务院，获得国家有关主管部门和海南省政府的高度评价，不久海口市行政区划及时得到调整。

与此同时，我还参加了民政部组织的“全国设市预测与规划”和各省(区)的设市预测与规划的系列成果评审，以及山东、江苏、广西、广东、湖北、安徽、新疆、贵州等省区有关城市发展和设市预测规划的考察活动，掌握了大量资料和有关情况。通过这些实践活动，我深深体会到行政区划问题研究的重要性、紧迫性和艰巨性、敏感性，也使我对“行政区经济”理论概念的有效性和解释力更有信心。

二是在大量研究实践的基础上，经过不断总结、提炼和萃取，行政区经济理论体系初具雏形，随后建立和完善了“行政区经济”的理论概念与框架内容，并在“行政区经济”理论的基础上，进一步提出了“行政社区”的概念和构建大城市自上而下“行政区—社区”管理体系的理论思维，使行政区经济理论体系更加丰满，更具有实践性。主要标志是出版了由我主编、我国首部以“行政区经济”冠名的《中国行政区经济与改革丛书》(华东师范大学出版社，2000)，这是一套力求符合中国国情、理论与实证结合的区域经济与管理及行政区划丛书。

这一时期，我们先后出版了20部450多万字的一批学术著作，初步展现了行政区划、行政区经济及其相关理论的学术成就。主要包括华东师范大学出版社出版的刘君德主编的《中国行政区划文献目录》(1992)、《中国行政区划的理论与实践》(1996)，中国环境科学出版社出版的舒庆著《中国行政区经济与行政区划研究》(1995)，科学出版社出版的刘君德与靳润成、周克瑜编著的《中国政区地理》(1999，2007)和刘君德与靳润成、张俊芳编著的《中国社区地理》(2004)，华东师范大学出版社出版的舒庆、周克瑜著《从封闭走向开放：中国行政区经济透视》(2003)，汪宇明著《中国省区经济研究》(2000)，王德忠著《企业扩张——理论研究及其对中国行政区经济问题的应用分析》(2002)，刘君德、冯春萍、华林甫、范今朝著《中外行政区划比较研究》(2002)和程玉申著《中国城市社区发展研究》(2002)，以及东南大学出版社出版的刘君德、汪宇明著《制度与创新——中国城市制度的发展与改革新论》(2000)，卢为民著《大都市郊区住区的组织与发展——以上海为例》(2002)，黄珊著《国外大都市区治理模式》(2003)，张俊芳著《中国城市社区的组织与管理》(2004)，复旦大学出版社出版的周克瑜著《走向市场经济——中国行政区与经济区的关系及其整合》(1999)、林涛著《国民经济区域调控——中心城市调控模式研究》(2000)，上海社会科学院出版社出版的张玉枝著《转型中的社区发展——政府与社会分析视角》(2003)、陶希东著《转型期中国跨省市都市圈区域治理——以行政区经济视角》(2007)，湖南科学技术出版社出版的陈湘满著《中国流域开发治理的管理与调控研究》(2003)，中华工商联合出版社出版的秦学著《旅游业跨区域联合发展的理论与实证研究》(2004)等。

上述两个方面，前者侧重于实证研究、方案论证和理论研究，后者侧重于理论梳理和系统阐述，二者相互支撑、相互配合。通过实践与理论的有机结合，基本建立起“行政区经济”的理论体系框架。在我的第一位博士生舒庆的博士论文中比较系统地阐述了行政区经济的基本概念与理论内容。所谓“行政区经济”是指由于行政区划对区域经济的刚性约束而产生的一种特殊区域经济现象，是我国在从传统计划经济体制向社会主义市场经济体制转轨过程中，区域经济由纵向运行系统向横向运行系统转变时期出现的具有过渡性的一种区域经济类型。现阶段，我国“行政区经济”主要表现为以下特征：①企业竞争中渗透着强烈的地方政府经济行为；②生产要素跨行政区流动受到很大阻隔；③行政区经济呈稳态结构；④行政中心与经济中心的高度一致性；⑤行政区边界经济的衰竭性。

作为一个科学概念，“行政区经济”深刻揭示了我国转型期区域经济运行的本质特征与规律。由于“行政区经济”这一概念对我国自20世纪80年代以来由计划经济向市场经济转型的过程中，因行政区划而导致行政壁垒和地域分割的经济现象有着极强的概括力，从而被国内(乃至于海外的部分高校)一些学者和政界接受、引用。

自此以后，打破行政壁垒和地域分割，要求淡化政府直接干预行政区的经济功能、推进政府职能转变的呼声越来越高。这可以说是以建立华东师范大学中国行政区划研究中心为契机，以培养跨学科人才为目的，并通过大量实地考察、政策研究、区划方案论证和论著撰写等，从而使行政区经济的理论体系与框架逐渐深化和得以推广，这可以称得上是我推进行政区经济理论发展的第二阶段。

三

自“行政区经济”理论提出以后，在中国区域经济发展面临新的形势下，要求打破区域分割、推动区域联动发展、努力消除我国“行政区经济”负面影响的呼声也日渐高涨。事实上，正是在我与我的学生们形成的这个学术集体以及许多认同行政区经济理论学者的共同努力下，使得“行政区经济”理论客观上在积极推动我国城市—区域经济、社会发展与规划、建设管理的理论与实践研究方面，都起到了积极的影响作用。

研究认为，中国行政区经济的形成，与我国历史上的地方经济发展状况有关，而地方经济发展的传统又主要受三个因素的影响：①我国地域辽阔，自然条件和经济技术发展水平的地域差异大，拉开了地区之间经济收益的差距；同时，过于单一狭窄、传统的各类经济组织形式，阻碍了有组织市场的发育，导致难以形成全国性的统一市场。②国家统一，长期稳定，也使以省区为主的地方经济的各自发展成为可能。③我国市场发育状况决定了我国区域经济较低的联系水平，也导致我国经济长期被排斥在世界经济体系之外。上述因素使我国的地方经济往往囿于行政区域的范围内，呈现“封闭”式运行状态。

中国行政区经济形成的基础主要有两点：①传统形成的封闭式的省区经济使省区内外的经济差异逐步扩大，省区经济的稳定性进一步增强；②长时期科学技术水平低下和交通运输、通信条件落后，减弱了区域经济在更大空间和更高层次的聚合程度。以上两点加上其他一些历史、政治、文化因素，为行政区经济的孕育、发展提供了温床，同时也成为区域经济一体化发展的桎梏。

行政区经济理论还认为，新中国成立以后，在计划经济时期的中央与地方条块关系变动环境下，行政区经济是以潜型形式存在的，一旦“条条”与“块块”之间的权力关系发生转移，即当“条条”与“块块”关系的平衡点向“块块”一方略有倾斜时，客观上就为行政区经济的强化创造了可乘之机。“大跃进”和“文化大革命”给我国区域经济发展打上了深深的烙印，也为行政区经济运行提供了基础。

行政区经济是在我国改革开放以后形成和发展的，新时期以来形成的区域经济冲突就是行政区经济在不同发展阶段运行的结果。我国的行政区经济运行大体上可以分为五个阶段:①1979—1984年,是“分灶吃饭”等改革措施下的盲目布局与引进阶段;②1985—1988年,是价格双轨制下的“原料大战”阶段;③1989—1992年,是紧缩政策下的市场疲软和封锁阶段;④1992—1997年,是金融秩序混乱和经济过热阶段;⑤1997年以后,是经济“软着陆”之后保护局部利益阶段。我们的研究认为,与世界上的其他国家,如采取市场经济体制的美国、计划经济体制的原苏联和混合经济体制的印度相比,它们都难以形成与中国行政区经济发育不相上下的土壤环境。因此,中国行政区经济是世界上表现最为突出的国家,也就是说,行政区经济是具有中国特色的。这主要表现在它有其独特的运行方式,即以企业为微观运行单位,在权力空间地域上和不同的行政区层次上表现出不同的特点。行政区经济理论认为,一旦全国统一大市场建立,行政区经济势必逐步瓦解,一种新型的区域经济关系将会形成、发展,但这可能还需要相当长的一段时间。

然而,随着对行政区经济理论认识的不断提高、行政区经济内容框架与理论体系构建的完善与发展,尤其是在对我国现阶段城市—区域经济社会发展、规划建设管理中存在的“行政区经济”现象已经具有较强的说服力和阐释效应的情况下,我认为仍有必要深入思考“行政区经济”理论的适用范围、理论扩展与深化提升的问题。概括起来主要有以下几个问题还需要回答:

(1) 行政区经济对我国当今转型期的城市—区域经济发展过程中存在的诸多特殊现象虽然已经有了较强的阐释力,但由此我们不得不进一步思考:我国的行政区经济现象只是在现阶段才有的吗?如果上溯,我国古代经济社会发展过程中有没有区域分割现象?如果有,这种区域分割现象是不是行政区经济现象?如果不是,那这种区域分割现象又怎样来解释?能不能运用行政区经济理论解释我国古代区域经济发展变迁中存在的由于行政区划引起的有关区域分割现象?

(2) 行政区经济理论是以西方市场经济理论体系为参照系的。那么,是不是只要我国社会主义市场经济体制建立和完善起来,行政区经济现象也就自然消失了?事实上许多人在引用行政区经济理论概念进行分析时往往也只看到其消极影响一面。人们要问,从我国城市—区域经济发展的过程来看,行政区经济到底有没有积极意义,或者正面效应?我们发现,行政区经济理论在经过实践不断检验的过程中,从区域经济理论发展动力、运行机制与运演过程来看,我们原来对行政区经济的正面的积极意义挖掘得不够,影响了对问题阐释的力度和全面性。事实上,仅以市场经济为唯一标准是远远不够的。因为市场经济也会失灵,在市场经济失灵的情况下,以国家干预为核心的市场经济与行政区经济有怎样的关系?而我国的社会经济发展也证明,如果没有以地方政府为主体的行政区域经济的高速发展,我国改革开放30年要取得这样的经济与社会发展的成就,那是难以想象的。因此,我们的研究认为,与通常人们所说的“诸侯经济”不同,中国转型期的行政区经济存在着“褒”(积极影响)“贬”(消极影响)双重属性,“行政区经济”的正、负面影响将伴随中国整个转型时期长期存在。如何不断扩大行政区经济的正面效应,逐步减弱行政区经济的负面影响,则是我们下一步研究中应该注意的问题。

(3) 行政区经济主要是以我国新时期以来从计划经济向市场经济转型过程中出现的

一种区域经济现象为研究与解释的对象，这也是行政区经济理论体系广为接受的原因所在。但与此相关，让我不能释怀的是：在原苏联、东欧社会主义国家从计划经济向市场经济转型的过程中，是否也存在行政区经济现象？2005年的12月，乌克兰驻华使馆的一位高级参赞在看过我们的行政区经济论著后，专程来沪找我，和我讨论行政区经济问题，他说，像中国现阶段存在的“行政区经济”现象在乌克兰也是存在的，并指出，乌克兰也要推进行政区划体制改革。近年来，我国香港和台湾地区也不断有学者来访，并邀请我赴港、台宣讲行政区经济理论问题。事实上，我国香港、台湾地区，乃至于美国等一些大学已经有不少学者关注中国内地的“行政区经济”理论问题，包括在研究生的论文选题中将行政区划和行政区经济问题作为重要研究内容。这不得不促使我更进一步深入思考，是否在全球范围内也普遍存在行政区经济现象？除了东欧国家，我们可以而且有必要作为一种比较性的研究对象外，欧盟是否也可以作为一个案例进行深入研究？全球有230多个不同政治体制的国家，是否也可以尝试用行政区经济理论进行探索性研究呢？更为重要的是，如何通过这种研究把我们的行政区经济理论与国际上通行的制度经济学理论、区域政治学与区域社会学理论以及城市—区域治理理念等相关的现代学术思想进行对接，这将是我们需要长期开展并与海外学者合作研究的重要命题。

从这个意义上看，随着全球经济一体化进程的不断加快和我国社会主义市场经济体制的深入推进与不断完善，我们开创的“行政区经济”理论也面临着不断创新与发展的机遇和挑战。它促使我们很有必要把“行政区经济”从一个理论体系框架提升到一门独特学科体系的高度，进而构建具有中国特色的区域政治经济学，这不仅是我国改革开放30多年的一个重要学术思想成果，而且对研究现代世界国与国、地区与地区、各国内部地区之间乃至于国际性区域经济、政治、文化、社会等各类组织的区域空间权力结构与制度整合，将会起到非常积极的作用。如果站在这一高度看问题，我觉得更有必要把行政区经济理论体系逐渐向海外拓展，以此作为新的起点，进一步推动行政区经济理论研究走向新的更成熟的阶段。

四

我曾经说过：“随着社会主义市场经济体制目标模式的确立，如何建立一套与之相适应的、具有中国特色的、科学的社会主义行政区划体系，是一项具有重要理论和现实意义的科学研究工作，同时也是一项复杂而艰巨的任务。一方面，它要依靠行政区划的实践，不断地总结经验教训，从而摸索出一条适合我国国情的行政区划改革新路子；另一方面，也必须要有科学的理论做指导，即依靠科学的理论思维，把握事物的本质与规律，从而指导我国行政区划的实践。”

《周礼》说：“惟王建国，辨方正位，体国经野，分官设职，以为民极。”意思是说，建立一个国家，先要分辨清楚地理方位，然后划分行政区域，在此基础上，再分设官职，建立行政组织结构，以完成管理百姓的措施。如此简括的几句话，把国家建构的过程与要点勾勒得清清楚楚。由此可知，行政制度的建立，最根本的乃是行政区划与行政组织结构的耦合。但是，行政区划与行政组织结构又是根据什么确定的呢？二者之间又是怎样耦合的呢？这就必然涉及政治与行政制度的确立。用现代政治与行政理论来分析，就是先有权力主体，这就是政治与行政组织结构；而权力主体不可能是个空中楼阁，而是必须将其奠定在特定区域地理空间的基础上才更加坚实牢固。当国家一旦建立起来并运转的时候，它又不是随意的，而是必须根据特定的政治与行政制度，从而达到权力主体在特定社会空间良性运行的根本目的。我认为，行政区经济理论的第三个发展阶段，就是必须更加扩大和延伸学术视野，从区域政治、经济、社会、文化的系统整合的意义上，推动具有中国特色的行政区经济理论思想的建构，这也就是本丛书之所以命名为"当代中国城市—区域：权力・空间・制度研究"的根本所在，也是行政区划与行政区经济理论的新的学术增长点。

当然，随着现代政治、经济与社会的不断发展，人们对权力、空间与制度的认识已经有了很大变化。权力不再仅仅指单一的行政权力，而是扩展到了整个社会层面，这是由于现代行政的主体已经由政府扩展到各种企事业单位乃至群众团体，这必然导致权力的生产与再生产模式将面临一场重大变革。而空间也不再只仅仅是地理空间和空间差异问题，而是深入社会空间的各个层面，在一定意义上，社会空间的生产与再生产已经深刻改变了传统的对地理空间与空间差异理论的一般认识。同时，由于权力空间结构在要素排列上的深刻改变，这对权力空间秩序的生产与再生产形成了重大影响，不仅在一个国家内，而且在整个世界，新的权力空间秩序正在形成之中，因此，应积极寻求在新秩序建构的过程中，成为制度与规则的制定者之一，而不仅仅是一个模范的制度执行者。在这个意义上，建构以行政区经济理论为核心的具有中国特色的区域政治经济学理论的目的，就是为了根据不同侧面的空间尺度，对多元权力结构的行政权力与运行机制进行探讨分析，从而在特定的区域权力空间结构中占据主导地位。

如果说，时间是主导现代主义世界的话，那么空间化逻辑则主导着后现代社会。从过去到现在，人们已经认识到，在权力与空间发生作用时，空间的重要性得到了很大改变。福柯就明确地提出：空间是任何公共生活形式的基础，空间是任何权力运作的基础。因此，空间已成为资本主义条件下社会关系的重要一环。空间是在历史发展中产生的，并随着历史的演变而重新建构和转化。后现代空间化问题，在当代城市化的快速发展中已得到深刻反映。全球城市已成为经济、政治和文化权力重合的地方。这一观点实际上也得到了来自于城市政治学研究的大力支持。城市政治学是社会学科中的政治学分支领域，其研究的焦点问题就是城市公共决策的权力结构。在城市政治学的研究传统上，有两种城市政治结构模型：一是城市社区权力的"多元模型(pluralist model)"，即认为城市内各种社会群体与利益集团共同对城市的公共决策发生影响；二是"精英模型(elitism model)"，认为城市的主要公共决策是由少数精英分子和大的社会经济结构所决定的。但从主流模型的衍变来看，城市多元化的权力结构模型更成为与空间化逻辑主导形式相适应的一种主要模型。因此，努力发掘权力结构的空间化逻辑主导形式，就成为分析行政组织结构的行政空间与权力空间相互关系的生动起点。

而以我国行政区划与行政组织结构为核心的行政区经济理论体系，它的最大价值恰好在于它发现了我国以行政区域为单位形成的一种区域权力在空间经济的运行模式中所产生的各种现象，包括权力、空间与制度自身的各种问题。在某种程度上，行政区经济理论不仅是揭开我国当代最具有中国特色的区域政治经济学理论体系的一把钥匙，而且其最具有中国特色的学术前景也在于对于未来世界经济一体化进程中怎样通过以世界各国行政区划与行政组织结构之间的耦合关系研究，对现代国际区域政治经济学的发展作出中国学者应有的世界性贡献。

最后，我要对本丛书的出版情况作一点说明。20 世纪 90 年代中期以来，在华东师范大学中国行政区划研究中心先后出版了 20 本著作以后，近几年陆续又有一批由我指导的博士生通过了论文答辩，其中，有些学术成果已经问世，有的尚未出版。同时，近几年，还有国内其他学术领域的学者也主动与我联系；有的则通过各种渠道让我了解到他们也在应用行政区经济理论对不同的领域进行学术研究工作。因此，我希望能继续通过丛书的方式把这些成果比较系统地推出来，贡献给理论界、学术界和实践部门，让理论在实践中不断得到验证、深化和拓展。于是，经过与东南大学出版社的讨论、策划和历时 3 年的运作，这套丛书终于面世了。

我们设想本套丛书的结构大体包括五大部分：第一部分偏重于当代中国城市—区域：权力、空间与制度的综合性理论研究；第二部分是权力、空间、制度视角的特定专题性研究；第三部分是权力、空间、制度视角的各类规划性研究；第四部分是当代中国行政区划改革研究；第五部分是我国几个大区域的综合性研究。上述五大部分相互配合形成比较完整的丛书体系，力求理论与实践的统一和行政区经济理论思想的融合。

此次丛书出版强调两个方面，一是开放性，二是创新性。本套丛书除选择一批我近年指导完成的优秀博士论文外，还特别吸收别的学科和实践领域应用行政区经济理论进行研究的拓展之作，体现开放性；同时，还特别希望和鼓励能在理论上提出新观点的创新之作，即使在理论框架和思想观念上还不是特别成熟，我们也很欢迎，体现创新性。

我衷心希望，能够推出一批质量上乘、观念新颖的学术创新著作，能够有更多有志于行政区经济理论研究的同行加入进来，能够使具有中国特色的行政区经济理论思想更加成熟！

本套丛书得以顺利组织、写作、出版，决定于两个因素：一是众多作者经过多次讨论形成的共识与全力以赴；二是国家民政部行政区划与地名管理司、东南大学出版社以及华东师范大学资源和环境科学学院领导的大力支持。非常荣幸的是，我们请到陆大道院士、胡序威研究员、杨汝万教授、王邦佐教授、邓伟志教授和崔功豪教授担任本丛书的学术顾问，他们都是不同学科长期从事城市—区域问题研究的海内外著名的专家、学者，他们的支持给了我们很大鼓励，也增添了新的动力。让我十分高兴的是，在丛书组织过程中，华东师范大学资源和环境科学学院人文地理学科被批准为国家重点学科建设项目与上海市重点学科建设项目单位，我们及时得到项目的支持，因此，这套丛书的出版也是“华东师范大学人文地理学”(No. B410)项目重要的成果之一。

还要说明的是，中国行政区划与行政区经济理论是一个新的、具有探索性的研究成果，本丛书中的一些观点，特别是有关行政区划改革的设想只代表作者的看法，衷心欢迎各类学科的理论工作者与政府部门的实际工作者提出批评建议。

刘君德

1 绪论

1.1 背景

如今，城市化成为一个不可阻挡的世界性潮流，当今社会已是一个“城市化”的社会。有数据显示，从2007年开始，世界上有一半以上的人口居住在城市。而且，随着城市化进程的快速推进，城市人口的增长重心已经由发达国家转移至发展中国家。根据联合国最新预测数据显示，到2030年，世界城市人口将比目前增加20亿。届时，发展中国家将会占据世界城市人口增长份额的90%以上。

从历史上看，爆发于19世纪的工业革命强力推动了生产力的迅猛发展，城镇呈现出空前的繁荣局面。与此同时，疾病大规模蔓延、人口密度过高、住房紧张、交通拥挤、饮水不卫生、暴力与犯罪等“城市病”逐渐凸显，噪音、废气、贫困、卫生等诸多社会、经济、环境、生态问题不断涌现，开始严重困扰着城市居民，严重危害城市居民的身心健康。根据“联合国人居署(United Nations Human Settlements Programme，UN-HABITAT)”①的统计，在全世界30亿城市居民中，目前约有1/3的居民居住在贫民窟或者产权没有保障、住房结构简陋、饮水不够安全卫生、高度拥挤的地区。

上述不良因素均会直接影响到城市人口特别是发展中国家城市人口的身体和心理健康。可以说，如何治理“城市病”已经成为21世纪人类健康面临的重大挑战之一。

反思我国的城市化历程，其在很大程度上遵循着西方的发展模式，甚至可以说在一定程度上是西方发达国家城市化进程的“重演”和“浓缩”。“重演”表明我国城市的发展模式以及所涌现的种种问题与西方国家颇为类似：住房紧张、交通拥挤、环境污染、城市蔓延、贫富差距等等；“浓缩”则意味着我国的城市化进程在一个相对较短的时间内要完成西方国家百余年的发展所走过的征程，各类“城市病”爆发的剧烈程度更深，频率要高出许多，社会矛盾和问题不断积聚，由此对城市社会、经济等方面带来的影响尤为深远。

可见，城市在一定程度上成为各种社会问题集聚的重灾区。单纯基于“医疗”认知模式来分析城市居民生活状态和健康状况之优劣的传统做法日渐苍白，已经难以有效解释并应对日益严峻的城市健康问题。在上述背景下，对“城市健康”问题展开研究显得尤为必要和迫切，它不仅直接反映了城市社会经济的发展状况，也影响到城市居民的生存环境和生活质量，还关系到和谐社会的构建与城市综合竞争力的提升。如今，欧美国家的学者开始从医学、地理学、社会学、政治学等角度对城市健康问题展开全面的研究，特别关注城市健康及其影响因素之间的作用机理。如何基于城市规划、管理与公共政策视角，从提高城市健康水平入手，分析、探寻隐藏在城市健康问题背后的诸多社会、经济、环

① 也称为“联合国人类住区规划署”，笔者注。

境、生态、文化等影响因子的互动关联，从源头上对引发健康问题的社会经济因素进行有效的识别、诊断和干预，实现“城市，让生活更美好”的目标，是本研究所着力解决的问题。

1.2 国内外研究进展

1.2.1 国外

从实践来看，西方关于“健康城市”的思想萌芽于欧洲。早在19世纪的英国，伴随着快速的工业化和城市化，工业污染、疾病传染等问题加剧，卫生状况趋于恶化，引发了严重的健康问题。19世纪40年代，约翰·斯诺(John Snow)创造性地运用科学方法证明，伦敦爆发的霍乱疫情缘于地下水的严重污染，为此英国成立了专门委员会，调查贫困区居民的健康状况。随后的相关调查研究直接推动了囊括住房、下水道、饮用水、卫生管理等一系列领域的公共卫生标准的形成，世界上首部公共卫生政策也由此面世。

从近期来看，在“为了所有人的健康(health for all ,HFA)”思想的指导下，世界卫生组织欧洲地区办公室(WHO/Europe)于1986年开始设立“健康城市项目(healthy cities project)”，随后建立了“欧洲健康城市网络(WHO/Europe healthy cities network)”。

“健康城市”项目致力于号召地方政府通过政治参与、制度变革、能力构建、协作规划以及创新计划等多种方式来推动城市的健康发展。其关注的焦点主要是：城市贫困造成的健康差异、弱势群体的需要、公众参与以及其他影响健康的社会经济因素等方面。上述领域存在的问题需要借助综合性的规划政策才能够得以解决。

如今，许多国家和地区的城市开始把“健康城市”作为自己的目标，仅仅欧洲，“健康城市”的成员就已经有1 200多个，来自30多个国家。当前，欧洲的健康城市项目已经进入第五阶段(2009—2013年)，主题是“政策中的健康和健康公平”。而第四阶段(2003—2007年)的主题则是健康的老龄化(healthy ageing)、健康城市规划(healthy urban planning)和健康影响评估(health impact assessment)。

毫无疑问，实践的进展需要理论的指导和政策推动。西方国家对健康城市的关注绝非空穴来风，而是有其深刻的社会经济背景动因的。与之对应，关于城市健康问题的理论研究涌现出诸多流派。

“二战”以来，西方发达国家出现了一种新的区域经济社会现象——郊区化，主要表现为人口、产业、经济发展格局、财富和社会资源均面临着新一轮的空间重组。与之相伴，中心城市作为有色人种和外来移民的聚集地，成为贫困、疾病、犯罪、衰退等众多不良社会现象的代名词，郊区则成为各种社会问题的“避难所”。有研究显示，在20世纪后半期，美国与欧洲部分城市地区的人类免疫缺陷病毒(HIV)感染率、婴儿死亡率、哮喘发病率等诸多城市疾病以及健康问题的严重程度要大大高于非城市地区，从而形成所谓的“城市健康恶果”。

城市罪恶思想起源于19世纪的城市社会主义运动，该理论主要关注欧美国家的工业化对城市健康的负面影响。该理论的观点可以概括为，城市一方面聚集了大量贫困人口，另一方面城市又具有不健康的自然和社会环境，从而在城市贫困居民与健康问题之间建立起一定的关联。

如果说，针对城市地区特别是贫困人口聚居区的卫生问题所引发的传染性疾病，只要改善卫生和医疗条件、消除传染源，就可以解决，那么与之相关的非传染性疾病，则更加重了城市健康问题的严重性。

伴随着郊区化浪潮的快速推进，西方国家城市的土地利用模式呈现一种新的格局，城市居民的生产、生活方式亦发生了重大的变化，它们或多或少地会对整个大都市地区居民的健康问题产生负面或正面影响。首先是居民对机动车的高度依赖。尾气排放加剧了空气污染。其次是不良的生活方式。高度的功能分区导致居民对机动化交通的高度依赖，由于身体活动减少，人们逐渐养成了“静坐的生活方式”，从而导致相关疾病的发病率升高。

值得注意的是，美国的社会分化与空间分异呈现相互嵌套的格局，表现为社会经济资源的分布带有强烈的“空间偏向”特征，出现了所谓的“红线歧视”现象。与之相伴，其中既有郊区化浪潮下中高收入阶层在追逐“美国梦”驱动下的逃离和外迁，也有大量有色人种和低收入者集聚于内城而导致的城市贫困问题；既有内城税基下降、经济停滞、基础设施老化等城市衰败现象和城市复兴战略，也有因为“排他性”规划和住宅法令、地产集团的种族契约以及联邦政府住宅政策的种种限制，而形成的“内贫外富”“外白里黑”的城市社会空间分布格局。由于“红线歧视”的存在，使得经济层面存在的不公平延伸至空间层面，形成了所谓的“问题区域”。可以说，西方国家涌现的城市健康问题为我国的城市发展敲响了警钟。

1.2.2 国内

国内方面，健康城市理念的引入始于20世纪90年代。在国家卫生部与世界卫生组织的推动下，我国首先在北京东城区、上海嘉定区开始了创建健康城市的试点工作，之后，有越来越多的城市(区)相继加入，例如，海南省海口市、重庆市渝中区、大连、苏州、日照、保定、吴江、常熟、张家港、深圳罗湖区、香港、澳门等等。

经过十多年的努力，我国健康城市创建活动由点及面，逐步铺开，进展迅速。2003年“非典”疫情肆虐，短短时间内席卷大半个中国，严重威胁着人民的健康。尤其在北京、广州等一些特大城市，“非典”传播速度之快、影响之广、危害之深，可谓触目惊心。这使得我们不得不反思城市的本质内涵、发展模式与价值取向。

当前，我国健康城市的相关研究主要可以归结为以下几个层面，并且互有交叉。

1) 公共卫生层面:将“健康城市”建设与“卫生城市”创建相结合

新中国成立后，为了改变落后的城市卫生状况，应对美国对我国发动的细菌战争的威胁，全国各地开展了群众性“爱国卫生运动”，党中央成立了“爱国卫生运动委员会”，并延续至今。该运动在20世纪50年代以“除四害”、讲卫生、消灭疾病为主要内容；70年代以抓“两管五改”为主题(“两管”是指管水、管粪，“五改”是指改良水井、厕所、畜圈、炉灶、环境)；80年代提升至改善环境质量与生活质量层面，与两个文明建设相结合；90年代初至今,健康城市的理念被融入“卫生城市(镇)”创建工作之中。目前,相关研究着重从医疗救助、疾病防控等领域展开。

2) 可持续发展层面:将“健康城市”建设作为实施可持续发展战略的重要抓手

可持续发展理念的提出与人类对城市健康问题的关注是互相促进的:一方面,早期世界卫生组织(WHO)关于健康问题的调研与分析,成为促使人们关注人类生存环境,进而考虑发展与环境关系并最终产生可持续发展战略的重要推动力之一;另一方面,可持续发展所应对的是全局的、宏观的战略问题,它的贯彻实施必须落实到包括健康在内的所有领域。我们可以从观念、战略原则与实施途径等层面来理解健康与可持续发展之间的联系:从观念上来看,人类的健康取决于经济、社会、生态的平衡发展,而这恰恰构成了可持续发展所涵盖的重要领域;从战略原则与实施途径来看,可持续发展与健康城市存在着部分重叠,两者互为补充,相关的研究就此展开。

3) 城市治理层面:运用治理理念解决“健康城市”建设中面临的体制与机制问题

健康城市建设是一项复杂而艰巨的工程,健康影响因素的多样性和复杂性对传统的自上而下的垂直型城市管理模式提出了新的挑战,迫切需要从城市管理体制与机制层面寻求突破。“治理”本来主要用于与国家公共事务相关的管理活动和政治活动中。20 世纪 90 年代以来,西方的政治学者和经济学家赋予了治理新的内涵,治理开始由政治学领域向社会经济领域和地理学渗透。治理作为一种理念和调节方式,侧重“协调”而非“支配和控制”,通过多样化的行动者和角色之间的互动来达到某种均衡状态。如何运用“治理”理念来解决健康城市建设中遇到的问题,成为一个重要的研究视角。

4) 城市规划层面:以“健康城市”为指导,探索健康型城市规划

健康与城市规划之间有着密切的历史渊源。19 世纪的英国对城市中不卫生条件的关注直接导致了现代城市规划的发端。然而随着 20 世纪 30 年代医学模式的逐步确立和公众健康部门的独立,归属医学领域的健康问题逐渐与城市规划疏离,成为两个完全独立的领域。事实上,健康问题的产生不仅取决于医学因素,更多取决于广泛的社会、环境等因素。

城市规划不仅仅通过实体性城市设施的规划与建设来影响个人行为与生活方式进而作用于城市的健康,还将通过对社会的、生态的、文化的调节对健康产生深远的影响。因此,健康城市理念的提出对城市规划的重新定位提出了一系列新的要求。

1.3 本书的研究视角

当前,城市化成为 21 世纪经济和社会发展全球化背景下的一个主要趋势。2010 年上海世博会提出了“城市,让生活更美好”的口号。笔者认为,这一口号,其实表达的是城市“理应”让生活更美好,更多地孕育着我们对城市生活质量的美好憧憬,而不是城市理所当然地一定会让生活更美好。其英文翻译“Better City, Better Life(更美的城市,更好的生活)”,反而更能够让人体会到城市化的本质内涵和未来所要努力的方向。

人们从农村进入城市归根结底是为了追求更高的生活质量,却发现城市的生活质量

和生存状态并不美好和理想。在社会现实条件下，在许多方面，城市其实并没有“理所当然”地让生活更美好，甚至让城市生活更差了：一方面，表现为城市化的运行质量不高，有相当一部分城市人口并没有享受到较高质量的公共服务资源，甚至缺乏基本的城市公共服务，生存质量难以保证；另一方面，城市化本身带有一些诸如贫困、住房紧张、交通拥堵、环境污染、疾病传播等固有弊端。

上述种种不良问题，有些与所在地区落后的经济社会发展水平有关，随着经济社会条件的逐渐发育，或许会迎刃而解；而有些则属于所有发达地区和不发达地区均须共同面对的难题，似乎又是“与生俱来”的，解决起来会更加棘手。

城市在带来大量机会的同时，也带来严峻挑战，必然会对居民的健康产生深远的影响。影响城市健康的因素主要包括：城市管理、人口特征、自然环境和建筑环境、经济社会发展、服务和卫生应急管理以及食品安全①。

需要说明的是，城市健康的影响因素众多，相互之间的作用机制异常复杂，给城市健康问题的研究带来不小的难度。从影响因素和涉及领域来看，城市健康问题似乎“无所不包”，绝非单一学科所能够涵盖，需要多学科知识予以解释；但是，一味将其泛化，又容易将健康问题变得虚无缥缈，也会丧失学科发展特色。因此，有必要把握健康影响因素的空间规律性特征，那就是，健康影响因素虽然处于不同层面，但均汇聚于特定的地域空间，共同构筑、形成了特定的自然生态环境、经济社会环境和制度文化环境。

其中，“城市”作为人类的最主要集聚地域，在未来相当长的一段时间内，将承载着更多和更高比例的人口数量。而且，相对于农村地区，城市地区的人口密度高、经济能量大、暴露问题多。因为有更多的群体暴露于特定的城市环境之中，使得城市在展现人类文明与现代化成果的同时，也是一个名副其实的“高风险”区域。

城市健康的影响要素最终会通过城市空间结构的优化、土地利用格局的调整以及公共政策的制定而逐渐“显性化”，无时无刻不在作用于人们的生产方式与生活方式，进而影响个体与群体乃至整个社会的健康水平，并最终以“城市问题”的形式显现。同时，健康问题的空间集聚特征也在一定程度上使得相应的城市健康问题带有天然的“空间”属性。我们需要识别特定的“问题区域”，分析城市健康问题的具体时空特征及其形成机理，针对相应的受影响群体，采取有效的应对策略。因此，笔者将健康问题的关注聚焦于“城市—区域”层面，也就有着一定的现实依据。

城市作为人口高度聚居的地域空间，相对于人口稀疏的农村地区，有更多比重的居民会更加“集中”地暴露于特定的经济社会环境和制度环境之下。鉴于城市公共政策任何一项细微的变动，都有可能给居民带来巨大而深远的影响，为此，本书更多地着眼于“城市—区域科学”的视角，从城市规划管理和公共政策制定入手，来研究城市健康领域中的若干问题。本书通过对城市化进程中暴露出来的特定“显性化”问题进行研究，进而剖析城市健康问题背后的隐性化动因，从而更好地挖掘“健康”问题，进而构建一个更加有利于提升城市整体健康水平的良好制度环境，营造一个有利于提升城市整体健康水平

---

① 参见 http://www.who.int/topics/urban_health/en/相关内容。

的经济社会氛围。

需要强调的是，公共健康与公共安全问题的发生并不孤立地表现为单个事件，而是更多地体现为集诸多社会问题于一身的、相互交织的复杂链条，这正是城市社会问题研究的复杂性之所在。假如我们能够及时识别当中的高风险因素，那么通过制定和实施相应的公共政策，阻断其中的关键作用环节，就能够避免恶性健康事件的发生，从而提高公众的公共健康水平。我们更多地则需要从区域的视角予以关注和评判，并且提出整体性的分析框架和“一揽子”的解决策略。与之相应，“城市—区域科学”的重要地位就会进一步凸显，并能够更好地发挥其应有的协调作用和综合调控功能。

2 城市化与城市健康问题的产生

2.1 工业化与城市化

2.1.1 工业化、人口转变与城市化

回顾历史，世界的城市化是伴随着人口转变和工业化而进行的，三者相伴而生、若即若离、殊途同归。

人口由传统类型向现代人口再生产类型的转变包括两个方面：一是人口转变过程本身的特点，即出生率、死亡率的变动规律及相互关系，人口转变所用的时间等；二是人口转变过程与社会经济发展的关系。在西欧工业革命时期，随着资本主义生产方式对封建生产方式的全面取代，以晚婚制、独身率高为特点的茅舍农民人口模式向以早婚制、独身率低及出生率高为特点的无产者人口模式转化，传统的人口控制机制也逐渐过渡到人口—工业经济相互促进的轨道上来，即人口的增殖开始摆脱曾经作为经济增长主要源泉的土地的制约，而主要取决于经济起飞时家庭手工业、机器大工业对劳动力大量需求的巨大刺激。

其实，不同时期工业化对劳动力的需求强弱程度有所不同，使得人口转变也相应地表现为不同的类型(图 2-1)。一般说来，在工业化起步阶段，由于生活水平提高、卫生条件改善，人口死亡率出现明显下降，再加上传统的生育文化根深蒂固所带来的惰性，出生率在相当长一段时期内在高位徘徊，甚至由于工业经济对劳动力的需求而不断上升，由此造成人口数量迅速增长。而到了工业化后期，社会、经济乃至人们的生育文化和价值观念发生了深刻变化，经济发展对劳动力数量的需求相对下降，而对其质量的要求大大提高，人口转变随之进入出生率下降的关键阶段。

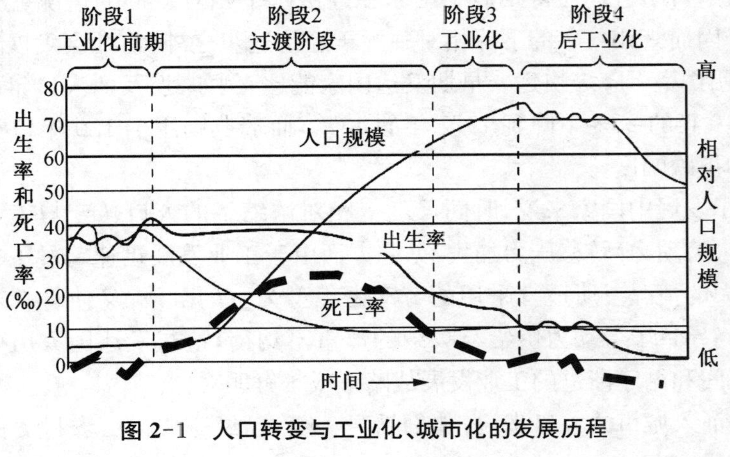

图 2-1 人口转变与工业化、城市化的发展历程

英国就是一个典型的例子。在其工业化前期、中期和后期，人口增长率明显呈低、高、低的波浪状起伏，这与不同时期工业对劳动力吸纳能力的变化是一致的。而且，以英国为代表的西欧国家的人口转变，在随着工业化进程的发展而不断向高级化演进的同时，还带有一定的滞后性。如果说在工业化前期和中期，生产规模的扩大、生产领域和生产门类的拓宽以及新技术应用的滞后性而导致的对劳动力巨大的吸纳力是维持较高人口出生率的原因，那么在工业化后期及后工业化时期，资本与技术密集型行业的迅速发展又使得人口出生率降低而着重人口质量的提高。

图 2-2 反映了西欧国家人口转变与经济转型之间的协调机制。当经济起飞需要大量劳动力时，迅速增长的人口满足、迎合了这种需求；而在社会经济结构调整时，人口的生育行为又“适时”地顺应了这种潮流。当然这种所谓的“适时”是相对漫长的，花费了 200 年左右的时间。总之，以英国为代表的西欧发达国家的人口转变很大程度上是人口生育行为对于特定社会经济发展需要的动态响应的结果。

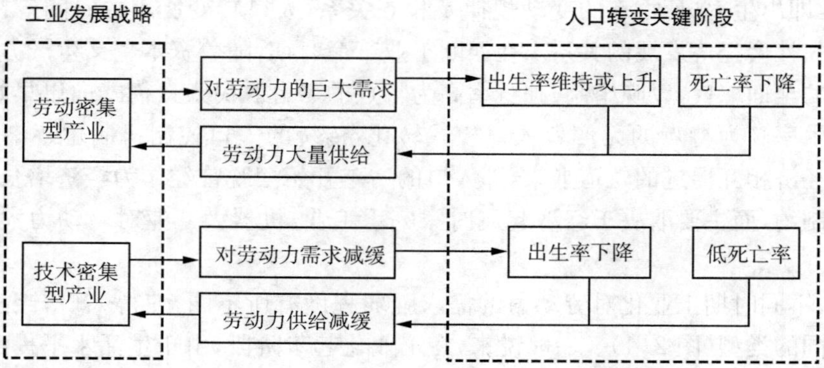

图 2-2　西欧发达国家人口转变与经济发展协调关系示意图

与西欧发达国家的人口转变与工业化、城市化进程相比，发展中国家和地区的人口转变较为迅速，其死亡率的下降很大程度上归因于医疗、卫生技术的直接引进，而不像早期发达国家死亡率是伴随着经济发展、生活水平、医疗技术的缓慢提高而缓慢降低的。卫生技术的外来可引进性使得发展中国家在经济水平相对较低的情况就达到了死亡率的迅速下降。因而其死亡率的下降相对独立于经济进步之外，与社会发展和现代化进程的关系不大，死亡率下降之快远非早期发达国家能比，例如，埃及的人口年死亡率在短短 25 年内由 1946 年的 25‰下降到 1971 年的 13‰，而瑞典则用了 120 年(1800—1920 年)才实现同样的下跌幅度。

总之，对于发展中国家来说，时间尺度上相对浓缩了的人口转变与工业发展战略一方面使得人口(劳动力)转移压力加大，另一方面由于工业发展迅速跨过了在劳动力数量多、转移压力大的情况下所适宜采用的劳动密集型为主的阶段，又使得其对劳动力的吸纳力不足，最终导致了劳动力供给与吸纳的严重不均衡，这与发达国家历史上相对较长的人口转变时间和循序渐进的工业发展战略形成了鲜明对比。

对于这些涌入城市的人口来说，他们摇身一变，已经完成了由农村居民向城市居民的身份转换，但是城市并没有提供足够的就业机会，也无法提供充足的居住空间，因此许多贫困居民只得居住在临时搭建的窝棚里，缺乏必要的生活设施和公共卫生设施，也缺乏基本的公共服务，生活质量相当低下，成为典型的城市"贫困居民"。

而且，贫民窟的环境质量严重恶化，贫困居民长时间地暴露于高风险环境之下，给他们的健康带来极大损害，其所在居住地的卫生、治安等问题也相当突出，成为一个充满各类隐患的"问题区域"。

图 2-3　巴西里约热内卢市荷西尼亚(Rocinha)贫民窟俯瞰

荷西尼亚(Rocinha favela)[①]是巴西最大的贫民窟，有超过 20 万名贫困居民在此居住。垃圾、废弃物以及各种各样的东西构成了这里糟糕的生存环境(图 2-3)。具有讽刺意味的是，这座贫民窟被富人区包围。而贫困居民之所以在此居住，是因为附近属于经济发展较好的地区，提供的居住机会较多，来往通勤较为便利[②]。由于长时间被政府忽视，居民们在此建立起了自己独特的生存体系，贩毒、黑帮和暴力成为这里的常态[③]。

他们涌入城市的本意是为了逃离农村的苦难生活，但是进入城市之后，往往会发现其实城市生活并不比农村好多少，甚至可能更差，这或许是他们所没有想到的。许多拉美国家和地区正在面临这样的经济发展困境，表现为落后的经济发展水平难以承受偏高的城市化水平[④]，这种城市化水平明显超越经济发展水平的现象被称之为"虚假城市化"。

---

① "法维拉"(favela)是葡萄牙语，指巴西城市近郊的贫民窟，笔者注。

② 参见 http://en.wikipedia.org/wiki/Slum 相关内容。

③ 参见 http://opus.arting365.com/picture_photo/2011-01-13/1294888076d233593_3.html 相关内容。

④ 联合国人居署的统计数据显示，2010 年拉丁美洲和加勒比海地区(Latin America and the Caribbean)的城市化水平高达 79.4%，笔者注。

2.1.2 发达国家与发展中国家人口城市化机制比较

1）农业对劳动力的释放

西欧各国在工业化前期与初期，均采取了“圈地运动”性质的土地制度变革，为其劳动力的非农化转移奠定了基础。当然，其自由劳动力的大量产生是由暴力方式从农业剥离而出的，并不是因农业劳动生产率的提高所导致。

近几十年来，许多拉美和亚洲的发展中国家和地区也进行了形式、程度不同的土地改革。虽然没有像欧洲“圈地运动”那样将大量农民强制性地剥离土地，但也同样产生了促进农业劳动力转移的作用。而且，发展中国家劳动力转移的推力不是来自于农业的发展，而是在很大程度上源于它的不发展。发展中国家在“唯工业化论”的影响下，农业发展缓慢。人口的高速增长又使得农村人口激增，远远超过了农业生产和土地的承载能力，迫使一些农民为逃避农村的贫困和自然灾害的侵扰而背井离乡，盲目涌向城市。

2）工业对劳动力的吸纳

西欧发达国家在工业化初期，由于技术发明的间隔时间相对较长，工业技术的提高非常缓慢，并且企业家对新技术从接受到采用具有一定的滞后性而往往使得旧的生产方式维持很长一段时间，因而其产业结构没有以突变、跳跃式的形态转换，而是依次走上了劳动密集型、技术密集型、资本密集型自然渐进式的工业化道路。这个过程持续了百余年时间，特别是劳动密集型工业无论从时间上还是对劳动力吸纳的强度上都超过了许多当代发展中国家。

按照发展经济学中早期的二元结构理论，发展中国家在工业化初期，劳动力供给的无限性决定其价格较低，而资本极为缺乏，导致价格较高。因而该阶段工业发展应该出现资本浅化，而只有边际生产率为零的农业剩余劳动力基本被工业吸收完毕之后，才应逐渐转入资本深化阶段。然而绝大多数发展中国家为了迅速摆脱经济发展落后的局面，缩短与发达国家之间的差距，积极引进外国先进技术，在工业化初期就在不同程度上呈现出资本深化的趋势，而此时期正是其人口转变过程当中死亡率迅速下降的人口高速增长时期，这就造成相当一部分农业剩余劳动力无法随工业化进程而顺利转移到工业部门。

3）劳动力的转移

发达国家在工业化进程中，相当长一段时间的劳动密集型城市工业的发展较为充分地吸收了来自农村的人口，实现了劳动力的地域转移与职业转换同步、工业化与城市化同步，因而城市化水平提高很快。只是到了工业化后期，技术密集型行业对劳动力素质的要求提高，低素质的劳动力往往不能被城市工业全部吸收，但这一时期农村劳动力的转移已经完成，劳动力的素质大大提高，城市失业率也维持在一个较低的水平。总之，发达国家在工业化的大部分时期里，劳动力的释放与吸收总体上是相对协调的。

事实上，西欧国家也曾出现过城市工业不能完全吸纳人口激增带来的大量劳动力的情况，但它们凭借其在世界体系中的枢纽地位向海外殖民地进行了持续的移民。从19世纪初到20世纪40年代迁往新大陆的欧洲移民达5 053万。可以说，欧洲各国自由劳动力在工业化时期除满足本国劳动密集型工业的需要外，还在出现劳动力过剩、城市工业吸纳不了时通过向海外大量移民缓解了这种矛盾，同时也推动了别国(如美国)的城市化。

而就绝大多数发展中国家而言，农业对劳动力的释放与工业对劳动力的吸纳却常常是不一致的。这可以从三个方面加以分析：一是发展中国家工业化初期劳动密集型工业发展的时间较短，甚至跨过了此阶段而直接进行大规模的重工业建设，导致工业对劳动力的吸纳能力弱化，从而按现有的农业生产率可转工业的那一部分劳动力无法被完全吸纳。二是发展中国家在“二战”结束后继续受农耕经济的影响，仍保持着传统的人口生育行为(高出生率)，而此期间死亡率呈迅速下降趋势，两方面共同作用，造成其人口增加的幅度大大超出了发达国家人口增长高峰时期的水平。例如，英国等西欧发达国家在工业革命过程中人口年平均增长率在10‰以上，但一般不超过15‰，远不及当代某些发展中国家年平均人口自然增长率20‰甚至30‰以上的水平。发展中国家相对独立于经济之外的人口迅猛增长带来了比发达国家当年更为严重的人口过剩问题。三是发展中国家人口转变较快、持续时间相对集中，因而相对增加了工业在单位时间内须吸纳劳动力的压力。

总之，对于广大的发展中国家来说，时间尺度上相对浓缩了的人口转变与工业发展战略一方面使得人口(劳动力)转移压力加大；另一方面由于工业发展迅速跨过了在劳动力数量多、转移压力大的情况下所适宜采用的劳动密集型为主的阶段，又使得其对劳动力的吸纳力不足，最终导致了劳动力供给与吸纳的严重不均衡。这与发达国家历史上相对较长的人口转变时间和循序渐进的工业发展战略形成了鲜明对比。大量农业剩余人口盲目涌向城市，造成过度膨胀的虚假城市化。

2.1.3 世界城市化进程的现状与展望

从全球来看，世界范围内的城市化进程正在稳步推进。1950年，全球的城市化水平尚不足30%，如今，已有一半以上的人口在城市居住。有数据显示，截至2011年，全球人口总量为69.74亿人，其中城市人口达36.32亿人，城市化水平达到了52.1%[①]。这是人类历史上的一个重要转折点，城乡人口的数量对比标志着今后人类生活的重心开始从农村地区转向城市地区。

根据“联合国经济和社会发展处(United Nations, Department of Economic and Social Affairs)”提供的预测数据，到2050年，全球人口总量将达到93.06亿人，城市人口和农村人口将分别达到62.52亿人和30.54亿人。届时，世界将有接近70%的人口居住于城市。可以说，城市化已经成为一股不可阻挡的世界潮流，正在浩浩荡荡地向前推进(图2-4，表2-1)。

① 参见 http://esa.un.org/unup/CD-ROM/WUP2011-F01-Total_Urban_Rural.xls 相关内容。

表 2-1　1950—2050 年世界各地区的城市化水平现状与预测　　单位:%

国家和地区	1950年	1960年	1970年	1980年	1990年	2000年	2010年	2020年	2030年	2040年	2050年
全世界	29.4	33.6	36.6	39.4	43.0	46.7	51.6	56.0	59.9	63.5	67.2
发达地区	54.5	60.9	66.6	70.1	72.3	74.1	77.5	80.0	82.1	84.1	85.9
不发达地区	17.6	21.8	25.3	29.5	34.9	40.1	46.0	51.3	55.8	60.0	64.1
——最不发达国家	7.4	9.5	13.0	17.2	21.0	24.3	28.1	32.7	38.0	43.8	49.8
——其他不发达地区	19.0	23.4	27.0	31.1	36.9	42.5	49.0	54.9	59.7	63.9	68.0
不发达地区(不含中国)	20.3	24.2	28.6	33.5	37.9	41.2	44.7	48.3	52.4	56.9	61.4

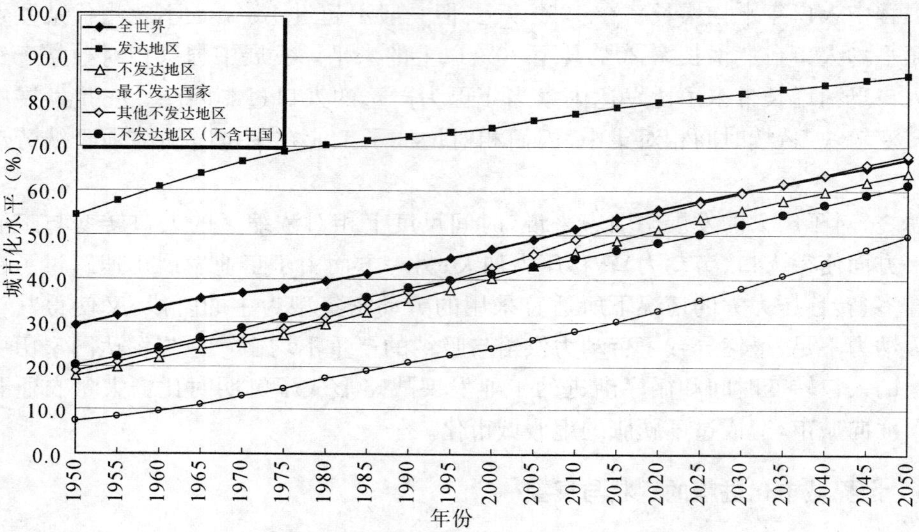

图 2-4　1950—2050 年世界各地区的城市化水平(现状与预测)

当然,对于处于不同经济发展水平的国家和地区来说,各自的城市化水平也呈现较为明显的差异。就发达国家和地区而言,其城市化水平目前已经逼近 80%,城市人口比例已经基本达到饱和,预示着其未来城市化水平提高的潜力将十分有限。而对于发展中国家和地区来说,其城市化进程正在如火如荼地展开,增长势头仍然强劲。有数据显示,"不发达地区"的城市化水平有望从 2010 年的 46.0%增加到 2050 年的 64.1%,期间城市化水平的增幅将达到 18.1 个百分点,大大超过发达地区同期 8.4 个百分点的增幅。

图 2-5 显示了 1950—2050 年期间世界城市人口的构成情况。可以发现,在 1970 年之前,发达地区城市人口占全世界城市人口总量的比重一直在 50%以上。而在此之后,形势出现了逆转,不发达地区的城市人口开始超越发达地区。到 2010 年,世界城市人口总量的 69%来自于不发达地区。到 2050 年,这一比重还有望进一步提升至 82%。这也在一定程度上预示着,在未来 35 年左右的时间里,不发达地区在世界城市化进程中将继续扮演着重要角色。同时也意味着,世界城市化的运行速度与运行质量,将在很大程度上取决于不发达国家和地区的努力。

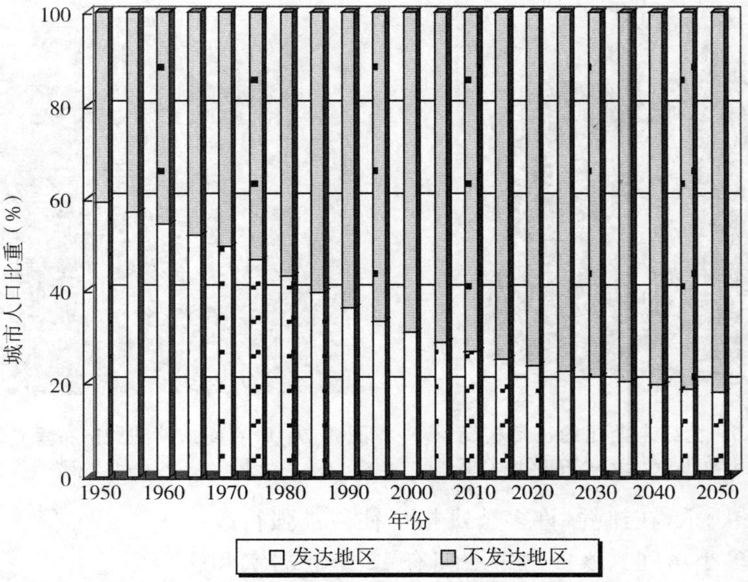

图 2-5　1950—2050 年发达地区与不发达地区城市人口比重(现状与预测)

2.2　城市健康问题的产生

2.2.1　工业化前期面临的城市健康问题

早在 19 世纪发达国家的工业化初期,随着城市人口规模的急剧增加,在创造着经济繁荣的同时,随之而来的健康问题亦变得相当突出,主要体现为城市恶劣的居住环境、疾病传播和落后的卫生条件等方面。

1) 居住条件恶劣

就居住环境来看,以 19 世纪末期的纽约为例,简要介绍其基本情况。1890 年,纽约市拥有 3.7 万套经济公寓①,里面竟然居住着 120 万人口。当时纽约的人口密度高达 522 人/英亩②,高于芝加哥 83.5 人/英亩和费城 118 人/英亩的水平。当时,尽管廉价公寓早已年久失修、破败不堪,装修与功能配置也难以满足最低生活标准,但由于房租较低,仍吸引了大量贫困居民前来入住。廉价公寓的居住拥挤程度之高、居住条件之差可见一斑(图 2-6、图 2-7)。

对于房屋所有者来说,为了追求更多的租金,他们希望自己的房屋能够尽可能容纳更多的住户,因此往往会对房屋任意地进行改建和搭建,而置租户的安全和居住的舒适性于不顾。

---

① 一般指几户合住,条件较差的住房,笔者注。

② 1 英亩＝4 046.86 m^2,笔者注。

图 2-6　19 世纪末期纽约市桑树街(Mulberry Street)的廉价公寓

图 2-7　19 世纪末期纽约市布里克街(Bleecker Street)的破旧房屋

如图 2-8 所示，在纽约，许多公寓楼房往往被强行改造，分割为许多小房间。该楼房每层拥有 12 个起居室和 19 个卧室，每层供 12 个家庭居住。除了起居室采光和通风较好之外，只有 6 间卧室能够直接采光。每间起居室的尺寸是 12 英尺[1]长，10 英尺宽；卧室的尺寸则仅有 7 英尺长，6.5 英尺宽。

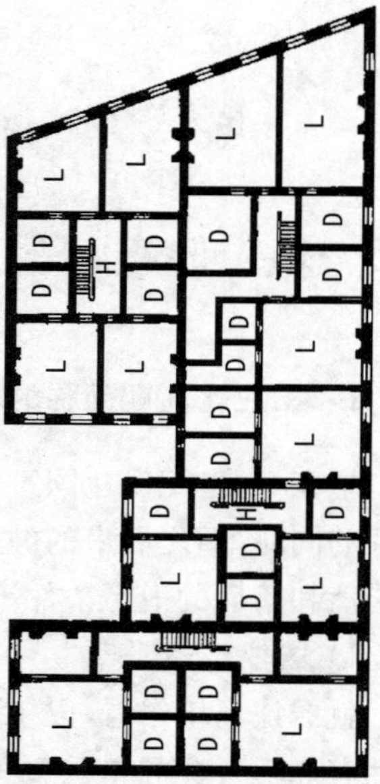

图 2-8　1863 年的纽约市廉价公寓户型示意图

在诸如“高谭弄(Gotham Court)”这样的地方，由于居住拥挤和霍乱等传染病的流行，租户的年死亡率一度高达 195‰，使得当年纽约全市的人口死亡率从 1815 年的 1/41.83飙升至 1855 年的 1/27.33[2]。在纽约的东部贫民区(East Side)，人口密度曾经甚至高达 29 万人/平方英里。可以说，恶劣的居住条件极大地损害了居民的健康。

有文章曾经这样描述道，改建增建后的居住密度极度超标，于是便有了纽约史上有名的贫民窟“租屋”。它们触目惊心，让人闻所未闻。第七区樱桃街的“高谭弄”中，从万千窗中密密麻麻伸出的晾衣竿，喻示着与肮脏、贫穷和疾病的无望抗争[3]。可以说，这些触目惊心的照片充分体现了 19 世纪末期美国移民家庭所遭受的悲惨境遇和被剥夺的状况，纽约就是一个充斥着棚户区和贫民区的血汗工厂(图 2-9、图 2-10)。

---

① 1 英尺＝0.304 8 m，笔者注。

② Jacob R. How the other half lives[EB/OL].[2013-10-30]. http://www.authentichistory.com/1898-1913/2-progressivism/2-riis/chap1.html.

③ 参见 http://qkzz.net/article/fd2baf81-63f1-4a94-a3ab-524ca3ca279_2.htm 相关内容。

图 2-9　纽约桑树街某栋早期建筑背后一棵真实的桑树

图 2-10　1890 年左右的纽约市的小巷运动场

雅各布·里斯(Jacob Riis)在其 1890 年的著作《另一半人是怎样生活的——关于纽约贫民窟的调查》(*How the Other Half Lives*：*Studies Among the Tenements of New York*)当中，对纽约城市居民的悲惨生活进行了系统描述，通过一系列文字和照片揭示了当年城市居民的恶劣生存环境，并且督促地方政府采取切实措施①。

2) 疾病大肆传播

在工业化早期，城市的卫生环境也相当恶劣。工业革命时期，城市人口大量集聚，但卫生环境却没有多大改进。到 19 世纪中叶，伦敦和巴黎的人口规模分别达到了 100 万人和 240 万人，但是当时还没有建设现代化的污水排放系统，粪便、垃圾均直接向附近河流排放，伤寒和霍乱的流行和传播就与随意倾倒粪便有直接的关系。单是 1832 年巴黎霍乱大爆发中，死亡人数就超过 2 万人②。

由于缺乏医疗卫生知识，人们仍不清楚传染性疾病的传播途径和发病机理，对于传染性疾病尚缺乏有效的应对策略。而且，当时还没有掌握消毒和无菌技术，因此很难控制住流行疾病的大肆传播，医院的二次传染发病率相当高。当时在人们眼中，医院特别是公立医院的卫生环境相当恶劣，入院的病人几乎没有康复的可能。

如图 2-11 所示，清洁女神正拿着盾牌准备与一帮化身恶魔的传染性疾病搏斗，一道写着"隔离"字样的栏杆把霍乱、黄热病等诸多疾病阻隔在大门之外。

不过当时人们已经逐渐意识到疾病的严重危害，成立了相关的医疗服务机构。1866 年，纽约市布鲁克林健康委员会正式成立。后来于 1870 年成立的纽约市健康服务局，取代了之前的健康委员会。可以说，相关医疗服务机构的设立，表明当局已经开始意识到改善卫生条件对于控制疾病传播的重要性，对疾病的防疫与防控工作开始步入正轨。

3) 物质滥用风险增大

对于鸦片等容易吸食成瘾类的物质，早期的医生对其疗效的形成机理和副作用并不

① Jacob R. How the other half lives[EB/OL]. [2013-10-30]. http://www.authentichistory.com/1898-1913/2-progressivism/2-riis/index.html.

② 参见 http://www.ehow.com/info_8634378_effects-pollution-industrial-revolution.html 相关内容。

清楚，不管是治疗肠道问题还是缓解身体疼痛，都较为随意地开具处方，还经常配合酒精进行治疗。不管是治疗咳嗽的药物，还是治疗妇科病的药物，都在一定程度上含有鸦片和酒精成分。

对于酗酒问题，人们很早就予以了关注。但是直到 20 世纪，人们才意识到酗酒并非只是单纯表现为饮酒过量，还会引发诸如酒后闹事、谋杀、自杀等其他一系列恶性社会问题，严重威胁到公共安全，因此也是一个值得关注的公共健康问题(图 2-12)。

图 2-11　清洁女神与大门之外的“疾病恶魔”

图 2-12　死神正在为酗酒者斟满苦艾酒

4）工业污染严重

工业革命是以机器取代人力，以大规模工厂化生产取代个体工场手工生产的一场生产与科技革命，实现了从传统农业社会转向现代工业社会的变革。它的一个重要特征表现为，先前落后和原始的生产力得到了极大的提升，从对人力、畜力以及风力、水力等“自然力量”的依赖转向了对“机器力量”的运用。

而且，在机器力量的推动之下，工业化能够显著加快城市的发育速度，也在一定程度上塑造着城市的主导功能，例如英国的威德尼斯(Widnes)就在工业革命期间得到了快速发展。1847 年该城市建立了首家化工厂，后来不断发育，迅速发展成为全国的化学工业中心之一①。

不过，工业化进程在给许多城市带来繁荣的同时，也给当地的环境质量带来了巨大冲击。工业化进程对于能源和资源的消耗量相当庞大，由于蒸汽机的效率很低，再加上居民生活取暖，造成当时煤炭资源的使用量大大增加。有数据显示，单是 1861 年，英国的煤炭年产量就超过 5 000 万吨②。

由此带来的一系列污染也在早期的工业城市遍地存在。有学者曾经对此进行了形象描述，“随着工厂的聚集，城市变成了一个大工场，城市环境恶化与工业扩展具有同样的速度。工厂分布在城市的各个角落，黑色的烟尘从烟囱中滚滚喷出，烟煤的油污像雨

① 参见 http://zh.wikipedia.org/wiki/%E5%A8%81%E5%BE%B7%E5%B0%BC%E6%96%AF 相关内容。

② 参见 http://read.guanhuaju.com/files/article/fulltext/54/54382.html 相关内容。

点一样遍地溅落；大量的炉渣、烟灰、废料、垃圾任意倾倒，原料和产品的消耗使固体垃圾堆积如山，吞噬着人民的生存空间，而化学工业、染织工业临河而建，在大量取水的同时，又把生产的污水、有毒物质排回河流，河流成了污水明沟；城市一片喧嚣，各种机器都在发出震耳的噪声：工厂的汽笛声，火车头的尖啸声，蒸汽发动机的推进声，机轴、皮带、传送带的隆隆声，工人们的喊叫声……；城市上空漂浮着怪异的空气，氯、一氧化碳、硫、甲烷等，应有尽有。城市在急剧创造财富的同时，也笼罩在环境恶化的阴云之下"①。可以说，"浓烟创造着繁荣"②，是当时工业经济发展对环境影响的生动写照（图 2-13）。

伦敦就是这样一个典型的案例。伦敦在历史上曾经以空气质量严重恶化而著称。伦敦的冬季多"浓雾（fog）"天气③，而煤炭的燃烧又会带来"烟尘（smoke）"，两者相互混合，形成所谓的"烟雾（smog）"。在工业革命之后相当长的一段时期，煤炭资源被大量地消耗，进一步加剧了烟雾的形成。在 20 世纪 50 年代以前的 100 年期间，伦敦大约发生了 10 次左右的大规模烟雾事件。烟雾不仅仅会阻挡视线、影响城市交通，也给居民健康带来严重威胁，导致死亡率骤增。有资料显示，1873 年在伦敦发生的一次烟雾事件中，在短短一周时间内，有 700 人死亡④。

当然，其中最为严重、对健康危害最大的一次当属 1952 年爆发的"伦敦烟雾事件（the Great London Smog）"。1952 年 12 月 5 日，逆温层开始笼罩伦敦，整个城市处于高气压中心位置，垂直和水平的空气流动均停止，连续数日寂静无风。而且伦敦冬季天气寒冷，当时居民多使用燃煤采暖，市区内还分布有许多以煤为主要能源的火力发电厂，再加上当时开始全面使用内燃引擎的巴士在运转中会排出大量废气，使得有毒气体和污染物在城市上空蓄积，甚至白天汽车在公路上行驶都必须打开车灯（图 2-14）。

图 2-13　19 世纪后期英国城镇威德尼斯的工业烟尘污染

图 2-14　烟雾笼罩下的伦敦

有科学家曾经对这次烟雾期内死亡者的年龄、死因做过调查和分析⑤。从死亡者的年龄来看：45 岁以上的死亡人数最多，约为正常时期的 3 倍；1 岁以下的死亡人数其次，约为正常时期的 2 倍。从死因上看：因支气管炎死亡的有 704 人，为正常时期的 9 倍；因冠心病死

---

① 赵和生. 城市规划与城市发展[M]. 南京：东南大学出版社，2002：8.

② 参见 https://archive.org/details/CityTheP1939 相关内容。

③ 大雾亦是大气污染的一种，笔者注。

④ 参见 http://www.eh-resources.org/timeline/timeline_industrial.html 相关内容。

⑤ 参见 http://mil.hebei.com.cn/system/2013/01/15/012420337_02.shtml 相关内容。

亡的有 281 人，为正常时期的 2.4 倍；因肺结核死亡的有 77 人，为正常时期的 5.8 倍。除此之外，因心脏衰竭、肺炎、肺癌、流感以及其他呼吸道疾病死亡的人数也都成倍增长。

之后，英国政府开始反思空气污染造成的苦果，并催生了世界上第一部空气污染防治法案——《清洁空气法》(*Clean Air Act*)的出台①。该法律规定：伦敦城内的电厂都必须关闭，只能在大伦敦区重建；要求工业企业建造高大的烟囱，加强疏散大气污染物；还要求大规模改造城市居民的传统炉灶，减少煤炭用量，逐步实现居民生活天然气化，冬季采取集中供暖。1968 年以后，英国又相继出台了一系列的空气污染防控法案，这些法案针对各种废气排放进行了严格约束，并制定了明确的处罚措施，有效减少了烟尘和颗粒物(表 2-2)。如今，相对来看，伦敦的空气质量比以往更加清洁(图 2-15)。到了 1975 年，伦敦的大雾天气已由每年几十天减少到了 15 天，1980 年则进一步降到 5 天。

表 2-2　英国出台的部分空气污染防控法案(措施)

年份	举措	主要内容
1875	《公共卫生法》	到 20 世纪 20 年代，由于政府对工业加强管理，煤在工业燃料中所占的比例下降，煤烟污染有所减轻，但并无质的改观
1956	《清洁空气法案》	大规模改造城市居民的传统炉灶，减少煤炭用量；冬季采取集中供暖；在城市里设立无烟区
1968	《清洁空气法案》	要求工业企业建造高大的烟囱，加强疏散大气污染物
1974	《空气污染控制法案》	规定工业燃料里的含硫上限。这些措施有效地减少了烧煤产生的烟尘和二氧化硫污染
1993	《新车加装催化器》	从当年 1 月开始，所有在英国出售的新车都必须加装催化器以减少氮氧化物污染
1995	《环境法》	制定一个治理污染的全国战略。要求工业部门、交通管理部门和地方政府共同努力，减少一氧化碳、氮氧化物、二氧化硫等 8 种常见污染物的排放量
2001	《空气质量战略草案》	该法案致力于进一步提高伦敦的空气质量，消除大气污染对公众健康和日常生活的影响

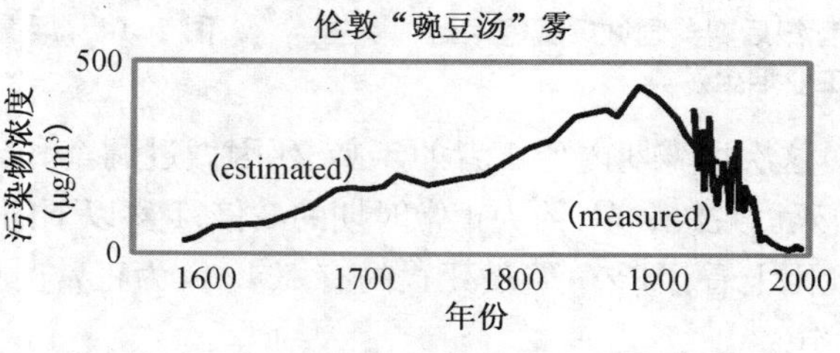

图 2-15　伦敦空气质量的变动趋势

① 参见 http://news.ifeng.com/mainland/special/kongqizhiliang/content-4/detail_2012_12/30/20677953_0.shtml 相关内容。

2.2.2 当前城市健康问题的主要表现

即使到了现代社会，人们面对的诸多健康威胁并没有消亡，而是依旧存在。虽然一些"新的健康问题"大量涌现，但是当前我们所面对的健康威胁其实并不与历史上曾经出现的健康问题有多大差异，似乎两者之间也不存在什么本质性区别。只不过在不同时期，某类健康问题对人类危害的轻重程度有所不同而已。尽管某些健康问题或许会随着医疗技术和社会经济的进步而有所改善，但是另外一些在工业化初期还不太受关注的健康影响因素可能如今又重新进入了我们的研究视野，健康影响因素的致病机理可能更加趋于复杂。总之，健康问题可谓层出不穷、此起彼伏，对城市健康问题的研究及其应对任重而道远。

1）传染病流行

在亚洲、非洲和拉丁美洲等的不发达地区，经常爆发由于饮水不卫生而引发的传染病①。在一些人口密集地区，许多人由于没有接种疫苗而罹患麻疹、白喉、百日咳等传染性疾病。由于人口居住高度密集，再加上食物匮乏及其引发的营养不良、抵抗力差等问题，在一定程度上助长了肺结核、急性呼吸道传染和脑膜炎等疾病的发生。而且，由于排水设施和卫生设施不完善，也容易造成蚊虫等一些传染病宿主的大量滋生，会增加疟疾的发病风险，同时也极易引发登革热、黄热病等传染性疾病。此外，由于公共服务资源分配不均，服务质量难以保证，贫困地区居民经常享受不到较高质量的公共服务和及时的医疗救治。

爆发于我国广东顺德，后来扩散至东南亚乃至全球的重症急性呼吸综合征（SARS）事件也是新时期公共卫生领域的一个典型案例。该病最早于 2002 年 11 月 16 日在广东顺德爆发，后来逐渐蔓延，在世界各地持续出现新发病例和死亡事件，引起全球性的民众恐慌，先后有多个国家和地区被列为疫区。该事件引起了包括中国在内的世界各国政府和世界卫生组织的重视。经过不懈努力，疫情最终于 2003 年六七月份趋于平息。该事件对国民经济的健康运行带来了严重的冲击(图 2-16)。

笔者认为，该事件已经不仅仅表现为一个常规的公共卫生事件，而是一个带有全局性和综合性的、牵动各国神经的、影响全球的公共安全事件。同时，该事件也在一定程度上暴露了城市在应对流行病方面的脆弱性。我们必须在新形势条件下的疾病防控、危机处理和灾害管理方面有所反思。

对于传染病来说，疾病的源头（病毒）可能无处不在。一般的传染病，通过接种疫苗、保持常规的卫生习惯，再加上减少前往公共场所和必要的隔离，就可以被及时、有效地预防。而在 SARS 事件之后，我们或许会发现，传统的疾病防控策略可能并不十分奏效。值得注意的是，现代化的交通出行方式（航空）似乎成为一种新的媒介，又在一定程度上

① Elliott D S, Pietro G, Gabriella C. The 21st century health challenge of slums and cities[J]. Lancet, 2005, 365: 901-903.

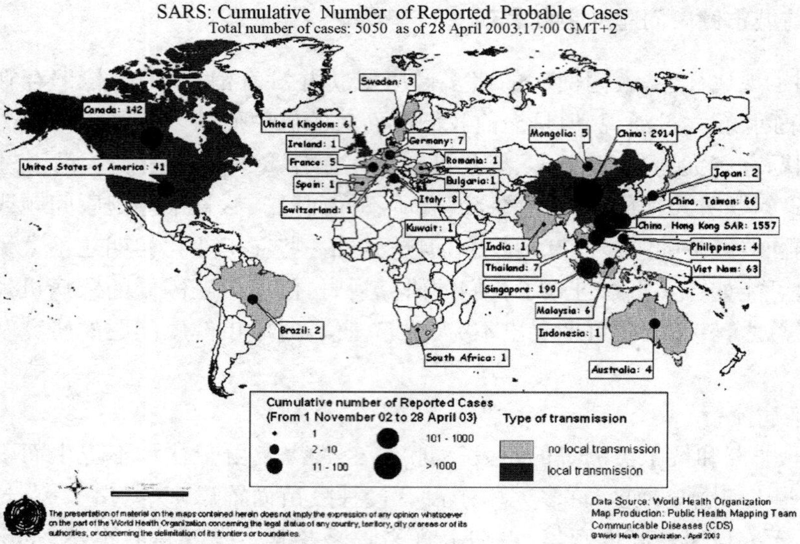

图 2-16 全球疑似 SARS 感染者累计病例(截至 2003 年 4 月 28 日)

助长了流行病的传播与蔓延①。尽管该事件最终得到平息，但其病毒来源及其成因至今尚未破解②。

而且，此次疫情的后续影响仍然存在，部分非典患者的基本生活质量严重下降。他们虽然脱离了生命危险，但留下了严重的后遗症，如股骨头坏死导致残疾③、肺部纤维化以及精神抑郁症；他们大多仍然生活艰难，有六成家庭发生变故④。可见，在经济技术相对发达的今天，对于一些诸如 SARS 这样的传染性疾病，我们还有许多认识的盲区。

2）暴力犯罪、艾滋病蔓延

如果说，城市传染性疾病的频繁爆发，部分原因可以归结为有些不发达地区的城市人口居住密集、卫生条件差，或许还有情可原。那么，城市地区的非传染性疾病及其引发的健康问题同样突出，则在一定程度上又使得城市健康问题的形成机制趋于复杂化。

在发展中国家的许多贫困地区，暴力犯罪问题相当严重。拉丁美洲地区的自杀率是世界平均水平的 2 倍以上。在巴西圣保罗，1991—1993 年期间，低收入居住区 15—24 岁男性成为凶杀对象的数量是高收入居住区的 5 倍以上⑤。同样，贫困地区的女性更加容易遭受暴力袭击⑥。

目前在一些发展中国家，城市居民罹患 HIV 的比率很高。根据一项关于"撒哈拉以

---

① 2003 年 2 月下旬，一名常驻上海的美国商人在途经香港到达越南河内后确认染病，之后河内当地医院的多名医疗人员也受感染，笔者注。

② 参见 http://www.who.int/csr/don/2004_05_18a/en/index.html 相关内容。

③ 有专家认为，抢救患者所使用的激素类药物的副作用是导致股骨头坏死的主要原因，笔者注。

④ 参见 http://news.ifeng.com/society/2/200912/1205_344_1463347.shtml 相关内容。

⑤ National Academy of Sciences. Cities Transformed: Demographic Change and Its Implications for the Developing World[M]. New York: National Academies Press, 2003.

⑥ Winton A. Urban violence: a guide to literature[J]. Environment & Urbanization, 2004, 16: 165-184.

南非洲地区”(Sub-Sahara African)的城市怀孕妇女 HIV 患病率的调查研究表明，卢旺达(Rwanda)为 12%，马拉维(Malawi)为 18%，赞比亚(Zambia)为 22%，南非共和国(South Africa)为 24%，博茨瓦纳(Botswana)33%，斯威士兰(Swaziland)39%①。

3) 老龄化加剧

“老龄化”是人口转变及其期望寿命增加的必然结果。所谓“人口转变”，就是指人口的出生率、死亡率和自然增长率经历了从“高、高、低”到“高、低、高”，再到“低、低、低”的转变过程。

从全球来看，2006—2050 年，全世界 60 岁以上的老龄人口将翻一番，占总人口的比重也将从 11%增至 22%。到 2050 年，中国 60 岁以上的老人将有 3 亿—4 亿。而且，全球 80 岁以上高龄人口的增幅将更为剧烈，预计将从 1950 年的 1 400 万人增加到 2050 年的 4 亿人②。

横向来看，发达国家的老龄化程度普遍高于发展中国家，不过，发展中国家的老龄化趋势正在快速显现。有数据显示，目前泰国 60 岁以上人口的比重为将近 11%，而根据预测，到 2015 年和 2025 年，泰国老年人口比重将分别达到 14%和 19.8%，到 2050 年则将接近 30%③。

对于发达国家来说，其人口年龄结构的调整和适应时间相对较长，前文关于发达国家人口转变与工业化之间互动历程的描述也显示了这一点。例如，法国老年人口④的比重从 7%上升至 14%，就经历了 100 多年的漫长时间。而对于许多发展中国家来说，人口老龄化速度则剧烈得多，为此所承受的财政压力也显著加大(图 2-17)⑤。例如，中国、泰国和巴西只需花费 20 年左右的时间就能够实现同样的变动幅度，但是由于缺乏类似发达国家那样的长时间的经济积累，很容易造成“未富先老”现象，表现为相对低下的经济实力与不断加剧的人口老龄化之间的矛盾。

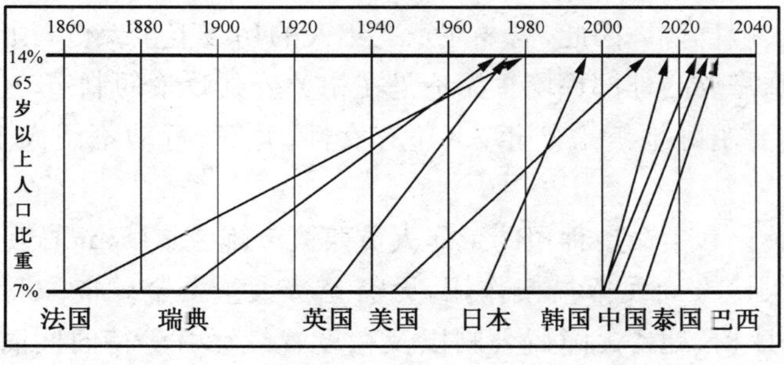

图 2-17　世界典型国家的人口老龄化速度

中国和印度作为两个世界人口大国，其老年人口的绝对数量可谓相当庞大，给当地

---

① UNAIDS. Report on the Global AIDS Epidemic[R]. Geneva: UNAIDS, 2004.

② 参见《建立城市网络应对老龄问题》一文相关内容。

③ 参见 http://www.who.int/bulletin/volumes/90/2/12-020212/zh/index.html 相关内容。

④ 65 岁及其以上人口，下同，笔者注。

⑤ WHO, US National Institute of Aging. Global Health and Aging[R], 2011.

的社会保障带来了沉重的负担。如图 2-18 所示，到 2050 年，中国的老年人口总量将从 2010 年的 1.1 亿人增加至 3.3 亿人。印度的老年人口将从 2010 年的 6 000 万人增长到 2050 年的 2.27 亿人，增幅高达 278%。到 21 世纪中叶，单单是中国一个国家，其 80 岁以上的老年人口就将达到 1 亿人，而在一个世纪之前，全球 80 岁以上老年人口的总量尚不足 1 400 万人①。

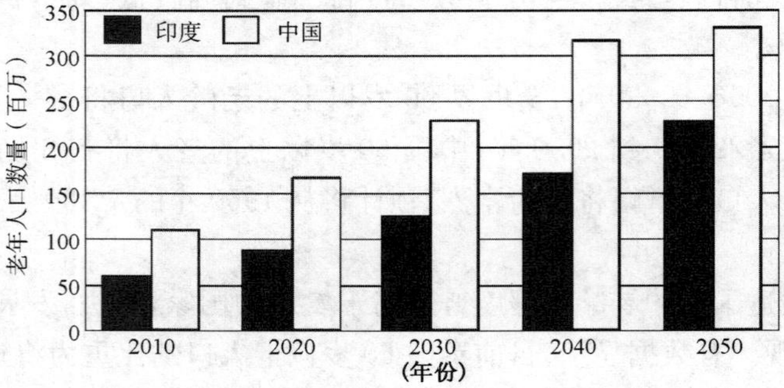

图 2-18 世界典型国家的人口老龄化速度

世卫组织老龄化和生命历程司司长约翰·彼耶得(John Beard)指出，"目前低收入和中等收入国家正在经历的人口结构变化比欧洲和北美的发生速度高出很多"。在过去十年左右的时间里，包括中国、印度尼西亚、日本、缅甸、韩国、新加坡、泰国和越南等在内的亚洲国家的出生率已经低于欧洲国家有记录以来的总出生率，已接近或低于其人口更替所需的水平②。这似乎意味着与欧洲国家相比，未来亚洲国家的人口老龄化速度将会更加迅猛。

老年人口的身体功能有所衰退、抵抗力有所下降，属于典型的弱势群体，是健康与公共卫生领域一个重要的目标群体。在同样的外部环境（例如空气污染）下，该群体遭受的损害可能要多于一般群体。因此，需要注意老年人的初级卫生保健，预防慢性病，也要创造适合老年人特殊需要的外部环境。无论是在相关公共政策的制定，还是在公共服务设施的配置方面，均要更好地考虑老年人（还有女性、儿童、行动不便人士）等特殊群体的需要。

世卫组织老龄化和生命历程司的工作人员西蒙·鲍威尔(Simone Powell)指出，城市可以在关爱老年人口方面发挥楷模作用，无需花费大量资金就能取得较好的效果。而且，诸如设置户外座椅、配备无障碍公厕以及在设置红绿灯等待时间时充分考虑行走缓慢者的特点等关爱老人的许多措施，其实不仅仅方便了老年群体，也方便了孕妇、看护幼童者及残疾人③。

如今，巴西正在积极推行"10 年健康计划(2011—2021)"。目前，巴西老年人的数量约 1 400 万人，约占该国总人口（1.95 亿人）的 8%。根据估计，2050 年巴西的老年人口

---

① WHO, US National Institute of Aging. Global Health and Aging[R], 2011.

② 参见 http://www.who.int/bulletin/volumes/90/2/12-020212/zh/index.html 相关内容。

③ 参见 http://www.who.int/bulletin/volumes/88/6/10-020610/zh/index.html 相关内容。

将达到 4 900 万人。为了保证老年人和其他相关群体有足够的锻炼空间，巴西专门推出了“10 年健康计划(2011—2021)”，在 2015 年之前建设 4 000 座“卫生学院(公共健身房)”。这也是巴西国家抵御非传染性疾病计划的一个组成部分，该计划还包括健康促进和针对诸如糖尿病、癌症和高血压等慢性疾病患者的卫生保健内容[①]。

4) 道路交通伤害频繁

道路交通伤害是指道路上至少一辆行驶中的车辆发生碰撞所造成的致命或非致命伤害。一般来说，儿童、行人、骑自行车者和老年人属于道路使用者中最易受伤害的群体(图 2-19)。

图 2-19　越南城市交通一瞥

世界卫生组织的研究显示，全世界每年大约有 124 万人死于道路交通事故。道路交通伤害已经成为当前全球第八大死因，而且是 15—29 岁年轻人的主要死因。目前的趋势表明，如果不采取紧急行动，到 2030 年，道路交通伤害将上升为全球第五大死因[②]。

总体来看，中等收入国家的年道路交通事故死亡率最高，为 20.1 人/10 万人，高于高收入国家(8.7 人/10 万人)和低收入国家(18.3 人/10 万人)。中等收入国家人口占全世界人口总量的 72%，拥有全世界 52%的注册车辆，但道路交通死亡数占全世界的 80%。相对其机动车数量而言，中等收入国家的道路交通死亡负担显然过高。

分地区来看，道路交通死亡事故的发生率存在显著的地域差异。非洲地区(African Region)的道路交通事故死亡风险最高，达到了 24.1 人/10 万人(图 2-20、图 2-21)；欧洲地区(European Region)最低，为 10.3 人/10 万人；其他地区分别为，东地中海地区(Eastern Mediterranean Region)21.3 人/10 万人，东南亚地区(South-East Asia Region)和西太平洋地区(Western Pacific Region)均为 18.5 人/10 万人，美洲地区(Region of the Americas)16.1 人/10 万人。

---

① 参见 http://www.who.int/bulletin/volumes/90/2/12-020212/zh/index.html 相关内容。

② World Health Organization. Global Status Report on Road Safety 2013: Supporting a Decade of Action[R], 2013.

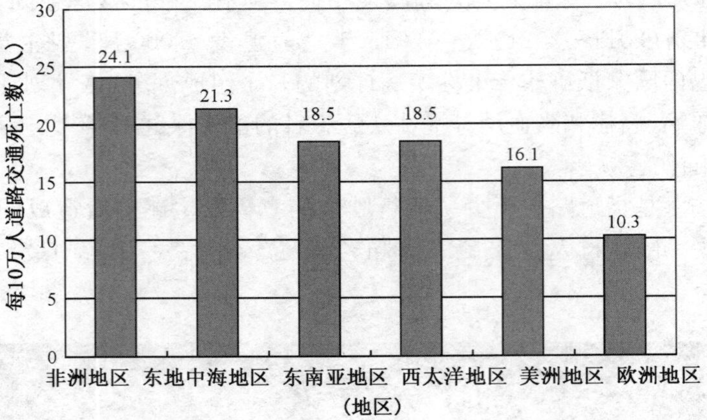

图 2-20　全球各地区每 10 万人道路交通死亡数量

图 2-21　非洲是全球道路交通死亡事故发生率最高的地区

出行方式不同,交通事故死亡率也不尽相同。目前,全球有一半的道路交通死亡者是行人(pedestrians)、骑车者(cyclists)①和摩托车驾驶者(motorcyclists),所占比例分别为 22%、5%和 23%,他们属于典型的"弱势道路使用者"。不过,究竟哪类群体出交通事故的风险最大?不同收入水平的国家和地区之间存在很大差别。

如图 2-22 所示,在非洲地区,步行和骑车是重要的出行方式,死于道路交通事故的行人比例很高(38%)。与此相比,在东南亚地区和西太平洋地区,摩托车驾驶者的比例较高,死于道路交通事故的摩托车驾驶者的比例分别为 33%和 36%。

通过进一步完善道路安全法规,提高并保持公众守法意识,严惩超速、酒驾,要求佩戴摩托头盔、使用安全带和儿童约束装置等,并且在交通设施规划设计时,更多地考虑行人和骑车者的需要,可以有效降低道路交通领域中的一些不安全因素,减少人身伤害事件的发生。

① 包括两轮和三轮脚踏车,不包括骑摩托车和电动车的人,笔者注。

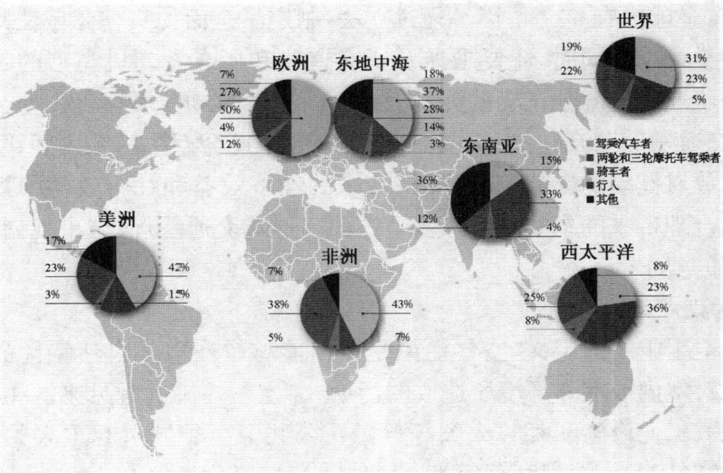

图 2-22　全球各地区交通事故死亡者的交通类型构成

柬埔寨通过立法要求摩托车驾驶员及其乘客佩戴头盔的做法值得借鉴。2005—2010 年期间，柬埔寨的交通事故死亡人数翻了一番，如今每年有 1 700 多人死于交通事故。其中，60%以上来自于摩托车使用者，他们大多(3/4)遭受了严重的头部损伤。为了减少不必要的伤害，柬埔寨于 2009 年对交通法进行修订，要求摩托车驾驶员佩戴头盔，但是即使是在柬埔寨首都金边(Phnom Penh)，佩戴率也只有 60%。对此，柬埔寨增强了执法力度，对于不佩戴头盔的行为加大了处罚。柬埔寨还于 2012 年 7 月至 11 月期间进行了集中宣传，通过电视、广播等媒体以及在道路上设立宣传栏，向公众展示交通事故场景等多种方式，呼吁公众认识到佩戴头盔的重要性(图 2-23)。此外，柬埔寨政府还在考虑再次修改立法，将摩托车乘客也纳入在内，国家法律机构对此正在进行审议[①]。

图 2-23　柬埔寨提醒驾驶员佩戴头盔的交通安全提醒

---

① World Health Organization. Global Status Report on Road Safety 2013: Supporting a Decade of Action[R], 2013.

截至目前，全球已有 90 个国家①通过立法，制定了全面的头盔佩戴法规，在实施严格的头盔质量安全标准的同时，还要求涉及所有道路和所有发动机类型的驾乘人员，无论所行驶的道路状况和所驾驶车辆的类型怎样，驾驶员均必须佩戴头盔②。当然，交通事故伤害还只是"交通领域"的最直接表现；交通对于健康还会产生一系列间接影响，表现在：机动车尾气排放对健康的影响，交通拥挤带来的经济效益和社会效益的损失，交通线路组织和设计不合理带来的事故隐患等多个方面。这对交通法规、城市规划相关政策的制定提出了更高的要求。

5）空气污染严峻

根据世界卫生组织的定义，空气污染是指由能够改变空气自然特性的任何化学、物理或生物物质对室内或室外环境所造成的污染③。空气污染的常见来源主要有家用燃烧装置、机动车辆、工业设施和森林火灾等等。在公共卫生领域引起重大关注的污染物包括可吸入颗粒物（PM）、一氧化碳（CO）、臭氧（O_3）、二氧化氮（NO_2）和二氧化硫（SO_2）。

空气污染是影响健康的一个主要环境风险因素，空气中的污染物会对人类健康产生严重影响④。具体来看，可吸入颗粒物的空气动力学直径越小，越具危险性。例如 PM2.5⑤被吸入之后，可能抵达细支气管壁，并干扰肺内的气体交换。即便在欧盟这样的发达地区，由于暴露于 PM2.5 环境下，人均期望寿命也会减少 8.6 个月。臭氧（O_3）可导致呼吸问题，引发哮喘，肺功能降低并引起肺部疾病。一项欧洲研究显示，臭氧（O_3）的浓度每增加 10 $\mu g/m^3$，日死亡率将上升 0.3%，心脏病发病率将增加 0.4%。二氧化氮（NO_2）是硝酸盐气溶胶的主要来源，也是构成 PM2.5 和在紫外线下臭氧（O_3）的主要成分。流行病学研究表明，哮喘儿童发生支气管炎症状大多与长期接触二氧化氮有关。二氧化硫（SO_2）则会对呼吸系统和肺功能产生影响，还会刺激眼睛。

如今，空气污染已经成为一个全球层面的典型公共卫生问题。世界卫生组织下属的国际癌症研究中心发布的一份最新研究报告显示，空气污染已成为诱发癌症的主要原因。这是空气污染首次被列入与吸烟、汽车尾气、石棉同级别的一类致癌因素里。而在此之前，空气污染已被证实会导致多种健康问题，但正式公布其会导致癌症尚属首次⑥。

2003 年，亚特兰大市首次发布"烟雾红色预警"，提出小汽车和货车尾气是造成当地空气质量下降的主要原因⑦。图 2-24 中的交通显示屏幕上提醒驾驶员，最好能够采取小

---

① 覆盖全球人口的 77%，笔者注。

② World Health Organization. Global Status Report on Road Safety 2013：Supporting a Decade of Action[R]，2013.

③ 参见 http：//www. who. int/topics/air_pollution/zh/index. html 相关内容。

④ 世界卫生组织. 空气质量与健康[EB/OL]. [2013-11-03]. http：//www. who. int/mediacentre/factsheets/fs313/zh/index. html.

⑤ 即空气动力学直径小于 2.5 μm 的可吸入颗粒物，笔者注。

⑥ 程磊. 世卫报告：空气污染已成为诱发癌症主要原因[EB/OL]. [2013-10-26]. http：//www. leginfo. ca. gov/. const/.

⑦ Alia H. How urban sprawl works[EB/OL]. [2013-10-27]. http：//geography. howstuffworks. com/terms-and-associations/urban-sprawl2. html.

汽车共乘方式(carpool)出行,以减少机动车交通流量和尾气排放。

当前中国城市的空气污染也较为严重,而机动车是其中一个主要排放源头。有数据显示,2000 年上海市 PM2.5 本地人为来源中,工业生产与机动车尾气排放比例为 7∶3。而 2013 年监测数据发现,后者所占比例已经大幅上升,达到 50%,居全国首位①。

图 2-24　2003 年亚特兰大市首次发布"烟雾红色预警"

2013 年 11 月,中国社会科学院、中国气象局联合发布了《气候变化绿皮书:应对气候变化报告(2013)》(以下简称《绿皮书》),相关监测数据显示,中国大气污染比较严重,近 50 年来中国雾霾天气总体呈增加趋势,雾霾天气几乎达到常态化②。"影响生殖能力"甚至被作为雾霾天气负面影响的醒目标题,不仅如此,雾霾天气还影响呼吸系统和心脏系统等,导致慢性病加剧、死亡率升高。中国工程院院士钟南山认为,雾霾危害甚至比"非典"更可怕。有研究显示,PM2.5 每立方米增加 10 个微克,呼吸系统疾病的住院率可以增加到 3.1%。灰霾从 25 个微克增加到 200 微克,日均的病死率可以增加到 11%③。面对"十面霾伏"的严峻形势,我们该如何逃离劫难?是否还能够安之若素?一系列疑问,值得我们反思现有的发展模式。

一般来看,城市的经济活动高度密集、污染源头众多,空气污染程度也要比农村地区严重得多。而且,室外和室内空气污染均有可能引起致命的呼吸系统疾病及其他疾病,对生命安全构成了巨大威胁。为此,世卫组织的《空气质量准则》曾就空气污染对于健康的影响进行评估,并且对空气质量目标提出了建议。该《准则》指明,如果将颗粒物(PM10)的污染浓度从每立方米 70 微克减少到 20 微克,则与空气质量有关的死亡数就可减少大约 15%(表 2-3)。

表 2-3　WHO 关于颗粒物的空气质量准则值和过渡时期目标:年平均浓度[a]

	PM10($\mu g/m^3$)	PM2.5($\mu g/m^3$)	选择浓度的基础
过渡时期目标-1(IT-1)	70	35	相对于 AQG 水平而言,在这些水平的长期暴露会增加大约 15%的死亡风险
过渡时期目标-2(IT-2)	25	50	除了其他健康利益外,与过渡时期目标-1 相比,在这个水平的暴露会降低大约 6%(2%—11%)的死亡风险

① 参见 http://sh.sina.com.cn/news/b/2013-01-15/083430082.html 相关内容。

② 参见 http://msn.people.com.cn/n/2013/1106/c242548-23446546.html 相关内容。

③ 王石川.雾霾影响生殖,谁能安之若素?[EB/OL].[2013-11-11].http://opinion.people.com.cn/n/2013/1106/c1003-23452669.html.

	PM10(μg/m³)	PM2.5(μg/m³)	选择浓度的基础
过渡时期目标-3(IT-3)	30	15	除了其他健康利益外,与过渡时期目标-2相比,在这个水平的暴露会降低大约6%(2%—11%)的死亡风险
空气质量准则值(AQG)	20	10	对于PM2.5的长期暴露,这是一个最低水平,在这个水平,总死亡率、心肺疾病死亡率和肺癌的死亡率会增加(95%以上可信度)

注a:应优先选择PM2.5作为空气质量准则值(AQG)。

2.2.3 对城市健康问题的基本评判

可见,19世纪工业革命初期所遭遇的许多城市健康问题至今也没有终结,西方工业化强国早期就已存在的城市居民生活质量低下等问题如今在发展中国家和地区仍然普遍存在。即使到了21世纪,新的城市健康问题依然层出不穷,它们可能以更加隐蔽的方式或者以一些新的面孔出现,甚至在某些方面趋于恶化。

1）城市已经成为人类健康问题的重灾区

世卫组织总干事陈冯富珍认为,城市人口通常比农村人口的生活更加优越。城市居民往往有更多的机会获取社会资源和卫生服务,而且他们的期望寿命更长。不过,城市往往也是健康威胁集中的地方,例如环境卫生较差、污染、道路交通事故、传染病暴发以及不健康的生活方式①。

相对于农村地区,城市地区的人口密度要高出许多,假如卫生条件差,一旦遭遇传染性疾病的威胁,传播的速度相当快,往往会造成人员的大量伤亡。因此,我们不能被单纯用城市人口占总人口比重来衡量城市化水平的指标所迷惑,而是应当清醒地认识到,在城市经济繁华和形象光鲜的背后,也经常藏匿着一些不安定因素,这些因素往往使得城市成为健康问题的"重灾区"。

也就是说,同样强度的疾病和灾害,对于城市的"杀伤力"要比农村地区强得多。在"健康"问题面前,城市虽具有一定的物质形态和社会资源集聚优势,但与此同时,也似乎带有天然的脆弱性,在应对"健康"问题时其实面临着更多的门槛和威胁。鉴于城市人口的比重日益提高,首先关注"城市"层面的健康问题,似乎能够取得更大的社会效益。

2）城市健康程度反映了城市化的运行质量

笔者认为,城市的"健康"与否归根结底取决于城市化的运行质量的高低。"城市化水平"只是测量城市化进度的一个人口指标,它与"城市健康"并不等同。所谓"城市化",简单地看,其基本内涵就是人口从农村地区进入城市地区,期间伴随着就业的转换和居住地的变更,前者表现为从农产业转向非农产业,后者表现为从农村地域进入城市地域。

① 世界卫生组织. 城市计划对公共卫生至关重要[EB/OL]. [2013-10-30]. http://www.who.int/mediacentre/news/releases/2010/urban_health_20100407/zh/index.html.

不过，“城市人口”测度指标存在一个重要缺陷，那就是难以区分城市化的运行质量。倘若农村人口进入了城市，但是就业不够稳定、居住条件恶劣、生活质量低下，他仍然属于“城市化了的”人口。一些拉美国家和地区的经济发展水平并不高，但是城市化水平却较高，形成了所谓的“虚假城市化”现象。

表 2-4 显示了 2010 年世界各地区的城市化水平及其城乡人口“逆转时间”①。单纯从城市化水平来看，诸如拉丁美洲和加勒比海地区（Latin America and the Caribbean）与南美地区（South America）等发展中国家和地区的城市化水平已经接近甚至超越了发达国家。但是，与欧美发达国家相比，其经济发展水平和城市化运行质量却远不可同日而语。对于包括中国在内的许多发展中国家来说，保持适度的城市化水平增幅，确保城市化的运行质量才是关键。

可见，简单地依据城市人口指标，并不能评判城市化运行质量的优劣，也不能识别虚假城市化。而且，较高的城市化率不见得就对应着较高的城市健康水平。单纯从“城市人口”指标方面来衡量，当前不发达国家已经在世界城市化进程中占据了主导地位，但是，对此我们并不能盲目乐观。由于经济发展条件落后，不发达地区的城市化运行质量令人担忧，再加上一系列城市病问题的大量出现，使得城市居民的生活质量还有很大的提升空间。

表 2-4　2010 年世界各地区的城市化水平及其城乡人口逆转时间

地区	城乡人口逆转时间（2010 年以前）	2010 年城市化水平（%）	城乡人口逆转时间（2010 年以后）	2050 年城市化水平（%）
全世界		50.6		70.0
发达国家	1950 年以前	75.0		86.0
欧洲	1950 年以前	72.6		83.8
东欧	1963 年	68.8		80.0
北欧	1950 年以前	84.4		90.7
南欧	1960 年	67.5		81.2
西欧	1950 年以前	77.0		86.5
不发达国家		45.3	2020 年	67.0
非洲		40.0	2030 年	61.8
非洲撒哈拉沙漠以南地区		37.3	2032 年	60.5
东非		23.7		47.6
北非	2005 年	52.0		72.0

① 即城市人口超过农村人口的转折点和时间临界点，笔者注。

续表 2-4

地区	城乡人口逆转时间（2010 年以前）	2010 年城市化水平(%)	城乡人口逆转时间（2010 年以后）	2050 年城市化水平(%)
南非	1993 年	58.8		77.6
西非		44.6	2020 年	68.0
亚洲		42.5	2023 年	66.2
东亚		48.5	2013 年	74.1
中南亚		32.2	2040 年	57.2
东南亚		48.2	2013 年	73.3
西亚	1980 年	66.3		79.3
拉丁美洲和加勒比海地区	1962 年	79.4		88.7
中美洲	1965 年	71.7		83.3
世界其他地区				
南美洲	1960 年	83.7		91.4
北美洲	1950 年以前	82.1		90.2
大洋洲	1950 年以前	70.6		76.4

3）城市健康问题具有复杂性和综合性

如前所述，许多城市健康问题的出现，既超越了单纯卫生领域的范畴，也不简单地表现为单个问题。城市健康的影响因素众多、作用机制复杂，各影响因素之间相互交织乃至趋于融合，成为一个极具综合性和复杂性的问题，对各个国家的战略引导和统筹协调能力提出了很高的要求。

世界卫生组织和联合国人类住区规划署（联合国人居署）的研究表明，在城市贫困居民内部广泛传播的所谓的疾病和健康问题，其实更多地可以追溯到他们在社会和生活条件方面的不公平现象[①]。笔者认为，健康的影响在自然层面的时空分布上并不均衡，在社会层面的时空分布亦存在显著差异。健康问题的产生也并不是毫无选择、一视同仁的，而是带有鲜明的制度特征和社会差异的。社会经济地位决定了居民的居住环境和暴露于疾病和灾害的程度，进而决定了健康的差异性。这一评判，似乎又为健康的影响因素注入了更多的制度层面的解释，我们需要进一步挖掘“隐匿”于城市健康外衣背后的种种制度和社会层面的不公平。

这一点，似乎早在 19 世纪中后期，人们就已经在一定程度上有所察觉。当时人们就

① World Health Organization，United Nations Human Settlements Programme (UN-HABITAT). Hidden Cities：Unmasking and Overcoming Health Inequities in Urban Settings[R]，2010.

已经意识到，包括贫困、环境、卫生及其相关问题在内的诸多城市“健康”问题其实并不是相对独立的，而是难以区分边界的。

如图 2-25 所示，健康女神对一个穿着考究的绅士说：“你理所当然地认为，街道上的污秽都只是散布在后街，好像和你无关。但是，你错了！如果你对此缺乏慎重对待和妥善应对的话，上述现象也会很快地潜入你的房屋。”这幅漫画暗含着一种假定，那就是富人总是认为，肮脏的街道只是穷人的事情，而与自己无关。显然，事实并非如此简单。笔者认为，那种企图将某一个具体社会现象进行限定和封锁，甚至隔离于局部地域（特定空间）的做法充其量只是延缓了其扩散的趋势，结局往往并不十分奏效。城市具体健康问题的背后，其实都可以在一定程度上追溯和识别出其特定的经济社会动因；倘若忽视了这一源头因素，那么就不可能从根源上解决健康问题。

图 2-25　健康女神的一席话令绅士十分惊讶

4）城市健康问题的分析视角已经转换

目前，人们对于健康的认识正在不断深化，鉴于健康的影响因素相对综合，应对策略也不再局限于医疗卫生层面，相应的研究视角也已经实现了从医疗卫生到社会影响因素方面的转换，可以说这是一个重大的跨越。

对于常规的传染性疾病，可以通过服用相关药物进行诊治，也可以通过改善卫生条件、增强人体的抵抗力等手段来加强控制；更重要的则在于提供完善、便利的公共健康服务，让每一位居民均能够享受到高质量的公共服务。同时也要营造良好的居住环境和生活环境，做到通风良好、居住宽敞、饮水卫生、环境整洁。

而对于一些非传染性的疾病，就不是单纯医疗卫生手段所能够解决的了。“如今在孟买呆一天，（所呼入的污染物对身体造成的损害）相当于每天抽两盒半香烟”①。这似乎表明，当今城市的生存环境正在强烈地受到社会经济因素的影响，空气质量引发的健康问

① Elliott D S, Pietro G, Gabriella C. The 21st century health challenge of slums and cities[J]. The Lancet 2015, 365:901-903.

题涉及居民的交通出行行为，涉及城市空间的发展模式乃至可持续发展战略，是一个综合性的治理难题。

对于城市化进程当中出现的环境质量问题，其形成原因和形成机制与医疗卫生视角下人体疾病的形成机理同样复杂。如今，健康的影响因素不仅仅取决于人类个体的体质和生活方式，而是早已跨越了传统医疗卫生的范畴，更多地涉及社会、经济乃至制度和政策层面。因此，对于疾病的应对也必须更多地着眼于疾病背后的社会经济动因。

3 健康城市的理论与实践进展

3.1 "健康城市"的内涵与特征

3.1.1 "健康"理念的提出

世界卫生组织在1948年创建之初就已经意识到了健康问题的丰富内涵。根据世界卫生组织的定义，"健康"是整个身体、心理和社会的良好状况，而非仅仅是没生病或不虚弱。

健康的理念最初起源于医疗卫生领域，不过，随着人们认识程度的提高，对于健康的理解已经超越了医疗卫生领域，其内涵和影响已经进一步拓展至社会经济领域的范畴。关于健康的认识也逐渐从之前医疗卫生层面的纯粹对"个体"行为的关注扩展到对健康施加影响的外部环境乃至整个社会层面的关注。与之相应，对于健康的理解也需要超越公共卫生和医疗领域的传统狭隘认识，而赋予其更多的社会经济内涵①。

对此，笔者认为，对于病患"个体健康"问题的关注，可能更多地需要医疗卫生领域专业人员的努力；而要弄清城市居民的"群体健康"问题，则可能需要从城市规划管理和公共政策制定的角度，通过探索其背后特定的外部经济社会环境和相应的体制及制度背景来寻求可能的解释。

如图3-1所示，健康要受到多重社会经济因素的影响：首先是人类个体因素，包括年龄、性别、遗传、生活习惯等因素；其次是社会和社区网络，包括社会交往、邻里关系等，这一层面体现了社区成员之间的相互帮助和扶持；再往外是生活与工作环境，包括农产品、教育情况、工作环境、就业状况、水环境、卫生医疗、住房条件等；然后是整体的社会、经济、文化、环境因素；最后则是地球的自然环境因素，包括水热条件、气象条件和地形地貌等等②。

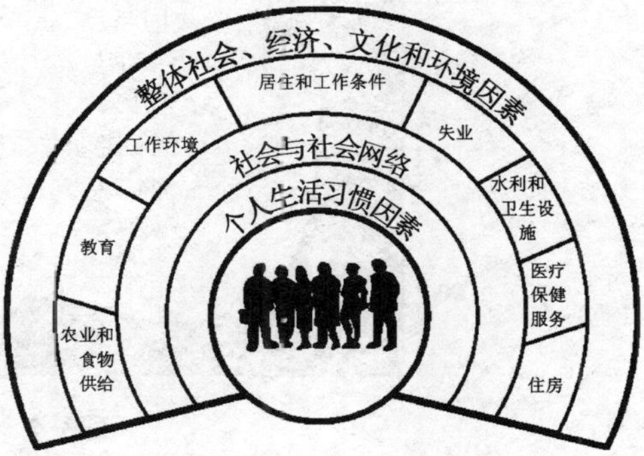

图3-1 健康的决定因素

总之，健康问题研究具有相当的复杂性和综合性，健康问题研究的困难在于健康问题似乎无所不包，又散布于不同空间尺度和多

① 马祖琦.欧洲"健康城市"研究评述[J].城市问题，2007(5):92-95.

② Dahlgren G, Whitehead M. Policies and Strategies to Promote Social Equity in Health[M]. Stockholm: Institute for Future Studies, 1991.

个层面，并且受制于众多因素的交叉和连锁影响，各种影响因素相互之间如何协同的作用机制和互动机理还有待深入探索。

3.1.2 健康影响因素的层次性和隐匿性

如前所述，健康的影响因素众多，相互之间的作用机制十分复杂。健康的诸多影响因素既体现出一定的层次性，各个层次之间也有所交织。如图 3-2 所示，健康的影响要素如同一座冰山，有些处于外部，属于显性因素；更多的影响要素则处于内部，属于隐性因素。

其中，第一层次在水平面以上，主要是指那些看得见的作用因素，例如意志消沉、精神沮丧、工作与生活压力等等，这些因素能够很容易地进行识别。

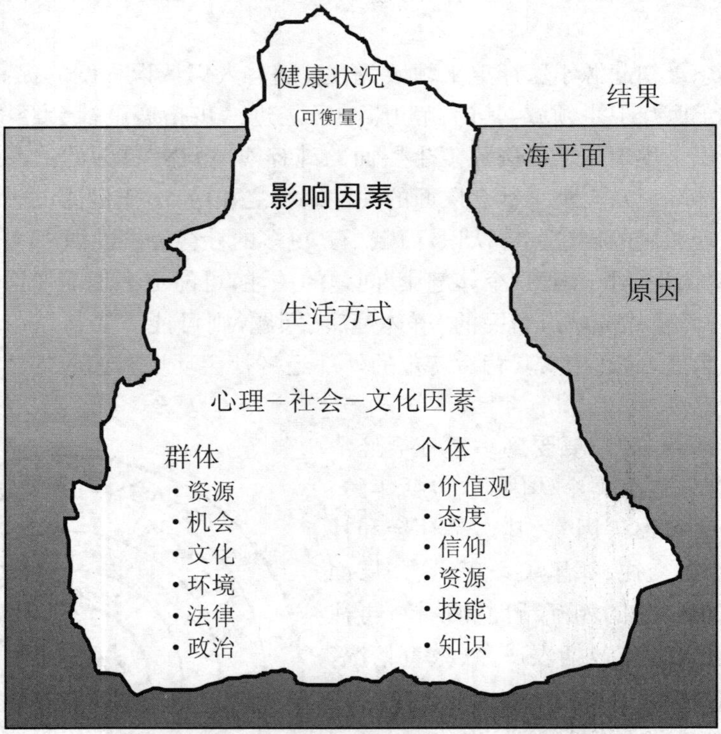

图 3-2 健康冰山模型图解

第二层次位于水平面以下，但是紧邻水平面。主要包括一些与疾病和健康密切相关的因素，诸如生活方式、行为习惯等，这些因素也能够很容易地进行识别，表现为抽烟、酗酒、饮食习惯、休闲娱乐以及体质和精神方面的健康状况，可以将其称之为健康的直接影响因素。

再往下，远离水平面，就到达了第三层次。主要侧重心理、社会、文化、政治、经济、信念等方面的因素，可以将其称之为健康的间接影响因素。该层次的影响因素较为微妙，令人难以捉摸，往往被人们忽略。但它们之间相互作用的机制更加复杂，其综合效应有可能在不知不觉中逐渐强化，进而对健康产生相当深远的影响。因此这一层面的影响更不容小觑。上述解释就构成了健康冰山模型（The Iceberg Model of Health）的基本内容。

总体来看，健康冰山模型非常形象地描述了各种因素之间的关联，其中，体质的健康（生病）问题位于冰山之巅，也最为直观。而要想更好地对城市健康问题进行更为全面的分析，必须努力探究位于健康冰山水平面下方的各种社会经济动因。因为这些因素不仅藏匿更深，而且无法被个人掌控，它们决定着人们的生活方式和个人选择，进而从根本上决定着城市整体健康水平的优劣。

3.1.3 “健康城市”的内涵与特征

那么，什么是健康城市，“健康”城市与一般城市有何区别？汉考克（Hancock）和顿尔（Duhl）对此进行了解释，认为只有那些努力改善城市的自然和社会环境，充分发掘社区资源，使其居民相互扶持并最大限度地发挥自身潜力的城市才称得上健康城市①。

健康城市的基本特征可以概括为以下几点②：(1)健康、安全和高质量的自然环境；(2)稳定、可持续的生态环境；(3)社区之间相互支撑，没有内耗；(4)居民对于影响其日常生活、健康和福利的政策拥有较高的参与度和决策权；(5)能够满足全体城市居民的食品、用水、居住、收入、安全和就业等所有基本需求；(6)居民拥有各种各样的机会和丰富资源，相互之间有着密切的联系和交流；(7)城市经济呈现多样化，富有创新精神；(8)鼓励延续传统文脉，并做到在群体和个人之间相互交流；(9)其他任何一种实现上述目的，呈现上述特征的发展模式；(10)所有居民都能够享有高质量的保健和医疗服务；(11)健康状况良好(健康水平高、发病率低)。

可以看出，健康城市的提出是对未来城市运行状态的美好设想和远景展望，其基本特征由一个个发展目标和一系列可持续的发展理念组成。

“健康城市”作为一系列发展理念的高度浓缩，是对未来城市的健康发展和理想生活状态的展望。它并不是僵硬的规则，也没有明确的测定标准，而仅仅是具有一定倾向性的发展目标，有助于指导各国根据自身特色来组织多样化的“健康城市”活动。

不过，笔者对某些观点有所质疑，例如根据世界卫生组织的描述，“健康城市是一种过程，而非一种结果”。笔者认为，健康城市既可以是一种过程，也可以是一种结果。“过程”表明，城市健康的目标具有长期性和艰巨性，需要不断地探索、实践；“结果”表明，城市健康目标不是虚幻的、遥不可及的梦想，在特定时段，理所当然地能够达到阶段性目标，这种“结果”，一定意义上既可以看作探索过程中经验和教训的总结，也是对追求城市健康目标各种行动和努力的肯定。为此，在创建健康城市的过程中，需要适时地调整发展理念，不断修正和深化对健康城市内涵的认识。

---

① 参见 http://www.who.dk/healthy-cities/相关内容。

② Agis D T. WHO Healthy Cities Project: A Project Becomes a Movement: Review of Progress 1987 to 1990 [C]. Denmark: WHO Regional Office for Europe, 1990.

3.2 欧洲健康城市项目的进展

3.2.1 欧洲健康城市项目的发端

1986 年 11 月，第一届国际健康促进大会在加拿大渥太华召开，通过了《渥太华宪章》（*The Ottawa Charter for Health Promotion*），会议认为健康促进是“一个促使人们控制、改善健康状况的过程”，分别从推动健康公共政策的制定、创造环境支撑条件、强化社区参与、提高个人技能、重新调整健康服务五个侧面勾勒出《渥太华宪章》的战略框架[①]。

回顾健康城市运动的发展历史，“健康促进”之理念虽然源于《渥太华宪章》，但是真正将其转化为行动的还是远在大洋彼岸的欧洲。在《渥太华宪章》“为了所有人的健康（health for all ，HFA）”思想的指导下，世界卫生组织欧洲地区办公室率先于 1986 年设立健康城市项目，随后建立了欧洲健康城市网络。

世界卫生组织欧洲地区办公室的健康城市项目致力于号召地方政府通过政治参与、制度变革、能力构建、协作规划以及创新计划等多种方式推动城市的健康发展。其关注的焦点主要是：城市贫困造成的健康差异、弱势群体的需要、公众参与以及其他影响健康的社会经济因素等[②]。上述领域需要借助综合性的规划政策才能够得以解决。

当初，欧洲设立健康城市项目主要是着眼于欧洲，“健康城市项目的最终目标是改善欧洲城市居民的健康水平”[③]。健康城市项目在其第一个五年计划（1986—1990 年）[④]即取得了显著的成绩，世界卫生组织欧洲区域办公室城市健康中心主任特索罗斯（Tsouros）对此给予了很高的评价，认为“在公共健康领域历史上，像（健康城市项目）这样用相对较少的投资得到如此好的回报的例子是不多见的”。

如今，健康城市项目逐渐扩展至全球，许多国家和地区的城市纷纷加入其中，开始把“健康城市”作为自己的目标，一个全球性的健康城市网络正在形成。仅仅欧洲，就有许多城市加入了创建健康城市的行列（图 3-3）。截至目前，已经有 90 个城市加入了欧洲健康城市网络的行列[⑤]。

3.2.2 欧洲健康城市项目的运作流程

欧洲健康城市的目标不是一蹴而就，而是可以分解为若干阶段和步骤的，为了实现

---

① World Health Organization Regional Office for Europe. Twenty Steps for Developing a Healthy Cities Project [R], 1997.

② 参见 http://www.who.dk/healthy-cities/相关内容。

③ Agis D T. WHO Healthy Cities Project: A Project Becomes a Movement; Review of Progress 1987 to 1990 [C]. Denmark: WHO Regional Office for Europe, 1990.

④ 此处时间划分与下文不统一，可能是阶段划分有所变动，笔者注。

⑤ 参见 http://www.euro.who.int/en/countries/turkey/news/news/2011/05/90 - cities-now-designated-in-phase-v-of-healthy-cities 相关内容。

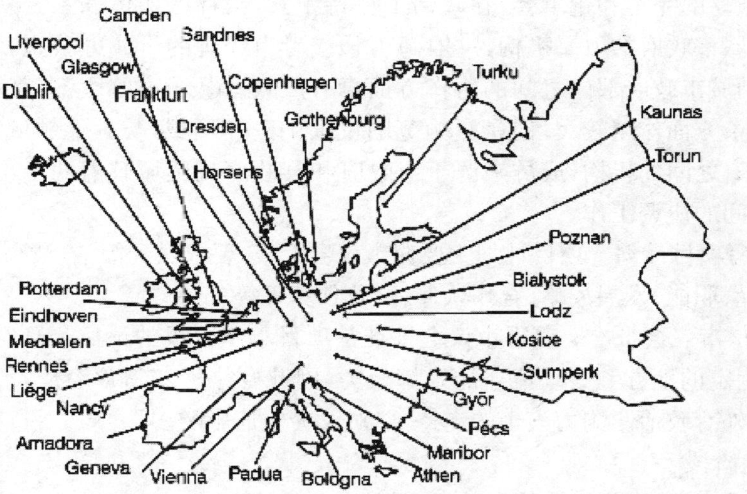

图 3-3　欧洲部分健康城市一览(1995 年)

良好衔接,相互之间有所重合。具体来说,"健康城市"项目主要分为"起步、组织与行动"三个阶段,具体划分为 20 个步骤①。

1) 起步阶段

该阶段的主要流程是:开始是对健康城市项目的认可和认同,然后是相关提议,最终获得市议会的政治支持和批准通过。具体内容是:

(1) 组建团队,寻求支撑。一旦确立健康城市的计划立项,组建支撑团队的任务马上开始。团队成员来自于各界人士,例如:热心健康事务的政治家,负责环境、城市规划、住房、教育和社会服务的官员,社会政策、公共健康、城市发展和生态领域的专家等等。

(2) 了解健康城市理念。健康城市蕴涵着丰富的思想,需要深入领悟健康城市的内涵、原理以及健康城市运动取得的实践成果。

(3) 熟悉城市环境。为了确保健康项目能够满足地方需求,有必要详尽了解城市环境特点、实际需要、存在问题及其运作方式,从而对城市健康的目标进行适时调整,例如:某一城市的健康问题主要反映在哪些方面?是否存在对健康产生重大影响的环境问题(例如空气污染和水污染等)?城市的政治体系、不同部门的职能分工等等。

(4) 筹集经费。项目的落实需要经费支撑,需要分别考虑近期经费和远期经费。"种子资金(seed money)"需要优先解决,主要用于相关人员的工资开销,一旦项目启动,其他方面的资金来源往往会迎刃而解。

(5) 组织定位。健康城市项目究竟在城市管理组织架构中如何定位非常重要,它决定着项目的组织结构和管理体制。当前欧洲健康城市项目主要有四种类型:①自治、非

① World Health Organization Regional Office for Europe. Twenty Steps for Developing a Healthy Cities Project [R],1997.

盈利型，有独立的宪章和董事会，在政治上保持中立，与社区团体联系密切，强力推动公众参与。②城市政府的下属机构，一般为市长或者市经理的下属办公室，与市议会联系密切，在推动城市政府部门之间的协作方面卓有成效。③城市健康部门的下设机构，在推动医疗改革方面作用较大，但是影响范围仅限于医疗领域，与其他领域联系甚少。④不同层级政府之间的机构，成员来源于市政府和县政府或区域政府两个层面，主要负责两级政府之间的协调工作。

(6) 撰写项目计划。项目计划主要向市议会汇报，要求做到简洁、清晰、详尽；主要内容包括：目标、职能、发展战略、合作伙伴、财政预算等等。

(7) 获得市议会批准。获得市议会批准是项目起步阶段的最后一环，只有获得正式批准，相应制定的地方健康政策才能发挥效力，因此要全力获得议会支持。同时也可以争取议会以外有政治影响力人士的支持，以对议会施加影响。

2) 组织阶段

政府批准之后，开始进入第二阶段，具体包括：

(1) 成立项目执行委员会。健康城市项目的正常运作需要一个专门的领导和组织机构，为此，需要任命专门的执行委员会，并赋予其一定的决策权和立法权，这是健康城市项目的关键。

(2) 分析计划的外部环境。图 3-4 是健康城市项目工作环境的分析框架图，每一个系统都有其特定的职责、功能与运行特点。其中，市议会是政治决策系统的核心，通常下设两类委员会：一类负责健康、住房、交通、城市规划、教育等的具体领域；另一类则负责整体规划和管理。健康城市项目必须熟悉该系统的运作机制。

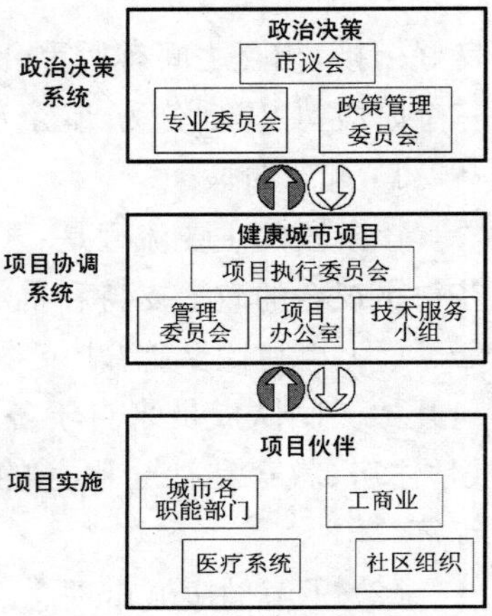

图 3-4 健康城市项目工作环境分析框架

(3) 确定计划任务。按照《渥太华宪章》关于健康城市项目"促使、协调、倡导(enabling, mediating and advocating)"职能的界定，健康城市项目的主要功能有：搜集关于城市健康问题的信息；增强城市居民和各类团体的健康意识；获得更多的政治支持；提供通过跨部门合作渠道，使城市居民和社区团体能够有更多的发言权；推动战略规划制定，确保健康项目持续发展；鼓励创新和政策改革；积极参加健康城市网络的各项活动；等等。

(4) 设立项目办公室。项目办公室承担着主要的纽带和协调作用，代表项目执行委员会与其他机构进行协调。主要职能有：拓宽地方健康问题以及公共健康新思路的信息渠道；为执行委员会及其下设委员会提供专业和行政支持；开展健康项目各项工作的宣传；与各团体进行协商，为跨部门合作奠定基础；推动地方公共服务创新；劝说城市政府完善健康战略规划，并开展政策和项目的健康影响评价，为健康城市网络成员提供相关信息；等等。

(5) 制定战略计划。制定长期的战略规划是说服城市政府管理人员采取健康政策的手段之一。具体内容包括项目的设想和所要解决的问题，以及在未来 3—5 年所要达到的目标。

（6）组织能力构建。人力、财力和信息是项目正常运转的基础，因此必须保障有熟练的工作人员、充足的财力以及信息渠道的畅通。

（7）建立“责任（accountability）”机制。“责任”机制表现在公共健康领域，主要是指行政人员和管理者要对其决策后果给健康带来的影响承担相应责任，例如，对住房政策的评判需要衡量该政策对居住条件和居民健康的具体改善程度。可以通过建立通报制度、发布年度健康报告、进行健康影响评估等举措来完善上述制度。

3）行动阶段

当项目已经具备足够的领导能力和组织能力时，开始转入第三阶段，直至相关健康政策的顺利实施。如图 3-5 所示，健康城市项目有六大行动领域，它们相互依托，任何一个环节出了问题，运作效果都将会大打折扣。该阶段的具体步骤包括：

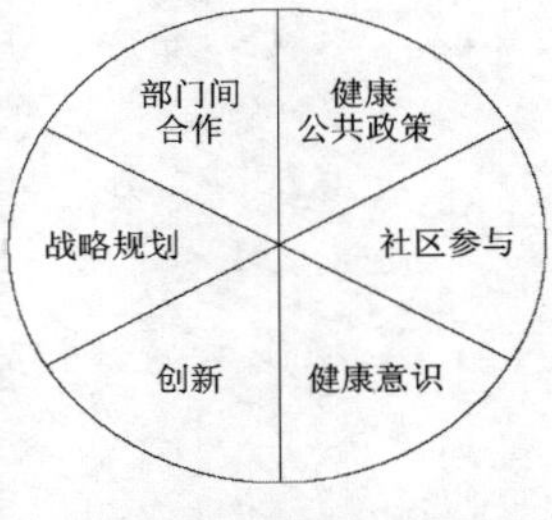

图 3-5　健康城市项目六大行动领域

（1）增强公众的健康意识。为了尽可能地提高公众健康意识，一方面要改善可达性，具体是指办公室的区位便利、信息资料能够方便获取，工作人员亲切和蔼；另一方面，项目信息要做到内容新颖、富有吸引力，还要积极与报社、电台、电视台等媒体合作。

（2）落实战略规划。战略规划确立了未来 3—5 年的战略目标，需要具有一定的灵活性，以适应新环境的变化。该环节要做好环境评价、项目规划、健康影响评价等工作，并且要与城市规划有效衔接，将健康城市的思想融入城市规划，进而制定相应的健康规划。

（3）调动各部门协作。健康城市项目涉及多主体、多部门，需要相互之间的通力协作，为此，需要在管理体制、组织结构、责任机制等方面来进行调控，例如在项目执行委员会委员的构成方面，要照顾各部门之间的协调，必要时可以采取财政手段来刺激部门之间的合作。

（4）鼓励社区公众参与。强调公众参与是健康城市项目的一条重要指导思想，通过与志愿组织、自助团体以及邻里协会的交流，可以倾听居民的呼声，进而调整相应的政策和决策制定。

（5）推动创新。执行委员会与项目办公室的工作态度和工作方式是培育创新土壤的先决条件。如果他们乐于听取意见，主动接受新观点，进行周密考虑，就有利于创新。

（6）确保健康的公共政策。制定健康的公共政策是健康城市最为重要的层面，健康公共政策的制定与落实最终需要其他五大行动领域的配合。通过各政府职能部门和其他组织的合作，健康的公共政策的作用范围能够遍布整个城市地域。

3.2.3　欧洲健康城市项目的发展阶段

由于健康城市所要应对的问题很多，按照计划设想，欧洲健康城市项目每 5 年为一个阶段，每个发展阶段都会优先设定一些阶段性目标①。目前已经推进到第五个阶段，每个阶段的主要内容如下②：

1）第一阶段(1987—1992 年)

在第一阶段，有 35 座城市加入了欧洲健康城市网络。该阶段总的目标是引入新的健康城市工作思路，每年还有一些更为具体的工作目标。例如，1988 年的主题是健康不公平。简单来看，健康的高风险群体主要集中于特定的弱势社会群体以及那些长期患病的群体；要想消除健康的不公平现象，就必须从营造良好的自然与社会环境，倡导健康的生活方式，以及提高医疗服务的覆盖水平等方面予以推进(图 3-6)。

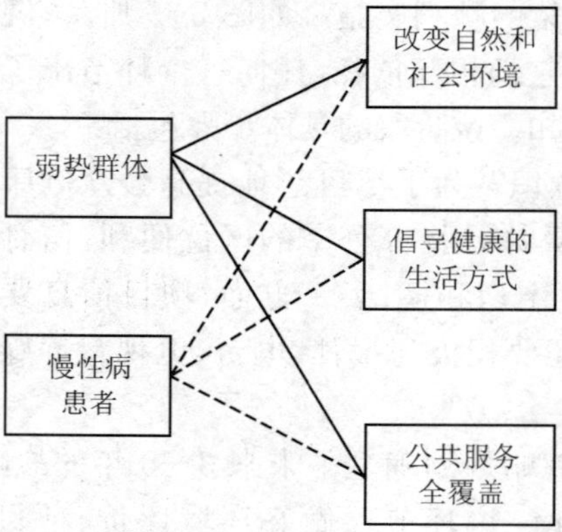

图 3-6　1988 年欧洲健康城市项目主题：健康不公平

再来看其他年份，1989 年的主题是加强社区行动和培养个人技能；1990 年的主题是营造有利于健康的支撑环境；1991 年的主题是对健康服务和公共健康进行重新定位；1992 年的主题是健康城市政策③。期间还于 1990 年 4 月 5 日至 4 月 6 日签署了《健康城市米兰宣言》，明确了城市在推进健康方面的重要地位和作用。

2）第二阶段(1993—1997 年)

在第二阶段，有 39 座城市加入了欧洲健康城市网络。在取得了一定的探索经验之后，该阶段更加注重行动导向，更加强调公共健康政策(healthy public policy)和综合性的健康城市规划(comprehensive city health planning)的调控效应。

3）第三阶段(1998—2002 年)

在第三阶段，有来自 28 个国家的 55 个城市加入。该阶段的主题是公平、可持续发展以及社会发展。其中最主要的工作就是制定综合性的城市健康发展规划，重点解决健

① 从时间划分来看，大约是 5 年或者 6 年为一个周期，笔者注。

② 参见 http://www. euro. who. int/en/health-topics/environment-and-health/urban-health/activities/healthy-cities/who-european-healthy-cities-network/phases-iv-of-the-who-european-healthy-cities-network 相关内容。

③ Agis D T. WHO Healthy Cities Project: A Project Becomes a Movement; Review of Progress 1987 to 1990 [C]. Dermark: WHO Regional Office for Europe, 1990.

康不公平、贫困与健康、社会排斥，以及弱势群体需求等方面的问题。该阶段要求参与的各个成员城市对自身进展进行监测和评估，通过案例分析来总结经验，吸取教训。

4）第四阶段（2003—2008 年）

欧洲健康城市项目的第四阶段于 2003 年 10 月举办的国际健康城市会议上启动，该阶段更加注重健康公平、健康的影响因素可持续发展，以及参与式和民主式的治理，此次会议确定了三个主题，分别为“健康老龄化”“健康城市规划”和“健康影响评估”。所谓健康老龄化，就是通过强有力的政治动员，发挥政策和规划的引导和调控作用，统筹协调，满足老年人口的健康需求；所谓健康城市规划，就是将健康的影响要素融入城市规划的过程，通过一系列计划和项目，从政治和制度层面实现特定的健康目标；而健康影响评估的目的就是将健康影响评估的方法融入决策制定之中，督促决策制定者在制定政策、项目和开发方案的时候，综合考虑居民健康和福利水平。此外，2004 年 10 月，又增加了一项研究主题——身体锻炼和积极的生活方式（physical activity and active living）。通过优化城市规划设计、改善外围环境等干预手段，鼓励身体锻炼和积极的生活方式，以更好地应对肥胖症。

5）第五阶段（2009—2013 年）

《萨格勒布[①]健康城市宣言》（*The Zagreb Healthy Cities Declaration*）确定了欧洲健康城市网络的原则、目标和主题。此阶段的主题是“政策中的健康和健康公平（health and health equity in all local policies）”。之所以强调政策对于健康问题的重要性，是由于健康不仅仅是医疗卫生部门的事情，而且超越了医疗卫生的范畴，更多地受到一系列公共政策的影响。当前，社会领域已经逐渐意识到改善健康和福利水平的重要性。事实证明，医疗卫生范畴之外的政策过程将会对健康的影响要素或特定疾病的高风险影响因素产生重要的作用。在制定诸如交通政策、住房和城市发展政策、环境政策、教育政策、农业政策乃至财政、税收和经济政策等一系列政策时，需要进一步突出健康的重要性[②]。显而易见，这已经远远超出了医疗卫生的范畴。

3.3 国内外健康城市研究的探索

3.3.1 老龄化与城市健康

与高度发达的世界城市化水平相伴随，欧洲国家人口的老龄化现象亦呈现加速趋势。根据联合国预测，全球老龄人口（60 岁及以上）的比重将从 1995 年的 9.5%增长到 2020 年的 13%。而同期欧洲国家的老龄化趋势更为严峻，2020 年老龄人口比重将增加至 20%以上。鉴于欧洲国家老年人口的比重逐渐膨胀，对老年人口的关注也就顺理成章了。

---

① 萨格勒布是克罗地亚的首都，笔者注。

② World Health Organization. Phase V (2009—2013) of the WHO European Healthy Cities Network: Goals and Requirements[R], 2009.

英国伦敦的卡姆登(Camden)自治市在健康城市项目之初就高度关注老年人问题，举办了一系列关于老年人的活动，例如1991年的老年人论坛。最近又举办了一系列会议：主题为“谁来关心你的健康?”的会议引发了居民对社区健康问题的关注；还有主题为“能够外出走动”的研讨会则更多地关注老年人在使用公共交通时所面临的困难。奥地利维也纳(Vienna)的“60岁以上老人安全行走”计划也是一个典型的例子。维也纳每年大约有300位老人因为走路摔倒而死亡，意外受伤的人数更是高达20 000人，其中约8 000人需要住院。针对上述情况，维也纳市政府在1996年设想开展一个老年人事故预防计划，重点放在老年人摔跤和意外事故的预防方面①。

在欧洲，老年人家庭护理的供需矛盾受到多重因素的影响(图3-7)②。首先是人口转变。在未来的较长一段时间内，欧洲的老年人口比重将持续增加，而年轻人口比重和工作年龄人口比重有所下降，人口年龄结构不断老化，工作年龄人口的赡养压力有所加大。其次是社会变化。随着传统联合大家庭趋于分散化和小型化，能够照料老年人口的家庭成员数量不断下降；而且，女性就业机会不断增多，也在客观程度上导致家庭护理人员较为缺乏。第三是流行病学的变化。随着公共健康水平的改善，老年人罹患的诸如阿兹海默症③、失智症④、糖尿病、心脏病、呼吸道疾病、中风⑤和癌症等许多疾病，大多属非传染性疾病，完全可以在家里得到及时有效的救助。第四是社会和技术创新。一些医疗设备和医疗技术的创新有助于延长残疾人、老年人口以及儿童的预期寿命，提高他们的生活质量。只需对诸如厕所、浴缸和电梯等设施进行简单而必要的改造，就可以满足行动不便人士的需要。第五是思想态度和观念发生转变。如今社会开始日益重视个性化的健康服务，更加强调使用者选择的重要性。欧洲的一项调查数据表明，有90%的受访者认为老年人口的社会和医疗保健服务最好能够在家里进行。而且，随着人口流动性的增强，不同文化的少数民族群体对于家庭护理有着特殊的需求，也迫切需要社会采取富有针对性的健康服务措施。第六是政策导向和政策选择。目前总的政策倾向是，希望以家庭为单位，来解决老龄化带来的挑战。其实，人们对人口老龄化带来的公共支出负担，特别是养老金和相关的医疗花费更为关切。1990—2004年期间，经济合作与发展组织(Organization for Economic Co-operation and Development，OECD)中几乎所有的国家的医疗花费的增长速度都要快于其国内生产总值的增长速度。而基础护理⑥对于确保老年人的生活质量具有重要意义，而且还可以将部分医疗资源转移至社区层面。目前人们逐渐认识到基础护理的重要性，对相关的政策制定和服务供给也提出了新的要求。

---

① Hugh B，Claire M，Catherine T. Healthy Urban Planning in Practice：Experience of European Cities[R]. Report of the WHO City Action Group on Healthy Urban Planning，2003.

② Rosanna T，Agis D T. Home Care in Europe：The Solid Facts[R]，2008.

③ 也称脑退化症、认知障碍症，笔者注。

④ 失智症是一种因脑部伤害或疾病所导致的渐进性认知功能退化，笔者注。

⑤ 中风又称脑卒中，是因脑供血中断而造成的脑损伤，笔者注。

⑥ 即由医护人员提供的初级保健护理，笔者注。

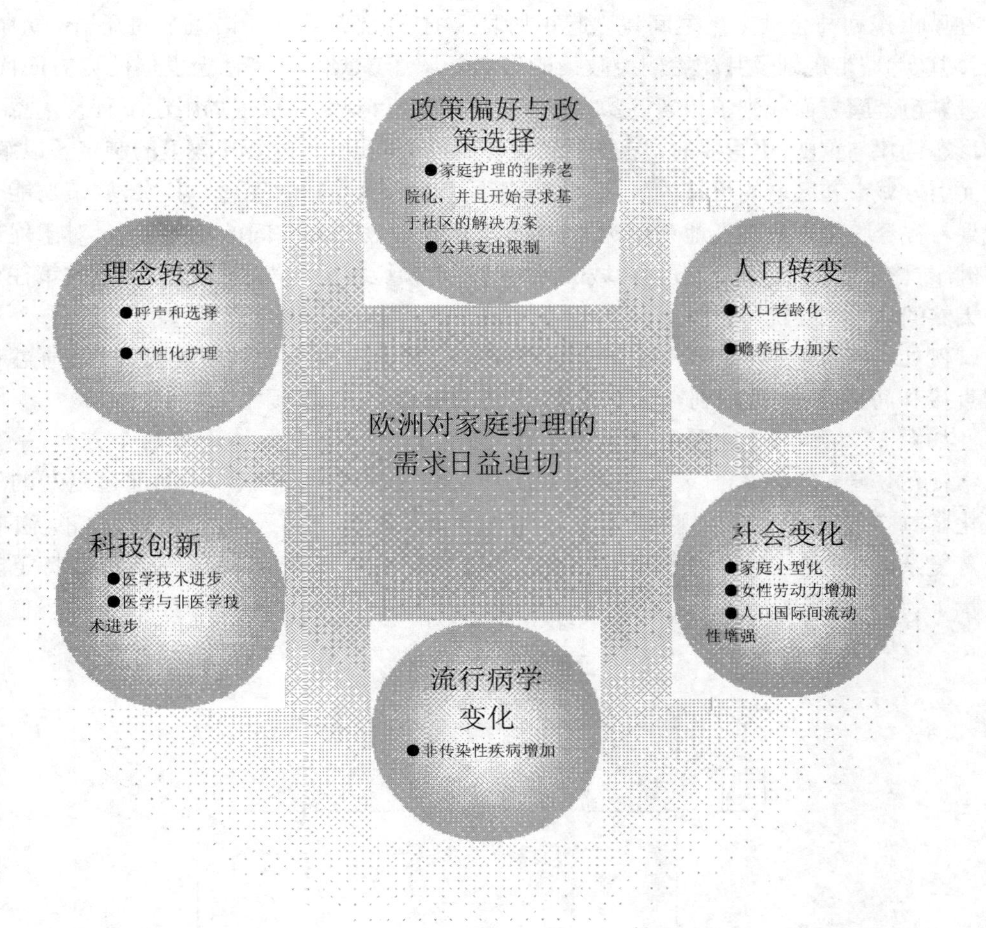

图 3-7　欧洲对家庭护理的需求日益迫切

3.3.2　城市规划与城市健康

城市规划与城市健康之间有着密切的历史渊源。英国学者卡林沃思(Cullingworth)在其著作《英国城乡规划》(*Town and Country Planning in the UK*)一书中指出，城乡规划作为政府的一项职能，最初起源于公共卫生的需要[①]。事实上，早在 19 世纪，当时英国新兴工业城镇的居民的生存状态非常恶劣：基本的住房、安全设施欠缺，产业工人居住拥挤，住房的采光和通风条件很差[②]。诸如斑疹伤寒症、霍乱、肺结核、黄热病等传染性疾病大肆蔓延，给社会经济发展带来极大损失。城市迫切需要改善空气质量、饮水卫生、公共绿地以及住宅采光等问题。为此，英国于 1848 年制定了公共健康法案，通过改

① 孔宪法. 由健康城市运动反思地方发展愿景及都市规划专业[J]. 城市发展研究，2005，12(2)：5-11.

② Mumford L. The City in History: Its Origins, Its Transformations and Its Prospects[M]. New York, Harcourt: Brace and World Inc., 1961.

善排水、垃圾收集、鼠害和蚊蝇防治等手段，来达到提高城市卫生水平的目的。当然，真正在城市规划与公共卫生之间建立起密切联系的，还要归功于斯诺医生的开拓性贡献。

其实，城市规划及其相关调控政策的影响领域涵盖城市经济社会发展的方方面面，在促进城市健康方面起到了相当重要的作用。首先，城市规划不仅仅局限于工程技术意义上的形态构建与重塑，更重要的则在于针对具体的社会问题，通过公共政策的制定予以解决，进而引导城市和区域的可持续发展，实践城市让生活更美好的理念。其次，城市功能分区规划首先会直接影响到土地利用类型、引导着产业的发展和空间的功能组合，对于促进城市健康具有特殊重要意义。再有，城市规划与管理领域相关的发展战略和公共政策往往带有天然的空间调控优势，往往会成为所在区域某类健康问题的"导火索"。

例如，特定的规划导向和发展战略调控对应着特定的土地利用类型，进而通过一系列直接和间接环节，影响到空气的质量，最终影响到居民的健康。

如图 3-8 所示，土地利用与空气质量之间的作用机制主要体现在两个方面：一是气象学视角。土地的开发形态会作用于地质和水文等自然地理因素，进而通过复杂的气候变化影响空气质量。二是规划视角。土地的功能分区会引导人口和就业机会的流向；对应着复杂的出行模式，机动车的尾气排放会直接影响空气质量；而居民暴露于特定空气质量下，将直接影响居民的健康水平。

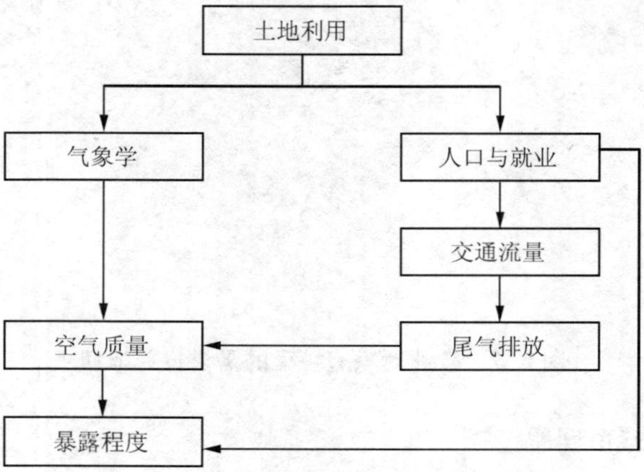

图 3-8　土地利用与空气质量之间的关联机制

这样一来，我们不难发现，本来看似不相关的一系列事件，或许能够借助"健康"这条主线得以贯穿起来。影响健康的自然和人为因素之间的界限趋于模糊，许多影响健康的因素背后，都或多或少地带有人为影响和制度性因素的痕迹。为此，从健康的视角重新审视和统摄当前城市化进程中逐渐显现的种种经济社会问题，也就具有一定的必要性和迫切性。

鉴于城市规划在推动城市健康方面具有相当强大的调控能力，因此，如何配合健康城市目标，进行健康城市的规划，成为今后城市规划部门所应努力的方向。笔者曾经于 2012 年 10 月跟随导师刘君德教授和师母吴其宝老师前往河南省荥阳调研，这里对"郑州荥阳宜居健康城”的规划和建设探索作一简要介绍①。

构建中原经济区是河南省在国家谋划“十二五”规划的关键时期所提出的重大发展战略。随着中原经济区上升为国家战略，郑州都市区建设正在成为中原崛起与河南振兴的重中之重。为了克服“摊大饼”式的、粗放式的城市发展模式，郑州市对其空间布局和功能分区进行了重新调整，提出了“六城十组团”的空间发展格局(图 3-9)。

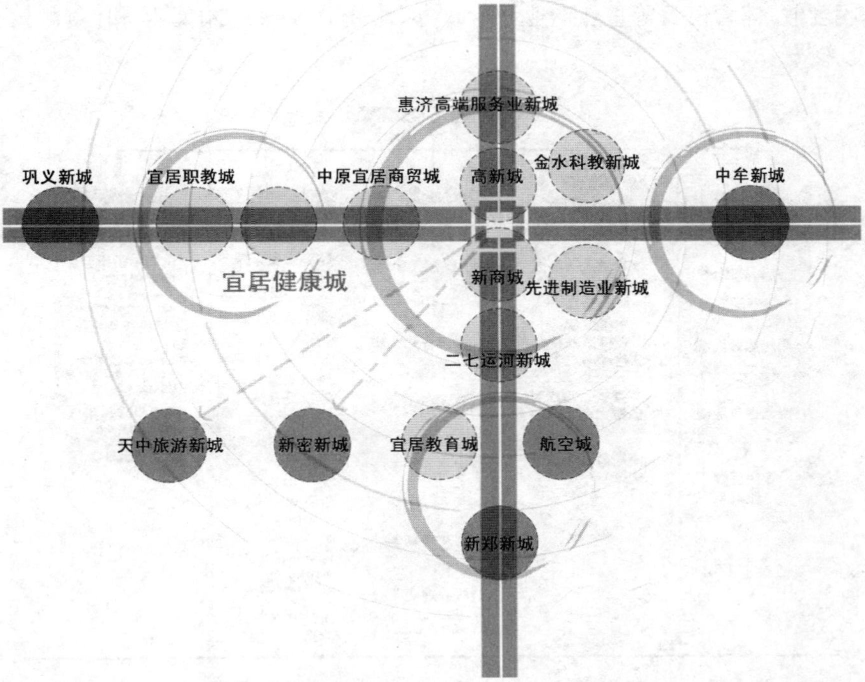

图 3-9　郑州市都市区空间布局战略:“六城十组团”格局

其中,“六城”是指航空城、中牟新城、巩义新城、新郑新城、新密新城、天中旅游新城。“十组团”是指宜居教育城、宜居健康城、宜居职教城、新商城、中原宜居商贸城、金水科教新城、惠济高端服务业新城、二七运河新区、先进制造业新城、高新城。

荥阳作为距离郑州最近的县市，拥有郑州都市区“十组团”之一的宜居健康城。“郑州荥阳宜居健康城”是郑州市“十二五”期间重点建设项目，位于郑州市区西部、荥阳市中心城区南部，总占地面积 117 km^2，规划人口容量 45 万人。该项目通过集中郑州大学医学院等优势医疗资源和相关的休闲疗养产业，完善西部新城健康休闲功能，带动郑州西部地区的发展，进而提升郑州都市核心区的综合服务功能。它是以现代医疗服务、医学高等教育、健康干预和管理、康复养生、养老护老、中医休闲观光和生物医药研发为核心

① 在调研期间，郑州荥阳健康园区管委会的李主任和荥阳市城乡规划局的张局长参与了座谈，特此致谢，笔者注。

建设的高端现代化医疗服务业新区，是中西部地区的医疗保健基地①。

按照初期规划方案，荥阳宜居健康城具有三大功能定位：全域式健康产业基地——服务中原经济区的医疗保健集聚区；复合型健康医疗中心——面向郑州都市区的医疗综合服务区；生态化健康宜居组团——引领郑州包容性增长的和谐宜居区②。

按照设想，宜居健康城规划有五大产业组团，分别是：（智能化）医疗健康服务组团、（智能化）健康管理及养老服务组团、医疗研发和教育培训组团、健康主题地产及城市服务地产组团、主题旅游与休闲养生组团③（图 3-10）。健康城将拥有疾病预防、医疗保健、康复养生、养老、休闲度假、体育健身等重点产业和行政办公、商业金融、文化娱乐和体育、教育等一系列配套设施④。

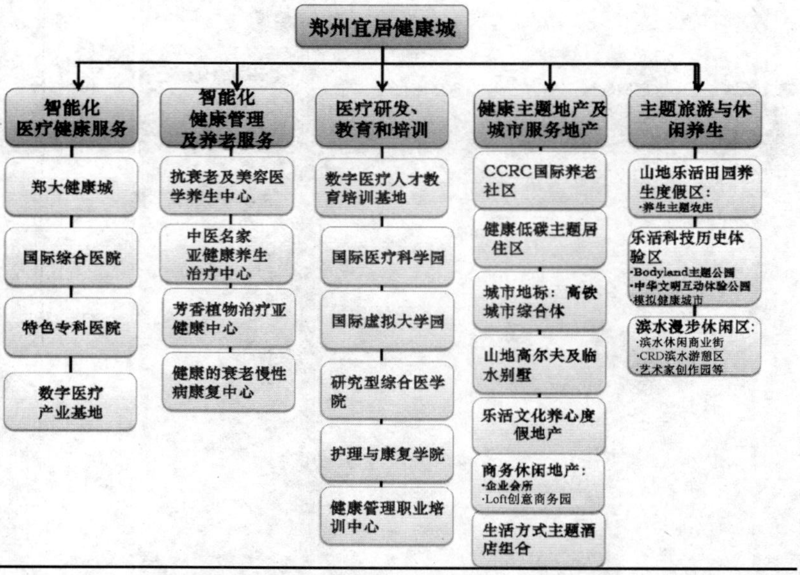

图 3-10　郑州宜居健康城的重点建设项目

从指导思想来看，该项目根据“组团发展、产城融合”的发展思路，通过吸引和集中郑州乃至全国的优势医疗资源和相关休闲疗养产业，集医疗、教学、学术研究于一体；突出产业与城市融合发展，通过引进特色产业提升土地价值，构建便捷的交通体系、市政基础设施支撑体系，形成产城融合的复合型新城区⑤。

笔者认为，就空间格局和功能定位来看，荥阳宜居健康城作为郑州都市区的一个组团，着重突出医疗及其相关产业的开发与城市功能的培育。显而易见，郑州荥阳健康城的规划和建设是一个以健康城市理念为抓手，服务于城市形态开发和功能培育，集居住、产业开发和综合服务配套于一体的现代化、多功能的区域开发综合体。在城

① 参见 http://baike.baidu.com/view/5668010.htm 相关内容。

② 参见 http://zz.focus.cn/news/2011-07-21/1394857.html 相关内容。

③ 科特勒咨询集团（中国）．打造“全域健康”主题城市报告二：“宜居健康城”概念性规划示意及开发策略[R]，2011.

④⑤ 上海同济城市规划设计研究院．郑州宜居健康城总体规划整合方案[R]，2011.

市化快速推进过程中，领悟健康城市的发展理念，打造生态复合型健康主题新城，对于城市空间结构的优化、物质形态的塑造乃至功能开发与培育均具有其积极意义。当然，除了单纯的物质形态开发，如何通过规划管理与公共政策的调控来更好地培育产业服务和生活服务功能，真正实现宜居的工作和生活环境，提升城市的健康水平，或许更加重要。

3.3.3　公共卫生与城市健康

公共卫生与城市健康之间存在最为直接而又紧密的关联，健康问题在很大程度上首先表现为公共卫生问题。而工业化前期的城市健康问题相当糟糕，当时人们对于城市健康问题的关注也更多地集中于如何改善恶劣的卫生条件。

1854 年，约翰·斯诺医生创造性地利用霍乱死者的空间分布资料，推测出饮用水源污染与霍乱之间的关联①(图 3-11、图 3-12)。在早期的维多利亚时代的城市，牛棚经常和住宅混在一起，再加上当时人们对粪便缺乏卫生处理措施，导致饮用水普遍受到污染，霍乱死亡病例大量爆发。1842 年当霍乱到达英格兰时，伦敦的“苏霍(Soho)”的疫情特别严重。

图 3-11　约翰·斯诺医生

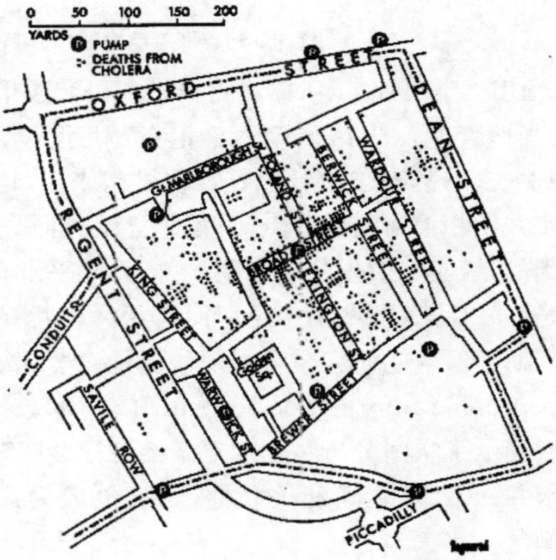

图 3-12　1854 年伦敦霍乱死亡病例与压水井之间的空间关联

多年的研究经验让斯诺坚信，疫病的快速传播与水源污染有关，不过这一观点在当时还缺乏现实依据。如今我们都知道，霍乱经由霍乱弧菌传播，通常是由于饮水不干净引起的。而在当时，医疗知识的缺乏和卫生技术的不发达，使霍乱的致病机理不为人们所认知；人们普遍认为霍乱是由于“迷雾(mists)”或者“瘴气(miasmas)”所致。由于一直未能找到霍乱的真正致病源头，因此并没有及时有效地控制住霍乱疫情。

---

① 最初斯诺医生用“横线”来表示死亡病例，后来其他制图人员采用“圆点”的形式来表示，笔者注。

而根据斯诺的推测，假如霍乱的传播真的是由于“迷雾”或“瘴气”，那么死亡病例的空间分布应该是均匀的。为了验证情况是否属实，斯诺医生把当地 500 多例患病死者的居住地点逐一标注在地图上，发现其中绝大多数死亡病例均位于百老汇街(Broad Street)的压水井周围。斯诺前往该处压水井，对饮水进行了取样分析，通过显微镜观察，他发现了水体中含有一种之前从来没有发现过的细菌，因此认为这就是霍乱的致病源。

图 3-13　1854 年伦敦“百老汇街”的压水井把手被拆除

1854 年 9 月 7 日，斯诺将自己的研究成果提交给伦敦相关市镇管理机构。应他的请求，当地管理人员下令把“百老汇街”附近压水井的把手拆除，限制该处取水口的使用(图 3-13)。不过，对于伦敦地方管理机构来说，尽管决定下令拆除了压水井把手，但是他们其实并不相信斯诺的观点，只是想尝试验证一下霍乱到底是通过什么媒介传播的。没有想到的是，实际效果却非常明显，当天几乎没有新发病例的产生，从而验证了斯诺假设的正确性。后来，那些由于恐惧而离开百老汇街区的居民逐渐返回居住。

斯诺医生的研究孕育了现代流行病学(modern epidemiology)，开创了地理信息系统(Geographic Information System，GIS)和数据挖掘技术(data mining)的先河，同时也向我们展示了空间分析在处理复杂经济社会问题方面的巨大优势。斯诺医生关于“霍乱—压水井—水源”之间的关联性研究，也成为促进城市规划与公共卫生紧密结合的经典案例①。

此外，斯诺还曾经利用霍乱的发病死亡数据，进行了一次所谓的“大试验(The Grand Experiment)”。1853—1854 年期间，正值伦敦霍乱大爆发时期，斯诺通过对伦敦的死亡病例进行分析，试图发现霍乱与水源地之间的相关性。除了绝大部分伦敦居民利用压水井从所在居住地取水之外，还有不少伦敦居民通过自来水公司获得饮用水，不过当时的自来水公司并没有设置水处理厂，朗伯斯公司(The Lambeth Company)与

① Harm J de B. Human Geography: Culture, Society, and Space[M]. 4th ed. US: John Wiley & Sons, Inc, 2003.

萨瑟克和伏克斯豪尔公司(Southwark & Vauxhall Waterworks Company)①就是两家这样的自来水公司。其中,朗伯斯公司的取水口被设置在位于伦敦泰晤士河(River Thames)上游20英里以外的地区,而萨瑟克和伏克斯豪尔公司仍然从当地的水井和伦敦中心区的泰晤士河进行取水。斯诺观察到了这一点,并对两家自来水公司的霍乱发病率进行了比较。

如表3-1所示,萨瑟克和伏克斯豪尔公司所服务人口的霍乱发病致死率相当高,而取水口位于上游水源地的朗伯斯公司的霍乱死亡率要低许多,两者差距接近10倍。这或许与萨瑟克和伏克斯豪尔公司水源地的水质受到污染有关,由于伦敦居民区人口密集,当地的地下水和附近泰晤士河的水质很容易遭受粪便等物质的严重污染,而伦敦上游的泰晤士河的水质相对清洁。这一研究,也为今后自来水厂的厂址选择提供了有益的参考。

表3-1 伦敦不同自来水公司的发病率

自来水公司(区位)	服务人口(户数)	霍乱死亡病例(人数)	死亡率(人数/万户)
萨瑟克和伏克斯豪尔公司	40 046	1 263	315
朗伯斯公司	26 107	98	37
伦敦其他地区	256 423	1 422	59

3.3.4 社会因素与城市健康

世界卫生组织的研究显示,即使是在最为富裕的国家,穷人的预期寿命也要比富人的预期寿命短得多。这种差异不仅仅表现为健康领域中的社会不公平。在健康水平差异的背后,更多的是受到诸多社会经济因素的综合作用和支配②。传统观点关于健康政策的研究主要局限于医疗卫生层面,即使考虑社会影响因子,也只限于学术探讨和理论分析层面。如今,人们逐渐意识到公共健康问题的复杂性和综合性,上述观念正在转变。

值得注意的是,居民在罹患严重疾病时,通过发达的医疗卫生技术固然可以显著延长病人的存活时间,做到预后良好。但是,识别疾病背后的社会经济因素其实更为重要。如果能够认清疾病背后一系列社会经济因素的作用机理,在第一时间介入并采取相应防控手段,改善、约束或者消除引发疾病的种种社会经济动因,从而摆脱"病后医治"的被动局面,实现"病前预防",无疑将具有极其重大的现实意义。正因为如此,提高公共健康水平的重任,除了依赖"生理和心理层面"的医疗技术人员的努力之外,"社会和公共管理层面"的社会科学工作者的力量同样不可或缺。

有鉴于此,笔者将研究视角定位于"社会和公共管理层面",探索如何通过相应公共

---

① 萨瑟克自来水公司(Southwark Water Company)与伏克斯豪尔自来水公司(Vauxhall Waterworks Company)本来是两家独立的公司,后来于1845年合并,成立"萨瑟克和伏克斯豪尔公司",笔者注。

② Richard W, Michael M. Social Determinants of Health: The Solid Facts[R], 2003.

政策的制定，对影响生理、心理和社会健康的因子进行必要的调控和牵制，使其更有利于改善和提升整个社会的健康水平。

“健康”的概念不仅仅表现为身体体质方面的健康，即“生理健康”；也表现为精神、心理等方面的健康，可以称之为“社会健康”，两者均受到社会经济因子的影响。相应地，城市健康问题的解决最终将会落实到公共政策的制定层面。当然，从生物学视角解释，疾病的产生与人类基因差异密切相关，通过对特殊疾病的诊断，可以发现某些基因缺陷，但个体的差异性很大，而且，基因保持相对的稳定性。与之相比，各种社会影响因子则变化迅速，对健康的影响亦相对剧烈，因而受到日益广泛的关注。

一般来说，居民所处的社会阶层越低，预期寿命越短，得病的概率越高。研究数据表明，处于社会最底层的居民患恶性疾病和过早死亡的概率是处于最高社会阶层居民的两倍以上。即使处于同一阶层，健康水平也存在很大差异①。根据英格兰和威尔士中产阶级不同岗位职员的预期寿命差异情况，可以发现职业与预期寿命之间存在一定的相关性。而且，社会经济地位越低，越容易沾染酒精、尼古丁和毒品。

总之，居民社会地位越低，对社会经济资源的支配和控制能力越差，越容易形成不良的生活方式，对心理和身体的伤害也越明显，可以说，不良的社会经济环境，具有累积作用，对人的一生将产生深远的影响。此外，健康的区域差异也不容忽视。在斯洛伐克、芬兰、挪威、瑞典等欧洲国家，生活在贫困线（全国平均收入的 50%）以下的儿童比例低于 5%，西班牙、波兰在 15%—20%，英国和俄罗斯联邦则分别高达 25%和 28%。图 3-14 反映出欧洲一些国家冠心病患者的死亡率与蔬菜水果消费之间的关联。可以说，在健康差异的背后，带有深深的社会烙印。

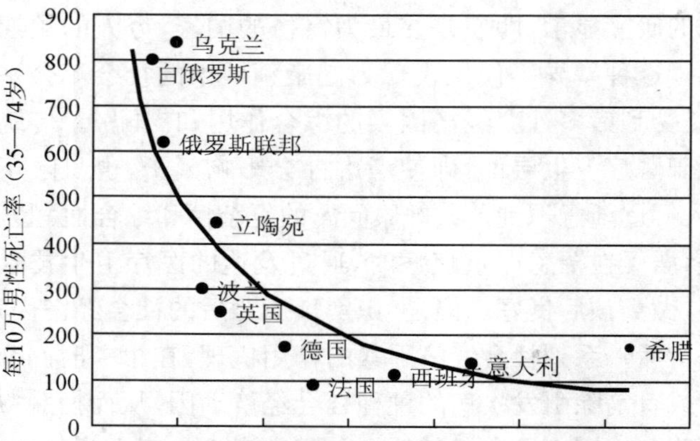

图 3-14　欧洲国家男性冠心病患者的死亡率与蔬菜水果消费的相关分析

① Richard W, Michael M. Social Determinants of Health: The Solid Facts[R], 2003.

3.4 结论与思考

3.4.1 当前我国开展健康城市研究具有相当的必要性和紧迫性

西方关于城市健康的研究相对活跃，开始从医学、城市地理学、社会学、政治学等角度全面地展开，反映出欧美国家对城市健康问题的高度关注；反观国内研究，尚处于概念和理论引入阶段，更没有关于城市健康整体、专门的研究。无论是从理论研究层面，还是从实践操作层面来看，我国城市的健康问题和生活质量均不容乐观。

一方面，如前面的绪论所述，我国的城市化历程在很大程度上遵循着西方的发展模式，甚至可以说是西方发达国家城市化进程的“重演”和“浓缩”。“重演”表明我国城市的发展模式以及城市化进程所涌现的种种问题与西方国家颇为类似；“浓缩”则意味着我国的城市化进程呈现高速推进态势，各类“城市病”爆发的剧烈程度和频率要相对密集得多，由此对城市社会、经济等方面带来的影响更为剧烈和深远。

另一方面，我国关于健康城市的研究还处于观念引入阶段，在某些方面还存在认识误区。1994 年至今，我国已有北京西城区、上海嘉定区、重庆榆中区和大连、苏州、日照、吴江等地获得了 WHO 支持进行健康城市建设，表明该运动正在我国逐步展开。但总体而言，当前我国关于健康城市的研究尚处于起步阶段，对于健康城市内涵的认识和运作也存在一定偏差。例如，上海市早在前几年即制订了“建设健康城市三年行动计划(2003—2005 年)”，并于 2005 年 11 月召开了上海健康城市国际论坛，在国内外产生了较大反响。但是，其对“健康”的认识主要局限于环境和医疗卫生层面，严重滞后于西方“城市健康”的主流理论研究。

在上述背景下，在我国开展“城市健康”问题的研究显得尤为必要和迫切，它不仅直接反映了城市社会经济的发展状况，也影响到城市居民的生存环境和生活质量，还关系到“和谐社会”的构建与城市综合竞争力的提升。我国急需从提高城市健康水平的高度，结合大城市发展当中的诸多社会问题与规划管理矛盾，从多角度出发，以人为本，对“城市健康”及其相关问题展开全面的探讨。不过，虽然起步较晚，我国健康城市研究发展十分迅速，从最初的着眼于西方健康城市理论的观点介绍，到结合中国的实践进行系统研究，取得了一系列带有创新性质的研究成果[①-③]。

3.4.2 转变方式，树立科学的区域发展观，提升城市化运行质量

城市化运行质量不仅直接反映了城市社会经济的发展状况，也影响到城市居民的生存环境和生活质量，还关系到“和谐社会”的构建与城市(区域)综合竞争力的提升，因此

① 高峰，王俊华．健康城市[M]．北京：中国计划出版社，2005.

② 许从宝．健康城市与健康城市规划——当代国际健康城市运动基本理论引介及研究[D]：[博士学位论文]．南京：东南大学，2006.

③ 周向红．健康城市：国际经验与中国方略[M]．北京：中国建筑工业出版社，2008.

具有相当的重要性和推动作用。

近年来，我国的城市化在消耗土地资源方面呈现“大跃进”之趋势，表现为，在高速消耗土地资源的同时，城市化对非农人口的吸集并没有达到相应的速度和规模①。这需要我们对当前的城市化模式进行深入反思。转换模式，追求土地资源利用的理性，保持人口规模与土地利用的合理对应，进而实现理性增长，成为城市化推进的关键。美国“理性增长（smart growth，也称为精明增长）”理念的提出，实质上是对其20世纪后半叶城市化增长模式和土地利用方式的反思。其中的“理性”，更确切地说，是土地资源利用的理性，是寻求人口规模与土地资源利用的合理对应，蕴涵着“资源节约”和“环境友好”的内容；是对未来“可持续的”土地利用方式和健康城市化模式的追求。因此，以科学发展观为指导，转换方式，树立科学的、可持续的区域发展观，将成为健康城市化推进的重要指导思想和关键。

3.4.3 充分认识城市健康问题的一般性和差异性

城市健康问题的一般性，主要表现为城市化、工业化进程及其引发的城市问题呈现一定的规律性。城市化、工业化不仅仅表现为就业结构的转换和人口向城市的集中，而且有着深刻的政治、社会、经济、历史、文化背景，蕴含着大量的、丰富的内容，其间伴随着社会经济要素的空间重组和人口生态因子的演化。可以说，城市化进程反映了人类聚居形态不可阻挡的世界性潮流，对人类的生产生活有着广泛而深远的影响。而“健康城市”的提出，正是对当前城市化进程及其引发的种种社会、经济问题的反思，通过消除城市病、提高居民生活质量，来实现城市的健康目标。从这一点来看，城市健康问题日益得到各个国家和地区的普遍关注，也是自然而然的事情。

目前欧美发达国家的城市无论是从经济发展，还是从社会发展角度来看，均较为发达，在规划、交通、住房、医疗卫生等领域，以及相关社会问题的治理方面的许多经验教训值得我国借鉴。当然由于所处的发展阶段不同，发达国家和发展中国家关于城市健康问题的理解以及关注的焦点也会有所区别，因此呈现明显的区域差异，例如，在欧洲国家，有1/3的成员城市将老年人作为重点关注对象，与之相应，活动主要围绕老年人的孤独感以及老年人身体健康恶化问题展开。而从全球来看，特别是在那些健康城市项目刚刚起步的发展中国家，垃圾清运、污水处理、居住条件等基础设施和公共服务短缺的问题相当突出，因而比老龄化问题更加受到高度的关注。

3.4.4 深入挖掘社会因素与城市健康问题之间的理论关联

如前文所述，除了医学公共卫生领域之外，在社会经济因子与健康水平之间也存在着密切的路径关联，这突出地反映了城市居民的“社会属性”。社会经济因子在特定的时间、特定的地点通过“内化”于居民个体或群体自身，使之呈现出性质各异的人口生态学特征（种族、收入、阶层、性别等），从而综合影响到特定群体的健康水平。

---

① 诸大建. 中国城市化：转变模式还是放慢速度？[N]. 解放日报，2006-08-08.

从理论层面来看，国外研究试图在城市健康问题、城市人口的社会经济属性以及社会经济影响因子之间建立起某种“空间关联”。笔者认为，在考察三者关联的同时，特别需要关注、明确其中的媒介——“城市的生活质量即城市人口及其所处的生活状态”，这既是理解其中关联机理的关键，也应当是城市健康运动所追寻的最终目标所在。

所以，健康的内涵已经不仅仅局限于卫生和医疗水平改善这一传统“医疗”认知模式，而是包括体质健康、心理健康、精神健康等，因而更多地受到社会、经济因素的制约。就业、食品、社会保障、社会资本、贫富差距、种族、年龄、城市功能的布局、土地利用方式、出行方式、生活方式、交通与能源战略、区域发展战略等，均从宏观和微观层面直接或间接影响到城市居民的健康。与之对应，相关对策的寻求也需要从诸多方面来考虑，需要努力寻求、挖掘藏匿于“健康”外衣之内的更深层次的种种社会动因，进而探索相应的干预措施。

3.4.5 借鉴西方城市健康的分析框架，努力探索“健康型城市规划”

当前，欧美国家开始从社会经济视角关注“城市健康”的形成机制，并且涌现出一些“城市健康”理论的分析框架，城市扩张论就是其中之一。该理论的时代背景和分析基础源于“二战”之后快速郊区化进程及其引发的土地利用方式对健康的负面影响。

土地作为一种稀缺的资源，是调节经济和社会活动的重要载体。笔者认为，在考察“蔓延”与“健康”之间的关联机理的同时，特别需要关注土地参与国民经济的调控作用，并且明确其中的媒介和重要落脚点，即“城市居民的生活质量”（笔者理解为城市人口及其所处的生活状态），这样，就在“城市规划—土地利用—居民活动—生活质量与生活状态—城市健康”之间形成一个互动链条。

其中，城市规划应当承担相应的社会责任，即通过优化土地利用格局提升居民生活品质来达到促进城市健康之目的。

城市规划过程是引导城市发展，实现城市的可持续发展，增进和保障公共利益的过程。城市规划不仅研究空间布局，更要重视维护隐藏在布局与功能之后的利益关系，维护社会利益和社会公正。城市规划引导着土地利用方式和开发时序，在制定城市发展战略，解决城市问题以及健康城市建设方面均起着极为重要的作用，从这一角度来看，城市规划不仅仅局限于僵硬规则的制定，更主要的是对城市社会问题的回应[①]。

可见，城市规划作为一项公共政策，在土地利用、住宅开发、产业布局等方面具有强烈的空间指向，通过对土地空间资源进行合理的配置，引导着相关社会经济活动的流向，在很大程度上塑造进而决定着城市的空间形态。因此，有必要借助相应的规划政策，发挥其“杠杆”作用和应有的综合调控作用，引导、调控各类经济活动，实现土地的高效、合理利用。

3.4.6 公平公正，追求社会稳定和谐，发挥政府力量对市场扭曲的矫正作用

以人为本，追求“社会公平”与“社会公正”是贯穿健康城市化的一条重要主线。城市

① 何明俊.作为公共行政管理的城市规划[J].城市规划，2005(12):41-44.

化的成果应当普惠于城市的每一位成员，这是城市“和谐”的基本前提。只有让所有市民普遍受益，实现和谐共处，有效整合各利益阶层的价值取向，才能增强城市凝聚力和社会稳定性。

美国从城市蔓延(Urban Sprawl)到理性增长的转变历程之中，始终贯穿着两股力量的较量，其中既有政府力量对市场力量的屈服，也有政府力量对市场扭曲的纠正，例如：美国歧视性的区划和房地产开发政策就是政府力量屈服于市场力的典型表现，这也是理解美国内城贫困问题和居住隔离的重要视角；而理性增长理念的形成则寄希望于政府对市场的矫正职能之上，通过借助政府力量，避免市场扭曲，促进社会公平。

4 从城市蔓延到理性增长

本章对城市蔓延的内涵及其典型特征进行了概括：从就业通勤、空气污染、交通事故、生活方式、社会压力等方面指出并分析了城市蔓延与城市健康之间的密切关联，并且从公共政策层面分析了城市蔓延背后的制度根源及其存在的争议，认为从“城市蔓延”到“理性增长”将是未来城市空间形态演进的方向；随后从若干视角指出了当前城市蔓延与理性增长之间的理论之争；最后进行总结思考，认为要充分认识城市蔓延的综合性与复杂性，注重从公共健康的视角来解决城市蔓延问题，深刻领悟美国郊区化和城市蔓延背后的制度烙印，强化制度创新，矫正城市规划领域的市场扭曲现象。

4.1 城市蔓延的内涵及其典型特征

“蔓延(sprawl)”一词带有一定的贬义性，用来描述那种杂乱无序的扩展方式。所谓城市蔓延(urban sprawl)，就是指城市的形态建设及其所附着的土地空间以一种杂乱无序乃至失调的方式进行拓展，由此出现规划失控、资源过度消耗、土地大量侵占、社会现象大量涌现的混乱局面。

客观来看，随着城市人口规模的增长和经济活跃程度的加深，城市的空间拓展也要保持适当的增长速度，这当然无可厚非。不过，一旦城市的空间形态扩展速度超过一定限度，以至于超越了城市自身经济社会发展的实际需要，那么城市过度扩张的合理性就值得怀疑了。

从本质上看，蔓延作为郊区化情境下的一种特定的经济和社会现象，在形态上超越了城市的界限，同时具有“低密度”“小汽车导向”和“缺乏规划”等特征。在美国，具有城市蔓延典型特征的大都市区经常被描述为一个“巨大的水平的世界”①(图 4-1)。

城市蔓延是土地利用、交通、经济、社会等诸多因素综合作用下的一种复杂的经济社会现象，它具有丰富的内涵。如图 4-2 所示，从城市景观来看，蔓延表现为一种低密度的土地开发模式；从扩散形式来看，土地开发呈现蛙跳式而非渐进式的扩展；从土地利用格局来看，实行严格的用地功能分区，各功能分区内部的土地用途高度单一；从开发强度来看，土地开发和住宅建设的容积率和居住密度明显低于传统的开发模式；从居民出行方式来看，由于空间尺度远远超过了人的步行尺度，并且偏低的人口密度进一步制约了公共交通的发育，转而形成了对私人小汽车交通的高度依赖。

① 吉勒姆.无边的城市[M].叶齐茂，倪晓，译.北京：中国建筑工业出版社，2007：3-4.

图 4-1　美国典型的低密度蔓延景观

图 4-2　美国加州圣何塞市(San Jose)空中鸟瞰

从美国人口的地域构成来看,有数据表明,1950 年美国郊区居民占全国人口的比重还只有 26.7%,到 2000 年已经增加至 49.8%,几乎占美国全国人口的一半①。与之适

① U.S. Department of Commerce, Economics and Statistics Administration, U.S. Census Bureau. Demographic trends in the 20th century: Census 2000 special reports[EB/OL]. [2013-05-18]. www.census.gov/prod/2002pubs/censr-4.pdf.

应，中心城市的人口密度大幅度下降，而大都市区特别是郊区的人口密度总体呈现稳步攀升态势，而非大都市区的人口密度则保持相对稳定(图 4-3)。

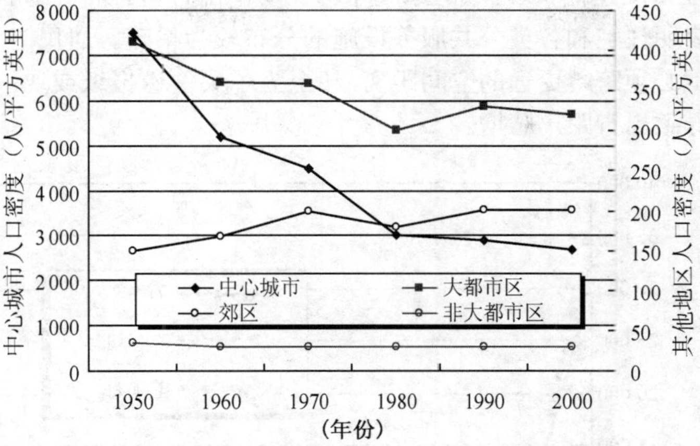

图 4-3　1950—2000 年期间美国的人口密度变动情况

相关研究资料显示，1950—1990 年期间，美国 522 个中心城市的平均人口密度从 5 873 人/平方英里下降至 2 937 人/平方英里，下降幅度高达 50%。同期在 522 个中心城市中，虽然有 107 个城市的人口密度有所增长，但是只有 5 个城市的人口密度高于 1950 年的全国平均水平，而且人口密度增长的原因都源于西班牙裔移民的增加。相对于移民城市，其他地区的中产阶级和美国白人还是选择在更低密度的社区生活，而不是居住在高密度城市①。美国郊区化的人口居住格局可见一斑。

4.2　城市蔓延与公共健康之间的关联

从表面来看，蔓延更多地表现为空间形态的不合理拓展和土地资源的过度损耗。其实，蔓延型的土地利用方式会触发一系列连锁反应，从交通、土地利用、资源环境、空气质量、社会压力等许多方面影响到公众的健康②。上述问题相互交织，进一步凸显了蔓延问题的复杂性。

4.2.1　城市蔓延与就业通勤

蔓延式土地利用方式的一个最为直接的后果就是对小汽车的“高度依赖”。亚特兰大是美国典型的蔓延型城市，2002 年其居民平均每人日均出行距离高达 34.1 英里(约合 54.88 km)。与之相比，同期人口居住密度较高的费城、芝加哥和旧金山的居民平均每人日均出行距离分别为 16.9 英里(约合 27.20 km)、19.9 英里(约合 32.03 km)和 21.2 英

① 戴维·鲁斯克. 没有郊区的城市[M]. 王英，郑德高，译. 上海：上海人民出版社，2011.

② Howard F. Urban Sprawl and Public Health[R]. Public Health Reports, 2002.

里(约合 34.12 km)[①]。

即使在同一城市内部,土地开发强度与汽车出行距离之间也存在类似的关联[②]。如图 4-4 所示,居住密度越低,该区域的家庭年均机动车出行里程将显著提高。不难理解,居住密度越低,表明住宅和各类公共服务设施的分布较为稀疏。居民为了满足其日常生活和就业需求,就必须跨越更远的空间距离,甚至为了买一份报纸或取一瓶牛奶,也必须驱车前往,由此导致出行距离骤增。

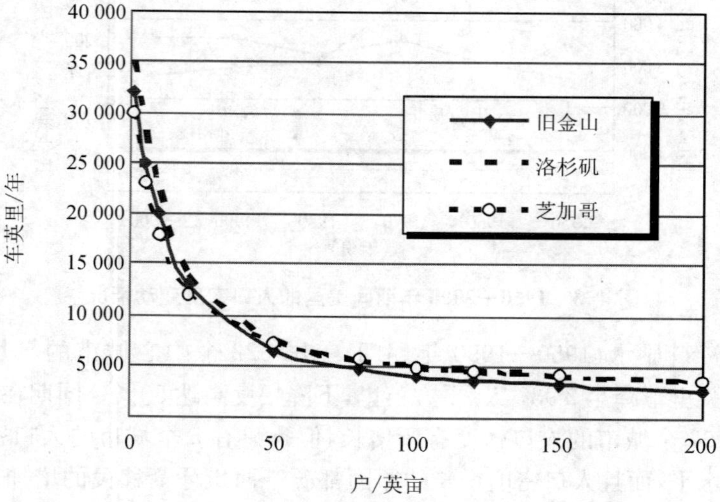

图 4-4　居住密度和家庭年均机动车出行里程的关联

4.2.2　城市蔓延与空气污染

蔓延型的土地利用方式会诱发小汽车的大量使用,机动化水平的快速提高又会引发严重的空气污染,进而威胁到居民的身体健康 。一般认为,由于不同功能的用地类型之间的空间隔离程度很高,居民出行更多地依赖机动化交通特别是私人小汽车交通,导致当地的空气质量要比空间发展紧凑区域恶化许多。

当前在许多国家和地区,特别是城市地区,机动车交通往往是空气污染的首要来源。就美国全国来看,空气中氮氧化物和碳氢化物的大约 30%来自于移动污染源,主要是货车和小汽车的尾气排放[③]。亚特兰大是美国公认的蔓延型城市,其空气中氮氧化物和碳氢化物来自于汽车尾气的比重分别高达 58%和 47%[④]。空气质量的恶化会引发严重的呼吸系统疾病,严重损害肺部器官功能,特别是对于老年人、儿童以及罹患呼吸系统疾病的患者来说更是如此。

---

① 参见 http://mobility.tamu.edu/ums/study/mobility_data/相关内容。

② Howard F. Urban Sprawl and Public Health[R]. Public Health Reports, 2002.

③ 参见 http://www.epa.gov/ttn/chief/trends/index.html 相关内容。

④ Environmental Protection Agency Office of Air Quality Planning and Standards. AIR data: access to air pollution data[EB/OL]. [2013-05-16]. http://www.epa.gov/air/data/index.html.

不过，也有研究表明，那些人口密度较高的紧凑型发展的城市，其空气质量并未如所预想的那样变好，反而呈现恶化态势。美国 390 个大都市区的统计数据显示：人口密度较低的大都市区，其空气质量反而更好；而人口密度较高的大都市区的空气质量总体表现较差(图 4-5)。除纽约之外，人口密度高的大都市区使用小汽车方式出行的通勤者比重超过 75%，在绝大多数地区，私人小汽车出行比例甚至达到 90%以上。而且，随着人口密度的提高，车英里数还在增长，交通拥堵问题也更加严重①。上述研究结果与理论设想并不吻合，甚至“截然相反”。

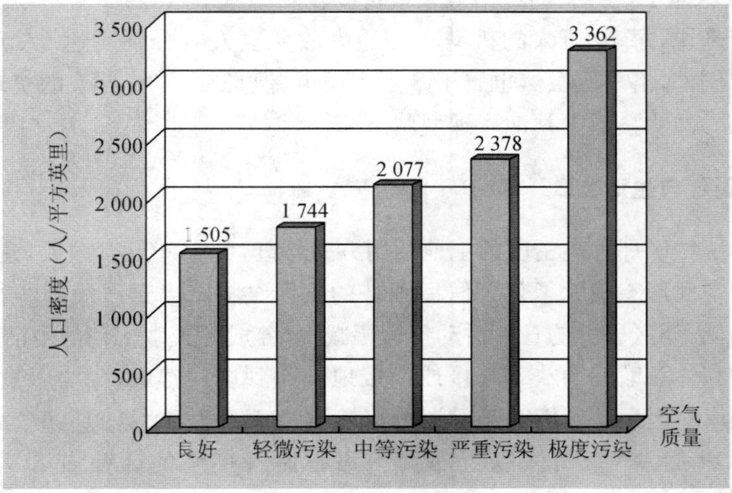

图 4-5　土地利用与空气质量之间的关联机制

从理论上看，对于人口密度较高的紧凑型城市来说，其居民的出行距离应当低于那些蔓延型城市。但为何前者面临的空气污染程度反而更加严重？究其原因，笔者认为，之所以出现上述“反常”现象：一方面可能是由于居民通勤行为和空气质量的形成机制相当复杂，需要更多地探寻诸多自然和社会经济因素之间的复杂机理；另一方面则可能是，上述研究并没有考虑空间尺度。也就是说，理想上，按照人均尾气排放污染物，紧凑型城市的排放水平应当低于蔓延型城市，但是由于紧凑型城市的占地面积更为节省，导致同等数量的空气污染物分摊到较小的区域面积上，反而会带来更高的污染水平。这样一来，上述“悖论”似乎迎刃而解。当然，上述质疑也提醒我们意识到，污染物排放总量和污染物浓度是两码事。紧凑型城市人口密度更高，其空气污染水平反而会更加高，这意味着将有更多的人口暴露于空气高污染环境之下，我们必须对此给予更多的关注，想方设法予以解决。

4.2.3　城市蔓延与交通事故

蔓延与车祸以及人身伤害事故之间的作用机理较为复杂。一般来看，驾车时间越

---

① 参见 http://www.ncpa.org/pub/ba287 相关内容。

长，暴露在交通事故风险之下的可能性越大，越容易发生交通事故和人身伤害。在蔓延型的土地利用模式下，相对于高密度的城区，郊区的道路更宽、车道数量更多、交叉口较少、车辆的通行速度更快，这又可能加大发生交通事故的几率。

一般来说，那些人口居住密度较高、土地利用较为集约、公共交通体系较为完善的城市，其发生机动车事故的死亡率相对较低（只包括司机和乘客，不包括行人），而蔓延型城市发生机动车事故的死亡率则偏高。

根据美国国家高速公路安全管理局（National Highway Traffic Safety Administration）的研究数据显示，纽约、旧金山等人口密度较高的城市，相对于亚特兰大和坦帕这样的蔓延型城市来说，每 10 万人的机动车交通事故死亡人数分别高达 12.72 人和 16.15 人。不过也有例外，洛杉矶虽然也属于蔓延型城市，但是其每 10 万人的机动车交通事故死亡数为 5.79 人，明显低于其他蔓延型城市[①]。

4.2.4 城市蔓延与生活方式

相对于传统城区那种高密度的土地利用方式，郊区的空间尺度偏大，建筑密度更低，这种大比例的空间形态造就了郊区居民独特的出行结构。由于居民的步行和自行车出行的比例相当低，郊区居民的日常活动量大幅减少，养成了久坐不动的生活习惯。

日常活动和体育锻炼的缺乏直接或间接地威胁到居民健康，成为引发心血管疾病、中风疾病的高风险因素。它们对于健康的影响要高于高血压、高胆固醇、高血糖甚至吸烟[②③]。而每天步行 10 个街区以上的女性患心血管疾病的风险较久坐的女性要少 33%[④]。对于糖尿病患者来说，保持身体健康尤为重要，经常活动还有助于预防癌症。

另外，久坐不动的生活方式也是引发肥胖症的一个重要根源。1960—1990 年期间，美国超重者（BMI[⑤]$\geqslant$25kg/m^2）的比例已经从 24%增长至 33%[⑥]。无独有偶，同期肥胖（BMI$\geqslant$30kg/m^2）的患病率几乎翻了一倍[⑦]。

---

① National Highway Traffic Safety Administration. Traffic Safety Facts 2010：A Compilation of Motor Vehicle Crash Data from the Fatality Analysis Reporting System and the General Estimates System[R]. Washington DC：NHTSA，2011.

② Wei M，Kampert J B，Barlow C E，et al. Relationship between low cardiorespiratory fitness and mortality in normal weight，overweight，and obese men[J]. The Journal of the American Medical Association，1999，282(16)：1547-1553.

③ Blair S N，Kampert J B，Kohl H W III，et al. Influences of cardiorespiratory fitness and other precursors on cardiovascular disease and all-cause mortality in men and women[J]. The Journal of the American Medical Association，1996，276(3)：205-210.

④ Sesso H D，Paffenbarger R S，Ha T，et al. Physical activity and cardiovascular disease risk in middle-aged and older women[J]. American Journal of Epidemiology，1999，150：408-416.

⑤ BMI(Body Mass Index)，即身体质量指数，是目前国际上常用的衡量人体胖瘦程度以及是否健康的一个标准。

⑥ Kuczmarski R J，Flegal K M，Campbell S M，et al. Increasing prevalence of overweight among US adults：the National Health and Nutrition Examination Surveys，1960 to 1991[J]. The Journal of the American Medical Association，1994，272(3)：205-211.

⑦ Flegal K M，Carroll M D，Kuczmarksi R J，et al. Overweight and obesity in the United States：prevalence and trends，1960—1994[J]. International Journal of Obesity and Related Metabolic Disorders，1998，22(1)：39-47.

4.3 城市蔓延问题产生的制度根源及其存在的争议

4.3.1 制度根源

城市规划与管理作为公共政策的运作平台，承担着参与公共政策制定与实施的角色；它以公共政策的形式引导着城市空间形态的拓展方式和开发方向。

如图 4-6 所示，在中立的公共政策引导下，消费者的住宅选择行为很大程度上是其真实意图的体现。根据各自的喜好和住宅支付能力的高低，住宅选择总体呈现“倒 U 型”正态分布。有些消费者喜欢位于城区的住房，因为那里可以享受各种交通方式所带来的便利；而有些消费者则喜欢居住密度更低、对小汽车依赖程度更高的郊区别墅。因此，理想上，公共政策的制定不应该带有偏袒和偏见，应更加注重维护社会公平，居民的住房选择也应当是一个考虑了支付能力和个人喜好等约束要素的自由的个体市场选择行为。

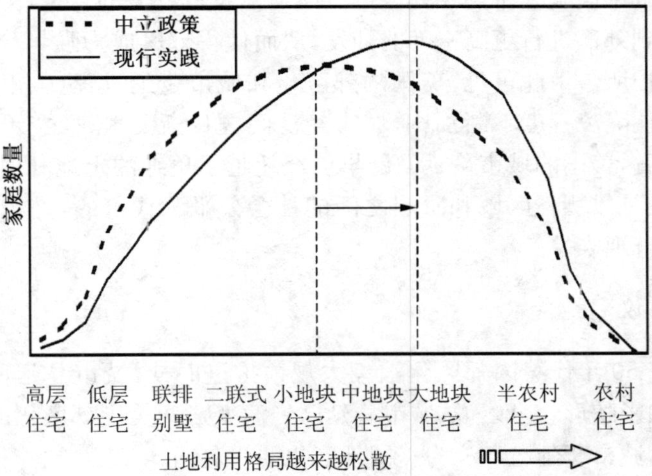

图 4-6 “偏好型”公共政策对于美国消费者住房决策的扭曲

其实情况并非如此，在特定制度和政策情境的作用下，居民的住房选择行为会受到显著扭曲，从而偏离原先的“倒 U 型”正态分布。当前，美国的土地利用规划政策和交通政策在一定程度上是“鼓励”居民选择那些更加分散型的土地利用方式和高度小汽车依赖型的居住方式。例如，城市功能分区规划相关法规会对当地的住宅开发密度有所限制，反而希望预留更多的停车空间。上述带有明显资源消耗型空间开发倾向的政策显然会加剧城市蔓延。再如，许多地区设置了许多排他特征明显的限制性甚至歧视性条款，通过禁止在郊区建设“第二套间”和多家庭住房等手段①，来达到保持当地所谓的居住品质之目的。

---

① Todd L. Evaluating Criticism of Smart Growth[R]. Victoria Transport Policy Institute, 2004.

而且，美国政府的资源配置和税收政策也在向郊区倾斜[①]，表现在：一方面，随着郊区人口的迅猛增加，郊区控制了更多的政治资源，郊区在国会中的代表数量于20世纪70年代超过了城市地区和农村地区。郊区的国会代表通过对国会的操纵，将国家大部分资源引向郊区和农村地区，使得城市在分配国家经济资源方面处于相对弱势的地位。另一方面，美国的税收政策有利于郊区，中心城市的人均税收要明显高于郊区。税收的区域差异在一定程度上促进了居民从高税收的城区流入低税收的郊区。

在住房抵押贷款领域，信贷机构还实行“红线歧视”政策，通过设置住房最高建造年份和住房最低价值，拒绝为那些建造年份在1950年之前或者价值低于10万美元的住房提供抵押款[②]。这种歧视性做法，制约了低收入居民摆脱内城不良问题的能力，使其被迫滞留于内城，从而使这种城区与郊区经济和社会发展不平衡的格局进一步固态化和常规化[③]。

这样一来，就会在一定程度上提高“高风险群体”进入郊区住房市场的门槛，使得制度性障碍成为阻碍许多中低收入家庭进入郊区住房市场的“一堵看不见的城墙”。上述做法一方面鼓励了中高收入阶层在郊区尽可能地建设低密度的住宅，另一方面又竭力地限制低收入居民到郊区进行更高密度的开发，从而使得郊区成为强势阶层逃避城市经济和社会问题的庇护所。由此可见，美国的郊区化和城市蔓延过程，也正是不同收入和种族群体之间的居住隔离程度不断加剧，城市经济问题日渐突出，社会矛盾趋于恶化的过程。从更深层次看，美国的城市蔓延问题早已经超越了单纯的土地利用和形态规划的范畴，它的存在其实是以牺牲区域和阶层之间的社会公平为代价的，是经济格局失衡和社会矛盾问题的最直观表象。

4.3.2 存在的争议

早在20世纪50年代美国郊区化浪潮大规模推进时期，城市蔓延现象就已经出现，两者相伴而生，如影随形。可以说，城市蔓延已经演变成为美国郊区化的一个经典特征。从某种意义上讲，城市蔓延已经成为美国郊区化的代名词。

20世纪90年代中后期以来，城市蔓延及其引发的社会经济影响开始得到广泛的关注。关于城市蔓延的内涵及其对社会经济的危害性等一些热点问题，引发了社会各界的争论。鉴于城市蔓延属于一种不可持续的发展模式，社会各界和绝大多数学者倾向于对城市蔓延持反对态度。他们普遍认为，蔓延式开发会大量消耗土地资源，对环境保护和经济发展构成了严重的威胁。

对此，美国前副总统戈尔(Al Gore)在任职期间，曾经发起了“白宫宜居性议程(the White House Livability Agenda)”的倡议，希望动用联邦财政资金支持公共交通的建设，

---

① 徐和平，李明秀，李庆余. 公共政策与当代发达国家城市化模式——美国郊区化的经验与教训研究[M]. 北京：人民出版社：328-330.

② Gregory D. Squires，racial profiling，insurance style：insurance redlining and the uneven development of metropolitan areas[J]. Journal of Urban Affairs，2013，25(4)：391-410.

③ 马祖琦. 美国内城地区保险“红线歧视”问题研究[J]. 保险研究，2008(3)：92-95.

加大对绿地空间的保护力度,以应对城市蔓延所带来的环境和经济威胁①。

不过,也有人对此持反对意见。例如,萨缪尔·斯德雷(Samuel Staley)认为,郊区化并没有严重威胁到美国居民的生活质量。他的观点是,美国已经开发的土地面积只占整个国土面积的5%,有3/4的美国人口只居住在3.5%的国土面积上。全国绝大多数州的农业用地面积(包括林地、耕地、畜牧业用地和野生动物保护地区以及公园)仍然在90%以上。而且,城市蔓延也不会威胁到国家的农产品生产,1945年以来美国流失的耕地当中只有25%可以归结为城市化。还有,最近几十年来,美国耕地流失的速度有了较大幅度的降低,从20世纪60年代的6.2%下降至90年代的2.7%。因此,单纯根据耕地流失的历史数据来推断未来耕地的数量显然有失科学②。

此外,许多学者对土地利用模式与健康之间的关系进行了研究。普遍的观点认为提高土地的开发强度,进而避免城市蔓延,有助于改善居民的公共健康。只有少数学者对此持反对意见。值得注意的是,反对者的论据也颇有道理,例如,倘若提高交通流量密集区域的开发强度,那么无疑会将更多的居民暴露于交通风险之下,这显然无益于他们的健康。因此,解决的策略是必须借助一系列有效的配套调控措施,共同应对城市健康问题③。

再如,提高城市开发密度有助于减少通勤量,降低当地的机动化出行水平,进而减少汽车尾气的排放④。然而城市居住密度的提高将意味着有更多的人口和汽车尾气排放量集聚于更小的地理空间,这又会在一定程度上增加了居民暴露于空气污染中的风险⑤。可见,单纯以城市开发密度之高低来判断该种类型的土地利用模式究竟是对健康产生正面还是负面影响过于片面。正确的做法应当是,在提高土地集约利用水平、追求紧凑式开发的基础上,同时采取相应的配套措施,把居民暴露于相关风险之下的可能性降至最低限度⑥。只有这样,才能做到既提高土地开发的强度,集约利用土地资源,又能够提高居民的健康水平。

4.4 从城市蔓延到理性增长

4.4.1 "理性增长"理念的产生

20世纪90年代中后期以来,城市蔓延及其引发的社会经济影响开始得到广泛的关

---

① 参见 http://nerrs.noaa.gov/doc/siteprofile/acebasin/html/modules/landuse/lmurblnu.htm#tax 相关内容。

② Staley S R. The sprawling of America: in defense of the dynamic city[EB/OL]. [2013-05-12]. www.rpi.org/hourland.html.

③ Melia S, Parkhurst G, Barton H. The paradox of intensification[J]. Transport Pclicy, 2011, 18(1):46-52.

④ Ewing R, Dumbaugh E. The built environment and traffic safety: a review of empirical evidence[J]. Journal of Planning Literature, 2009, 23(4):347-367.

⑤ Barton H. Land use planning and health and well-being[J]. Land Use Policy. 2009, 26: 115-123.

⑥ WHO. Health in the Green Economy: Health Co-benefits of Climate Change Mitigation—Transport Sector [R], 2011.

注。鉴于城市蔓延属于一种不可持续的增长方式，西方国家开始反思其城市化模式，为此提出了若干对策，主要有：交通导向型开发模式（Transit-oriented development，TOD）、城市增长边界（urban growth boundary，UGB）、棕地再开发（Brownfield Redevelopment）等等。以上政策与开发策略被纳入“理性增长”的概念框架之下。

“理性增长”也称为“新城市主义（new urbanism）”，旨在通过一种新的区域发展规划理念，来寻求一直更为有效的土地利用模式和交通方式。理性增长理念具体包括 10 条基本原则和指导思想[①]。当然，相对于原有那种城市土地扩展幅度显著高于人口增长速度的蔓延方式，理性增长并非简单由区域之平均人口密度所能衡量，而更多地表现为相关活动的聚集与组合方式。如图 4-7 所示，在区域开发强度和建设容量一致的情况下，两者的土地利用模式和开发形态却可能存在显著差异，表现为，前者布局分散，呈现蔓延趋势；后者空间布局则相对紧凑，较好地贯彻了理性增长的理念。

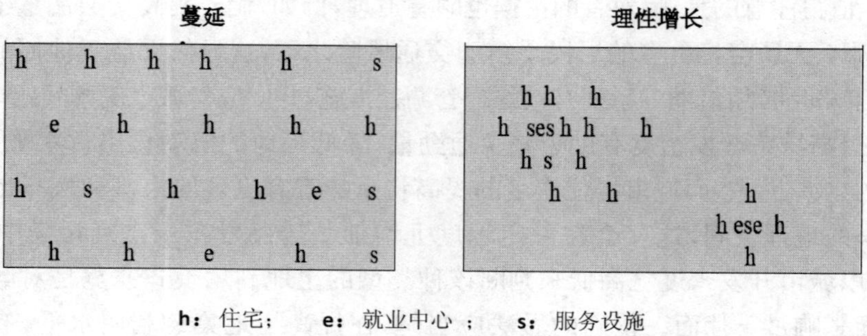

图 4-7 “城市蔓延”与“理性增长”土地利用模式比较

4.4.2 关于城市蔓延与理性增长的理论之争

“城市蔓延”和“理性增长”属于两种不同的土地利用模式，两者的特征与理念存在着显著差异（表 4-1）。在理论界，美国关于城市蔓延和理性增长的讨论此起彼伏，不乏针锋相对的观点。其中，理性增长的反对者又分为两派：一是基于自身利益考虑而对理性增长的某些观点进行批判；二是站在意识形态角度，认为理性增长是政府对自由市场的过分干预。

表 4-1 “理性增长”与“城市蔓延”特征比较

	理性增长	城市蔓延
密度	高密度、聚集型	低密度、松散型
增长模式	填充式（棕地）开发	城市边缘地带（绿地）开发
土地利用的混合程度	混合利用	单一用途，空间相互隔离

① 参见 http://www.smartgrowth.org/about/principles/default.asp 相关内容。

续表 4-1

	理性增长	城市蔓延
尺度	建筑、街区和道路较好地考虑人的尺度，注重细部，考虑行人对景观的视觉感受和需要	建筑、街区和道路的尺度偏大，较少关注细节，体现机动车驾驶员远距离体验景观的需要
公共服务（商店、学校、公园）	地方层面，零散布局，规模小型化，步行方式即可通达	区域层面，集中联合布局，规模更大，需要机动车才能到达
交通	多样化的交通方式和土地利用模式，能够满足步行、自行车以及公共交通出行的需要	专门为机动车服务的交通方式和土地利用模式，非常不适合步行、自行车和公共交通方式
连通性	各种类型的道路之间有机联系，能够满足机动车出行方式与非机动车方式之间的有效衔接	等级化道路网络，机动车交通与非机动车交通之间缺乏衔接
道路设计	街道尽可能容纳多样化的出行活动，一定程度上缓解交通压力	街道设计尽可能地追求机动车交通流量和车速的最大化
规划过程	经过规划，并且保持不同行政辖区与利益相关者之间的规划协调	未经规划，不同行政辖区与利益相关者之间的规划缺乏协调
公共空间	强调公共领域（街景、步行区域、公园、公共设施）	强调私人领域（院落、购物中心、封闭型社区、私人俱乐部）

1）消费者偏好

批评者认为，蔓延反映了消费者对郊区独户住房的偏好，理性增长会损害消费者的利益。事实上，消费者的偏好并不局限于对居住空间的追求和对乡村环境的向往，还包括其他方面，例如，开支的节省、身体活动增加、多样化的交通方式选择、社区归属感等等。莫利纳罗（Molinaro）的研究表明，消费者同样重视可达性和交通方式的多样性。在综合考虑各种要素之后，消费者或许会选择在理性增长型的社区居住①。

2）选择自由

批评者认为，理性增长由于设置了一些限制规则而会影响到居民的选择自由。尽管理性增长在大面积住宅、城市边缘区开发、免费停车等方面确实进行了一些限制，但是通过鼓励土地的混合利用、提倡多类型的住房选择、改善出行结构、优化社区居住环境等手段，同样扩大了居民选择的自由度。

3）住房的可支付性

匡特·艾肯（Quant Econ）和考克斯（Cox）认为，理性增长会降低土地供应，从而增加

① Joseph M. Higher Density, Mixed-Use, Walkable Neighborhoods: Do Interested Customers Exist? [R]. National Association of Realtors, 2003.

住房成本，降低居民对住房的支付能力（housing affordability）[①②]。上述观点存在缺陷，因为即便土地无限供给，也不可能确保所有居民都能买得起住房：一方面，理性增长所采用的城市增长边界、提高建筑设计标准等措施确实抬高了住房的建设成本；而另一方面，又通过高密度开发、减少停车场以及税收优惠等举措来降低住房成本。

4）就业与居住的平衡

理性增长的支持者认为保持社区就业与居住的平衡将有助于缓解交通问题，提高就业机会。反对者则认为这一举措没有必要甚至有害，后者的观点是，居住和就业已经分布得非常分散，居民可能经常变换就业岗位和居住地点，许多高度专业化的工作并非邻近区域的劳动力所能够承担，而且，每个家庭往往拥有多个就业者，大部分居民愿意居住在远离就业的纯粹的居住社区[③]。还有调查数据表明，只有20%的居民在选择居住区位时，愿意把毗邻就业岗位作为最优先考虑的要素[④]。

支持者则认为，20%的居民比重已经不低，如果再考虑到那些将其列为较为重要或者中等重要的居民，比重将会继续增加。再有，许多相关研究表明，那些就业和居住相对平衡的社区的平均通勤时间和通勤距离要少一些，这一点对于低收入居民来说尤其重要[⑤]。

4.5 结论与思考

4.5.1 充分认识城市蔓延问题的综合性与复杂性

城市蔓延问题的综合性与复杂性在于，它不仅仅表现在土地单一利用与空间的快速扩张这一外部表象，更重要的在于其背后有许多的社会经济动因和幕后推手。其中，“偏向型”公共政策对于市场调节的扭曲作用“功不可没”。

例如，从郊区化的驱动机制来看，假如没有发达的高速公路网络，没有“二战”之后人口生育高峰的助推，没有住房抵押贷款部门的购房优惠政策，美国20世纪50年代的郊区化浪潮绝不会来得那样猛烈，城市蔓延的速度或许会降低许多。再如，从资源配置和社会公平的视角来看，城市蔓延的背后更多地隐藏着不同阶层与社会群体之间为追逐郊区的优势资源而进行的不懈的竞争：其中既有白人的郊区化，也有黑人的郊区化[⑥]；既有

① Quant Econ. Smart growth and its effects on housing markets：the new segregation，national center for public policy research[EB/OL]. [2007-06-17]. www. nationalcenter. org/NewSegregation. pdf.

② Wendell C. Debunking Friday the 13th：13 myths of urban sprawl，heartland institute[EB/OL]. [2007-06-17]. http：//www. heartland. org/Article. cfm? artId=12350.

③ Genevieve G. Is Jobs-Housing Balance a Transportation Issue? [R]，1991.

④ Wendell C. Debunking Friday the 13th：13 myths of urban sprawl，heartland institute[EB/OL]. [2007-06-17]. http：//www. heartland. org/Article. cfm? artId=12350.

⑤ David L. Accessibility and the journey to work[J]. Journal of Transport Geography，1998(6)：11-21.

⑥ 王旭，俞阅. 近年来美国黑人的郊区化与居住区隔离[J]. 厦门大学学报（哲学社会科学版），2004(2)：65-71.

中高收入阶层为摆脱中心城市问题区域的主动逃离，也有内城贫困问题的加剧以及贫困人口向郊区的扩散和跟进①。

鉴于城市蔓延问题的综合性与复杂性，相关的应对策略也只能是集多目标于一身的“一揽子”方案，那种企图借助单一的政策设计就能够解决城市蔓延问题的做法收效甚微。

4.5.2 注重从公共健康的视角来解决城市蔓延问题

随着城市化的迅猛发展和世界城市化水平的不断提高，城市将成为世界上绝大多数人口的聚居地。与之相应，城市健康问题日渐凸显。其中，城市蔓延问题以其直观的表象引起了许多国家和地区的高度关注。不过，城市蔓延现象的形成具有复杂的社会经济动因，决定了城市蔓延问题的解决也需要从多视角与多层面予以突破，这一点与公共健康的治理理念颇为类似。

西方国家对城市健康问题的关注绝非空穴来风，而是有其深刻的社会经济背景的。当前，国外相关学者从城市罪恶论、城市蔓延论、城市生活状态论等不同视角给出了城市健康问题的分析框架②。尽管各种分析框架的着眼点有所不同，各有侧重、各有利弊，但是这至少表明，针对复杂纷繁的城市健康问题，应当更多地着眼于区域视角，更好地发挥诸多学科的综合集成优势，来积极应对进而扭转日益严峻的城市健康态势。

从这一意义来看，城市蔓延问题的解决也需要从城市健康的高度予以重视，需要更多地从提升城市健康水平入手，将城市蔓延问题的应对策略纳入公共健康这一更为庞大的理念框架和治理体系之下，以城市健康来统摄城市蔓延问题的解决，综合各方面力量，在规划、财政、土地、交通等具体领域指引相关公共政策的制定。

4.5.3 深刻领悟美国郊区化和城市蔓延背后的制度烙印

美国的郊区化和城市蔓延带有深深的制度烙印，是在一系列公共政策和制度安排下完成的。回顾美国城市蔓延到理性增长规划理念的转变历程，我们可以发现始终贯穿着两股力量的较量，其中既有政府力量对市场力量的屈服，也有政府力量对市场扭曲的纠正③。事实上，美国郊区化的快速推进除了市场力量的自我调节之外，还离不开行政力量的干预。从这一点来理解，“美国郊区化的引擎是由个体选择、市场力量和行政力量共同驱动的”④。

例如，政府投资建设高速公路，不断开发新的地块，动用了大量资金。汽车的大量使用是建立在低油价和空气污染的外部性尚未消除的基础之上的。根据菲利普·朗曼(Phillip Longman)的研究，通过征收道路通行费、汽油税以及使用费等方式筹集的资金

---

① 马祖琦.美国的内城贫困问题[J].城市问题，2008(1)：91-95.

② 马祖琦.城市健康视角中的公共住房政策研究——美国经验及其对我国的启示[J].未来与发展，2008(7)：65-69.

③ 马祖琦.从“城市蔓延”到“理性增长”——美国土地利用方式之转变[J].城市问题，2007(10)：86-90.

④ 参见 http://nerrs.noaa.gov/doc/siteprofile/acebasin/html/modules/landuse/lmurblnu.htm#tax 相关内容。

仅仅能够负担道路建设和运营费用的70%左右，还有巨额的亏空是由公共财政垫付的①。有研究表明，倘若让小汽车用户自己来负担由于机动车出行而造成的空气污染、健康状况恶化等所带来的经济损失以及小汽车的其他相关补贴，那么汽油税的价格应当为 1.74 美元/升，约合 6.60 美元/加仑②。

而根据2013年2月份美国全国广播公司(National Broadcasting Company ,NBC)的报道，目前美国的汽油价格已经连续 32 天上涨，创下四个月以来的新高③。美国汽车协会声称，全美普通汽油均价达到每加仑 3.73 美元，较一个月前上涨 43 美分，加州和夏威夷的汽油价格突破 4 美元。

显而易见，即使美国的汽油价格上涨幅度较快，但是这只是在一定程度上反映了能源资源的生产成本，并没有考虑小汽车和能源的大量使用给环境质量带来的巨大的"负的外部性"，也没有考虑郊区化蔓延给当地基础设施建设带来的巨大资金压力。

笔者认为，美国郊区蔓延的发展模式与其说是居民的市场选择，还不如说带有极强的政策导向。规划法规及其相关配套公共政策不能不说是郊区化蔓延倾向的一个关键影响要素。例如，美国在一些规划建设标准和设计指南中，对于最小道路宽度、街道模式、停车场地布局，乃至家庭游泳池等细节均进行了明确规定④。可以说，上述相关规划法规和设计规范将暗含蔓延特征的设计思路以规划条款的形式固定下来，并予以模式化，形成了一套"人为色彩明显" 的"遗传密码"。显而易见，正是这些被人为固定并形成制度化的规划法规，在相当程度上助长了城市蔓延的广度和深度，使得美国的城市蔓延带有强烈的人为色彩和深厚的制度烙印。

4.5.4 强化制度创新，矫正城市规划领域的市场扭曲现象

为了扭转原有的公共政策所带来的资源消耗型土地开发格局，有必要探索相应的制度创新思路，制定相应的公共政策，鼓励更高密度的开发，提高开发强度，促使土地利用方式和居民住宅选择的"倒 U 型"曲线向资源集约的方向倾斜。

美国通过实行土地开发权转移制度，将某些环境敏感地块和历史文化地带划定为保护区，并赋予其一定数量的开发权，同时在鼓励发展的地区设置增长区。保护区的业主可以将其土地上的开发权转移至增长区，增长区则需要为此支付相应的经济补偿。开发权转移制度通过搭建一个市场化的操作平台，将建设容量引导至那些承载力更强的增长区，在提高城区土地开发强度的同时，一定程度上延缓和避免了农业用地的流失，较好地解决了政府、开发商和农地所有者之间的利益平衡，实现了公共利益与私人利益的统一。

值得注意的是，以高速公路为代表的大规模基础设施建设活动是美国郊区化进程之

---

① Phillip L. Who pays for sprawl: hidden subsidies fuel the growth of the suburban fringe[EB/OL]. [2013-06-18]. http://www.usnews.com/usnews/news/articles/980427/archive_003780_2.html.

② 参见 http://nerrs.noaa.gov/doc/siteprofile/acebasin/html/modules/landuse/lmurblnu.htm#tax 相关内容。

③ 参见 http://oil.nengyuan.com/html/2013-02-21/222217.html 相关内容。

④ 吉勒姆. 无边的城市[M]. 叶齐茂，倪晓，译. 北京：中国建筑工业出版社，2007:16-17.

所以能够迅猛推进的一个重要的动力来源。从这一角度上看，美国郊区化的受益者其实在很大程度上得益于各级政府强有力的公共投资活动的推动。不过，相对于巨额的公共财政补贴，郊区居民作为城市蔓延的主要受益者并没有为其所享受的各种“隐性福利”支付足够的费用。这种“搭便车”的行为，在一定程度上违背了“开发利益公共还原”的价值理念。为此，基于有效矫正市场扭曲之目的，让公共投资活动的受益者支付一定税费，对利益受损者进行合理的补偿，也就成为“溢价回收”思想的核心所在。只有这样，才能在一定程度上抵消、弱化公共投资活动中的受益方与受损方之间的利益不平衡格局，进而确保公共投资与资源配置活动的公平公正①。

我们应当看到，即使在地多人少、空间资源相当富足的美国，也在对最近几十年来郊区化背景下的城市蔓延问题进行反思。那么人多地少、人地关系更加紧张的中国，应该采取一种什么样的发展方式，来应对本国的人口、资源、环境和经济发展问题，以避免掉入资源消耗型开发模式的陷阱？这一问题的答案将直接关系我国未来城市化进程的质量。可喜的是，在耕地保护方面，我国的重庆、浙江、天津、成都、嘉兴等省市正在进行相应的实践探索和制度创新，例如，重庆建立了地票交易制度，浙江则建立了“区域内土地发展权转移”政策体系和“跨区域土地发展权交易”政策体系②。上述探索，在取得了一定经验的同时，也暴露出不少问题③。未来还需要在借鉴国外经验的基础上，结合我国特点和地方实际，走符合自身发展特色的新型城镇化道路。

---

① 马祖琦.公共投资的溢价回收模式及其分配机制研究——国外经验借鉴与启示[J]. 城市问题，2011(3)：2-9.

② 汪晖，王兰兰，陶然. 土地发展权转移与交易的中国地方试验——背景、模式、挑战与突破[J]. 城市规划，2011(7)：9-13，19.

③ 谭峻，戴银萍，高伟. 浙江省基本农田易地有偿代保制度个案分析[J]. 管理世界，2004(3)：105-111.

5 国外大城市土地供需与集约利用

土地是不可再生资源，是人类赖以生存的物质基础。城市作为人口的聚居地，无论是人口的居住密度，还是土地的开发强度，均要显著超过乡村地区。在政区空间有限的情况下，许多大城市均在不同程度上面临着土地短缺问题。对这些城市来说，如果延续以往的经济增长模式，有限的土地资源将难以满足未来较长一段时期经济社会发展的需要，甚至会成为制约自身进一步发展的“瓶颈”。展望未来，如何转变经济和社会发展方式，理顺体制机制，变“瓶颈”为“动力”，成为摆在许多城市面前一个严峻而又现实的问题。

本章着重总结纽约、伦敦、东京等国外大城市在应对土地短缺、盘活存量土地、提高土地集约利用水平方面的经验做法，主要可以概括为：讲究变通，保持规划的弹性与灵活性；交通导向，与土地开发形成良性互动；集约利用，着力提高土地的经济容量；分类指引，制订科学的空间发展规划；有法可依，构建完善的法律法规体系；提高能级，努力提升土地的产出水平；体制创新，打造合理用地的制度环境。上述应对思路，对于推动我国优化土地利用结构、提高土地集约利用水平方面具有较强的指导意义。

5.1 纽约

5.1.1 纽约人口和土地利用概况

纽约是美国最大的城市，位于美国的东海岸，纽约州的东南部。狭义的纽约市由曼哈顿(Manhattan)、皇后区(Queens)、布鲁克林区(Brooklyn)、布朗克斯区(The Bronx)以及斯塔腾岛(Staten Island)构成(图5-1)。根据美国人口普查局的最新估测数据显示，截至2011年7月1日，纽约市土地面积为785 km²，总人口为824.4万人。从人口规模和区域面积以及人口密度来看，布鲁克林区的人口最多，达253.26万人；皇后区的面积最大，为283 km²；曼哈顿的人口密度最高，高达2.72万人/ km²。

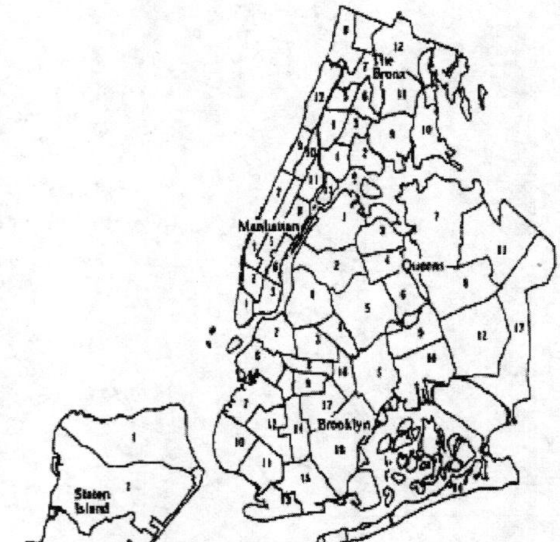

图5-1　纽约市的政区范围

纽约的规划区域主要划分为三大类，分别是居住区、商业区和工业区。其中居住区又可以进一步细分为低密度居住区、中密度居住区和高密度居住区。表 5-1 显示了 2010 年纽约市的土地利用类型状况。从表中可以看出，居住用地、商业用地、工业用地以及市政公共设施用地约占全市土地面积的 65%左右，大约 25%的用地属于开放空间，另外还有 10%的土地空间被停车用地、闲置用地和其他混合用地所占据。其中，商业用地虽然所占比例仅仅只有 4.0%，但是却创造了近 400 万个就业机会①，土地利用高度集约。

表 5-1　2010 年纽约市土地利用状况

		一至两户住宅用地	多户住宅用地	商住楼用地	商业/写字楼用地	工业用地	交通/公共事业用地	公共机构用地	开放空间	停车用地	闲置用地	其他
布朗克斯区	面积(英亩)	3 710	3 288	597	917	796	538	2 368	6 598	421	763	879
	比重(%)	17.8	15.8	2.9	4.4	3.8	2.6	11.3	31.6	2.0	3.7	4.1
布鲁克林区	面积(英亩)	8 689	6 289	1 446	1 258	1 770	1 149	2 278	13 182	631	1 204	297
	比重(%)	22.7	16.5	3.8	3.3	4.6	3.0	6.0	34.5	1.7	3.2	0.7
曼哈顿	面积(英亩)	153	2 536	1 441	1 141	218	702	1 266	2 767	164	282	206
	比重(%)	1.4	23.3	13.3	10.5	2.0	6.5	11.6	25.4	1.5	2.6	1.9
皇后区	面积(英亩)	19 141	5 686	920	1 766	1 823	6 243	2 395	10 968	639	2 423	1 167
	比重(%)	36.0	10.7	1.7	3.3	3.4	11.7	4.5	20.6	1.2	4.6	2.3
斯塔滕岛	面积(英亩)	10 315	918	167	1 078	891	2 275	2 266	7 950	202	4 230	196
	比重(%)	33.8	3.0	0.5	3.5	2.9	7.5	7.4	26.1	0.7	13.9	0.7
合计	面积(英亩)	42 008	18 717	4 572	6 160	5 498	10 907	10 572	41 466	2 058	8 902	2 745
	比重(%)	27.3	12.2	3.0	4.0	3.6	7.1	6.9	27.0	1.3	5.8	1.8

① 参见 http://www.nyc.gov/html/dcp/html/landusefacts/landusefactshome.shtml 相关内容。

5.1.2 纽约土地供需矛盾现状

纽约市的辖区面积相对狭小，随着城市人口规模的不断扩大，土地紧缺的矛盾日益突出，有限的土地资源难以适应人口增长和产业发展的需求。据估计，2010—2030年期间，纽约要解决额外70万人口的新增住房需求，在土地资源紧缺的条件下，要继续维持传统的增长模式和产业结构，显然已经不太可能。

纽约的地价在1977—1988年期间出现了大幅上升，1988年纽约地价相对全美城市地价的比率高达191%。之后虽有回落，但基本都稳定在150%以上。高涨的地价使得企业进入纽约的门槛较高，增加了生产成本，在一定程度上限制了纽约经济的发展。纽约昂贵的地价在一定程度上成为纽约经济发展的制约因素。如何利用有限的土地资源，来实现经济社会更快更好发展，成为一个迫切的问题，这对城市的产业结构优化提出了更高的要求。

如图5-2所示，1995—2006年期间，纽约市的闲置地块数量在快速减少，从1995年的约5.7万块减少到2006年的3.6万块①。与此相应，土地的使用成本呈大幅度提升态势，土地价格从1995年的20美元/平方英尺提高到2006年的接近100美元/平方英尺。

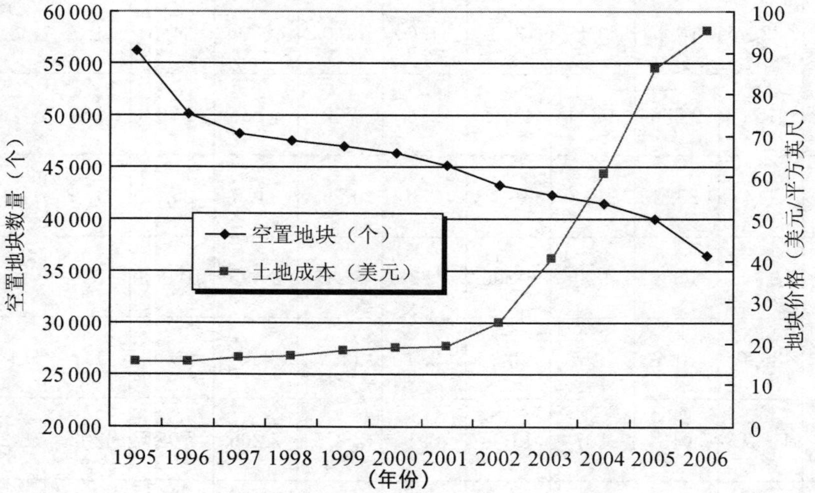

图5-2 1995—2006年纽约控制地块的数量和土地成本

总之，稀缺的土地资源和高昂的土地利用成本已经成为纽约未来发展所面临的一个重要瓶颈因素。而且，自1898年建立至今，纽约市的政区空间格局已经保持了110多年的长期稳定，已经似乎不太可能通过区划调整的方式来获得额外的土地空间。在现有发展空间越来越难以满足人口增长和产业发展需要的背景下，盘活存量、用好增量也就成为纽约市解决土地利用供需矛盾的必然出路。

① 参见 http://www.nyc.gov/html/planyc2030/downloads/pdf/report_housing.pdf 相关内容。

5.1.3 纽约市解决土地供需矛盾的主要做法

在现有政区空间难以突破的条件下，纽约市从多角度入手，充分利用规划和土地政策，在压缩传统产业、培育现代服务业的同时，确保了人气的集聚和区域的复兴，使得有限的土地资源能够承载更多的人口和经济能量，走出了一条人口、资源、环境和经济协调发展的道路。

1）追求低碳，实施公交导向型战略

纽约在倡导公共交通出行，开展建筑节能，追求低碳经济等方面始终不遗余力。目前，在距离地铁站点半英里以上的区域居住的纽约居民仍然高达 250 万人①，假如公共交通网络不够完善，就会有相当比重的居民转向小汽车出行，由此带来的空气污染就会较为严重。而通过探索公交导向型开发模式，结合公共交通枢纽的空间配置，酌情选择一些重点开发区域，并尽可能为居民提供多种交通方式选择，从而达到提升和优化当地公共交通服务水平之目的，不仅有助于改善居住区与商业区之间的可达性，提高居民生活质量和当地的吸引力，也能够在一定程度上减少环境污染。

从图 5-3 中可以看出，2010 年，纽约有 70%的居民在邻近地铁站 1/2 英里内的区域内居住。有数据显示，2010—2030 年期间，纽约预计将有 95%的新增住宅位于距离地铁站点半英里以内的区域②，届时，居民靠近地铁站居住的整体比重将会继续有所提高。

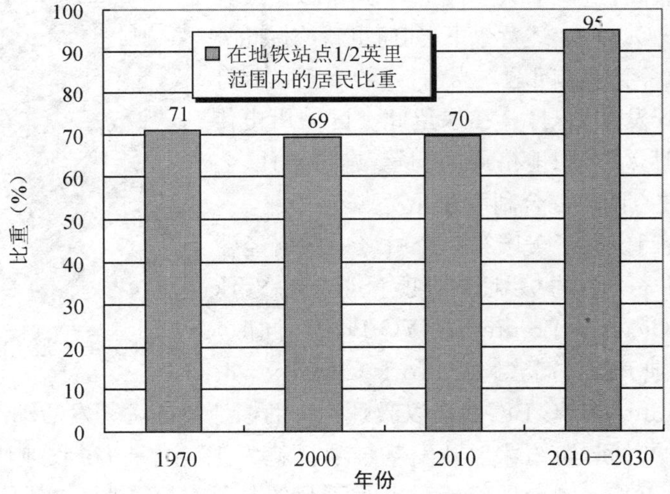

图 5-3 纽约邻近地铁站点 1/2 英里内的居民比重

令人欣慰的是，一项 2007—2009 年期间关于纽约居民通勤行为的调查结果显示：在就业通勤出行当中，乘坐地铁和铁路的居民通勤者的比例达 43%，公交车出行的比例为 12%，独自驾驶小汽车出行和小汽车共乘通勤者的比例分别为 23%和 5%。这说明公共

①② 参见 http://www.nyc.gov/html/planyc2030/downloads/pdf/report_housing.pdf 相关内容。

交通是当前纽约居民通勤出行的主导交通方式①。经过努力，纽约目前的温室气体排放量已经比 2005 年的水平降低了 13%，可谓成效显著。

2）调整功能分区规划，提高土地利用强度

在纽约市，某些区域由于规划时间较早，土地利用低效，成为制约纽约发展的一个障碍。为此，重新调整区划法规，提高当地土地利用强度，就显得较为迫切。纽约市牙买加(Jamaica)地区就是一个典型的例子。该区域处于地铁 J 号线、Z 号线、E 号线以及机场地铁线的交汇地带，是一个重要的轨道交通枢纽(transit hub)，共设有 6 个地铁站点，日均客流量高达 9.5 万人次。

不过，由于其区划密度指标早在 1960 年就已确定，至今没有改变，已经不能适应未来纽约对土地更高强度开发的需要。为此，结合新时期经济社会发展对土地开发强度的迫切需求，纽约开始考虑重新调整区划法规，并且对社区利益相关者、社区居民以及地方官员展开公众咨询活动，打算对类似的低强度利用土地进行重新改造。该项目是纽约有史以来规模最大的重新调整功能分区规划的尝试之一②。

3）对“棕地”进行再开发，合理利用历史遗留用地

所谓“棕地”，主要是指那些闲置、利用不充分或者由于存在环境污染而废弃的土地。纽约海岸线长达 578 英里，历史上船舶业和工业活动曾经相当发达，但“二战”之后，工业地位不断衰退。随着产业结构的不断优化和制造业活动的不断撤离，遗留下大量废弃厂房和污染较为严重的地块(图 5-4)。在上述背景下，如何重新挖掘此类用地的潜力，成为一个现实问题。当前，纽约市正在制订一系列庞大的再开发计划，打算在保留此类区域历史传统工业风貌的同时，结合用地格局的调整，进行居住、艺术空间、商业、开放空间等混合利用和开发改造。

图 5-4　纽约的“棕地”一览

为此，纽约专门设立了美国第一个由城市政府经营的棕地清洁项目——纽约棕地清洁项目(New York City Brownfield Cleanup Program，NYC BCP)，同时，还设立了纽约棕地开发基金(New York City Brownfield Incentive Grant ，NYC BIG)，借以激励和资助棕地的二次开发活动。才刚刚开始运行的短短几个月的时间，纽约棕地开发基金项目就为 16 个棕地税收地块的开发改造活动先后投入了 80 万美元的专项经费。更为可观的是，该笔经费将会进一步带动一个总额高达 1.6 亿美元的开发项目，还能够创造 500 个就业机会。

鉴于棕地往往集中在低收入社区，而当地通常缺乏相应的更新改造资源。纽约在整合 50 多个社区组织(community-based organizations，CBOs)和环境组织相关资源的基础

① 参见 http://www.nyc.gov/html/planyc2030/html/theplan/the-plan.shtml 相关内容。

② 参见 http://www.nyc.gov/html/planyc2030/downloads/pdf/report_housing.pdf 相关内容。

上，专门组建了棕地再开发合作协会(NYC Brownfield Partnership)，以支持落后地区的棕地再开发工作①。

4) 选定机会区域，进行重点开发

纽约市根据可持续性、公交导向型开发以及步行可达性等原则，结合各区域的未来发展潜力与人口容纳能力，选取了若干棕地机会区域(Brownfield Opportunity Area，BOA)，予以重点开发(图 5-5)。重点开发区域将成为未来纽约人口的重点导入区域，按照最乐观估计，2010—2030 年期间，重点开发区域大约能够新增 35 万套住宅单元。通过住宅开发与交通设施建设之间的良性互动，重点开发区域在满足人口增长对住宅需求的同时，也可以在一定程度上改善纽约地铁的覆盖水平，提高城市居民的步行出行比重，减少对小汽车的依赖。

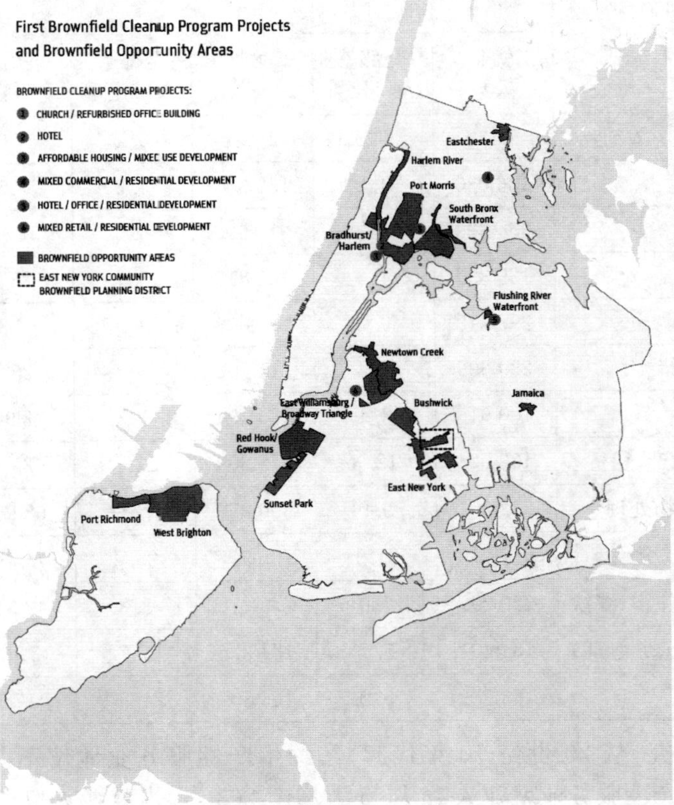

图 5-5　纽约在建的第一批棕地清洁项目和棕地机会区域

5) 调整产业结构，减少经济发展对土地的消耗

自 20 世纪 50 年代以来，纽约市第二产业产值占 GDP 的比重以及第二产业就业人口所占比重开始呈下降趋势，第三产业所占比重显著加大。纽约曾是美国第一大制造

① 参见 http://www.nyc.gov/html/planyc2030/html/theplan/the-plan.shtml 相关内容。

业中心，但2000年纽约的制造业就业人数仅为50年代的1/3，第二产业中传统工业的增长速度明显下降，劳动密集型和资源密集型工业部门下降幅度尤为明显，服务业所占比重大幅度上升，纽约作为国际商务中心、金融中心和公司总部中心的地位日益凸显。

如表5-2所示，从1990—2000年纽约各行业就业人数的变动来看：传统制造业不断衰退，10年时间里就业人口下降总量接近14万人；而诸如信息、科技、管理、废物处理、教育、医疗、社会服务、艺术、娱乐、休闲、住宿、餐饮等一些生产性服务业和生活性服务业的就业人数呈现大幅度上升势头，大约增长了26万人。

表5-2 1990—2000年期间纽约市就业结构变动情况

	1990年		2000年		1990—2000年变动幅度	
	就业人数	占全部就业人口比重	就业人数	占全部就业人口比重	就业人数	占全部就业人口比重
农业、林业、渔业、矿业	9 130	0.3	2 101	0.1	−7 029	−77.0
建筑业	136 030	4.2	139 385	4.3	3 355	2.5
制造业	354 833	10.9	217 602	6.6	−137 231	−38.7
批发	129 896	4.0	101 812	3.1	−28 084	−21.6
零售	298 118	9.2	295 803	9.0	−2 315	−0.8
交通、仓储	239 609	7.4	211 506	6.5	−28 103	−11.7
信息	100 616	3.1	173 594	5.3	72 978	72.5
金融、保险、房地产、租赁	402 024	12.3	372 809	11.4	−29 215	−7.3
科技、管理、废物处理	322 001	9.9	390 956	11.9	68 955	21.4
教育、医疗、社会服务	687 710	21.1	765 905	23.4	78 195	11.4
艺术、娱乐、休闲、住宿、餐饮	229 297	7.0	272 210	8.3	42 913	18.7
其他服务业(不含公共管理)	184 401	5.7	187 335	5.7	2 934	1.6
公共管理	163 972	5.0	146 807	4.5	−17 165	−10.5

另据有关研究，从20世纪70年代起，纽约生产性服务业地位不断上升。1969—2000年期间，生产性服务业就业人数从95万增至203万，占就业人口比重从25%升至62%，生产性服务业的增加值也已占到全部服务业增加值总量的50%以上，而餐饮业、家庭服务业、零售业等传统部门发展较慢，新兴服务业正在逐步取代传统服务业而成为第三产业的主体①。纽约通过调整产业结构，既提升了生产性服务业在经济中的地位，也减少了经济发展对土地资源的消耗，可谓一举两得。

① 林兰，曾刚．纽约产业结构高级化及其对上海的启示[J]．世界地理研究，2003(3)：44-47.

5.2 伦敦

5.2.1 伦敦人口和土地利用概况

伦敦市又被称为大伦敦(Greater London),主要是指大都会绿带(Metropolitan Green Belt)以内的区域,覆盖地域面积约 1 584 km²。从区域构成来看,伦敦市由 33 个相对独立的、带有自治传统的行政区划单元构成(图 5-6),具体包括 31 个伦敦都会自治区①以及威斯敏斯特城(the City of Westminster)和伦敦城(the City of London)共同构成的行政区域。而且,伦敦的城市格局呈现明显的圈层分布特征。除了伦敦老城之外,其他 32 个自治市又可以被划分为内伦敦和外伦敦两大圈层。根据每 10 年一次的伦敦人口普查数据显示,截至 2011 年 3 月 27 日,伦敦总人口 817.39 万人,其中内伦敦 323.18 万人,外伦敦 494.21 万人②。

图 5-6 伦敦大都市区行政区划示意图

当前,伦敦的人口总量和就业人口(岗位)均呈现稳步增长态势。从人口总量来看,自 1988 年以来,伦敦人口一直保持强劲的增长势头。先前的预测数据显示,到 2016 年和 2026 年,伦敦总人口将分别有望增加至 806 万人和 857 万人。

图 5-7 显示了 1801—2011 年期间,伦敦内部各圈层的人口增长趋势。可以发现,伦

① "都会自治区"的译法引自《大美百科全书》编辑部. 大美百科全书[M]. 北京:外文出版社,1994,也有学者称之为"自治市",是与市级政府相邻接的下一级基层政府管理单元,与我国大都市的市辖区类似。

② 参见 http://data.london.gov.uk/datastorefiles/documents/2011-census-first-results.pdf 相关内容。

敦中心区(Central London)的人口总量变动较为平缓,内伦敦以外的其他地区(Rest of Inner London)的人口总量则先增后降,而外伦敦地区(Outer London)的人口总体平稳上涨。就整个大伦敦市来看,其人口总量大约在 1939 年达到顶峰,后来有所下降。不过,近些年来,伦敦的人口又呈现恢复性增长,目前的人口数量即将超越历史上的最高水平。

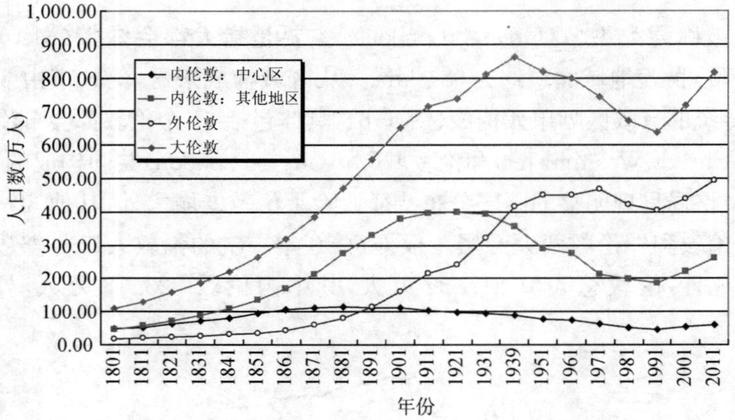

图 5-7 1801—2011 年伦敦人口增长态势

如图 5-8 所示,从就业岗位数量来看,在经历了 20 世纪 90 年代初期的严重经济衰退之后,伦敦的就业人口数量曾经一度下降到 380 万人左右。之后的十多年里,伦敦的就业人口又开始呈现恢复性增长态势。1993—2001 年期间,伦敦额外增加了 80 万个就业岗位,就业人口规模超过 450 万人。2005 年又开始新一轮增长,截至 2007 年,伦敦的就业人口总量已经突破 470 万人①。到了 2008 年第四季度,伦敦的就业人口再创历史新高,达到了 497 万人。根据最新的研究数据显示,2011 年第二季度,伦敦就业人口维持在 481 万人②。

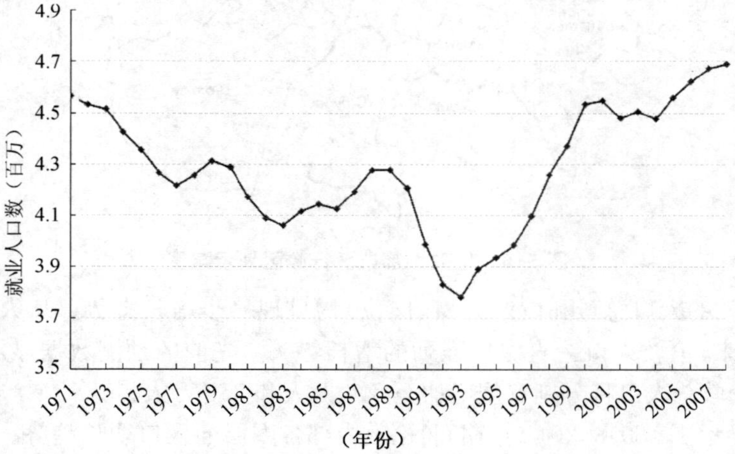

图 5-8 1971—2007 年伦敦就业人口增长态势

① Transport for London. Travel in London: Key Trends and Developments[R], 2009: 194-196.

② Transport for London. Travel in London: Report 4[R], 2011: 118-119.

不过，与人口和经济的旺盛增长形成强烈反差的是，土地资源日益短缺的矛盾逐渐凸显。为了适应人口增长和产业发展的需求，如何更好地利用有限的土地资源，使之服务于世界大都市建设的宏伟目标，成为摆在伦敦面前的一个战略议题。毫无疑问，努力调整经济结构，压缩工商业用地面积，成为一个迫切而可行的选择。

图 5-9 显示了伦敦目前工商业用地的空间分布格局。可以看出，伦敦东部地区集聚的工商业用地面积最大，占全市的 28%；南部地区和北部地区以及伦敦中心区的工商业用地分别占到了 16%、10%和 6%。还可以看出，工商业用地大多分布于城市外围地区，其中 63%的工商业用地集中于外伦敦地区。

图 5-9　伦敦工商业用地的空间分布格局

分区域来看，伦敦东部地区拥有工商业用地 2 935 hm^2，其中 66%集中在一般工业、轻工业和仓储行业，该地区还拥有 2 家批发市场。伦敦西部地区拥有工商业用地 2 114 hm^2，其中轻工业用地和仓储用地比例较大。由于希思罗机场位于该地区，该地区的铁路与航空用地占有较大比例。伦敦南部地区拥有工商业用地 1 169 hm^2，其中市政管线设施用地为 23%，轻工业用地比重也高于全市平均水平。伦敦北部地区拥有工商业用地 767 hm^2，其中大多属于一般工业用地和仓储用地。伦敦中心地区拥有工商业用地 447.5 hm^2，其中一般工业用地占 38%，超过全市 28%的平均水平。

5.2.2　伦敦土地供需矛盾现状

1）工商业用地面积持续萎缩

有资料显示，截至 2010 年，伦敦工商业用地面积尚留有 7 656 hm^2。不过，其中有 787 hm^2用地用于办公、住宅、零售等非工商业用途。考虑到此类用地不太可能转化为工商业用途，因此需要将其剔除。再加上 543.5 hm^2 的闲置土地，伦敦实际拥有的工商业用地规模大约在 7 433 hm^2 左右，其中主要以工业用地和仓储用地为主。从 2010 年伦敦工商业用地构成来看，封闭式仓储用地占 34.5%，一般工业用地占 30.7%，市政管线设施用地占 15.5%，轨道交通用地占 4.9%，垃圾处理和循环利用用地占 4.0%，轻工业用地占 3.6%，此外还有废弃建筑物用地(1.2%)、公交巴士用地(0.6%)、机场用地(0.5%)、码头用地(0.4%)等等①。

2001—2010 年期间，伦敦工商业用地的面积缩减了 839 hm^2，缩减幅度达 10%②。表 5-3 显示了各类工商业用地的变动比例。从中可以看出，作为主要用地之一的一般工业用地的面积大幅度下降，占地面积净减少了 506 hm^2，缩减幅度达 19%。此外，废弃工业用地和废弃建筑物用地也有大幅度的下降，分别减少了 331 hm^2 和 53 hm^2。

表 5-3　2001—2010 年伦敦工商业用地变动情况

	2010 年存量土地面积(hm^2)	2001—2010 年面积增减数量(hm^2)	2001—2010 年面积变动百分比(%)
轻工业用地	248	6	2
一般工业用地	2 118	−506	−19
封闭式仓储用地	2 378	43	2
私人仓储用地	53	11	26
露天仓储用地	153	42	38
批发市场用地	54	1	1
垃圾处理和循环利用用地	278	12	5
市政管线设施用地	1 071	−40	−4
轨道交通用地	339	−9	−3
公交巴士用地	43	−3	−6
机场用地	33	0	0
码头用地	31	−10	−25
其他工业用地	4	−3.5	−49
废弃建筑物用地	86	−53	−38
废弃工业用地	544	−331	−38
合计	7 433	−840.5	−10

其中最为突出的变化是工业用地面积呈现大幅度缩减，意味着随着传统制造业领域

① Greater London Authority. Industrial Land Demand and Release Benchmarks in London[R]. Final Report, 2011:24-25.

② 此处工商业用地总量与后文数据不够吻合，可能由于参考资料的来源和研究时间不同所致，笔者注。

的不断衰退，制造业作为伦敦一般工业用地的主体地位正在趋于弱化。而废弃工业用地面积的减少则在一定程度上表明工业用地的再利用水平有所增加，工业用地的利用效率正在逐步提高。

再来看其他产业用地。工商业用地中比例最大的封闭式仓储月地保持基本稳定，甚至略有增长。露天仓储用地和私人仓储用地的增幅则分别达到了 38% 和 26%，只是其占地比例较低而已。垃圾处理和循环利用用地以及轻工业用地的增幅也分别达到了 5% 和 2%。

2）工商业用地降幅逼近极限

根据规划预测，在 2011—2031 年期间，伦敦工商业用地预计减少 732.7 hm^2（表 5-4）。其中，伦敦东部和西部地区的工业用地将有大幅度减少，而上述两地区的仓储和物流用地则有较大幅度增加。届时，全市的工业用地规模减小幅度将达到 821.2 hm^2，闲置用地也将减少 262.9 hm^2，仓储和物流用地以及垃圾处理用地则分别将增加329.0 hm^2 和 22.4 hm^2。

表 5-4　2011—2031 年伦敦分地区、分行业工商业用地净需求　　单位：hm^2

地区	工业	仓储和物流	垃圾处理	其他	合计	闲置用地	净需求（net demand）
伦敦中心地区	−58.8	−50.8	11.9	n/a	−97.7	−0.9	−98.6
伦敦东部地区	−222.7	159.7	−45.0	n/a	−108.0	−212.0	−320.0
伦敦北部地区	−105.1	58.7	4.2	n/a	−42.2	−23.1	−65.3
伦敦南部地区	−177.4	47.8	23.9	n/a	−105.7	−8.4	−114.1
伦敦西部地区	−257.2	113.6	27.4	n/a	−116.2	−18.5	−134.7
伦敦市	−821.2	329.0	22.4	n/a	−469.8	−262.9	−732.7

如表 5-5 所示，回顾历史，在 2001—2006 年期间和 2006—2010 年期间，伦敦工商业用地面积分别减少了 429 hm^2 和 347 hm^2。不过，鉴于部分轻工业、物流仓储、市政管线设施、垃圾处理和循环利用、批发市场等行业用地对于伦敦经济的正常运转不可或缺，在未来 20 年里，工商业用地的降幅潜力将会相当有限。

可以发现，以 2010 年为基准，在 2011—2031 年期间，伦敦平均每年预计可以释放出 36.7 hm^2 的工商业用地①。而在此之前的短短 10 年时间里，伦敦平均每年释放出的工商业用地为 77.6 hm^2。两者相比，在未来 20 年时间里，伦敦工商业用地的降幅将不及之前 10 年工商业用地降幅的一半。这似乎表明，工商业用地的降幅潜力已经逼近极限，反过来说，依靠工商业用地调整来腾出空余用地的难度正在不断加大，伦敦土地供需矛盾的紧张态势将不容乐观。

---

① Greater London Authority. Supplementary Planning Guidance: Land for Industry and Transport[R], 2012.

表 5-5　伦敦工商业用地变动幅度及其未来展望　　单位：hm^2

片区/圈层	2001—2006 年	2006—2010 年	2010 年	2011—2031 年	2011—2031 年均变动幅度
中部	−33	−16	448	−46	−2.3
东部	−282	−243	2935	−388	−19.4
北部	−9	−4	767	−68	−3.4
南部	−54	−12	1169	−88	−4.4
西部	−51	−72	2114	−144	−7.2
总计	−429	−347	7433	−734	−36.7
内圈层	−237	−133	1952	−362	−18.1
外圈层	−192	−214	5481	−372	−18.6
总计	−429	−347	7433	−734	−36.7

5.2.3　伦敦市解决土地供需矛盾的主要做法

1）重点布局，引导产业集中开发

通过设立“机会区域”“强化开发区域”“复兴区域”“战略工业区域”等一系列重点开发区域，既可以有效引导相关产业进行集中开发，也能够促进区域经济社会平衡发展。

例如，机会区域主要是指那些棕地相对集中的区域，可用于开发住宅、商业地产等经济活动。强化开发区域主要是指那些拥有良好公共交通服务的建成区，适合进行更高密度的再次开发。据统计，通过设置机会区域可以额外提供 49.03 万个就业岗位，新建 23.36万套住房；而通过设置强化开发区域，可以额外提供 1.3 万个就业岗位，新建 1.435 万套住房。

图 5-10 显示了伦敦战略工业区域的空间格局。战略工业区域是伦敦工商业用地的主要储备地区，2010 年该地区拥有工商业用地 3 715 hm^2，占伦敦当年工商业用地（7 433 hm^2）的将近 50%。一般来说，在设置战略工业区域时，会优先考虑其区位条件的便利性。目前伦敦设置了 59 个战略工业区域，并且它们大多靠近交通干道、铁路、河流、码头附近。每个战略工业区域的面积规模通常在 20 hm^2 以上。

为服务于不同的产业需求，战略工业区域又可以细分为两个类别：一类是“优先工业区”，适合入驻那些对环境要求不高的轻工业、一般工业和仓储等产业。通常来说，“优先工业区”不太适合开发大规模办公服务活动。另一类是“工业产业园区”，主要入驻那些对配套环境要求较高、对货物运输需求不大的产业，例如研究与开发、高附加值的行业①。通过对入驻的行业进行引导，有助于集中分类管理，从而创造更好的产业发展环境。

2）转换用途，合理确定开发格局

① Greater London Authority. Supplementary Planning Guidance: Land for Industry and Transport[R], 2012.

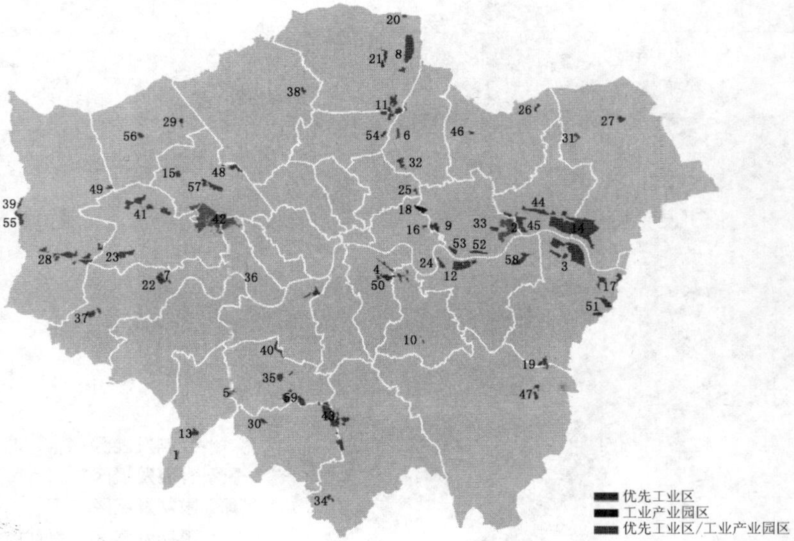

图 5-10 伦敦战略工业区空间分布格局

事实上,伦敦的工商业土地利用供需格局存在显著的区域差异,表现在各大区片之间、内圈层和外圈层之间以及各自治市之间等各个层面。具体来看,南部、北部、西部和中部片区的土地利用供需较为紧张,而东部片区的土地供需较为宽松。

为了更好地整合土地资源,发挥土地的开发潜力,伦敦根据当地工商业用地"用途转换"宽松程度,将全市工商业用地划分为三大类别,分别实施灵活而富有弹性的土地利用控制策略①(图 5-11),具体分为:(1)允许转移类。此类地区闲置二商业用地存量较多,工业用地的供给要大于需求。对于此类区域,允许将其部分工业用地转移为其他用途,以最大限度地发挥土地的潜力。(2)限制转移类。此类地区的土地供需矛盾较为紧张,特别需要首先满足垃圾处理和物流等用地需求。在进行工业用地用途转换时,要相当谨慎,并且严格控制。(3)有限转移类。此类地区土地供需矛盾介于前两类之间,可以将部分闲置工商业用地转作他用。

3) 调整结构,主动减少土地占用

在土地利用成本不断攀高的严峻形势之下,积极调整产业结构,弱化传统制造业,发展替代产业,成为伦敦从源头上解决土地利用供需矛盾的重要着眼点。

近 40 年来,随着产业结构的不断调整,伦敦的就业结构趋于优化,制造业就业人口总量骤减。1971 年,伦敦制造业就业人口曾经高达 100 多万人,1981 年为 71.3 万人。到 2010 年,制造业就业人口仅剩 13.1 万人,目前占伦敦就业人口总量的比重已不足 3%。与此同时,商业服务行业不断发育,同期就业人口从 1971 年的 45.7 万人增长至 1981 年的 50 万人,到 1999 年,已经达到 102 万人②。根据预测,2011—2031 年期间,制

① Greater London Authority. Supplementary Planning Guidance: Land for Industry and Transport[R],2012.

② Greater London Authority. The London Plan: Spatial Development Strategy for Greater London[R], 2011.

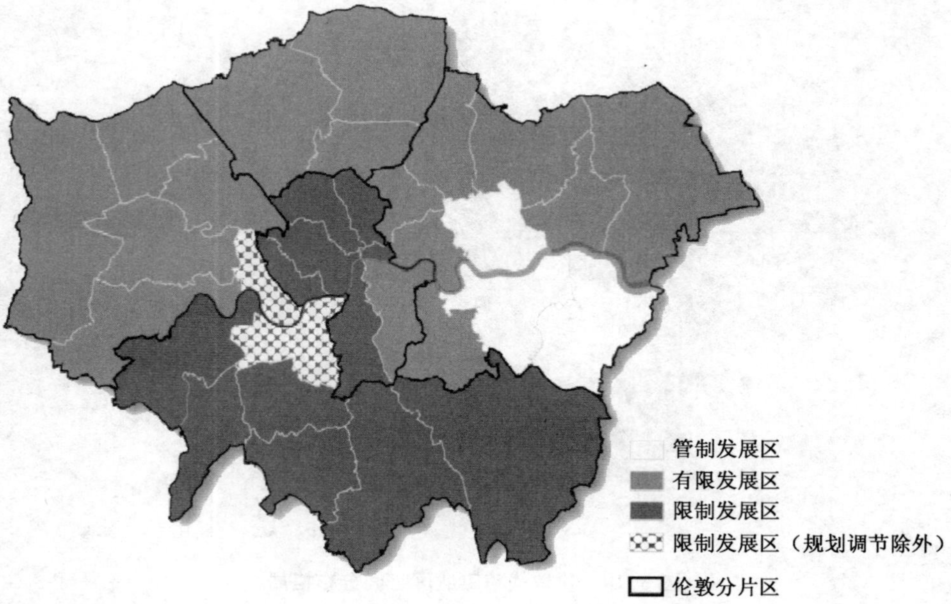

图 5-11　伦敦工商业用地“用途转换”控制区域

造业就业岗位的数量平均每年仍将继续减少 4 000 个①。

总之，通过产业结构的调整和转换，既减少了对土地的不合理占用，也遵循了市场经济规律，提高了土地的利用效率，还有效地确保了经济总量的稳步提升，可谓一举多得。

4）强行征用，进行合理经济补偿

在英国，地方政府有权征用城镇或乡村的土地用于“行动地区”(已经规划的综合开发、再开发或改造地区)的发展，可以强行要求土地所有者出让土地；政府也可以以大城市旧区改造为由，强行要求房地产所有者出售不动产②。一旦地方政府做出改造或重建决定，就会向居民发出通知并冻结任何房屋的私人买卖，也会应房屋所有者的要求，遵照土地征用条款，预先按照市场价格对其予以经济补偿。土地强行征用机制是对城市实施规划和控制的最有力工具。借此，政府能够决定用地的性质，控制开发(或改造)的时间，还能顺利地实施提供公共服务设施的计划。

5）循环利用，提高土地利用效率

目前，伦敦还存在一定数量的土地，虽然曾经过开发利用，但目前处于空闲或废弃状态，或者具有再开发利用的潜力。由于伦敦市域范围相对稳定，外围绿带又受到严格约束，因此只能通过对存量土地进行挖潜和循环利用。而且，通过鼓励开发废弃地来促进城市中心区复兴，也有助于保持可持续发展的城市形态③。有数据显示，2002—2007 年期间，伦敦空闲及废弃土地大约减少了 20%，集约用地水平明显提高。

---

① Greater London Authority. Supplementary Planning Guidance: Land for Industry and Transport[R], 2012.

② 兰胜. 当前我国土地供应问题分析[D]:[硕士学位论文]. 杭州:浙江大学,2004.

③ 李蕾. 国外用地许可相关制度研究——英国的规划许可制[J]. 国土资源情报,2006(7):30-36.

5.3 东京

5.3.1 东京都地域构成和土地利用概况

东京(Tokyo)是日本的首都,也是日本的经济、金融、文化、商业中心。东京位于日本列岛的中心、关东地区的南部。其中,东部以江户川为界,与千叶县相连;西部以山地为界,与山梨县相接;南部以多摩川为界,与神奈川县相连;北部则与埼玉县相接。

截至 2010 年 10 月 1 日,东京都的行政区面积为 2 188 km^2,共下辖 23 个特别行政区(市区)、26 个市、5 个町和 8 个村,以及伊豆群岛和小笠原群岛。从地域构成来看,东京都由区部(ku,包括 23 个特别行政区)、多摩地区(Tama Area,包括 26 个市、3 个町、1 个村)构成的狭长陆地,以及分布在东京湾南部海域的伊豆群岛和小笠原群岛(Izu and Ogasawara Islands,包括 2 个町、7 个村)三大部分组成(表 5-6,图 5-12)。

表 5-6 东京都政区构成和人口概况

政区名称	政区构成				辖区面积(km^2)	人口(万人)	人口密度(人/ km^2)
	区	市	町	村			
区部	23	—	—	—	621.97	821.00	13 200
多摩地区	—	26	3	1	1 159.89	492.16	4 243
岛屿	—	—	2	7	405.72	2.78	69
总计	23	26	5	8	2 187.58	1 315.94	6 016

从 2006 年东京区部地区的土地利用结构来看,建设用地和道路用地占辖区总面积的比重最高,分别达到了 57.2%和 21.8%,其次是公园(6.3%)、水面(4.9%)和未利用土地(3.1%),农业用地、原野和森林用地的比重分别为 1.1%、0.8%和 0.1%,除此之外,其他用地占 4.7%①。

从 2007 年多摩地区的土地利用结构来看,森林用地和建设用地占辖区总面积的比重最高,分别为 48.7%和 24.7%,其次是道路用地(8.1%)、农业用地(5.5%)和公园(3.8%),原野、未利用土地和水面的比重分别为 2.2%、1.8%和 1.5%,除此之外,其他用地占 3.7%②。

5.3.2 东京人口增长与土地供需矛盾的主要表现

人口增长和产业发展的客观需要加剧了东京的土地供需矛盾,对城市土地的集约利用提出了更高的要求。从人口增长情况来看,早在 1940 年,东京都的人口总量即高达 735 万人。不过由于受到"二战"重创,1945 年人口迅速跌落至 349 万人。之后,东京的

---

① 参见 http://www.toshiseibi.metro.tokyo.jp/topics/h20/tochiriyou_04.pdf 相关内容。

② 参见 http://www.toshiseibi.metro.tokyo.jp/seisaku/tochi_c/tochi_4.pdf 相关内容。

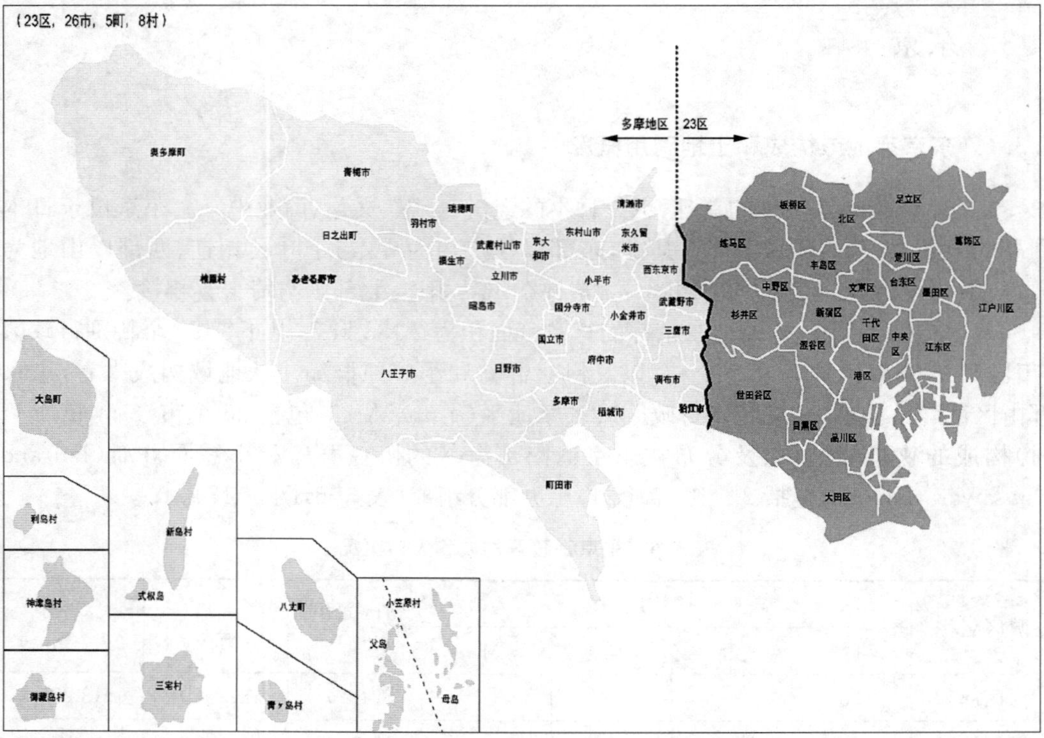

图 5-12　东京都的政区范围

居住人口迅速反弹，呈现快速稳步增长态势。人口总量分别于 1956 年、1963 年和 2001 年超过了 800 万人、1 000 万人和 1 200 万人大关(图 5-13)①。根据最新数据显示，截至 2013 年 9 月 1 日，东京都的居住总人口高达 1 328. 32 万人，大约占日本全国总人口的 10%，人口规模位列日本全国 47 个一级行政区之首②。

随着人口总量的不断攀升，东京都逐渐成为日本人口最为稠密的地区之一。作为东京都的核心区域，区部地区的人口密度相当高，经济社会活动高度发育。根据 2011 年 10 月 1 日数据③显示，东京都区部地区的人口规模为 896. 67 万人，面积规模 621. 97km^2，人口密度超过 1. 4 万人/ km^2。特别是处于都心地区的千代田区、中央区、港区 3 个特别区，集聚了大量的昼间就业人口。东京都核心区域作为就业中心和经济中心的主导地位始终稳固。

东京的建设用地④(land for building)主要划分为四类，分别是工业用地、商业用地、住宅用地和其他用地。其中，住宅用地是城市建设用地的主体，目前大约占据了 85%以上的份额；其次是工业用地和商业用地，所占比重分别约为 6%和 5%。

---

① 参见“人口の動き——東京都の人口(推計)年報”相关内容。

② 参见 http://www. toukei. metro. tokyo. jp/jsuikei/js－index. htm 相关内容。

③ 参见 http://www. toukei. metro. tokyo. jp/tnenkan/2011/tn11q3i002. htm 相关内容。

④ 日本将“建设用地”称为“宅地”，笔者注。

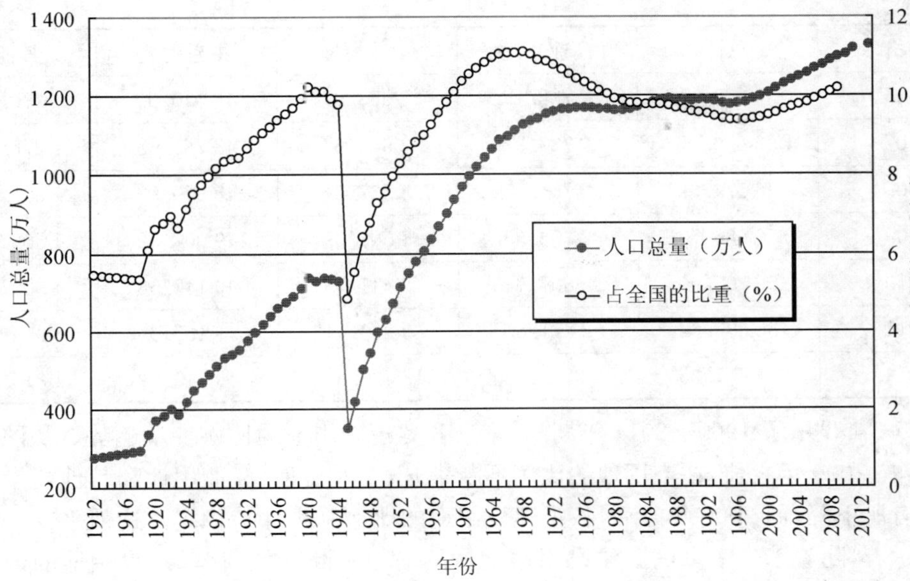

图 5-13　东京都的人口增长及其占全国总人口的比重

如表 5-7 所示，2000—2012 年期间，东京的建设用地总量略有增加，从 2000 年的 55 058. 36 hm^2 上升至 2012 年的 56 991. 25 hm^2。与此同时，住宅用地从 2000 年的 46 950. 78 hm^2增加至 2012 年的 49 445. 92 hm^2；商业用地的变动则略有起伏，从 2000 年 2 695. 46 hm^2 回落至 2003 年的 2 666. 61 hm^2，之后又稳步提升至 2011 年的 2 811. 85 hm^2，之后又小幅回落至 2012 年的 2 779. 65 hm^2；与之相应，同期工业用地呈现较大幅度的下降，从 4 018. 67 hm^2 下降至 3 450. 35 hm^2，其他建设用地的数量则基本保持平稳。

应当指出，人口的持续增长客观上会助推东京都住宅用地的扩张。在城市政区面积长期保持稳定的情况下，城市人口规模的持续膨胀必然会在一定程度上压缩其他建设用地的发展空间。由此一来，工业和商业活动的用地规模势必要受到严格的制约。如何在既能够容纳人口增长的同时，又最大限度地保持城市经济增长的活力，巩固东京作为世界级都市的地位，成为东京实现未来可持续发展所要面临的严峻挑战。

表 5-7　2000—2011 年东京都建设用地变动情况(单位：hm^2)

年份	总计	商业用地	工业用地	住宅用地	其他
2000	55 058. 36	2 695. 46	4 018. 67	46 950. 78	1 393. 45
2001	55 036. 59	2 713. 34	4 022. 92	46 986. 63	1 313. 70
2002	55 296. 42	2 716. 74	4 038. 43	47 209. 94	1 331. 31
2003	55 414. 27	2 666. 61	3 872. 55	47 625. 01	1 250. 10
2004	55 699. 91	2 699. 87	3 865. 13	47 883. 40	1 251. 51
2005	55 914. 84	2 713. 76	3 849. 27	48 095. 56	1 256. 25

续表 5-7

年份	总计	商业用地	工业用地	住宅用地	其他
2006	56 285.41	2 722.19	3 653.07	48 640.01	1 270.14
2007	56 430.97	2 727.92	3 642.67	48 783.83	1 276.55
2008	56 574.02	2 765.81	3 537.81	48 970.97	1 299.43
2009	56 686.78	2 806.35	3 506.09	49 067.52	1 306.82
2010	56 805.90	2 807.14	3 541.76	49 147.58	1 309.42
2011	56 894.62	2 811.85	3 573.41	49 195.06	1 314.30
2012	56 991.25	2 779.65	3 450.35	49 445.92	1 315.33

图 5-14 显示了 1960—2011 年期间，东京各类建设用地的比例变动趋势。从图中可以发现：在 2000 年之前，住宅用地的比例不断攀升，工业用地、商业用地和其他建设用地的比例有所下降；而 2000 年之后，各类建设用地的比例基本保持稳定。这似乎在一定程度上预示着，随着未来东京挖掘建设用地增量的潜力不断降低，存量建设用地的内部调整有可能成为解决未来建设用地供求矛盾的一个主要方式。

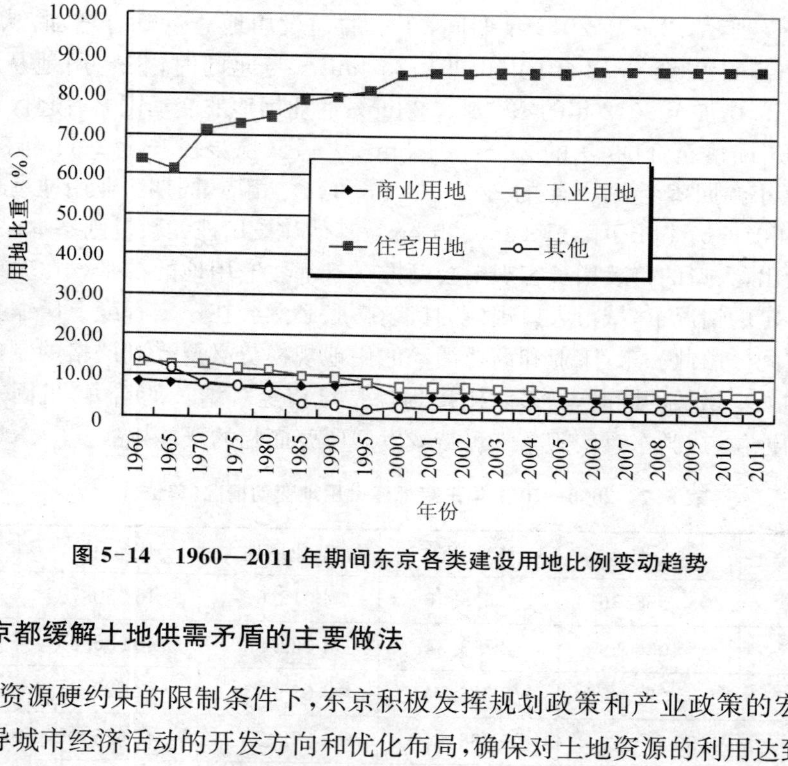

图 5-14　1960—2011 年期间东京各类建设用地比例变动趋势

5.3.3　东京都缓解土地供需矛盾的主要做法

在土地资源硬约束的限制条件下，东京积极发挥规划政策和产业政策的宏观调控作用，努力引导城市经济活动的开发方向和优化布局，确保对土地资源的利用达到最优。

1）适时调整产业结构，重点发展都市产业

由于土地供需矛盾较为突出，有限的土地资源在一定程度上限制了工业企业的发展。一方面，东京大力压缩食品、烟草、纺织、石油、化工等传统工业企业，来腾出更多的用地。根据统计，员工规模在 4 人以上的工业企业数量从 1990 年的 41 374 个减少至 2010 年的 15 082 个，同期工业企业的就业人口从 72 万人下降至 31 万人，对传统工业的压缩幅度可见一斑[①]。但是，鉴于工业仍然是东京经济发展的一支重要驱动力量，因此，也不能完全摒弃工业，而是要积极发展那些占地少、产值高的都市型工业。此外，东京还积极调整经济增长重心，重点发展知识密集型产业和生产性服务业，以更少的土地占用实现了更大的经济增长，土地的产出水平得到进一步提升。

2）规划引导土地利用，控制产业用地规模

为了更好地利用城市土地资源，东京出台了相关规划政策，对工业用地的规模进行限制，例如，将占地面积较大的工厂搬迁。

历史资料显示，1975—1984 年期间，东京都搬迁到外围郊县的占地面积超过1 000 m^2的工厂多达 349 家(图 5-15)。再如，禁止在都心三区建设占地面积在 500 m^2 以上的工厂。通过实施类似的规划调控政策，迫使那些占地规模较大的企业到城市外围地区布局，从而有效地控制了城市核心区域的工业用地规模[②]。2000—2010 年期间，区部地区的工业用地规模从 2 147.85 hm^2 下降至 1 769.46 hm^2，年均减少幅度接近 20 hm^2。

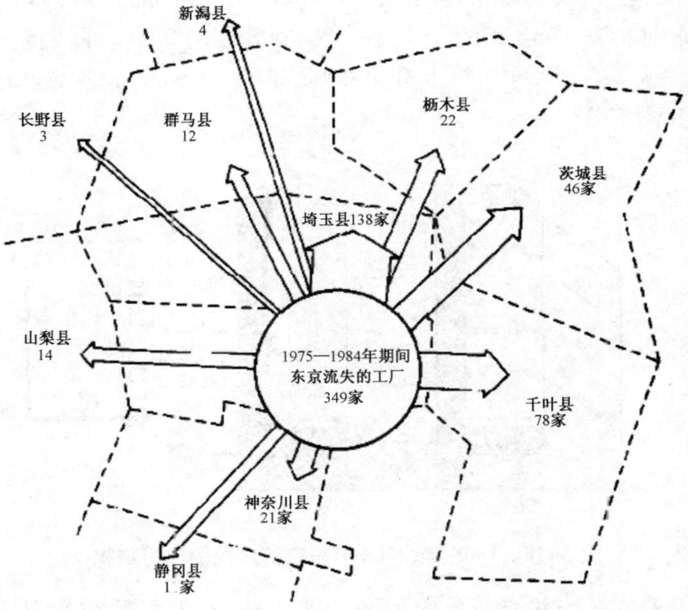

图 5-15　1975—1984 年期间东京都部分工厂的搬迁流向

3）调整土地利用结构，提升土地开发强度

据统计，2012 年东京新建住宅 14.09 万套，其中 10.87 万套分布在区部地区，约占当年新建住宅总套数的 77%，这表明区部地区仍然是东京住宅用地增长的重点区域[③]。不

① 参见 http://www.toukei.metro.tokyo.jp/tnenkan/2010/tn10qa110100.xls 相关内容。

② 石忆邵，范胤翡，范华，等.产业用地的国际国内比较分析[M].北京：中国建筑工业出版社，2010:39.

③ 参见 http://www.metro.tokyo.jp/INET/CHOUSA/2013/02/60n26100.htm 相关内容。

过，东京土地的供需关系整体趋于紧张，土地资源短缺的局面有所加剧，表现为近十年来，以住宅用地为主体的建设用地面积逐年增加，农业用地、森林用地的面积呈现绝对减少态势。

显然，仅仅依赖增量仍然难以满足日益膨胀的人口需求和强劲的经济发展的需要。在人口增长和经济发展的双重夹击下，必然要求进一步挖掘现有存量土地的潜力，提升东京土地集约利用的强度。从土地的开发强度来看，区部地区的容积率呈现整体提高态势，从 2001 年的 156.3%提高到 2006 年的 172.2%。其中事务所建筑物的容积率从 385.7%增加至 425.2%，宾馆设施的容积率从 375.0%增加至 400.8%①。多摩和岛屿地区的整体容积率则从 2002 年的 84.4%提高到 2007 年的 85.5%②。

4）着力倡导公共交通，优化城市空间布局

城市交通与土地利用之间存在着密切的关联：特定的土地利用格局对应着不同的交通需求，交通战略的选择又会影响土地利用格局；两者相互影响，相互制约。

一方面，东京都的公共交通网络相当发达，居民出行高度依赖公共交通，是典型的公交导向型城市。近年来，以轨道交通为代表的公共交通开始在东京都的居民出行结构中逐渐占据绝对主导地位，表明东京都的交通出行结构不断优化③。具体来看，私人小汽车的出行比重持续下降，从 1998 年的 32%下降至 2008 年的 25%。同期轨道交通的比重有较大幅度的提升，从 1998 年的 46%上升至 2008 年的 53%，其他各交通出行方式的比重则基本保持稳定(图 5-16)。

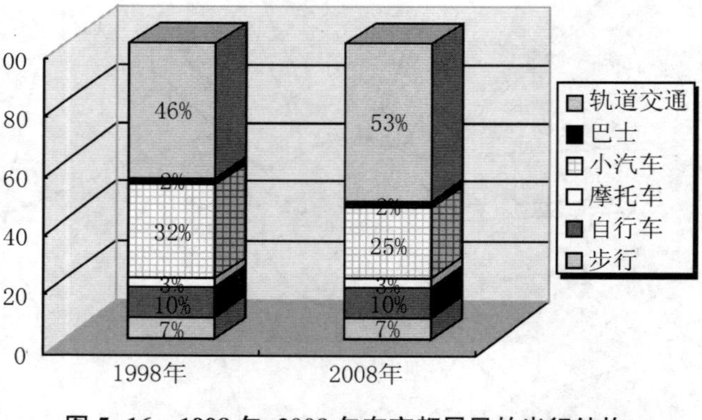

图 5-16　1998 年、2008 年东京都居民的出行结构

另一方面，倘若依托公共交通导向型的发展战略，实现多种交通方式之间的联合运输，对居民的出行结构与出行方式进行优化，则可以在一定程度上确保相关经济活动得以在更为广阔的区域范围内进行，进而有助于优化城市经济活动的空间布局和土地利用。如图 5-17 所示，日本有关部门高度重视各种交通方式之间的衔接与协调工作，正在积极倡导并且实践“联合运输”的理念。通过采取“停车换乘”的方式，引入公共交通线

① 参见 http://www.toshiseibi.metro.tokyo.jp/topics/h20/topi009.htm，2013-3-3 相关内容。
② 参见 http://www.toshiseibi.metro.tokyo.jp/seisaku/tochi_c/tochi_2.htm 相关内容。
③ 参见 http://www.kankyo.metro.tokyo.jp/en/data/相关内容。

路，在中心城区外围地区为私人交通提供相应停车场地，鼓励居民就近到达轨道交通站点，换乘轨道交通出行，然后再选择小汽车租赁、旅游巴士、自行车、自行车租赁等方式，到达目的地。这样，居民在中心城区的出行更多地依赖公共汽车、轨道交通、出租车等多样化的公共交通方式，能够显著减少中心城区的机动车交通压力。

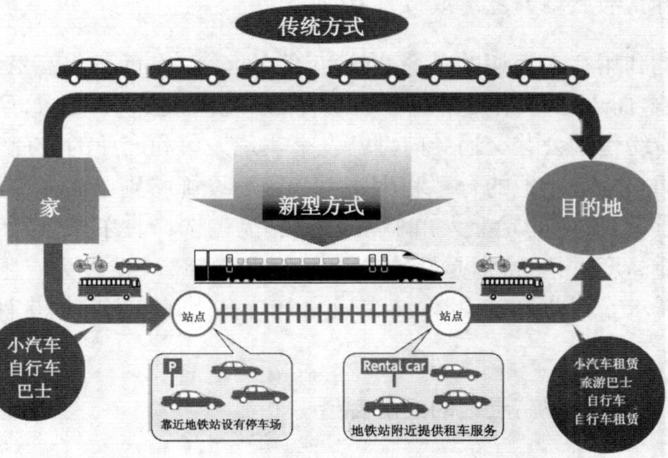

图 5-17　多种交通方式联合运输示意图

5.4　总结与思考

通过对纽约、伦敦和东京三个大城市的土地供需矛盾及其应对策略进行分析，可以发现，它们都普遍面临土地资源紧缺与经济发展之间的矛盾。它们集聚了更多的资源和就业机会，吸纳了众多的人口前来入住，居住需求相当旺盛；同时，作为世界级城市，为了在世界经济运行中保持引领地位，它们又要最大限度地引进高层次产业，来确保相应的产业能级。在土地资源极为有限和人口增长压力以及产业发展压力的多重夹击之下，确保土地资源的高效利用也就成为它们的必然选择。对世界著名大城市在土地集约利用和缓解土地供需矛盾方面的经验做法进行总结和思考，对于指导我国城市在解决类似问题方面具有较为重要的理论和实践意义。

5.4.1　讲究变通，保持规划的弹性与灵活性

土地的合理使用离不开科学、合理的规划。规划并非一劳永逸，为了适应不同时期、不同发展阶段的特定用地需求，需要结合具体问题进行再协商，必要时进行规划的适时调整，以保持规划的弹性与灵活性。鉴于未来较长一段时期的一系列不确定性因素，我国城市理应保持一种动态的规划思路，才能避免僵化的误区，保持强大的生命力，真正实现可持续发展。

例如，近年来纽约对早期制定的牙买加地区的区划法规进行了再调整，使其顺应时

代发展的需要。再有，新加坡制订了“白地”计划，在满足一定条件的情况下，允许开发商决定开发用地的不同用途以及各种用途的房屋面积，而无需交纳额外费用①。这种灵活性使开发商能够对不断变化的市场条件迅速回应，无需局限在原定用途，从而最大限度地减少原计划与市场需求不匹配的风险。

5.4.2 交通导向，与土地开发形成良性互动

交通与土地利用存在密切的联系，交通干线的延伸，有助于提高沿线土地的通达性，带动土地的增值，而土地的开发也会增加对交通供给的进一步需求，两者相互促进。一些世界大城市纷纷借助公共交通导向型开发来实现人口和产业的合理空间布局。

城市的空间布局与土地的合理利用离不开交通设施特别是轨道交通线路的引导，轨道线路由于运量大，成为世界上人口稠密区域的优先选择。东京、纽约、伦敦、新加坡等城市的公共交通高度发达，特别是轨道交通网络非常完善，在较为有限的空间能够满足高强度的交通需求。因此可以说，保持交通导向与土地开发之间的良性互动符合可持续发展的需要。

5.4.3 集约利用，着力提高土地的经济容量

对于许多国外大城市来说，有限的土地资源已经难以满足未来经济社会发展的需求，如何充分利用存量空间，成为一个迫切需要解决的问题。其中，提高土地开发强度成为一个必然的选择。

例如，新加坡住宅发展局专门采取了“高层住房开发政策”，较好地解决了人口住宅需求与用地紧缺的矛盾。由此可见，利用好存量土地空间，向地上、地下要空间，成为一个卓有成效的选择。当然，高强度开发也在一定程度上对周边基础设施的配套水平提出了更高的需求。

5.4.4 分类指引，制定科学的空间发展规划

制定科学合理的空间规划，从更广阔的地域空间来思考人口和产业的发展方向和布局，是优化城市空间结构的重要一环。城市发展空间战略规划具有前瞻性和战略性，是城市中长期发展的纲领性文件和指南。城市空间发展战略规划应该包括：①城市空间发展现状分析及其空间发展问题；②城市增长动力机制分析（现状与未来）；③城市发展战略及其空间发展战略定位；④规划和政策。

例如，伦敦在其空间战略规划中，突出了重点增长区域，借助交通发展走廊，确立了一系列“机会区域”“再生区域”以及“强化发展区域”，引导人口的转移和产业的布局，并且较好地处理了城区与郊区、母城与市镇之间的关系。

5.4.5 有法可依，构建完善的法律法规体系

土地的合理利用离不开相关配套法律法规的有力支撑。在土地开发利用遭遇阻碍

---

① 孙翔. 新加坡“白色地段”概念解析[J]. 城市规划，2003(7)：51-56 .

的时候，需要依据相关法律法规来保驾护航。从土地用途的调整与转换来看，土地强行征用机制是城市实施规划和控制的一个有力工具。政府能够决定用地的性质，控制开发（或改造）的时间，还能顺利地实施公共服务设施建设计划。

5.4.6 提高能级，努力提升土地的产出水平

土地的产出率反映了单位空间的产业集聚水平和集聚质量。当前上海的土地产出率尽管有了明显提高，但距离世界上一些发达国家的大城市仍有一定的差距。例如，从城市建设用地的国内生产总值（GDP）产出来看，浦东新区建设用地产出率偏低，仅为0.665亿美元/km^2，是东京的1/8，新加坡的3/10。

展望未来，上海经济总量要保持稳步增长，如果依赖扩大城市建设用地途径来提高GDP总量，无疑是一种低效而不现实的方式。有限的用地决定了上海的产业发展只能在调整结构、提升层级方面下工夫，通过科技创新、技术改造，提高产品科技含量与效益等方式来实现土地产出率的提高。

5.4.7 制度创新，完善合理用地的制度空间

通过土地管理体制、机制以及制度的创新，营造良好的外部氛围，进一步完善合理利用土地的制度空间，是切实保护耕地、合理利用土地的一项重要内容。在土地开发过程中，保证相关参与主体利益分配的公平性是其中一个关键着眼点。

美国的土地开发权转移制度值得我国借鉴。该制度提供了一个独特的管理城市增长的制度工具，通过收入转移机制，将发展地区在土地转化过程中获得的经济增长收益转移到耕地保护地区，有助于我国耕地保护目标的实现。更为重要的是，该制度引入了经济手段，提供了一个基于市场机制的土地分配和管理方式，在解决耕地保护与农民利益以及城市发展之间的矛盾方面具有较强的调节能力。

6 伦敦中心区交通拥挤收费政策述评

交通与居住、工作、游憩一起，被并称为城市的四大基本活动。城市交通质量的优劣日益成为越来越多的城市特别是特大城市所面临的一项严峻议题，也是城市实现可持续发展的一个瓶颈。一般来看，随着城市规模的不断增大，交通需求与交通供给之间的矛盾将会越来越突出，对于城市的中心区来说更是如此。

交通需求与道路设施的供给之间呈现一种双向的制约关系。道路建设是否能够真正解决城市交通拥挤(拥堵)问题？答案是：不可能。沿着交通走廊的新增道路建设虽然能够降低出行时耗，但同时会吸引其他道路的交通量转移或者诱发新的交通量，最终使得该交通走廊恢复到原来的拥堵水平，这就是所谓的"当斯定律"①。

笔者认为，当斯定律似乎蕴含着一个基本假设，那就是假如在缺乏政府管制或者管制效率低下的情况下，单纯依靠市场力量的调节其实存在着相当的风险。特别是当收入水平达到一定程度，家庭拥有汽车的意愿和潜力大幅度释放的时候，必然会出现交通需求和交通基础设施供给之间的竞赛。倘若政府不进行有效的管制，这种竞赛的结果必然导致交通拥挤②。

一般来看，交通问题的治理可以从"供给"和"需求"两个角度入手。就交通拥挤问题来看：一方面可以通过追加基础设施投入、提高管理水平，来最大限度地发挥交通公共服务设施的服务水平；另一方面可以通过抑制机动车的生产、销售和使用，对道路交通需求进行源头管理，尽可能削减非必需的交通需求，而主要对必需的交通需求给予合理的组织和引导，使之尽可能地在时间与空间上均衡分布。就交通污染问题来看：一方面要加大空气污染的治理力度，提高资源环境的自净能力及其对经济发展的承载力；另一方面，可以加快技术创新步伐，强制淘汰落后的发动机技术，提高汽车发动机的性能和尾气排放标准，并且主动减少机动车的使用频率和使用强度。

当前，世界上诸如伦敦、斯德哥尔摩、新加坡等许多著名大城市从控制交通需求的源头入手，通过实施"交通拥挤收费"等政策，试图缓解中心区域的交通拥挤压力。上述城市在取得不少成绩的同时，其交通公共政策在制定过程中，也暴露出一些问题。借鉴世界上一些典型大城市在交通需求管理政策制定方面的经验做法，并且对其政策运行效果进行评价，发现其中存在的一些问题，为探索适合我国国情的交通治理战略提供一种可能的选择，具有较为重要的实践价值。

本章在对伦敦交通拥挤收费政策的实施背景进行简要回顾的基础之上，查阅诸多研究跟踪报告，从交通流量、拥挤水平、经济影响、绕行交通等关键层面，分析、介绍该政策

---

① 参见 www. chinautc. com/Information/manage/UNCC_Editor/. . . /2001/8. pdf 相关内容。

② 参见 http://hi. baidu. com/zojoz/item/16bc18da09c17dffcb0c3903 相关内容。

的实际运作效果及其最新进展，并且从公共利益的维护，交通拥挤收费政策的有效性、适用性、系统性和复杂性等方面进行反思，认为：城市公共政策的制定具有复杂性和系统性，维护公众利益应当是城市公共政策的首要法则；交通拥挤收费政策具有一定的局限性，借鉴国外经验时要因地制宜、切忌照搬；要优化城市空间结构，从根源上解决城市交通问题。通过本章的研究，希望对我国北京、上海等大城市的交通治理实践探索有所启发。

6.1 交通需求管理理念的提出

在我国快速城市化和机动化的发展进程中，城市交通所带来的“负外部性”三大“顽症”——交通拥堵、交通事故和尾气污染——在地方、国家乃至全球范围内的不良影响日益加剧①。从表面上看，城市交通问题似乎首先体现为一个工程技术问题，但事实并非如此。城市交通问题的产生有其内在的深层次根源，城市交通问题在直接表现为工程技术问题的同时，还关乎产业发展、能源战略、土地利用、规划管理、环境质量等一系列领域，是一个名副其实的社会、经济、资源、环境问题。

杨东援指出，我们的需求已经不是单纯用工程和技术解决问题，而是要把它跟整个社会系统融合在一起②。如何采取科学、有效的公共政策和管理措施来应对城市交通问题，是当前城市交通治理之关键。

显而易见，“交通拥挤收费”“低排放区”政策是在交通需求管理理念指导下衍生出来的交通管制政策，通过抑制交通需求（交通流量和交通污染），来达到缓解交通供需矛盾之目标。所谓交通需求管理，就是在满足特定资源（土地、能源）和环境容量的限制条件下，运用土地利用规划、经济杠杆、政策法规和信息发布等调控手段，对交通需求总量、出行方式及其时空分布进行科学控制与调节，从而使交通需求和交通供给达到平衡，确保城市交通系统的可持续发展。

分别来看：“交通拥挤收费”政策通过对特定时间（工作日）、特定地域（交通拥堵区域）的交通流量进行限制，来达到改善当地交通拥挤之目的；“低排放区”政策则通过主动提高汽车尾气排放标准，通过对特定时间和地区高排放、高污染机动车的使用进行限制，来减少机动化交通的尾气排放量及其对空气的污染程度，进而延缓或扭转当地空气质量持续恶化的态势。

综上所述，两个政策推出的视角有所不同，但似乎又殊途同归，均有助于缓解交通拥挤、降低空气污染。与此同时，它们也有助于优化城市交通出行方式，为公共交通出行替代私人小汽车交通出行创造更为适宜的制度环境，从而达到以更小的交通流量、更少的尾气排放量和污染水平来取得同样甚至更高的机动化水平的目标。

---

① 冯苏苇. 汽车产业化进程中的城市交通问题与对策[M]//三克强，张欣，王洪卫，等. 城市经济与土地政策：发展·绩效·改革. 上海：上海财经大学出版社，2008.

② 杨东援. “上海世博会”城市交通方案[J]. 交通运输系统工程与信息，2006(6)：19-21.

6.2 伦敦中心区交通拥挤收费政策产生的社会经济背景

6.2.1 人口快速增长

总体来看，近40年里，伦敦的人口经历了一个先减后增的“V”形变动过程：1961年，伦敦的人口接近800万人；随后持续走低，1983年，人口降至650万人左右；接着又呈现强劲的恢复性反弹态势，到2000年，人口升至738万人。其中，1983—2000年，内伦敦地区人口增长幅度高达12%，明显高于同期整个伦敦9.3%的增长幅度。根据大伦敦政府(Greater London Authority)的最新预测显示，如果上述增长态势保持不变，那么，到2016年，伦敦的人口将达到810万人。这一数量突破了“伦敦10年交通发展规划(10 Year Plan for Transport)”760万人的设想①。这样，未来多“新增”的50万人口对城市交通的需求缺口如何弥补，成为摆在伦敦政府眼前的严峻话题。

6.2.2 就业岗位不断增加

中心区是伦敦发挥世界城市功能的核心地区，在整个伦敦乃至全世界均占据着重要地位。该区域居住人口仅16万，但就业人口却高达128万，与之相应，每天的通勤人口高达112万。可以说，由于中心区独特的职能地位和区位优势，使其成为伦敦大都市区的交通中心，各种各样的人流、物流和信息流在此汇聚、集散。与之相应，就业人口众多，通勤强度很大。图6-1反映了伦敦大都市区的通勤密度空间分布格局。从中可以看出，中心区附近的

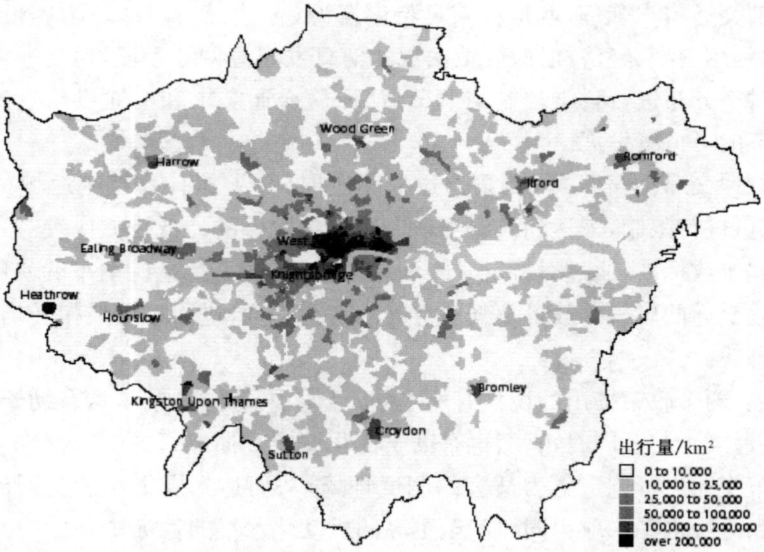

图6-1 伦敦大都市区通勤强度的空间分布格局

① “伦敦10年发展交通规划”是参照国家统计办公室(Office for National Statistics)在1996年预测的人口数据制定的。按照当时的预测，2016年伦敦人口将达到760万人，笔者注。

通勤密度显著高于周边地区。有些区域的出行起点数目(trip origins)甚至高达 20 万个/平方英里。特别是在最近 10 年,伦敦的西敏寺(Westminster)、"西蒂"、卡姆登(Camden)以及伊斯灵顿(Islington)等"都市自治区"①的就业岗位有了较大幅度的增长。这几个区的面积虽只占整个伦敦大都市区的 4%,但就业岗位总量却占伦敦的 1/3。另根据相关部门预测,在未来 10 年里,伦敦将会额外增加 27 万个就业岗位,由于这些新增就业岗位主要集中在金融、商业服务、政府、文化、旅游等高层次服务业,因此,其中的 40%将分布在中心区,另外 31%和 29%分别分布于内伦敦其他区域和外伦敦地区②。潜在就业人口的大量增长,对于交通状况已经严重恶化的中心区来说,无疑是雪上加霜。

6.2.3 交通问题日益严重

伦敦地区特别是其中心区的交通面临着前所未有的压力。大伦敦地区特别是中心区的交通状况严重恶化,路网的堵塞程度日益加剧,由此造成的交通损耗时间大大增加。

根据英国政府估计,伦敦大都市区的交通拥挤程度要比国内其他大都市区高出 50%。平均通勤时间(average travel time to work)为 56 分钟,是全国平均水平的两倍。1968 年以来,伦敦道路网的堵塞程度越来越严重。与之相应,伦敦中心区、内伦敦、外伦敦的行车时速均呈现持续走低态势(图 6-2)。其中,内伦敦特别是伦敦中心区的交通拥挤程度尤为严重。有数据显示,2000 年伦敦中心区机动车时速仅为 10 英里/小时(约合 16km/h),几乎回归到 100 年之前的通行水平。有资料显示,伦敦中心区每千米实际平均行驶时间将比交通通畅状态多耗费 2.3 分钟③,这一数值可称为"交通拥挤水平"④。

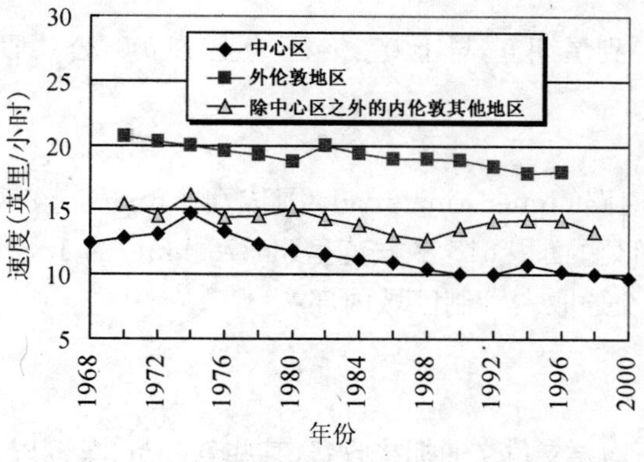

图 6-2 伦敦上午交通高峰时间通行速度(英里/小时)

---

① 类似于我国大城市的市辖区,笔者注。

② 参见 http://www.london.gov.uk/approot/mayor/strategies/transport/相关内容。

③ 参见 http://www.tfl.gov.uk 相关内容。

④ 与之相关的另外两个概念是:a. 每公里平均行驶时间(average network travel rate),直译为"路网平均行驶速度",即速度的倒数,用来衡量车辆行驶的缓慢程度,能够比平均速度指标更为方便地反映交通拥挤水平。b. 交通通畅状态下每公里平均行驶时间(uncongested network travel rate),通常是在交通流量较少的清晨时间测定的。一般来讲,在城市地区,这一指标大约为 1.5min/km,换算成速度也就是 40km/h。"交通拥挤水平"是交通通畅状态下每千米平均行驶时间与现实每千米平均行驶时间的差额,又称为每千米行驶损耗时间(lost travel time or excess travel rate)。

6.3 伦敦交通拥挤收费政策的基本内容

在伦敦中心区，由于严重的交通拥堵，有一半的交通时间被浪费掉。由于中心区特殊的经济和金融地位，再加上其便利的区位条件，从而吸引了大量的经济活动人口集聚其中，形成了大密度、高强度的交通格局。通往中心城区的高峰交通流量在最近10年里增加了14%[①]。伦敦每年因为交通拥挤而浪费的时间和增加的通行成本高达20亿英镑，给伦敦居民以及伦敦的社会经济运行、生活环境质量带来巨大损失。交通拥挤特别是中心区的交通拥堵问题已经严重影响到伦敦城市运行的效率和城市竞争力的提高。因此可以说，实行交通拥挤收费制度，正是在上述背景下的必然产物。

对此，伦敦交通管理局(Transport for London)及其他各相关部门经过充分的论证和广泛的公众咨询，并借鉴世界其他一些城市的做法，于2003年2月17日(星期一)在交通拥挤最为集中的区域——"中心区(Central London)"正式启动了交通拥挤(入城)收费(congestion charging)计划，这一措施的大致思想是：在伦敦中心区划出特定区域，在固定时间段对出入该地域的机动车实行交通收费管制，希望以此控制该区域的交通流量，改善出行结构，促使部分居民尽可能地改乘其他形式的交通工具，来达到降低中心城区交通拥挤水平之目的。该计划对入城收费的时间、收费范围、适用对象、收费金额、收费方式、处罚规定以及优惠(免费)车辆等均进行了明确的规定[②]。

6.3.1 管制时间

每个星期的星期一到星期五，早上07:00至晚上18:00，公共假期除外[③]。

6.3.2 区域范围

收费区域由内环道路(inner ring road)围成(图6-3)，该区域占地8平方英里(21 km^2)，占大伦敦地区总面积617平方英里(1 579 km^2)的1.3%。有8个"都市自治区"全部或部分位于该交通收费管制区域内部[④]。

6.3.3 适用对象

并不是所有的居民均要支付交通拥挤收费，某些驾驶员、车辆以及个人，可以享受减免优惠。这些群体包括：获得了蓝色徽章的残疾人口或为残疾人服务的公共机构，9个及9个以上座位的车辆，在收费区域内居住的人口，采取石油替代燃料(电力)的车辆，两轮车，微型出租车，提供救护服务的车辆，军队以及皇家园林局的车辆，等等。

---

① 此时间是相对于交通拥挤收费政策实施之前而言的，笔者注。

② 马祖琦. 伦敦中心区"交通拥挤收费政策"——背景、经验与启示[J]. 国外城市规划，2004，19(1):42-45.

③ 后来交通管制时间略有变动，最初是早上07:00至晚上18:30，笔者注。

④ 参见 www.london.gov.uk/相关内容。

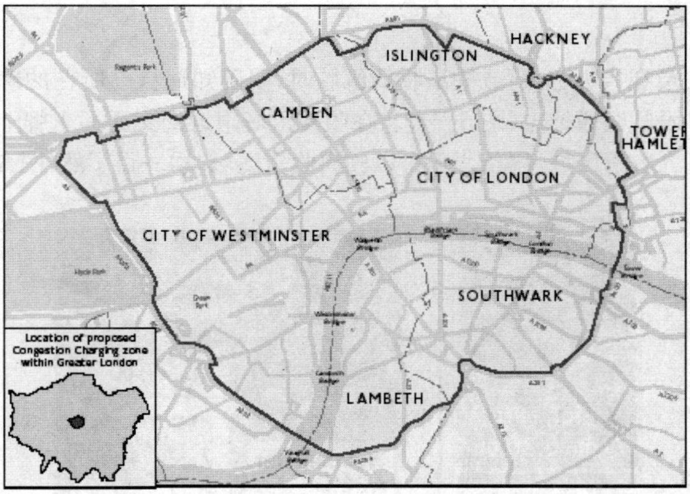

图 6-3 伦敦交通拥挤收费的区域范围示意图

6.3.4 收费金额

5 英镑/车次·天。

6.3.5 收费方式

交通拥挤通行费的支付渠道灵活多样,可以通过从零售商店、便利店、自动售货机、报摊、加油站购买通行费,打电话,邮寄,登录网站以及利用移动电话发短信息,等多种方式。通行费用的征收并不是通过设立收费站和设障物来售票的方式,而是采用在数据库中注册汽车牌照号码的方法。车辆进入指定区域后,摄像机会读取汽车牌照号码,然后与数据库的资料相对照,如果该号码已经交费,则自动将所拍摄的照片从数据库抹掉①。

6.3.6 交费时间

既可每天交纳,也可每星期、每月、每年交纳。如果事先知道所需通行的天数,也可一次性付清。驾驶人员可以选择或提前交纳,或在进入收费区域之后交纳,但最晚必须在当晚 10 点之前。

6.3.7 处罚规定

延期交纳通行费用的,将会被予以加倍罚款的处罚。在当天 22:00-24:00 交纳的,要加收 5 英镑的罚金。如果在当天 24:00 之前仍然没有交纳通行费用,则将面临 80 英镑的高额罚款,但是如果在 14 天之内支付,只需交纳 40 英镑。28 天之后,仍不交纳者,罚款额升至 120 英镑。

---

① 参见 http://www.tfl.gov.uk/tfl/cc_fact_sheet_how_to_pay.shtml 相关内容。

6.3.8 交通标志

为了使驾驶员在接近、穿行或驶离收费区域时,明确知道自己所在的确切位置,在相应位置还安装了显眼的交通标志(图 6-4a)。在收费区域附近的交通标志牌上还标明了方向:哪条线路可以进入收费区域,哪条线路可以驶离收费区域,均一目了然(图 6-4b)。

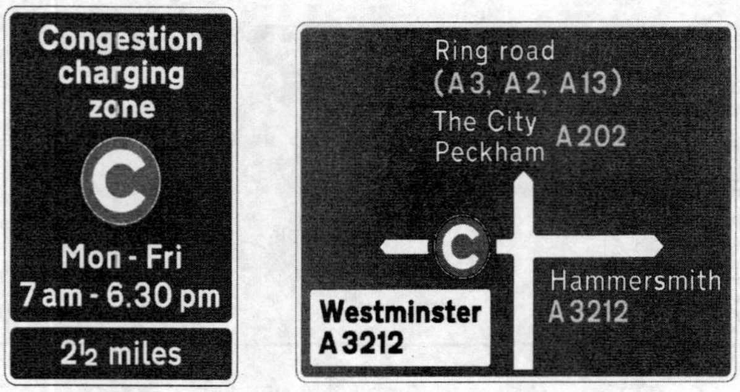

a　　　　b

图 6-4　伦敦交通拥挤收费的交通标志示意图

6.4　世界典型大城市交通拥挤收费政策实施概况

根据伦敦交通管理局的模拟预测,实施交通拥挤收费制度以后,伦敦中心区的交通状况将恢复至正常假期时的水平①。对于那些经常出入中心区的人们来说,通勤时间将有所保障。中心区的司机可以为此节省 200 万—300 万小时。大约每天有 20 000 人开始转乘公共交通工具,这意味着中心区行车速度将提高 10%—15%,拥挤水平下降 20%—30%。而交通管制区域以外,环型道路的交通量将会提高 5%,放射状道路的交通量则将会下降 5%—10%。为了应对居民对公共交通的需求,伦敦交通管理局专门追加投入了 300 辆公共汽车,使其能够在交通高峰时期额外提供 11 000 个座位,把公共交通服务的供给数量提高了 20%。

有数据显示,截至 2003 年底,伦敦中心区的交通情况明显改善,部分居民开始转乘公共汽车,交通量比往常下降了大约 20%—25%。总共约有 45 000 辆机动车(公共汽车、出租车、救护车)获得了收费减免优惠,每天交纳通行费用的人数稳定在 95 000—100 000人左右。收费渠道运行状况良好,交通状况基本符合原先的预期目标②。伦敦交通管理局道路管理执行主任德雷克·特纳(Derek Turner)认为:虽然在该制度实施的初期阶段即对其实施效果下结论还为时过早,但交通拥挤收费政策毕竟为伦敦交通发展史上增添了新的一章。

此外,从其他国家大城市对交通收费管制的运行状况来看,其实施效果亦非常明显

① 参见 https://www.cclondon.com/WebCenterBrandedTR4/StaticPages 相关内容。

② 参见 http://www.tfl.gov.uk/tfl 相关内容。

(表 6-1)。国外各大都市的经验表明:交通拥挤收费制度是缓解城市交通状况的有效手段,有助于进一步优化通行结构,缓解交通拥挤,减少环境污染,显著降低过境穿行量,促进各类生产要素的流动,提高商业运行效率和城市竞争力,还有利于营造一个良好的步行和骑车环境。

表 6-1 世界部分大城市交通拥挤收费政策实施情况

名称	概况	基本内容	实施效果
新加坡	人口:367 万;面积:648 km^2	●1975 年引进人工道路收费系统(manual road pricing system),1998 年引进电子道路收费系统(electronic road pricing system); ●机动车总量 707 000 辆,收费管制区域比伦敦小得多,分为中心商务区(交通收费管制时间从上午 7:30 到晚上 7:00)和外环区域(从上午 7:30 到挽上 9:30); ●现金卡可以通过零售商店、银行、加油站、自动售货机等购买,贴在车窗上。当车辆经过收费区域时,电子装置将会从现金卡中自动扣除费用,在不同路口和不同时间段,扣除额度也不尽相同	●机动车通行量比高峰时期减少了 24 700 辆,交通速度提高了 22%; ●交通收费管制区域的机动车总通行量从 270 000 降低到 235 100,减少了 13%; ●单人乘坐机动车数量减少,部分机动车从高峰时间转向非高峰时间通行; ●电子道路收费系统降低了繁重的纸介质工作
墨尔本	人口:320 万;面积:7 800 km^2	●1999 年开始实行道路收费制度; ●平均每星期办理交通管制收费业务 65 万件,收费额高达 1.87 亿澳元; ●通行者须预先购买电子通行证,贴于车窗上,当账户余额低于某一水平时必须补足; ●采用全自动车辆识别技术(与伦敦类似); ●没有携带电子通行证的驾驶员如果不在第二天中午交款,其注册号码和车辆的电子照片将会被送到交通监察办公室(Traffic Camera Office),延期未交者罚款 100 澳元	●墨尔本北部与西部区域的拥挤程度快速下降; ●污染明显减少,环境更加安全
特隆赫姆	人口:14 万;收费区域面积:长约 6 km,宽约 4 km 的范围	●1991 年引入交通收费制度; ●收费区域:长约 6 km,宽约 4 km 的范围; ●收费时间:星期一到星期五,上午 6 点到晚上 6 点; ●每当车辆进入收费区域或经过收费站点时,无人电子收费系统将自动从安装在车窗上的装置中扣除相关费用; ●对收费额度有所限制,以确保附近居民和需要经常穿越收费区域的驾驶员不会承担过多费用,不经常穿越收费区域的居民可以采用投币方式; ●在交通高峰期间,收费相应增加,超重车辆加倍收费	●高峰时期的交通量立即下降了 10%; ●所征收的费用用于道路建设和公共交通工具的更新,以进一步改善交通状况。还用于建设自行车道,甚至为闹市区免费提供了 200 辆自行车; ●开始有 72% 的公众持反对意见,两个月后,这一数字下降至 48%,1996 年进一步下降至 36%

续表 6-1

名称	概况	基本内容	实施效果
多伦多	人口：430 万；面积：100 km^2	●2001 年开始施行，收费路段 79 km； ●平均每天通勤量达 263 000 车次； ●全电子系统； ●开放式出入口； ●按每千米收费，最低收费额度不限； ●可以在通行时间满一个月后再交费； ●机动车用户既可以将“收费射频卡”安装在车窗上，由道路上的电子装置自动读取，也可以每次通行时交纳 2 加元费用； ●约有 70%的收费站点采用的是电子自动收费，30%则通过牌照识别系统来收费	●拥挤区域的交通状况得到缓解； ●高速公路的行车速度增加了一倍

6.5 交通拥挤收费政策的最新运行效果

交通拥挤收费计划作为一项公共政策，辐射力和波及面相当广，对公众的日常出行以及社会、经济领域均有着深远的影响。自 2003 年 2 月 17 日伦敦中心区实行交通拥挤收费制度以来，到 2006 年已经运行了三年多时间，作为世界上规模最大的中心区交通拥挤收费项目，其运行效果如何？取得了哪些进展？出现了哪些新的问题？采取了何种相应的应对策略与改进措施？

上述一系列话题引起了外界的关注。伦敦交通管理局也一直对此进行着密切的关注和持续的跟踪，并且先后发布了一系列交通拥挤收费政策调查、回顾与总结报告，对伦敦中心区交通拥挤收费前后的相关交通指标、预期目标与实际进展等进行了较为详尽的分析[①-⑥]，现将其中的主要观点与结论概括如下：

6.5.1 付费车次

收费计划实施之后，在收费时间内进入中心区的交通量先是有所减少，后逐渐趋于稳定，每天付费次数维持在 11 万车次左右。其中，约有 1.8 万车次和 8 万车次分别来自区域内部居民和外部居民。

---

① Transport for London. Central London Congestion Charging: Impacts Monitoring Programme[R]. Preview of First Annual Report, 2003.

② Transport for London. Congestion Charging: Six Months[R], 2003.

③ Transport for London. Congestion Charging: Update on Scheme Impacts and Operations[R], 2004.

④ 参见 www. tfl. gov. uk/congestioncharging 相关内容。

⑤ 参见 www. tfl. gov. uk/tfl/cc_monitoring. shtml 相关内容。

⑥ Transport for London. Third Annual Report, Congestion Charging: Impacts Monitoring, Update on Scheme Impacts and Operations[R], 2005.

6.5.2 拥挤水平

交通拥挤水平(congestion),也称之为每千米比通畅条件下多损耗的通行时间或超额通行时间,可以用交通通畅状态下每千米通行时间①与实际每千米平均通行时间之间的差额来表示(图 6-5)。一般来看,在城市地区,交通通畅状态下每千米平均通行时间大约在 1.5 min/km,与之对应,换算成速度约为 40 km/h,这一指标通常在交通流量较少的清晨时间测定。

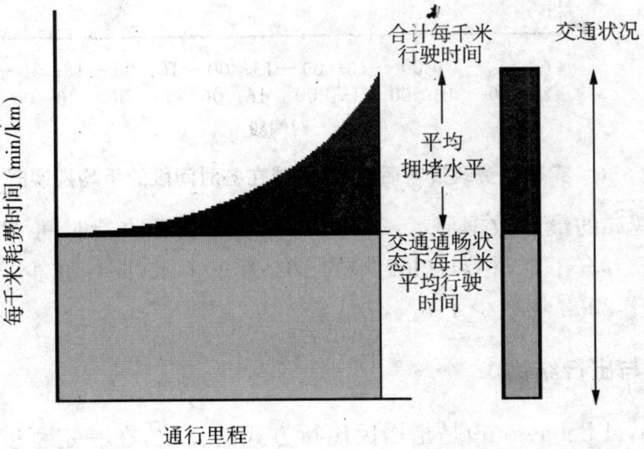

图 6-5 交通拥堵水平随着交通量的增加而增加

"一年回顾报告"的跟踪数据表明,实行交通拥挤收费政策之前的 2002 年,拟收费区域的交通拥挤水平为 2.3 min/km②;而在实行交通拥挤收费政策之后的 2003 年年底,交通拥挤水平下降了 26%,大致维持在 1.7 min/km,相应地,平均时速提升到 16—17 km/h③。全年收费区域的整体交通拥堵水平的平均降幅达 30%。这一指标,基本实现了伦敦交通管理局预期目标的上限。

从图 6-6 中可以看出,在实行交通拥挤收费政策实施前后,各个时间段的交通延误时间均有较大程度的改善。总体上看,每千米节约的延误时间从 2.5 分钟下降至1.5 分钟,相当于每行驶一千米,机动车等待的时间比以往减少了一分钟。尽管此时仍然处于较为严重的交通拥堵状态,但是相较于之前的严重拥堵,毕竟还是有了一定的改观。

6.5.3 交通流量

交通流量④是反映机动车数量及其行驶里程的综合性指标;它相比单纯的机动车数量,能更为正确地衡量交通的需求和压力。

---

① 可以理解为交通通畅条件下机动车的行驶速度的倒数,下同。

② 即每公里路程要比交通畅通条件下多等待 2.3 分钟。

③ 伦敦中心区收费区域在交通通畅状态下每千米平均行驶时间大约在 1.9 min/km,笔者注。

④ 这里的交通流量用机动车数量与其通行里程的乘积来表示,单位为"车公里",笔者注。

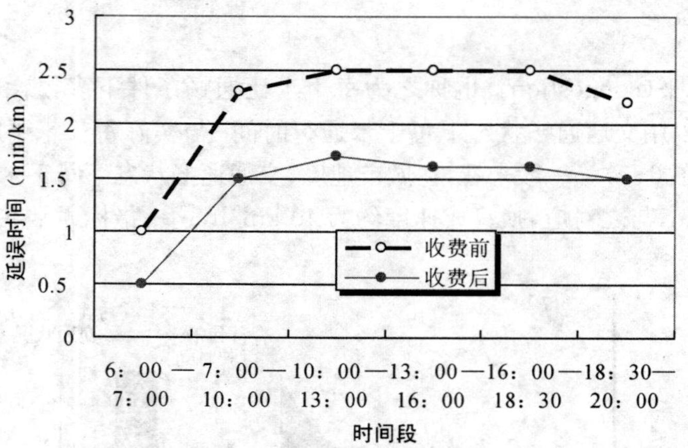

图 6-6　实行收费政策前后，收费区域在各时间段的平均延误时间

伦敦交通管理局的最新数据显示：2003 年，伦敦中心区收费时间、收费区域内年均工作日交通量为 145 万车千米，相对 2002 年的 164 万车千米，同比减少了 12%；2004 年为 138 万车千米，约比 2003 年减少了 5%。

6.5.4　出行行为与出行结构

出行行为(travel behaviour)是指居民出行方式的变化，在一定程度上可以用交通工具的构成来反映。“6 个月回顾报告”表明，进入或穿越收费区域的机动车出行数量减少了大约 60 000 次以上，其中 20%—30%的份额是由于乘客避开收费区域绕行或减少出行次数而达到的，50%—60%是由于乘客转乘巴士、地铁和轻轨等公共交通方式而减少的，还有 15%—25%是通过共乘、摩托车或自行车等方式出行实现的。进入收费区域小汽车的载客率提高了大约 10%，表明进出中心区居民的出行结构明显改善，交通工具的利用效率也得到显著提高。

从机动车出行的结构来看，在 2002—2004 年正常工作日的收费时间里，伦敦中心区收费区域各类型车辆交通流量的构成呈现不断优化态势。从图 6-7 可以看出，收费政策实施前后，小汽车交通流量所占比重已经从 2002 年的 47%快速下降至 2003 年的 35%，与之对应，出租车和公交车的交通流量比重呈现较为快速的增长，充分显示出交通拥挤收费政策实施之后，居民的出行方式和出行结构有了明显改善和优化。

6.5.5　绕行交通

考虑到实施收费政策之后，部分车辆将会避开收费区域，而绕道行驶。交通拥挤收费区域是以内环线为边界的，在此道路上通行的车辆是免费的。那么，绕行交通是否会造成内环线及其之外放射状线路交通流量的显著增长呢？即是否存在所谓的“收费边界问题”呢？

相关数据表明，内环线及其附近道路基本没有出现预期的交通压力过大的局面，这与其交通服务设施的改善和管理水平的提高有很大关系。具体来看：

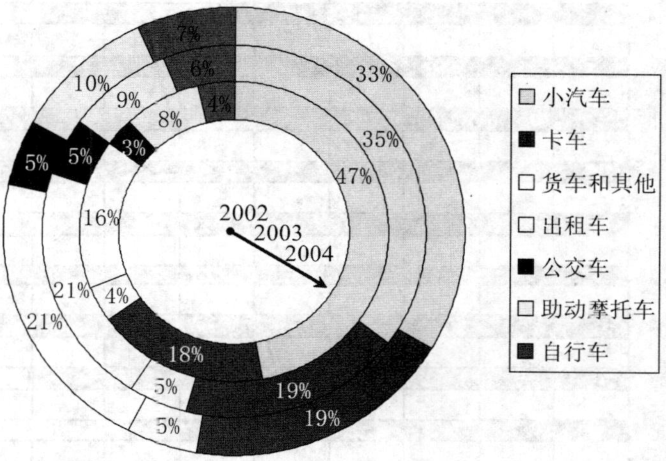

图 6-7　2002—2004 年度年均工作日交通流量结构变动示意图

1）内环线

从交通流量来看，内环线的交通流量略有增加，从 2002 年收费前的 65 万车千米增加至 2003 年收费后的 68 万车千米，增加幅度仅为 4%，该变化幅度要小于伦敦交通局的估测值。而且，2004 年内环线的交通流量又比 2003 年下降了 2%，基本恢复到收费之前的水平。

2）内环线之外

其次来看内环线之外绕行交通的变化。为了对此进行监测，伦敦交通管理局设定了四条放射状核查线，从内环线一直向外延伸。监测数据表明，穿越北线和东线的交通量各增长 1%，穿越南线的交通量与穿越西线的交通量分别下降了 6%和 8%。就其中的收费车辆来说，穿越东线的交通量没有变化，穿越北线的交通量降低了 2%，穿越南线和西线的交通量下降幅度更大，分别为 7%和 8%。可见，内环线以外的绕行交通量没有出现显著增加态势。

6.5.6　居民态度

居民是交通拥挤收费政策的最直接感受者，通过居民意见调查可以获知其对该政策的认可度和支持率。总体来看，不同区域的居民态度有着较大差异。一方面，居住在收费区域内的市民对该政策的评价相对积极，特别反映在对交通拥挤和通行便捷性的改善方面。其中有 55%的被调查者认为该政策有效缓解了交通拥挤状况，超过半数的被调查者认为在收费区域出行变得更加便捷，而只有 5%认为更加困难。另一方面，内伦敦其他区域的居民的反应则较为冷淡，有 63%的居民认为该政策并没有给当地的交通状况带来改善，而在收费区域持有类似看法的居民只有 41%。

另外，从图 6-8 可以看出，收费区域居民对交通拥挤、噪声、空气污染、公共交通等方面的改善有着较高的认可度，当然也认为该政策给中心区的商业活动、就业等领域带来较大冲击。

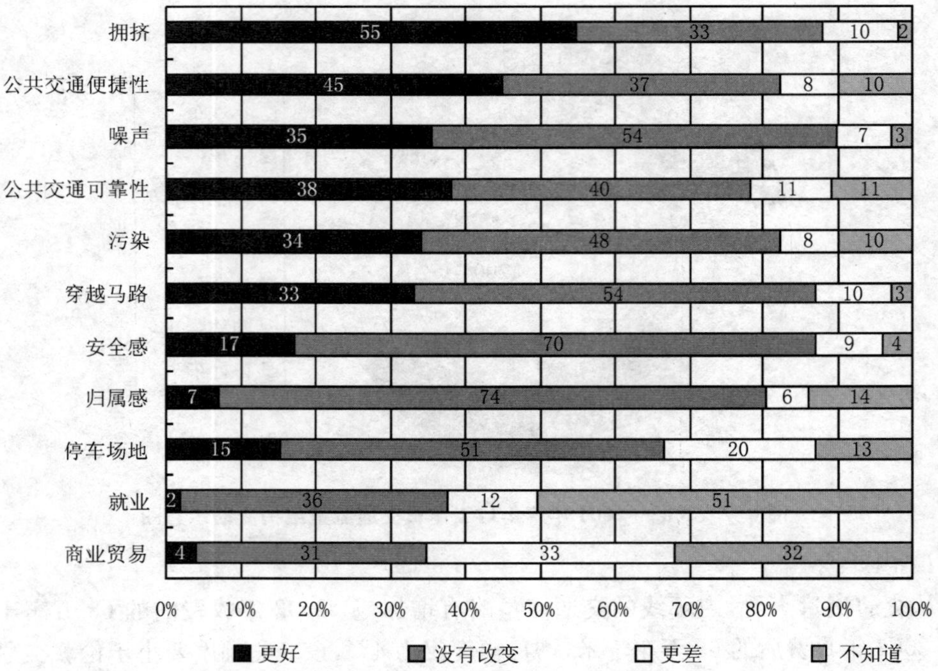

图 6-8　伦敦"交通拥挤收费"居民意见调查情况

6.5.7　商业和经济影响

伦敦中心区是伦敦发挥世界城市功能的核心地区，在整个伦敦乃至全世界均占据着重要地位。实行交通拥挤收费计划之后：一方面，会增加商务等各类经济活动的通行成本；另一方面，又会降低客流量。这一计划是否会对零售商业带来冲击？

不容忽视的一个宏观背景是：在 2003 年开始实行交通拥挤收费之时，正值伦敦经济相对萧条时期，受世界政治、经济波动的影响，伦敦当时经历着 20 世纪 90 年代以来最大规模的经济衰退。因此，把中心区的经济发展简单归结为该政策的负面影响，难免有失偏颇。

伦敦交通管理局的调查数据显示，关于交通拥挤收费是否影响商业活动的争议主要集中在办公服务业和零售业，两者的就业人员占整个中心区商业就业总量的比重分别达 42%和 17%。调查显示，零售业经济衰退的前两位影响因素和份额分别为：经济因素（41%）和交通拥挤收费因素（18%），此外还有旅游因素（12%）、公司经营因素（9%）、季节因素（11%）等等。而服务业经济衰退的主要影响因素和份额分别为：经济因素（50%）、季节因素（15%），交通拥挤收费的影响仅占 6%。

可见中心区商业经济活动衰退的主要原因是宏观经济因素的影响，而并非单纯由交通拥挤收费政策所引发。当然，交通拥挤收费对零售业所带来的冲击要明显大于服务业。

6.5.8　空气质量

早在政策出台之前的论证阶段，伦敦交通管理局就注意到，交通拥挤收费政策并不会对空气质量的改善有多大提升作用。不过，由于该政策对那些采用绿色环保燃料的机动车实行优惠和费用减免，因此该政策也在一定程度上会对当地空气质量的改善有一定助推效应。经过跟踪研究，伦敦交通管理局发现，2003—2006 年期间，伦敦的 NO_x、PM10 和 CO_2 含量分别下降了 17%、24%和 3%，其中一部分原因可以归结为交通拥挤收费政策的影响①。毕竟，该政策还在一定程度上抑制了小汽车交通需求，也相应减少了机动车尾气排放。当然，更多的原因可能在于发动机技术的进步，使得尾气排放标准提高。

考虑到尾气排放只占空气污染源的一部分，而且空气质量在很大程度上还受到气候条件的影响，因此尽管伦敦的空气质量有较大的改善，但将其归结为交通拥挤收费政策的影响可能过于牵强。2011 年健康效应研究所(Health Effects Institute，HEI)发布的一项独立调查研究结果也支持了这一观点，来自伦敦国王学院(King's College London)的研究人员认为，考虑到区域污染水平和气候变动因素，伦敦交通拥挤收费政策和空气质量改善之间没有什么必然联系，特别是对于大伦敦地区下的一个面积十分有限的中心区来说更是如此②。

6.6 伦敦中心区交通拥挤收费政策的进展

随着交通拥挤收费政策的实施，伦敦交通管理局也在对其运作效果进行持续的跟踪，在收费时间、收费区域、收费金额乃至处罚规定等方面都在进行着政策的微调工作，“西扩”和“涨价”则是其中两个重大的变化。

6.6.1 “西扩”

由于论证充分、考虑周到、公众支持、实施严密，伦敦中心地区自实行交通拥挤收费计划以来，取得了较为显著的效果，交通拥挤状况得到明显改善：收费区域的交通量减少了大约三成；交通延误时间缩短；市民的出行方式和出行结构进一步优化，其中相当多一部分开始转乘公共交通工具进入收费区域；等等。尽管还存在一些问题和争议，但交通拥挤收费计划总体上较为成功地缓解了伦敦中心区的交通拥堵局面。

在时任市长的肯·利文斯通(Ken Livingstone)的推动之下，伦敦交通管理局开始考虑把取得的成果应用于伦敦中心地区的其他区域，做出了拟将伦敦中心地区交通拥挤收费计划的适用范围向西扩展至肯辛顿—切尔西(Kensington & Chelsea)以及西敏寺大部分地区的建议(图 6-9)，并向公众人士及利益相关者征询意见，并且准备在新一轮市长选举之后，根据咨询结果，再决定是否推行该“西扩”计划③。

---

① 参见 http://www.tfl.gov.uk/assets/downloads/fifth-annual-impacts-monitoring-report-2007-07-07.pdf 相关内容。

② 参见 http://www.greencarcongress.com/2011/04/hei-study-finds-london-congestion-charging-scheme-shows-little-evidence-of-improving-air-quality.html 相关内容。

③ 参见 http://www.cclondon.com/相关内容。

2004 年 6 月，伦敦进行了市长选举，利文斯通成功连任，该计划得以顺利推进，随后伦敦的交通发展战略做出了相应调整。资料显示，“西扩”计划于 2007 年 2 月 19 日开始实施。而且，根据公众调查意见，相关政策也进行了相应调整：扩大了居民享受折扣的范围；交通管制的时间由之前的 18:30 提前到 18:00；从 2006 年 9 月份开始，缴纳费用的最后时间由当天的 24:00 延长到第二天的 24:00。

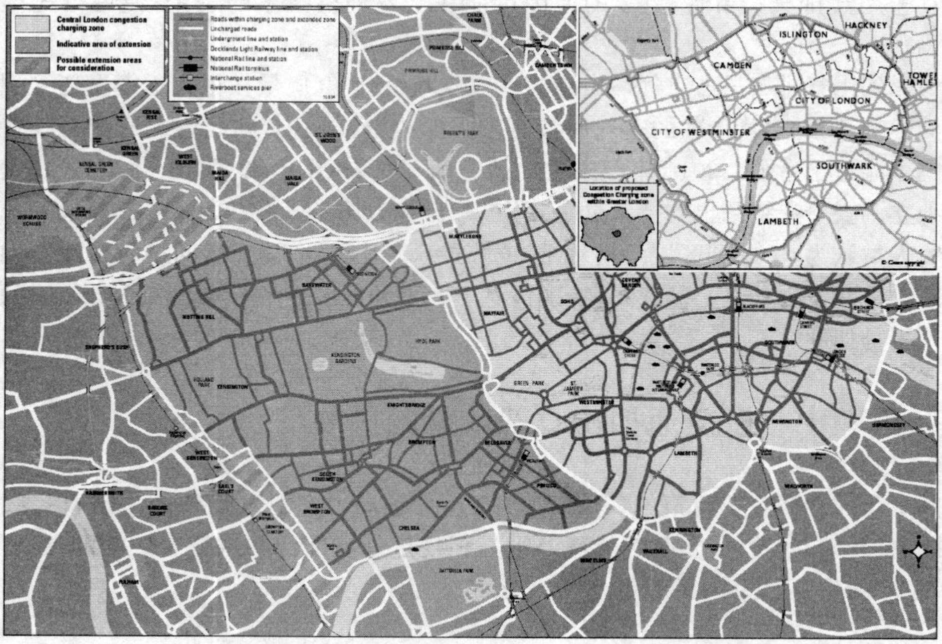

图 6-9　伦敦中心区交通拥挤收费区域“西扩”计划示意图(右上图为最初收费区域)

6.6.2　取消“西扩”

经过“西扩”，伦敦交通拥挤收费区域的面积从 2003 年 2 月的 22 km^2 扩展到 2007 年 2 月的 39 km^2。在“西扩”计划推行之初，进入西扩拥挤收费区域的小汽车比 2005—2006 年期间“西扩”计划实施之前减少了大约 3.3 万辆，交通拥堵水平有了较为明显的改善。不过，由于种种因素的干扰，很快又恢复到 2006 年的拥堵水平。对此，伦敦当局专门委托一家名为爱森特(Accent)的市场调研公司，于 2008 年 9 月 1 日至 10 月 5 日进行了广泛的公众咨询，受访者可以通过填写纸质调查问卷或者在线填写调查问卷等多种形式反馈意见。截至 2008 年 10 月 7 日，总共回收反馈意见 27 577 份，其中在线调查表 21 292 份，纸质调查表 6 207 份，信件和电子邮件 78 份[①]。为了避免只有那些意见强烈或者只有受到拥挤收费政策影响的居民才参与意见反馈，进而容易造成调查结果失真，爱森特公司还受伦敦交通管理局委托，组织了两场额外的“意愿调查”：一场是 2 000 位伦敦居民参

① Transport for London. Non-statutory Consultation on the Future of the Western Extension of the Congestion Charging Zone: Report to the Mayor[R], 2008.

加，另外一场是 1 000 家商业企业代表参加。全体受访者总量在 3 万人以上。

在调查问卷中，还提出了三种可能的建议设想和解决方案，来听取公众的倾向性意见：方案 1 是保留“西扩”计划；方案 2 是取消“西扩”计划；方案 3 是调整“西扩”计划。

如图 6-10 所示，对于方案 1，即保留“西扩”区域方案，以问卷调查为主的“公众咨询”结果表明，有 21％的受访者支持该方案①；而在“意愿调查”中，有 30％的个人受访者和 23％的商业企业支持该方案。对于方案 2，取消“西扩”计划方案，以问卷调查为主的“公众咨询”结果表明，有 67％的受访者支持该方案②；而在“意愿调查”中，个人受访者和商业企业的支持率分别为 41％和 50％。对于方案 3，即调整“西扩”计划方案，以问卷调查为主的“公众咨询”中，有 12％的受访者支持该方案③；而在“意愿调查”中，个人受访者和商业企业的支持率分别为 15％和 14％。

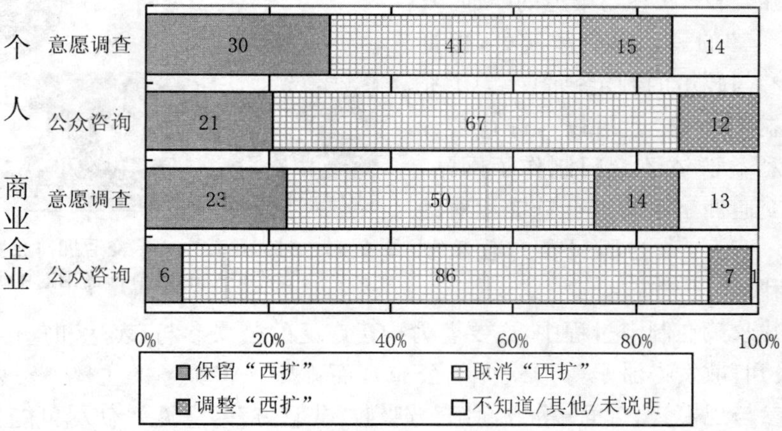

图 6-10　伦敦居民和商业企业对于保留、取消和调整“西扩”拥挤收费区域的态度

总体来看，公众对于取消“西扩”计划的呼声很高。综合考虑之后，伦敦于 2011 年 1 月 4 日决定正式取消“西扩”计划，收费范围于重新回归到之前中心区的范围。尽管拥挤收费区域压缩了接近一半，但伦敦仍然拥有世界上面积规模最大的交通拥挤收费区域(Congestion Charge Zone，CCZ)。

6.6.3　涨价

为了加大交通需求的引导与调控力度，迄今为止，伦敦先后经历了两轮涨价。2005 年 4 月 1 日，伦敦市长决定对交通拥挤收费政策做出以下调整：①提高收费标准。将收费金额从 5 英镑增加到 8 英镑④；②鼓励提前付款。按月和按年支付可以分别享受 3 天和 40 天免费优惠，促进了缴费。第一轮涨价于 2005 年 7 月 4 日开始实施。2011 年 1 月

① 其中个人受访者和商业企业的支持率分别为 21％和 6％，笔者注。

② 其中个人受访者和商业企业的支持率分别为 67％和 86％，笔者注。

③ 其中个人受访者和商业企业的支持率分别为 12％和 7％，笔者注。

④ 为了减少收费对中心区商业经济活动的影响，按照“车队方案”(fleet scheme)，对运营车辆在 25 辆以上的单位的收费从 5.5 英镑提高到 7 英镑。

4 日，收费的金额又得以进一步提高，由原先的 8 英镑上涨到 10 英镑。

6.7 疑问与反思

6.7.1 思考之一——公众利益如何维护？

公共政策制定的着眼点应该是维护公众利益。交通拥挤收费政策是一个涉及公众切身利益的措施，离不开公众的参与。

伦敦交通拥挤收费政策在制定和完善过程中，通过各种手段、方式最大限度地确保了公众的知晓权①和参与渠道的畅通，真正将"公众参与"的理念落到了实处，保证了公众全程参与政策的制定；而且，为了充分尊重各利益群体的"话语权"，进行公开辩论。有些利益群体还专门制作了网站，鼓励居民对交通拥挤政策进行针锋相对的大讨论（图 6-11）。这为居民参与政策制定提供了便利。

图 6-11 针对伦敦中心区交通拥挤收费政策而专门成立的两个针锋相对的网站

城市公共政策在制定过程中，亦要着力构建广泛的公众参与、表达和宣传机制（可以通过网站、报刊、散发小册子等形式详细公布），而不应该将服务的主体——公众排除在外。在公众参与规模、覆盖面②等方面，充分吸收"非官方"的意见③，使尽可能多的群体的利益有所表达。要将"公众参与"思想纳入到城市公共政策制定的全过程，而不仅仅是沦落为在政策制定之后、实施之前的"被迫听证"，例如可以开展相关的大讨论、征文、网上评论、专家座谈、市民访谈等等。这对于我国改进、探讨、推动可持续的大都市管理模式，无疑将是一次有益的尝试。

当然，由于政治制度背景的差异，伦敦中心区交通拥挤收费计划也在一定程度上反映了党派争斗，难免陷入政治利益的冲突。有反对者甚至在网上发表言论，表示如果自己当选，就立即废除该政策。正是由于利文斯通在 2004 年的市长选举中成功连任，才保证了该政策执行的连续性；否则，结果难以预料。

---

① 伦敦交通管理局的调查显示，在被调查者当中，有高达 97%的英国籍居民和 48%的非英国籍居民知晓交通拥挤收费政策。

② 伦敦交通拥挤收费政策在制定过程中吸引了众多居民和利益群体的参与，而不仅仅限于少量代表，例如，伦敦在其"西扩"计划中，拟征求意见的居民不少于 10 万人，征求公众意见的时间从 2005 年 5 月 9 日一直持续到 7 月 15 日，笔者注。

③ 出租司机就是一个不容忽视的群体，职业特点使其甚至比有关专家更能够准确了解交通拥挤状况的时空分布和原因，笔者注。

6.7.2 思考之二——交通拥挤收费政策是“灵丹妙药”?

拥挤道路收费研究是以边际成本定价原理为基础的,该理论认为行驶在拥挤路段的用户必须支付一个等于边际社会成本与边际个人成本之差的附加费,以抵消其出行所带来的外部不经济。通过对道路使用实行差别定价,确保出行者是那些从中获得收益超过他们所支出费用的人,从而提高道路的效率①。

笔者认为,从现实来看,居民的出行行为具有复杂性,与其说是“经济人”,还不如说更多地表现为“社会人”。从这一角度上看,交通拥挤收费制度的效应并非仅仅表现为出行群体所引发的交通流量对经济杠杆的简单心理响应。

从交通出行的性质和特点来看,大致可将其分为两类:一类是通勤出行,另一类是非通勤出行。两者存在着显著差异,表现在,通勤出行的频率很高,有着相对固定的周期,无论是在出行路线和出行时间的确定方面,还是在出行距离的远近、出行工具的选择等方面,均呈现较强的固定性和稳定性;而后者具有随机性。

从本质上说,所谓的“交通拥挤”,其实主要是指在特定时刻、特定地域的“交通高峰”,更确切地说,是在特定通勤时间内、在固定线路上的交通流量突然增加所致。而对于日常的就业、就学、商务等通勤出行活动来说,其出行时间、出行方式乃至出行线路均呈现一定的刚性,并不会因为交通拥挤收费的施行而减弱。

因此,应当辩证看待收费政策的调节能力,单纯依靠“收费”这一经济杠杆并不是缓解交通拥挤的“万能药”。收费只是调节交通量的手段之一,要想达到理想的调控效果,还需要顺应城市的空间开发战略以及交通发展战略导向,与其他诸多手段和措施实现有机配合。

6.7.3 思考之三——交通拥挤收费政策在我国的适用性

从伦敦以及世界上其他一些城市的实践而言,实行交通拥挤收费取得了明显的调控效果,国外交通拥挤收费政策的操作模式和经验做法值得我国借鉴。当然,在引进国外经验的同时,鉴于不同国家和地区的社会、经济背景存在巨大差异,交通拥挤收费政策具体条款和配套措施的制定要因地制宜、适时调整、切忌照搬,要有针对性地进行本地化改造。

就伦敦而言,其城市交通格局呈现三个不容忽视的显著特征:

(1) 交通拥挤区域在空间上高度集中,而收费区域边界的外围路段具有很强的交通疏导能力。根据伦敦出行强度的空间分布状况②,可知其交通拥挤区域在空间形态上呈现高度集中特征,这为划定收费区域提供了极大便利。

(2) 小汽车是造成伦敦中心区交通拥挤的主要原因。我们不应该忽略“伦敦中心区域内交通流量构成中,小汽车占据了半壁江山”的实际。前面已经介绍,在收费之前的

① 王利娜. 我国实行道路拥挤收费的可行性浅析[EB/OL]. [2002-11-27]. www. JSCD. GOV. cn.

② 参见 http://www. london. gov. uk 相关内容。

2002年，伦敦中心区收费时间、收费区域内年均工作日交通总流量为164万车千米，其中小汽车的交通总流量为77万车千米，占全部交通流量的比重为47%。如果排除出租车、公共汽车、助动摩托车和自行车等非收费车辆，那么可以推算出，2002年小汽车对中心区潜在收费交通流量的贡献率高达68%。而到了2004年，小汽车交通流量的净缩减幅度高达30万车千米，贡献份额也相应降低到59%。可见，对于伦敦中心区来说，小汽车数量的降低与否，是中心区交通状况能否改善之关键。

(3) 公共交通高度发达，能够承担并分流转移出来的交通需求量。与缩减的小汽车交通流量所对应的交通需求，必然会主要流向公共交通。伦敦整个公共交通的客运量增加了2%，为此，增加了300辆公交车提高运力。巴士和轨道交通的良好配合，有效地实现了交通需求的疏导。

可以说，上述特征，是伦敦交通拥挤收费政策得以顺利推进的重要前提。我国在制定类似交通拥挤收费政策的时候，需要考虑是否具备上述特征。这是因为，假如私人小汽车对城市中心区交通量的贡献份额相对较低，那么以私人小汽车为主要限制对象的交通拥挤收费的预期效果可能会大打折扣。假如交通拥挤区域呈“线”状而非“团块”状分布，则相应对策是否应调整为对特定路段收费而不是对整个区域进行收费？上述结论和设想需要建立在对城市交通量的时空分布、交通拥挤的根源以及出行结构进行全面、准确的跟踪调查基础之上。

需要注意的是，除了对技术因素的考虑，公众接受程度和市民素质等非技术因素也在很大程度上影响着交通拥挤收费政策的推行，例如，由于拥挤收费对收费时间和收费路段均有着严格限定，那么，在收费时间临近之时，是否会出现私人机动车交通流为躲避收费而产生的大量“闯关”行为？这对市民的交通规则意识以及交通管理与服务水平等方面提出了更高的要求，也在很大程度上考验着市民素质。

6.7.4 思考之四——城市公共政策的系统性和复杂性

交通拥挤收费并不简单地表现为单个的政策行为，而是一个庞大的、极其复杂的系统工程，需要站在系统高度，与其他调控方式一起，统筹调控城市交通需求，引导交通需求的时空间分配。从交通疏解对策来看，较为常见的有公交专用车道制度、车辆税、车辆定额配给、停车费、智能交通系统、车牌限制通行、鼓励合乘车和错峰上下班、优先发展公共交通、城市空间结构的优化等等。当然，最根本的还是从源头上限制私人小汽车的投入量，新加坡通过最大限度地提高小汽车拥有成本来改善交通状况的做法特别值得借鉴。

6.8 借鉴与启示

6.8.1 公共政策制定的着眼点应该是维护公众利益

交通拥挤收费政策是一个涉及公众切身利益的措施，离不开公众的参与，因此维护公众利益始终应该是第一位的。严格来说，任何一种公共政策都不是十全十美的，在维护了特定群体利益的同时，也会或多或少地损害另一部分群体的利益。伦敦这方面的经验值得借鉴。

伦敦交通管理局在交通拥挤收费政策出台之前的论证过程中，即通过组织召开公众展示会，开通免费电话提供详细咨询服务，在内环路附近区域张贴海报和通知，利用报纸、广播、网站等媒体公开发布相关信息等多种方式，广泛征求意见，最大限度地确保了公众的知晓权和参与渠道的畅通，形成了完善的利益表达机制，真正地将公众参与的理念落到实处。虽然也遇到了部分群体的反对，但最终经过层层协商、反复修改，才付诸实施，使之符合最广大人民的利益。在征收对象、征收金额、收费减免人群等方面，均做到了人性化设计。当然，其间经历了一个漫长的过程。

6.8.2 站在系统高度解决城市交通问题

应当注意，交通拥挤收费制度并不简单地表现为个体的政策行为以及交通流量对经济杠杆的简单心理响应，而是一个庞大的、复杂的系统工程。它的顺利实施，更多地表现为各个层面的良性互动和协作。如果没有其他方方面面的配合与响应，单靠一项政策的颁布，即使在一定程度上奏效，也将会是难以持久的。

伦敦交通拥挤收费政策的颁布与实施就经历了这样一个艰辛的过程。早在 2000 年 7 月，该项政策的宣传与咨询工作就已经开始，并被列为市长竞选纲领的重要组成部分。为了确保该政策的实施，伦敦相关部门进行了长期的、大量的准备工作，例如，在初步征求意见过程中，伦敦交通管理局咨询了数百个关键的利益相关人员，先后安排了几十场咨询会议，与社会各界进行了有效沟通。正式的征求意见活动从 2001 年 7 月 1 日开始，到 9 月 28 日结束，历时 10 个星期。还有，在收费区域内部安装了 203 套摄像机，采用了先进的电子识别技术，追加投入了 300 辆公共汽车，努力拓宽收费渠道，建立了完善的交通统计监控系统，等等。正是上述大量细致、周密、扎实的工作，才确保了交通拥挤收费政策的顺利实施。

鉴于城市交通的复杂性特征，要从根本上缓解、克服大城市的交通问题，必须站在系统高度，多种手段并用、发挥整体性运作合力。

我国大城市在交通整治过程中，除了要在收费区域界限、收费标准、适用对象、公众参与等基本方面积极借鉴国外大城市的做法与经验之外[①]；更为重要的是，要建立一套完善的硬件与软件密切结合的支撑保障系统，这是一项异常艰巨的任务。而且，除了在特定区域实行交通收费管制的方式之外，还要有降低公交票价、提高汽油费、提高城市中心区停车收费、减少停车费等许多其他方式[②]。

目前，许多学者从国外经验借鉴、系统治理城市交通问题等方面开展了卓有成效的

---

① 刘钧. 解决大城市交通问题的又一良方——评析伦敦实施道路拥挤收费[J]. 上海综合经济，2002(5)：25-26.

② 边经卫. 对英国城市交通的 4 点体会[J]. 国外城市规划，1997(4)：48-50.

研究[①②]。总之，只有多手段并用，相互配合，才能从根本上解决城市交通问题。

6.8.3 因地制宜，保持公共政策制定的弹性与适应性

交通拥挤收费政策的目的不在于收费，而重在改善中心城区的交通和环境状况，体现出鲜明的导向性和相当的灵活性，具有以下明显优点：

(1) 首先，该政策有着明确的适用时间段，只是在固定时间段内有效。这一举措，可以引导相当一部分潜在交通流量避开高峰时间，而转向非交通高峰时间进入管制区域，有助于交通量的时间均衡分布。

(2) 其次，该政策收费标准的确定并非“一刀切”，实施统一收费，而是综合考虑了不同群体、不同车辆的使用特点，采取了相应的优惠措施，体现出较强的弹性与灵活性，例如：居住在交通管制区域的家庭中大约有 40 000 户家庭拥有机动车辆，他们可以享受 90% 的折扣，即每个星期只需支付 2.5 英镑；而非该区域的居民则要支付 25 英镑。另外，该政策鼓励车辆多人共乘，那些 9 个座位以上的车辆也可以享受相应减免优惠。上述举措，使该政策具有相当的适应性和弹性。

(3) 第三，通过收费管制，可以促使一部分居民转乘公共交通工具，从而达到进一步优化交通出行结构、减少机动车数量、提高出行速度之目的。

(4) 再有，实施该项政策后，10 年累计征收数额将高达 13 亿英镑，有利于进一步改善交通设施服务水平。我们应当注意，大城市交通整治策略绝不限于一种模式，在借鉴国外大城市交通整治经验的同时，不能简单照搬，而应该因地制宜，力争总结出具有国家特色、地方特点的城市交通管理模式。

6.8.4 优化城市空间结构，从根源上解决城市交通问题

中心商务区在城市中占有独特的地位，吸引了各种各样的交通流汇聚其中，因此，伦敦中心区交通状况的恶化有其客观原因。但是，城市空间格局的合理与否也是影响交通状况的不容忽视的关键因素。总的来看，伦敦的城市空间仍然属于“环形+放射”的单核心模式。该模式下，社会经济活动对城市核心的“聚焦”作用得到了空前强化，由此带来诸如交通拥挤、土地利用、旧城改造等一系列严峻问题[③]。为此，应在对城市进行深入研究的基础之上，均衡配置、合理开辟一些副中心，分流中心区部分功能，优化城市空间格局和功能分区，着实改善城市交通流量的空间分布格局，从根源上缓解中心区的交通压力。

---

① 陆锡明，王祥. 国际大都市交通发展战略[J]. 国外城市规划，2001(5)：17-20.

② 周鹤龙. 美国大都市区交通规划及其启示[J]. 国外城市规划，2002(5)：50-52.

③ 黄耿. 环形加放射的不足——试分析城市发展“圈层”模式的不利影响. 城市规划，2000，24(3)：57-59.

7 斯德哥尔摩内城地区交通拥挤收费政策述评

斯德哥尔摩(Stockholm)是瑞典的首都,也是瑞典第一大城市。它位于瑞典东海岸,梅拉伦湖入海处,濒波罗的海,风景秀丽,是著名的旅游胜地。斯德哥尔摩是座名副其实的水城,岛屿众多,被誉为"北方威尼斯",其城区由14座大小岛屿组成,有70余座桥梁将这些岛屿联为一体。如图7-1所示,斯德哥尔摩分为14个自治市,陆地面积188.06 km^2,水域面积28.18 km^2(截至2010年1月数据),人口约83.70万人(截至2012年6月30日)①。

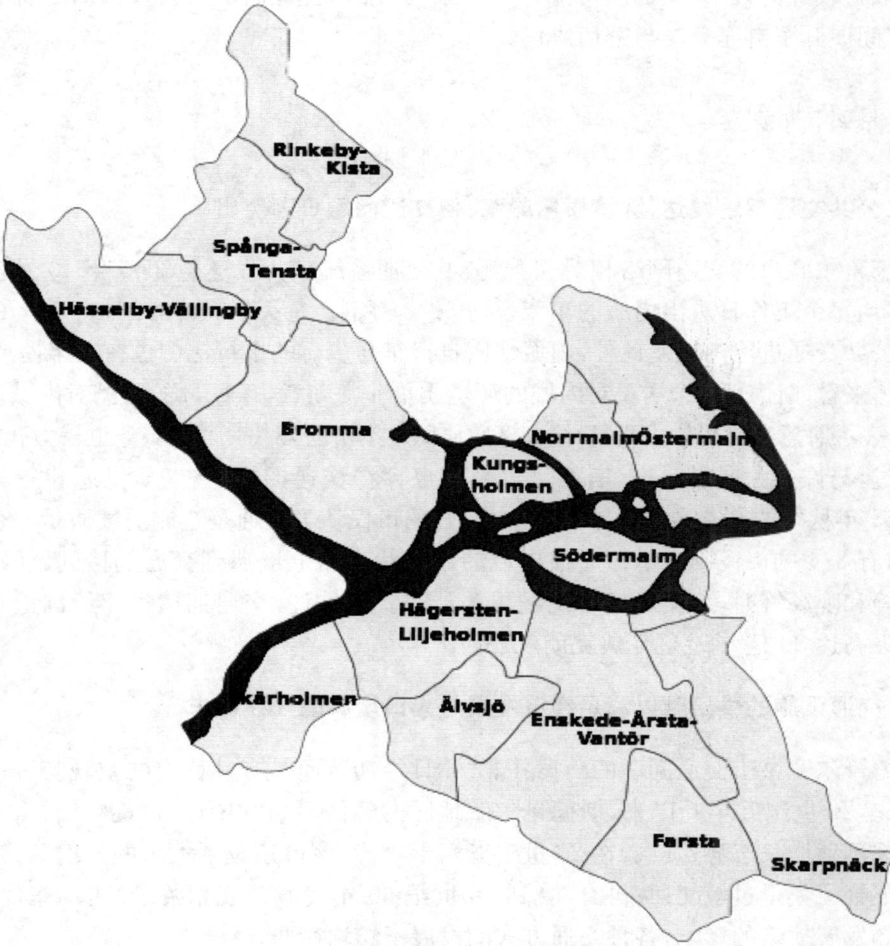

图7-1 斯德哥尔摩市行政区划示意图

① 参见 http://en.wikipedia.org/wiki/Stockholm_Municipality,2013-10-22相关内容。

虽然斯德哥尔摩的公共交通较为发达，公共交通是当地居民进出城市中心区的主要出行方式，但是仍然在一定程度上存在交通拥挤、空气质量恶化等城市通病，其中内城地区尤为严重。为了缓解内城地区的交通压力，斯德哥尔摩于2007年8月1日正式实施交通拥挤收费政策。

本章回顾了斯德哥尔摩内城地区交通拥挤收费政策出台的背景，从收费时间、收费区域、收费标准、收费对象、付费方式等方面概括了交通拥挤收费政策的主要内容。随后从交通流量、出行时间、出行方式等方面分析了交通拥挤收费政策的治理效果。最后对斯德哥尔摩“交通拥挤收费”政策的探索历程进行了政策评判，认为：拥挤收费政策带有强烈的政治色彩，是政党联盟与政治妥协的产物；拥挤收费政策是一套囊括诸多措施、相互间配合严密的一揽子方案；拥挤收费政策采取了政府引导、公众参与良性互动的审慎推进策略；拥挤收费政策构建了科学的信息沟通、反馈机制以及决策支持系统；拥挤收费政策虽取得较好的效果，但仍然可能存在一系列负面效应；拥挤收费政策的运行主体多元，相互间展开了有序分工与密切协作。

7.1 基本背景

7.1.1 公共交通系统发达，环境质量颇高，但交通问题日渐突出

斯德哥尔摩市的交通网络相对完善，公共交通系统较为发达。2005年10月份数据显示，平均每个工作日进出内城的车流量达52.8万辆。每天早高峰时间，有73%的出行者乘坐公共交通进出内城。此外，内城地区自行车与步行的出行比例也在逐年提高。

总体来看，斯德哥尔摩居民对内城的环境质量非常满意，有85%的居民对内城地区颇有好感，表示愿意在此居住。而且，绝大多数居民对本市的公共交通的服务也较为满意。

不过，与许多大城市一样，斯德哥尔摩市也存在交通拥挤、空气质量恶化等城市通病。2005年秋季的调查数据显示，有超过半数的市民认为交通是造成空气质量恶化的主要原因，有3/4的市民则表示在通往内城的放射状道路上遭遇到交通拥堵问题，特别是在早高峰和晚高峰时段，交通拥堵问题更为严重。据估计，交通拥堵每年给国民经济造成的损失高达36亿—80亿瑞典克朗(SEK)。

7.1.2 交通设施的供给难以满足经济发展与人口增长的旺盛需求

斯德哥尔摩城市交通问题的凸显并非“一日之功”，而是有其特定的主观与客观背景的。首先，20世纪后半叶以来，斯德哥尔摩地区的经济不断发展，人口逐年增长，交通流量也呈现迅猛增长态势；其次，在20世纪五六十年代，该市建设了大量的放射状道路，导致内城汇聚了大量过境交通；再有，受到20世纪60年代城镇规划关于“机动车优先”指导思想和发展战略的影响，各种交通方式的发展不够均衡[①]。

---

① CIVITAS. Background to the Stockholm Trial: Practical example of how to implement congestion charging [EB/OL]. [2009-10-19]. www.curacaoproject.eu/documents/stockholm-trial.pdf.

斯德哥尔摩市在改善城市交通方面可谓不遗余力，采取了一系列措施来缓解交通拥挤，方便居民出行，例如，建设过境隧道，发展轨道交通，限制重型车辆进入内城，开辟步行街、自行车道以及公交车专用道，等等。然而，由于斯德哥尔摩岛屿众多，地形相对破碎，道路与轨道交通建设受自然地理条件的约束较大。交通设施的供给依然难以满足旺盛的交通需求。有数据显示，在斯德哥尔摩郡，车速低于正常水平35%的主干道里程达70 km。在高峰时段，约有一半区域的实际通行时间是理想通畅状态的两倍；特别是那些通往内城的发射状干道，交通拥堵问题更为严重。

7.1.3 拥挤收费思想初具雏形，成为控制机动车流量的重要选择

鉴于道路设施的建设总是难以满足小汽车交通流量增长的需要，控制机动车流量逐渐成为解决斯德哥尔摩交通问题的一个重要思路。自20世纪70年代以来，关于拥挤收费的设想开始成为一个热门议题。

20世纪80年代末，瑞典议会委员会向中央政府递交了一份提案，要求赋予相关城市政府在特定地区实行拥挤收费的权力。几年以后，斯德哥尔摩相关党派就基础设施与环境问题达成协议，其中一个设想就是通过拥挤收费来筹集资金，围绕内城建设环线和一条主干道，“丹尼斯协议（the Dennis Agreement）”由此出炉。不过，由于公众反对以及党派之间的意见存在矛盾，导致“丹尼斯协议”未能实施，于1997年被迫废弃①。

2002年3月，瑞典中央政府向“斯德哥尔摩委员会”②部署了拥挤收费政策的论证任务，要求对拥挤收费的配套条件进行研究。瑞典中央政府认为，至少地方政府本身自愿要求实施拥挤收费政策并且愿意为此负责③。

在2002年秋季斯德哥尔摩新一轮竞选活动中，交通拥挤收费又被列入讨论议题之列。由于选举各方势均力敌，社会民主党（Social Democrats）与左翼党（Left Party）以及绿党（Green Party）勉强组成微弱多数，决定未来几年内将在斯德哥尔摩内城地区开展拥挤收费试验。2003年1月，斯德哥尔摩市市长正式致函瑞典基础设施部长，表示市政府将承担拥挤收费试验的所有费用。自此，该市的拥挤收费试验的准备工作正式启动。

7.2 斯德哥尔摩交通拥挤收费政策的主要内容

7.2.1 收费时间

斯德哥尔摩拥挤收费政策适用的时间段主要是每周的工作日（星期一到星期五），每天持续12小时（6:30-18:30），凌晨与夜间、周六与周日、公共假期均不收费。另外，由于

---

① Ahlstrand, Ingemar. The politics and economics of transport investment and pricing in Stockholm[J]. Journal of Transport Economics and Policy, 2001,35(3):473-489.

② 政府下属的咨询委员会，笔者注。

③ CIVITAS. Background to the Stockholm Trial: practical example of how to implement congestion charging [EB/OL]. [2009-10-19]. www.curacaoproject.eu/documents/stockholm-trial.pdf.

当地 7 月份的交通流量相对较低，因此也不属于拥挤收费的管制时间段。

拥挤收费试验于 2006 年 1 月 3 日开始，到 2006 年 7 月 31 日结束，之后经过斯德哥尔摩市全民公投，以 51%的选民支持、45%的选民反对的投票结果决定，该政策正式于 2007 年 8 月 1 日起予以永久实施。

7.2.2 收费区域

收费范围主要控制在斯德哥尔摩市内城地区（inner city），其中有 1/3 的范围由水域构成。内城地区各岛屿通过桥梁与外围大陆保持交通联系。

如图 7-2 所示，收费区域的面积大约为 30 km²，收费区域各主要道路的出入口总共设置了 18 个控制点（control points）。其中，爱森格兰登（Essingeleden）公路的部分路段虽然位于收费区域之内，但是在此道路上通行并不需要缴纳拥挤费用。

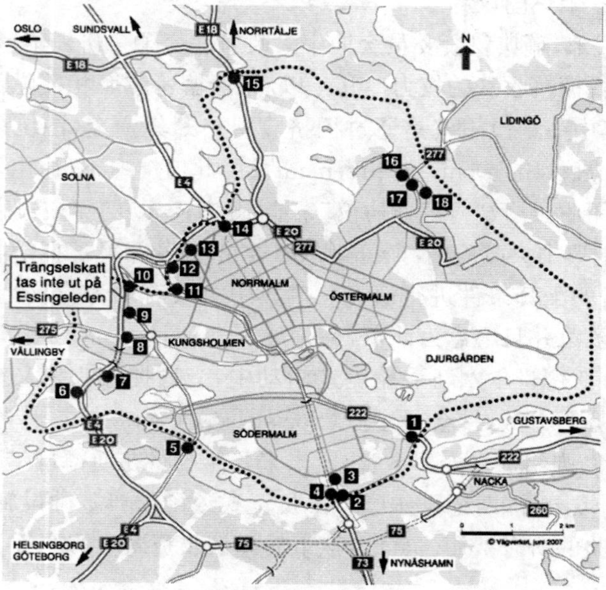

图 7-2 斯德哥尔摩市拥挤收费的区域范围

7.2.3 收费标准

收费标准并非单一，而是因时而异。具体金额则随着时间不同而作相应调整，如表 7-1所示，分别有 10 克朗、15 克朗与 20 克朗三级收费标准，大体对应着低谷时段、过渡时段以及高峰时段三个时间段。单个机动车辆拥挤收费的最高限额是 60 克朗/天。

另外，需要指出的是，在计费方法上，伦敦与斯德哥尔摩之间存在明显区别：伦敦的做法是按照“区域收费”的方式进行计费；而斯德哥尔摩是按照“跨界收费”的方式进行计费，也就是说，只要机动车每跨越一次收费边界，均要按实际跨界次数进行收费。举例来说，一辆机动车穿越一次拥挤收费区域，如果按照“是否跨越收费边界” 进行计费，需要支付两次费用；而按前一计费方式，则只需要缴纳一次通行费用即可。

表 7-1　斯德哥尔摩交通拥挤收费标准

时间段	收费标准(克朗)
6:30—6:59	10
7:00—7:29	15
7:30—8:29	20
8:30—8:59	15
9:00—15:29	10
15:30—15:59	15
16:00—17:29	20
17:30—17:59	15
18:00—18:29	10
18:30—06:29	0

7.2.4　收费对象

试验阶段，收费对象主要是在每天规定时间内进出收费边界的机动车辆。其中，公共交通车辆(包括公共汽车、出租车)，清洁能源车辆(电力驱动的汽车)，混合燃料车辆(主要依赖乙醇等燃料驱动的机动车)，特种车辆(救护车、外交车辆)以及在外国注册的车辆等，均可以免费通行。另外，由于利丁岛(Lidingö)与外界联系的唯一陆路通道正好处于收费区域内，也就是说从利丁岛要到达任何其他地方都必须要经过收费站。因此，利丁岛的车辆进城只需收取一次费用，而对于那些往来于内城以外地区与利丁岛之间的过境车辆，则划入免费通行之列[①]。

7 个月的试验期结束，在正式永久实施后，出租车不再享受拥挤收费豁免的待遇，但那些本身也属于替代能源车辆的出租车，仍然属于免费通行之列。不过，对清洁能源车辆的优惠措施持续时间不长，于 2012 年 7 月终止[②]。

7.2.5　运作流程

斯德哥尔摩交通拥挤收费政策的运行主要存在信息搜集、信息处理和费用支付三个环节。首先通过技术手段对机动车的通行信息进行监测，记录车辆的通行时间、地点等

---

① 识别过境车辆的方法是，如果来自利丁岛(Lidingö)的机动车辆在进城之后 30 分钟内出城，则不收出城费，笔者注。

② 参见 http://www.stockholm.se/PageFiles/70349/Sammanfattning%20eng%20090918_.pdf，2010-2-19 相关内容。

相关信息。然后判断并且统计某辆机动车所应缴纳的通行费用，该车辆是否属于免费通行类别，是否达到每天最高 60 克朗的收费标准，等等。最后就是付费环节。一个简便的方法就是，机动车驾驶员购买车载发射机应答器，在进入收费区域时即可自动识别，通过捆绑自己的银行账户，授权银行通过转账方式进行自动扣款，就可以实现“直接借记”①，从而免除了每次均须办理交费事宜的烦琐。

7.2.6 技术支撑

斯德哥尔摩交通拥挤收费政策对技术支撑系统的可靠性要求相当高，需要其能够承受较高的扰动和负载，表现在，每一个“控制点”都安装了三套光纤系统，能够独立地将通行车辆的相关信息传输给控制中心，即使其中一、两套系统损坏，也能够照常运转。甚至当三套系统全部瘫痪时，也能够及时就地恢复相关信息。

与前面介绍的运作流程相呼应，技术支撑系统也体现在信息搜集、信息处理和费用支付三个层面。这里主要介绍“信息搜集”环节。当机动车即将进入收费区域时，设置在控制点附近的天线装置就会激活安装在汽车挡风玻璃上的发射机应答器，以获取相关的通行信息。同时，在激光探测器的感应下，红外线摄像机会自动记录汽车的车牌图像，并且通过光学字符识别技术对车牌信息进行识别（图 7-3）。如果自动识别出现问题，就转入人工识别环节，直至确认无误。

图 7-3 斯德哥尔摩拥挤收费区域“控制点”的监测设备

7.2.7 付费方式

付费方式较为灵活。如前所述，最便捷的做法是小汽车使用者购买一个发射机应答器，然后授权银行通过转账方式进行自动扣款，也可以通过网络银行或者便利店进行支付②。

7.2.8 处罚规定

机动车用户必须在穿越收费边界后 5 个工作日内将通行费支付给瑞典道路管理局，否则将被处以 60 克朗的罚款；如果欠费超过 1 个月，则将面临 500 克朗的高额罚款。

① “直接借记”是指一种支付方式，按照相关合同，委托并授权银行从客户账户上直接转款至收款人账户，笔者注。

② CIVITAS. Background to the Stockholm Trial: practical example of how to implement congestion charging [EB/OL]. [2009-10-19]. www.curacaoproject.eu/documents/stockholm-trial.pdf.

7.3　交通拥挤收费政策的治理效果

7.3.1　交通流量

如图 7-4 所示，2006 年上半年拥挤收费试验期间，斯德哥尔摩内城在拥挤收费时段的交通流量(此处是指穿越收费边界的机动车数量，下同)比 2005 年同期水平明显降低，下降幅度大致在 22%。其中，在早高峰时段，交通流量的下降幅度为 16%；在晚高峰时段，交通流量的下降幅度为 24%。早高峰时段交通流量的下降幅度低于晚高峰时段，表明晚高峰时段交通出行的自由度相对大于早高峰时段。

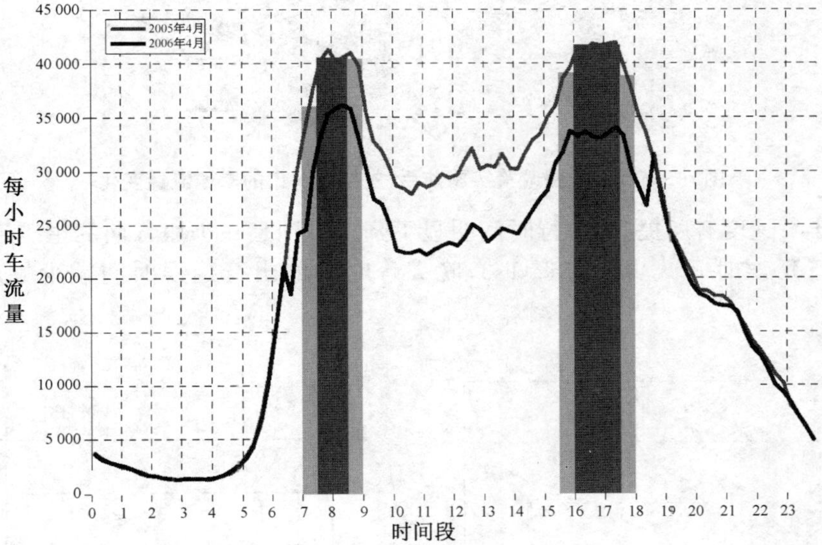

图 7-4　拥挤收费政策实施前后，每天交通流量的时间分布差异

分区域来看，收费边界各主要出入口交通流量的下降幅度也不尽相同(图 7-5)。其中，东南部出入口交通流量的下降幅度最大(−26%)，原因可能是该区域以前的过境交通流量较多，拥挤收费政策实施后，相当一部分交通流量予以绕行。东北出入口交通流量的下降幅度最小(−9%)，原因是利丁岛与内城以外地区的交通流能够免费通行。

7.3.2　出行时间

可以用"延误时间"来衡量内城交通拥挤的改善程度。所谓"延误时间"，就是实际出行时间与自由流出行时间之间的差额。

延误时间为零，表示出行时间达到了理想最小值，此时交通最为畅通。而延误时间为 100%，表示实际出行时间比理想值高出了 1 倍，此时出行速度下降了一半。

如图 7-6 所示，拥挤收费试验期间，随着机动车交通的减少和拥挤程度的降低，内城

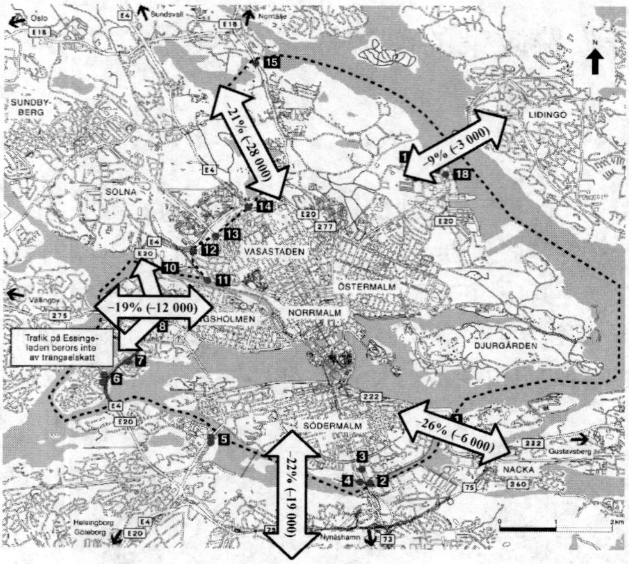

图7-5　拥挤收费政策实施前后，主要出入口的交通流量变化

机动车的出行速度有所提升，出行时间明显下降。特别是在进城方向的主干道，早高峰时段的出行延误时间减少了将近 1/3，晚高峰时段的出行延误时间减少幅度则达到 1/2①。

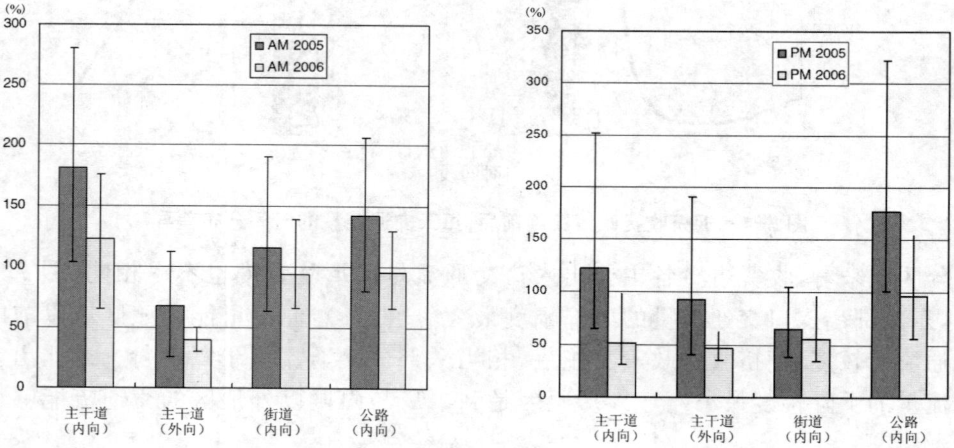

图 7-6　拥挤收费政策实施前后，主要出入口的交通流量变化

7.3.3　出行方式

调查结果显示，在收费时段穿越内城收费边界的机动车交通流量减少了 9.2 万车

① Eliasson J，Hultkrantz L，Nerhagen L，et al. The Stockholm congestion-charging trial 2006：overview of effects[J]. Transportation Research Part A，2009，43(3)：244.

次，其中一半左右(4.5 万车次)属于工作和上学通勤出行。这部分群体的出行时间与出行路线相对固定，主要转乘公共交通出行。与之对应，公共交通出行的客流量上升了6%。减少的另外一半交通流量主要属于非通勤出行，其出行的灵活性要高于通勤出行，要准确识别其具体的出行行为或替代方式非常困难。但可以大致判定，这部分群体的出行不太可能通过公共交通方式来实现，其出行选择较为多样：或改变出行路线以绕开收费边界；或合并出行，由单一目的出行改为多目的出行；或干脆取消出行。

7.3.4 道路安全

道路安全取决于机动车数量、交通流量以及行驶速度等因素。拥挤收费政策对道路安全的影响是双方面的：一方面，内城机动车流量的缩减将会降低收费区域内的人身伤害事故发生几率；另一方面，机动车出行速度的提高又将在一定程度上加大事故的发生几率。

鉴于交通事故主要发生在拥挤收费时段，综合考虑上述正面影响和负面影响，即使两者相抵之后，内城地区交通事故发生的数量仍然能够减少 5%—10%，约合每年减少 40—70 起人身伤害事故。

7.4 拥挤收费试验前后公众态度的转变

拥挤收费试验是斯德哥尔摩内城地区交通拥挤收费政策实施的一个亮点。其意义在于：一方面通过短期试验运行，可以跟踪、观察该政策对交通流量的真实治理效果，更好地为政策制定提供反馈意见和改进思路；另一方面也可以对公众的真实意愿进行深入试探，毕竟公众的意愿与政策倾向属于心理学范畴，并非一成不变。单纯的理论假想与真实体验之后的主观心理可能会有所差异。通过试验，也是对公众参与理念的切实贯彻，既可以更为深入地展现公众的真实心态，也可以让公众获得真实体验，从而进一步修正公众的政策主张，为日后“全民公投”的顺利通过和拥挤收费政策的永久实施奠定基础。

为此，这里对拥挤收费试验前后公众和舆论的态度转变过程进行简要介绍[①]。

7.4.1 公众对拥挤收费试验的态度

在不同时段，公众对拥挤收费政策的态度也在发生变化。2004 年秋季，持“较为赞成”与“非常赞成”态度的居民比重达 52%；不过，到了 2005 年春季和秋季，这一比重降至 43%；到了试验期间，持“较为赞成”与“非常赞成”态度的居民比重又恢复至 54%。

2006 年开展的居民态度调查结果显示，在拥挤收费试验期间，有相当一部分居民的态度发生了变化。大约只有一半的居民仍然坚持原有意见，另外有大约 1/3 的居民由之

① Lena W H, Karin B F, Åsa V, et al. The development of public attitudes towards the Stockholm congestion trial[J]. Transportation Research Part A, 2009, 43:269-282.

前的倾向于反对转为倾向于支持，还有14%—17%的居民则由赞成转为反对。

理论上看，拥挤收费政策实施之前，人们往往并没有意识到拥挤收费政策究竟能够发挥多大作用，乃至怀疑该政策的适用性和治理效果，因此对该政策的支持力度偏低。而一旦切身体会到其实际效果之后，就会转向赞成。然而实际调查结果却并非如此。早在拥挤收费之前，对于斯德哥尔摩拥挤收费政策是否能够达到缓解拥挤、改善空气质量之目标，大部分居民就给予了肯定的答复。2004年的调查数据表明，有71%的居民认为拥挤程度和空气质量会有所好转。不过，在此之后，一直到拥挤收费试验期间，持有同一观点的居民的比重非但没有提高，反而有小幅下降。可见，理论上关于实际体验会纠正原有心理预期的假设并不能很好地解释居民态度的上述“反常”变化。

居民们因依赖的出行方式不同，对拥挤收费政策的态度也有所差异。相对于小汽车出行者以及通过公共交通与小汽车混合方式出行的居民来说，那些主要依赖公共交通方式出行的居民对该政策更加倾向于持“赞成”态度①。不过，在拥挤收费试验阶段，那些主要依赖公共交通方式出行的居民支持该政策的比重，较拥挤收费试验之前虽然也有一定提升，但提升幅度偏小，只有大约5个百分点。与之相比，那些小汽车出行者以及通过公共交通与小汽车混合方式出行的居民支持该政策的比重，较拥挤收费试验之前有较大幅度的提升，提升幅度分别达到了大约10个和20个百分点。

再来看不同地域范围内的居民对拥挤收费的态度差异及其变化。我们可以将斯德哥尔摩地区划分为四个圈层，分别是：斯德哥尔摩市内城地区、斯德哥尔摩市除内城以外的其他地区、邻近斯德哥尔摩市的内圈层、远离斯德哥尔摩市的外围圈层。调查结果发现，邻近斯德哥尔摩市的市镇居民反对呼声最高，而斯德哥尔摩市内城地区居民的支持力度最大。而远离斯德哥尔摩市的外围圈层的居民很少开车穿越收费边界，因此几乎不受影响。总体来看，2005年秋季与2006年春季期间，尽管交通拥挤收费政策对于各个圈层的影响呈现鲜明的地域差别，但居住在各个圈层的居民对该政策的支持力度均有一个较大幅度的提高，对该政策持“赞成”态度的居民的比重上升了至少10个百分点。

综上所述，在不同调查时段，居民对拥挤收费试验的态度并非稳定不变，而是表现出较大幅度的波动。在拥挤收费试验期间，对该政策持“赞成”态度的居民的比重有所提升，这可以归功于拥挤收费政策实施之后带来的交通改善体验以及人们对该政策公共利益导向的体会正在逐步深化。当然，对于那些居住在特定地域，有着不同交通出行方式的居民来说，其态度转变的幅度仍然会体现出相应的差异性。

7.4.2 公众对拥挤收费永久实施的态度

总体来看，公众对拥挤收费试验的支持力度要大于其对拥挤收费政策永久实施的支持力度。但是在拥挤收费试验结束之后，支持拥挤收费政策永久实施的居民的比重呈现较大幅度的提升。最终投票结果显示，斯德哥尔摩市有简单多数的居民(51.3%)投了赞成票。这表明拥挤收费试验在扭转居民态度，促使拥挤收费政策得以永久实施方面功不

① 认为拥挤收费政策“非常好”或者“还不错”，笔者注。

可没。

另外，对2005年春季与秋季的调查结果进行比较，可以发现居民对拥挤收费政策永久实施的支持力度有所降低，而同期对拥挤收费试验的态度则保持相对稳定。

7.4.3 媒体与新闻报道的态度

在试验期之前、试验运行期间以及试验运行期结束之后三个阶段，报刊媒体对拥挤收费政策持有的观点也有所不同。其中，在拥挤收费试验之前，媒体报道文章以中立性观点居多，主要介绍拥挤收费试验的相关背景信息。而在拥挤收费试验运行期间，媒体观点发生了显著变化，正面报道逐渐增多，比重从2005年秋季的3%骤增至2006年5月份的42%。与此同时，同期负面报道的比重变化幅度要温和得多，不到10个百分点。显而易见，这主要是那些持有中立性观点的报刊比重大幅度降低所致。

这似乎表明，正面评价可能是该阶段促使居民发生态度转变的主导驱动力量。不过，最终投票结果并非由于媒体正面报道所致。事实上，在2006年秋季，进行正面报道的报刊文章的比重只有25%，与同期进行负面报道的报刊文章的比重相差无几。

7.5 斯德哥尔摩交通拥挤收费政策评判

7.5.1 拥挤收费政策带有强烈的政治色彩，是政党联盟与政治妥协的产物

回顾拥挤收费政策的酝酿历程，可谓是阻力重重，柳暗花明，拥挤收费政策的推行之所以一波三折，一个相当重要的原因就是政党之间的意见难以协调。事实上，在拥挤收费政策的酝酿阶段，各政党对拥挤收费的态度就不够明朗，甚至摇摆不定，伴随着政治利益的争夺而相应调整策略。因此可以说，拥挤收费的命运服务并取决于政治意图的实现，一定程度上受到了政治意图的摆布。

例如，从规模较小的党派来看，绿党、斯德哥尔摩党与左翼党一直支持拥挤收费政策，而中央党和基督教民主党表示反对。从影响力较大的几个党派来看，该政策似乎并未得到多少拥护。其中，社会民主党的态度有些模棱两可，而温和党与自由人民党则明确表示反对。

社会民主党最初是倾向于赞成拥挤收费政策的。该党派的领导人安尼卡·比尔斯特罗姆(Annika Billström)公开表示，如果她当选市长，就将在任期内探索拥挤收费的可行性；温和党则打出了“停止社会民主党关于道路收费”的竞选口号；自由人民党也对拥挤收费政策持有否定态度，他们认为应该加大道路投资力度，来解决当地的交通拥挤问题①。但是，在选举几周之前的电视辩论中，安尼卡·比尔斯特罗姆又承诺，如果她当选市长，将不会在其任期内推动道路收费计划。可以说，相关政治家在不同政见上的摇摆

① Karolina I, Tim R. Building legitimacy for risky policies: the cost of avoiding conflict in Stockholm[J]. Transportation Research Part A,2009,43:251-257.

起伏在一定程度上为交通拥挤政策的前景蒙上了一层阴影。

由于选举各方势均力敌，在此次选举中，绿党的归属在各大党派的权力制衡中占有举足轻重的地位，对于社会民主党来说，要取得绿党的支持，确保选举胜利，就必须接受其关于“在斯德哥尔摩内城地区开展拥挤收费试验”的要求。因此，围绕政党竞选利益，在2002年斯德哥尔摩的地方竞选活动中，社会民主党的态度发生了多次转变。

值得注意的是，政治冲突除了导致交通拥挤收费政策一拖再拖之外，还导致交通拥挤收费政策自身在政策设计环节存在一些缺陷。爱森格兰登作为欧洲4号公路的一部分，是斯德哥尔摩地区重要的交通走廊，也是连接斯德哥尔摩北部与南部地区并且穿越市中心的唯一一条交通线路。理论上看，将此道路纳入收费范围能够更为有效地减缓内城的交通拥挤；但是执政的社会民主党内部和斯德哥尔摩市周边市镇的认识存在分歧，最终该道路没有被纳入收费行列，这不能不说是其中的一个缺陷与遗憾①。

7.5.2 拥挤收费政策是一套囊括诸多措施，相互间配合严密的“一揽子”方案

拥挤收费政策并不是一个单纯的收费方案，而是一套囊括了诸多配套措施，相互之间配合严密的“一揽子”交通拥挤调控方案。拥挤收费试验的内容主要包括三大板块：一是拥挤收费②；二是公共交通扩容；三是开辟公共交通换乘枢纽③。

考虑到相当多一部分私人小汽车乘客将会由于拥挤收费政策的施行而转换出行方式，为了配合拥挤收费试验的顺利开展，斯德哥尔摩早在拥挤收费政策试验之前，即开始考虑适当增加公共交通的运力。

如图7-7和图7-8所示，在斯德哥尔摩市中心与其周边市镇之间，规划设置了14条全新的直达公交线路与两条蓝色公交线路，添置了197辆新型公交车辆，每周新增运力达到10万个座位。为了方便小汽车与公共交通之间的换乘和多种交通方式之间的联合运输，斯德哥尔摩还克服城市用地紧缺的困难，与周边市镇合作，开辟了36个停车场地，能够额外提供大约2 300个停车位，借以打造公共交通换乘枢纽。在2005年11月1日至2006年7月31日期间，凡是持有斯德哥尔摩交通卡的居民，可以在全市任何一处公交换乘枢纽免费停车。而且，公交换乘枢纽的区位也有严格的限定，一方面要尽可能靠近地铁站点或公交站点，以方便居民换乘；另一方面还要位于拥挤收费区域之外，以限制机动车流量进入。而且，斯德哥尔摩还从相关政策上进行优化设计，例如对于在公交换乘枢纽停靠的车辆免收停车费。

通过拥挤收费这一经济杠杆，限制机动车进入市中心，既能够疏解市中心的交通压力，而且通过建设一定数量的公交换乘枢纽及其配套相关设施，也能够吸引部分小汽车

---

① Karolina I, Tim R. Building legitimacy for risky policies: the cost of avoiding conflict in Stockholm[J]. Transportation Research Part A, 2009, 43: 251-257.

② 严格来看，根据瑞典法律，拥挤收费属于“拥挤税(congestion tax)”的范畴。而“拥挤收费”是国际上的统称，笔者注。

③ CIVITAS. Background to the Stockholm Trial: practical example of how to implement congestion charging [EB/OL]. [2009-10-19]. www.curacaoproject.eu/documents/stockholm-trial.pdf.

乘客转乘公共交通进入市中心；再有，通过开辟新线路，添置车辆以增加运力，着力提高公共交通的服务水平，还能够有效地承接从小汽车出行方式分流出来的新增交通需求。总之，“一揽子”方案密切配合，各有所重，疏堵结合，保证了拥挤收费试验的开展及其后续的运作。

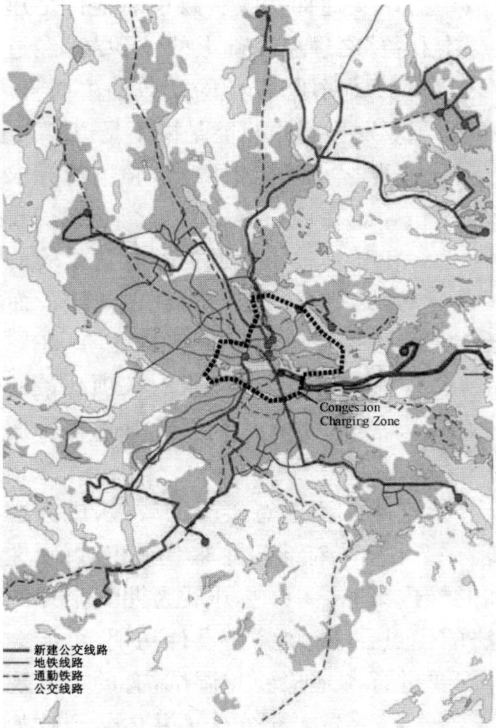

图 7-7　斯德哥尔摩内城地区与外围地区之间的交通组织

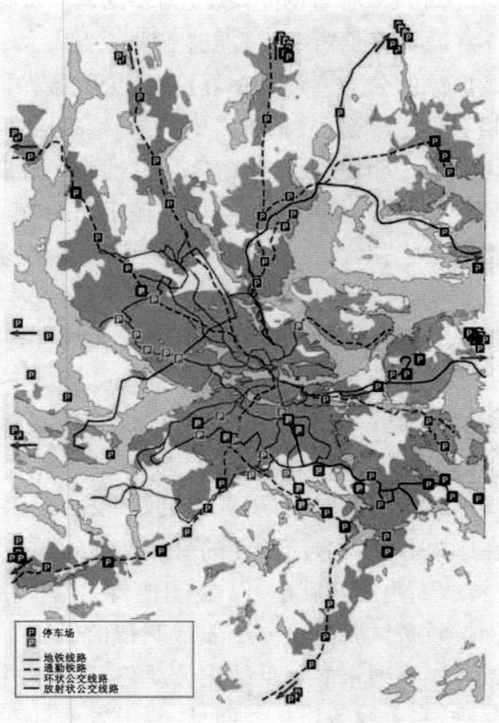

图 7-8　斯德哥尔摩地区的公交换乘枢纽

7.5.3　拥挤收费政策采取了政府引导、公众参与良性互动的审慎推进策略

伦敦、新加坡等世界大城市的实践经验表明，拥挤收费政策确实能够在一定程度上起到有效缓解城市交通压力，进而改变居民出行行为之功效。但在该政策推进初期，公众对此或许并不买账，抵触情绪可能会相当强烈。那么，如何制定一种推进策略，才能让公众逐步接受这样一项敏感而激进的政策，是一个值得慎重思考的话题。

从拥挤收费政策推进策略来看，伦敦与斯德哥尔摩采取了两种截然不同的运作方式。总体来说，伦敦交通拥挤收费政策采取的是政府主导，充分考虑公众意愿，政治领袖强力推动的“激进型”推进策略。

作为一个强硬派的政治人物，时任伦敦市市长的利文斯顿同时也兼任伦敦交通管理局的局长，他本人对小汽车的大量出现及其引发的交通问题可谓深恶痛绝。在他的着力推动下，伦敦中心区的拥挤收费政策是在反对呼声颇高的环境下推进并予以实施的。利文斯顿表示，尽管经历了长时间的公众咨询和反复政策调整，但是要使该政策获得所有人的同意是不现实的，这将会把拥挤收费政策推入危险境地[①]。他同时承认，推行拥挤收费政策面临的最大挑战不是来自于技术层面，而是来自于社会和政治层面。不过，他更加推崇政治家的领导远见与政治权威的力量，同时也认为要全面考虑公众意见和各利益相关者的利益诉求。因此，如何更好地权衡、协调、缩小政治领袖的远见与社会公众的意愿之间的矛盾与偏差，就成为了问题的关键。伦敦中心区交通拥挤收费政策的施行是建立在政府确信“该政策能够有利于更广大市民的根本利益”之理念基础上的[②]。尽管经过了广泛的公众咨询和良好沟通，伦敦各界仍然存在较多的反对呼声，但对于政治家而言，相对于“维护公共利益需要”这一崇高信仰，民间的有限反对力量也只能是微不足道了。

与之相比，斯德哥尔摩采取的则是政府提议，充分遵从公众意愿，通过试验运行寻求公众支持，并将最终决策权归还于民的“审慎型”推进策略。在该市准备实行交通拥挤收费政策之初，公众的反对意见呈现压倒性多数，在 2005 年秋季关于交通拥挤收费试验的民意调查中，斯德哥尔摩大都市区有 55％的居民表示，这是一个“相当糟糕”的决定。而在 2006 年 4 月份拥挤收费试验期间，持有同样反对意见的居民比例下降至 41％，有 53％的居民表示，这是一个“相当好”的决定[③]。这似乎在一定程度上表明，公众对某项政策的态度其实并非一成不变，而是随着其实际体验，在逐渐感悟和深化了解当中而有所摆动的。

在政策制定初期，如何更好地推行一个公众开始可能并不愿意接受的政策，成为摆在中央和地方政府面前的一个严峻问题。斯德哥尔摩相关政府部门并非针锋相对、硬性推动，而是避实就虚、以柔克刚，采取了相对缓和的推进策略。其中，开展为期 6 个月的拥挤收费试验就是一个非常明智的做法。该做法的优点在于，政策在设计初期，可能会带有一系列未能预见的先天缺陷，因此政策本身需要进行实地检验和调试，有助于发现问题，完善政策设计。而且，鉴于居民对政策内容不够了解，尚未充分认识并体会到政策的实际效果，对政策的抵触心理较强，盲目进行全民公投，有可能会陷入被动局面。而通过短期的试验运行，有助于帮助公众增强感性认识，让公众切身体会到拥挤收费政策的治理效果和积极意义，从而最大限度地避免了可能面临的政策风险。总之，在决策程序与决策机制上，斯德哥尔摩交通拥挤收费的做法有别于以往那种政府主导决策、公众被动接受和适应的通常做法，走出了一条政府提议、试验运行、发现问题、纠正缺陷、优化设计、公众最终决策、政府辅助决策、政府与公众良性互动的路子。

7.5.4 拥挤收费政策构建了科学的信息沟通、反馈机制以及决策支持系统

斯德哥尔摩拥挤收费政策的制定与顺利施行离不开良好的信息沟通与反馈机制，同

---

① Livingstone K. The challenge of driving through change: introducing congestion charging in central London [J]. Planning Theory and Practice, 2004, 5(4): 490-499.

② Richardson T. Planning and the Big C: challenging auto dependence through conviction politics in London [J]. Planning Theory and Practice, 2004, 5(4): 490-499.

③ Karolina I, Tim R. Building legitimacy for risky policies: the cost of avoiding conflict in Stockholm[J]. Transportation Research Part A, 2009, 43: 251-257.

样，高质量的信息和决策支持系统有助于确保更加科学的决策。再有，通过政策的综合评估能够了解拥挤收费的具体运作绩效：一方面有助于增强决策者政策制定的说服力；另一方面使得社会公众在全民公投之前就能够掌握足够信息，使其判断更加趋于理性，这为日后该政策得以批准并且永久实施打下了坚实基础①。

在 2005 年 8 月公共交通设施扩建之前，斯德哥尔摩就开始启动项目跟踪与政策评估工作，每月定期在网络发布相关信息和监测数据。在拥挤收费试验之前，斯德哥尔摩除了举办两场大型信息发布活动之外，还通过印发信息手册、在政府网站进行拥挤收费专题介绍、插播广告、举办媒体会议和记者招待会等形式，让社会各界尽可能多地了解拥挤收费试验的目标与内容，宣传效果十分明显，公众的知晓率有了明显提高。有数据显示，在拥挤收费试验之前，分别仅有 1/2 的男性和 1/3 的女性认为自己较为熟悉拥挤收费试验的内容，而拥挤收费试验接近尾声之时，有 80%的居民表示自己较为熟悉该政策②。2006 年 1 月拥挤收费试验运行之后，政府每月都举行记者招待会，发布政策评估的最新进展，目的是做到公开透明，让公众和媒体都能够获得所有相关信息，使公众认识并切实感受交通拥挤收费的治理效果。

在组织架构方面，还组建了主要由交通专家和学者组成的秘书处，建立了快速的评估体系，在 6 小时之内就能够将政策评估结果呈现在媒体面前。在试验开始的第 1 天下午 3 点，就举行新闻发布会③，从而确保该政策的效果能够及时得到跟踪和评估，并且公布于众，最大限度地还原了事实真相，避免了外界不必要的猜疑以及由此可能引发的事实扭曲。

在科学的信息沟通、反馈机制以及决策支持系统的推动下，拥挤收费试验的效用是多方面的：一方面通过实际运行，可以跟踪、观察该政策对交通流量的真实治理效果，更好地为政策制定提供反馈意见和改进思路；另一方面也可以对公众的真实意愿进行更为深入的试探，毕竟公众的主观意愿及其政策倾向属于心理学范畴，并非一成不变。单纯的理论假想与真实体验之后的主观心理可能会有些许差异。通过试验，可以进一步展现公众的真实心态，从而为日后拥挤收费政策的顺利推行奠定基础。

7.5.5 拥挤收费政策虽取得较好效果，但难以避免地存在一系列负面效应

拥挤收费政策虽然能够抑制交通需求，缓解拥挤水平，但同时可能也会产生一系列负面影响。例如，无论从支付能力还是调整出行行为的自由度来看，相对于强势群体（即那些富人或者占据更多社会资源的人）来说，弱势群体更加难以应对，或更容易遭受侵害，由此导致这部分群体社会福利的损失幅度偏大。有数据显示，在倒数第二位的较低

---

① Henrik G, Eva E, Muriel B H, et al. Framing the role of decision support in the case of Stockholm Congestion Charging Trial[J]. Transportation Research Part A, 2009, 43(3): 258-268.

② Eliasson J, Hultkrantz L, Nerhagen L, et al. The Stockholm congestion-charging trial 2006: overview of effects[J]. Transportation Research Part A, 2009, 43(3): 240-250.

③ Karolina I, Tim R. Building legitimacy for risky policies: the cost of avoiding conflict in Stockholm[J]. Transportation Research Part A, 2009, 43: 251-257.

收入群体当中，只有20%的居民工作时间富有弹性，随着收入的提高，这一比重相应增加。最高收入群体中，工作时间富有弹性的居民的比重高达61%。这似乎表明，工作时间弹性与收入水平和消费水平高度正相关，高收入家庭比低收入家庭更有能力规避拥挤收费政策带来的支付风险①。

再如，由于部分交通流量被分流至周边地带，从而在某些程度上会减少收费区域的客流量与人气，进而对内城区的经济发展特别是零售行业产生一定冲击。温德瑟·昆戴尔(Windsor-Cundell)对伦敦商业与工业部公布的调查数据进行研究，发现有76%的受访者表示年收入逐年减少，其中很大程度上可以归结为2003年2月伦敦中心区开始施行的交通拥挤收费政策②。

斯密德费尔德-罗斯科威斯特(Smidfeldt-Rosqvist)对斯德哥尔摩拥挤收费政策的效应进行了分析，研究结果表明，在收费时间段，斯德哥尔摩内城地区的机动车出行总量减少了10%，其中以购物为目的的机动车出行量减少幅度达17%。表面上看，这将对内城区的零售业产生不小冲击。不过，也有学者指出，这并不会对当地的零售业产生显著负面影响。敦费尔德特(Daunfeldt)等学者选取了位于斯德哥尔摩收费区域内部的9个超市作为干预组，选取了位于收费区域外围5km及以上的5个超市作为控制组。实证研究表明，相对于控制组，拥挤收费政策在收费时间段对干预组的影响在统计上并不显著③。对此可能的解释是，通过机动车方式出行的购物者会采取多种方式来规避拥挤收费，例如：变更购物地点，选择在拥挤收费区域外围地区购物；转换出行方式，乘坐公共交通到内城购物；仍然采取小汽车出行方式，但改变出行时间，在非收费时间段到内城购物；或者减少出行次数，变单一目的出行为多目的出行，用最少的出行次数来实现更多的出行目的，等等。其中，除了变更购物地点会对内城零售业产生一定负面影响外，其他一些方式总体上并不直接对内城零售业产生冲击。考虑到部分机动车使用者可以选择在非收费时间段进入内城购物，内城零售业受到的冲击似乎没有想象的那么大。

7.5.6 拥挤收费政策的运行主体多元，相互间展开了有序分工与密切协作

交通拥挤收费政策是一个庞大的系统工程，离不开相关部门的有序协作。总体来看，主要有三个运作主体参加，分别是：斯德哥尔摩市政府(the City of Stockholm)、斯德哥尔摩交通管理局(Stockholm Transport ,ST)以及瑞典道路管理局(Swedish Road Administration ,SRA)④。与之相应，相关工作也从市政府、郡议会和中央政府三个层面予

① Anders K, Joel P F. Behavioral adjustments and equity effects of congestion pricing: analysis of morning commutes during the Stockholm Trial[J]. Transportation Research Part A ,2009(43):283-296.

② Windsor C. The Retail Survey: the Impact of the Congestion Charge on the Retail Sector[R]. London Chamber of Commerce and Industry,2003.

③ Sven-Olov D, Niklas R, Ulf R. Congestion charges and retail revenues: results from the Stockholm road pricing trial[J]. Transportation Research Part A,2009,43:306-309.

④ Henrik G, Eva E,Muriel B H,et al. Framing the role of decision support in the case of Stockholm Congestion Charging Trial[J]. Transportation Research Part A,2009,43(3):258-268.

以展开[①]。

其中，在市政府层面，斯德哥尔摩市政府负责发布拥挤试验的相关信息，进行政策监测与评估，以及本市公交换乘枢纽的建设。拥挤收费秘书处负责全面协调工作，参与的部门主要有城市交通办公室、斯德哥尔摩研究和统计办公室、环境与健康管理局以及城市规划管理局。在郡议会层面，斯德哥尔摩交通管理局主要负责公共交通的扩容，以及斯德哥尔摩市外围地区公共交通换乘枢纽的建设。在中央政府层面，瑞典道路管理局主要负责交通拥挤税费标准的制定与征税工作，还与美国国际商用机器公司（IBM）合作，开发与拥挤收费有关的技术支持系统。此外，在中央政府层面，瑞典税务局和瑞典执法局还设立了相应的机构，配合拥挤收费政策的实施。

鉴于拥挤收费政策涉及部门众多，协调各部门之间的关系就显得非常重要。为了服务于不同的目标，斯德哥尔摩还成立了诸如政治咨询小组、拥挤收费咨询小组、信息咨询小组、评估咨询小组、项目管理咨询小组等若干协调机构，相互之间开展了密切的协作，使得拥挤收费政策得以有序实施。

7.6 结论

综上所述，本章的主要观点和结论如下：

(1) 交通拥挤成为当前许多城市面临的一个严峻问题，社会影响相当深远。向下影响居民日常出行方式与出行行为，向上则关乎土地利用、环境保护、汽车产业、能源需求等发展战略，可谓“牵一发而动全身”。

(2) 交通拥挤收费作为一项公共政策，敏感性强、地域特色鲜明，故制定实施更应慎重。这也是我国一些城市虽早已积极论证，但又一直没有付诸实施的重要原因。

(3) 交通拥挤的本质表现为，在特定时刻、特定地域的“交通高峰”，更确切地说，是因为在特定通勤时间内、在固定线路上的交通流量突然增加所导致。而拥挤收费政策的目标就是运用行政调控手段，借助经济杠杆，对交通需求给予科学的组织和引导，使之在时间与空间上倾向均衡分布，达到“削峰填谷”的目标，从而在整体上改善拥挤区域的交通质量。

(4) 在实施细节和政策内容方面，斯德哥尔摩交通拥挤收费政策与伦敦、新加坡等城市存在许多不同，这恰恰反映了拥挤收费政策之实施呈现很强的地域特色。结合地域特征及其特定的政治社会经济背景，全面总结、比较国外拥挤收费政策的个性化经验做法及其存在的问题，有助于取彼所长、补己所短，预见潜在问题，避免政策失误。

(5) 拥挤收费政策不是简单地收费控制，其实施是一个复杂的巨系统，受到政治、经济、社会等因素的多重影响，会不可避免地触及相关利益团体的固有利益。斯德哥尔摩与伦敦交通拥挤收费政策在论证和实施过程中，就鲜明地体现了这一点。

---

① CIVITAS. Background to the Stockholm Trial: practical example of how to implement congestion charging [EB/OL]. [2009-10-19]. www.curacaoproject.eu/documents/stockholm-trial.pdf.

(6) 值得注意的是，在制定交通拥挤收费以及类似的公共政策时，假如公共利益与社会舆论以及公众意愿发生错位，是追求超脱于民意之上的公共利益，还是尊重打着“公众参与”旗号进行的民意测验，是一个艰难的选择，考验着决策者的集体政治智慧。当然，在推进策略上，如何促成两者趋于一致，显得尤为关键。

在对待这一问题上，伦敦与斯德哥尔摩以及曼彻斯特正好是两类截然相反的案例。其中，伦敦是“行政主导”，后者则是“还权于民”。如果说，斯德哥尔摩交通拥挤收费政策在全民公投中惊险通过，还带有一丝幸运的话。那么，与伦敦类似的交通拥挤收费计划，在同处英国的曼彻斯特的全民公投中被否决，不能不说是一个遗憾。

8 伦敦“低排放区”政策述评

作为交通拥挤收费的姊妹政策，伦敦“低排放区(Low Emission Zone，LEZ)”汽车尾气排放管制政策(以下简称“低排放区”政策)的主要内容是限制高污染尾气排放的机动车辆进入伦敦市域，通过价格杠杆，迫使相关车辆采取措施，提高排放标准，减少排放，从而达到改善当地空气质量之目标。

本章在对伦敦“低排放区”政策的出台与实施背景进行简要回顾的基础上，详细介绍了该政策的实施内容。随后从可持续发展、环境、健康、公平、经济五个层面简要总结了伦敦“低排放区”政策影响评价的主要思路，并对机动车尾气排放所带来的外部性问题进行经济学分析，认为：要注重健康视角下公共政策的制定；行政手段和经济杠杆并用，共同解决城市交通和环境问题；强调公众参与和程序规范，维护公共政策制定的公平性与民主化；论证充分、设计严谨，确保公共政策制定的可行性与严密性；注重综合治理，发挥协同作用，保持政策制定的连续性与持久性。

8.1 基本背景

8.1.1 伦敦的空气质量不容乐观

与过去相比，尽管当前伦敦的空气质量有了较大改善，但其仍然是英国空气污染最严重的城市，也是欧洲空气污染最严重的城市之一。前伦敦规划咨询委员会的研究发现，即使在整个大伦敦范围实施交通拥挤收费政策，同时在全市范围内征收停车税，并对违章停车收取 2 倍乃至 3 倍的罚款，也不一定能够使伦敦的总体空气质量达到国家空气质量的设定目标①。

有鉴于此，英国和欧盟先后立法，分别制定了“空气质量战略”和“欧盟空气质量框架导则”，确立了在 2005 年和 2010 年所要分别达到的空气质量目标。未来的空气质量目标将对“可吸入颗粒物”(PM10)②和氮氧化物(NO_x)的浓度有着严格的限定。

图 8-1 是伦敦交通管理有关部门对 2005 年伦敦市二氧化氮(NO_2)空气污染水平的预测情况。结果表明，假如将二氧化氮的目标浓度确定为 40 g/m^3，则相应的空气质量超

---

① Greater London Authority. The London Low Emission Zone Feasibility Study: Phase I Report of The Steering Group[R], 2001.

② 可吸入颗粒物(particulate matter，PM)是指悬浮在空气中，空气动力学当量在直径 10 μm 及以下，能进入人体呼吸系统的颗粒物。其浓度以每立方米空气中可吸入颗粒物的毫克数表示。颗粒物的直径越小，进入呼吸道的部位越深。直径 10 μm 的颗粒物通常沉积在上呼吸道，直径 5 μm 的可进入呼吸道的深部，2 μm 以下的则可 100%深入到细支气管和肺泡，笔者注。

标区域主要集中在伦敦中心区和内伦敦地区、希思罗地区以及主要的交通干道网络附近①。

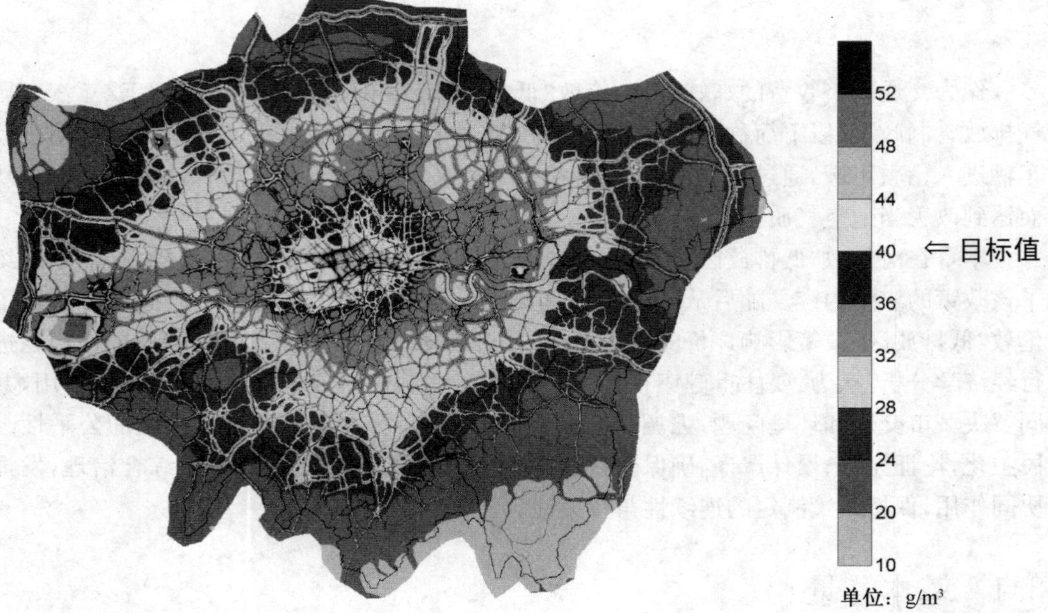

图 8-1　2005 年伦敦市二氧化氮(NO_2)空气污染水平(估测值)

8.1.2　空气污染与健康水平存在密切关联

医学研究表明，空气质量与疾病之间存在着密切关联。空气污染不仅会造成哮喘、呼吸道等症状的加剧，甚至还会造成过早死亡、严重的呼吸道疾病和心血管疾病②。英国每年由于空气污染而造成的健康损失相当巨大。根据英国健康部的估计，按照 1995—1996 年的空气污染水平测算，英国每年由于空气污染造成的过早死亡数量高达 12 500—24 000 人，其中伦敦大约有 1 600 人。当前大伦敦空气污染的主要成分是可吸入颗粒物(PM10)、臭氧以及二氧化氮(NO_2)。

8.1.3　道路交通是伦敦空气污染的主要来源

监测数据显示，道路交通是造成伦敦空气污染的罪魁祸首。1999 年的数据表明，伦敦空气中 NO_2 的排放来源构成中，道路交通占 NO_2 总排放量的比重达 58%，工业和商业占 NO_2 总排放量的比重分别仅为 9% 和 7%；而就 PM10 的排放构成来看，道路交通占总

①② AEA Technology Environment, The London Low Emission Zone Feasibility Study: A Summary of the Phase 2 Report to the London Low Emission Zone Steering Group, July 2003, 1

排放量的比重更是高达 68%[①]。

图 8-2 和图 8-3 分别显示了 2005 年伦敦 NO_x 和 PM10 排放来源的构成情况(估测数据)。其中,就 NO_x 来看,道路交通领域的机动车尾气排放占 NO_x 总排放量的 38%,供热与电力行业的排放比重为 41%。就 PM10 来看,道路交通占 PM10 总排放量的比重高达 66%,对空气污染的危害程度远远高于其他来源渠道[②]。显而易见,道路交通尾气排放是当前伦敦空气污染的主导影响因素。

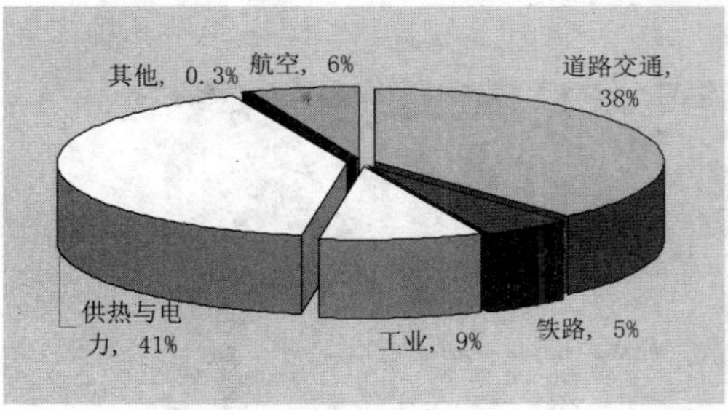

图 8-2　2005 年伦敦 NO_x 排放来源构成(估测值)

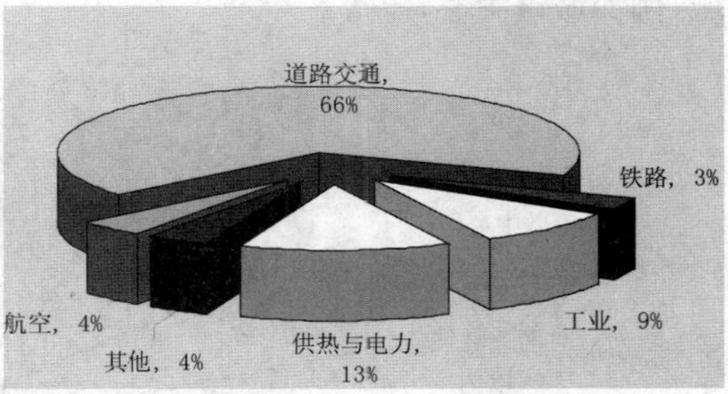

图 8-3　2005 年伦敦 PM10 排放来源构成(估测值)

8.1.4 "低排放区"尾气排放管制政策的出台

之前,伦敦交通战略和大伦敦规划已经采取相应措施来减少交通量,并抑制机动交通的过快增长。但是为了达到更好的效果,有必要鼓励更先进、更清洁车辆的使用,"低排放区"政策由此应运而生,于 2008 年 2 月 4 日起,在大伦敦地区正式实施。

简要来看,所谓"低排放区"政策,就是指在针对不同时期、特定种类的机动车辆设置相应尾气排放标准的基础上,对进入特定区域并且尾气排放超过限定标准的车辆收取排污费,通过限制超标机动车的进入,来削减某一区域内的尾气排放量,进而达到改善本地区空气质量、提高居民健康水平与生活品质之目的。

自 2008 年 2 月 4 日起,伦敦地方政府开始实行一项涉及地域更广、限定标准更为严格的汽车尾气排放政策。"低排放区"政策的目标是,通过限制最具污染性的柴油引擎货车、巴士、长途客车、小巴及大型有篷货车在伦敦的行驶,从而减少交通污染,进而改善在伦敦居住、工作的人和来访者的健康及生活品质,特别是对那些患有呼吸系统或心血管等疾病、日常生活受到限制的群体。

8.2 伦敦"低排放区"政策的主要内容

伦敦"低排放区"政策的主要内容如下[③]:

---

① AEA Technology Environment. The London Low Emission Zone Feasibility Stucy: A Summary of the Phase 2 Report to the London Low Emission Zone Steering Group[R], 2003.

② Transport for London. Proposed London Low Emission Zone, Scheme Description and Supplementary Information, Public and Stakeholder Consultation[R], 2006.

③ Mayor of London, Transport for London. The Low Emission Zone is Now in Operation[R], 2008.

8.2.1 方案设想

在“低排放区”覆盖范围的划定方面，伦敦交通管理部门曾经设想出多个方案①。如图8-4 所示：范围最小的是伦敦中心区，即实行交通拥挤收费计划的区域；其次是伦敦“南北环线”以内的区域，不含“南北环线”；第三是大伦敦市域界限；第四是伦敦希思罗地区；第五是 M25 环线公路以内区域，不含 M25 环线公路；还有就是外伦敦的相对独立区域，例如城镇中心，等等。

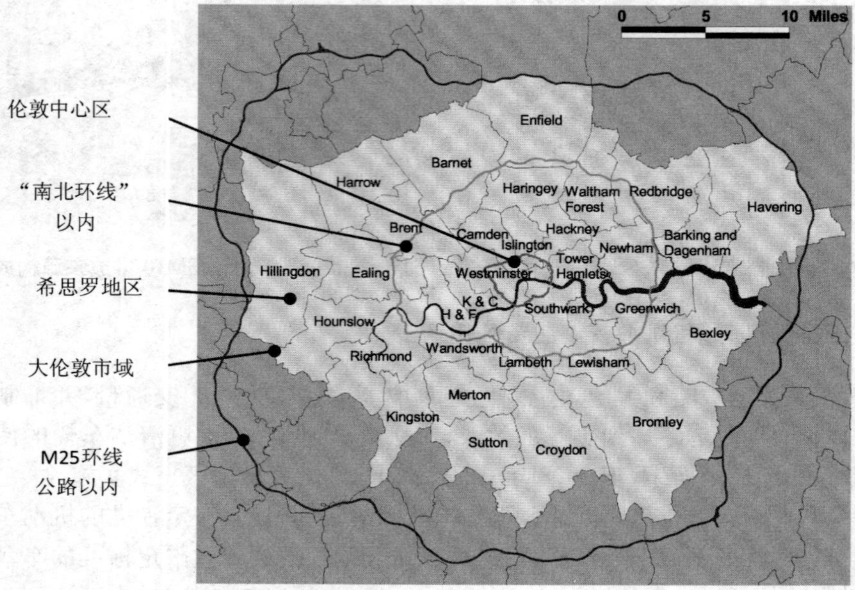

图 8-4　伦敦“低排放区”的方案设想

研究发现，只有“低排放区”扩大至整个大伦敦层面或者更大区域，才能更为有效地改善当地的空气质量。倘若仅仅局限于伦敦中心区或内伦敦区域，空气质量改善的幅度将不够明显，同时难以解决当前许多热点区域的空气质量超标问题。而且，“低排放区”的管制区域偏小的话，一是不足以覆盖空气污染超标区域，二是也会带来一些隐患，因为相关机动车将会在“低排放区”边界的外围选择其他线路绕行。这样一来，就会增加附近的机动车交通流量，相应加大管制区域外围地区的空气污染程度，从而在一定程度上抵消“低排放区”政策的预期效果。不过相关研究表明，如果将管制区域扩大至整个大伦敦层面，则能够有效地避免上述问题，因为可以将绕行交通引发的额外空气污染疏散到更为广阔的区域，而且本来就有大量的绕行交通流量是通过 M25 环线公路来完成的。

但是，如果将低排放区的管制范围延伸到 M25 环线公路，也会带来一些问题。由于 M25 环线公路跨越多个行政区，该政策的施行需要得到周边地方政府的同意，面临的阻

① AEA Technology Environment. The London Low Emission Zone Feasibility Study: A Summary of the Phase 2 Report to the London Low Emission Zone Steering Group[R], 2003.

力较大。因此,最终低排放区的界限被限定在大伦敦的市域范围,并结合实际情况进行微调。

8.2.2 管制时间

从收费时段来看,“低排放区”政策于全年每一天,每周 7 天,每天 24 小时实施,包括周末和公众假期,从不间断。可见,“低排放区”政策属于全天候运行的政策,没有时间间隔,周末和公共假期照常收费。这与 2003 年 2 月 14 日施行的伦敦中心区交通拥挤收费计划存在显著区别。后者于周一至周五,早上 7:00 至晚上 18:00 期间实施,既不包括非高峰时段,也不包括周末和公共假期。

8.2.3 覆盖地域

从影响范围来看,“低排放区”覆盖大伦敦绝大部分地区,并非只限于伦敦中心区交通拥挤收费区域。收费道路囊括大伦敦地区的所有道路以及一些贯穿大伦敦地区的高速公路,在“低排放区”内的所有公路,包括那些在希思罗的公路以及某些高速公路(M1 和 M4)都受到管制。但考虑到车辆绕行路线的组织以及为某些试图避免进入该区域的车辆预留一定回旋空间,收费界限的划定并非与大伦敦行政区边界完全重合,而是在局部边界地域略有错位。如图 8-5 所示,M25 高速公路虽然局部路段穿越“低排放区”,但由于其承担着环线交通分流的任务,因此并不受该政策管制。

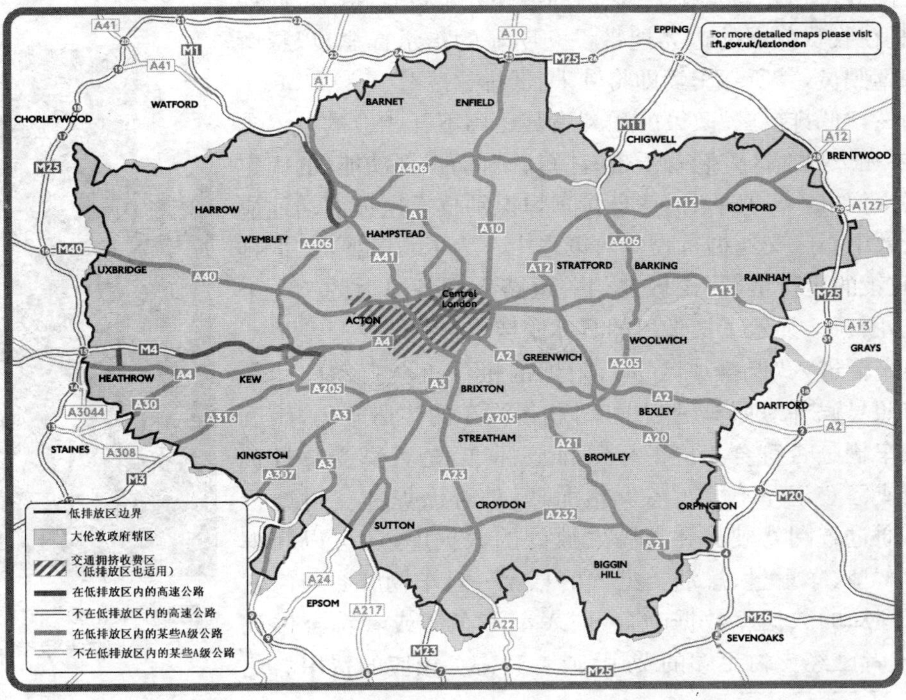

图 8-5 伦敦“低排放区”边界

需要注意的是，交通拥挤收费政策和“低排放区”政策是两个独立并列运行的政策措施。倘若高污染尾气排放的机动车驾驶员选择了一条穿越伦敦中心区交通拥挤收费区域的通行路线，则需要同时支付交通拥挤费和“低排放区”通行费（污染费）。即使该车辆达到了“低排放区”尾气排放标准，倘若进入交通拥挤收费区域，仍然需要单独支付相应的交通拥挤费。

8.2.4 管制对象

评判哪些车型的机动车属于管制对象，主要有车体质量和车龄两个指标。总体来看，“低排放区”政策管制的车辆主要是那些生产年代较老的柴油引擎货车、巴士、长途客车、大型有篷货车（空载重量超过 1.205 吨）以及小巴（5 吨以下、8 座以上）。其中，也包括源于货车及有篷货车的其他专用车辆，包括机动运马栅车、车辆故障排除车、垃圾车、扫雪车、铺砂机、扫路车、混凝土搅拌机、翻斗车、搬家货车、消防车、加长驾驶室两用皮卡车及一些轻型多功能车。机动旅居篷车及大型灵车（2.5 吨以上）也包括在内。

小汽车、电单车及小型有篷货车（空载重量在 1.205 吨以下）不受“低排放区”政策的管制。此外，诸如农用和林用拖拉机、割草机、农用机械设备等一些用于道路通行以外用途的车辆，1973 年之前生产的车辆以及英国国防部的车辆，均属免费通行之列。

8.2.5 运作流程

如图 8-6 所示，“低排放区”内的道路并不设置路障或收费亭，而是在收费范围的边界地带设立明显的指示标志，以提醒和告知驾驶员，其所驾车辆即将驶入“低排放区”。

图 8-6　伦敦“低排放区”收费标志牌

当然，“低排放区”政策的顺利施行还离不开相应的技术支撑，需要在边界地区安装若干带有“车牌自动识别功能”的固定和移动摄像机，来识别车辆信息。车牌识别技术也被成功地应用于伦敦中心区交通拥挤收费政策之中。为了及时监测“低排放区”政策的运行情况，伦敦在相关道路上配备了大约 100 个摄像机，图 8-7 显示了摄像机的具体安装位置①。

当车辆进入“低排放区”时，附近的摄像机会自动阅读车辆的牌照号码并对照车辆数据库，获得汽车的注册号码，然后查看该车辆是否符合相应的尾气排放标准，是否享受每日费用豁免或已登记享有 100% 折扣优惠，是否已提前支付通行费用。通过查阅驾驶员和车牌发放处的数据库，还可以获得汽车的车型、净重量、燃油类型等信息。一旦车辆牌照与伦敦交通管理局的数据库数据吻合，即表示该车辆或者符合排放标准，或者已经支付足够的费用，或者获得了相应的费用豁免

① Mayor of London, Transport for London. London Low Emission Zone: Impacts Monitoring Baseline Report [R], 2008.

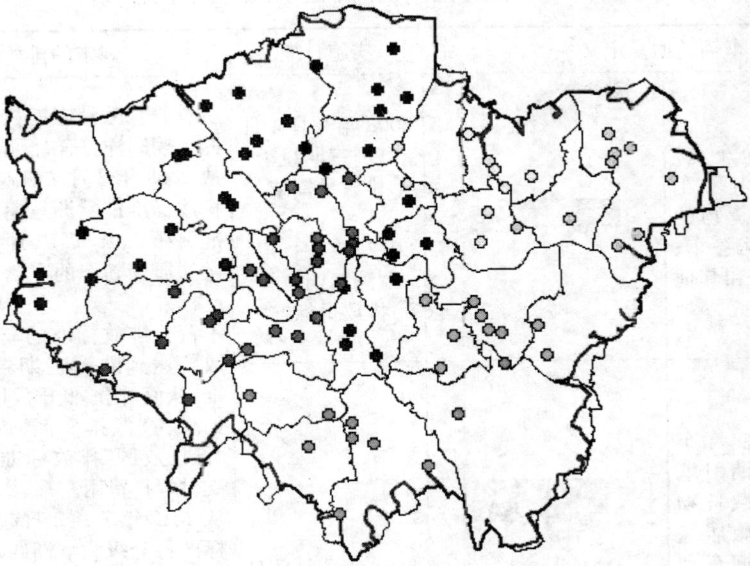

图 8-7 伦敦"低排放区"政策监控摄像机的设置情况

或已注册享有 100%折扣优惠,因此无需支付费用,储存的车辆照片会被自动删除。所有不符合"低排放区"排放标准,或不具资格获得豁免或者 100%折扣的车辆,都必须支付每日费用。

8.2.6 实施进度

表 8-1 显示了"低排放区"政策管制下,不同车辆类型及其对应的尾气排放标准和执行时间。其中,重型货车、轻型货车、巴士和长途客车,从 2008 年 2 月 4 日起,即按照欧洲三期粒子排放量标准①执行;从 2012 年 1 月 3 日起,上述车辆的排放标准将升级为欧洲四期粒子排放量标准。除此之外的其他车辆,包括大型有篷货车和小巴,从 2010 年 10 月 4 日起,将开始执行欧洲三期粒子排放量标准。

另外,对于重型货车、轻型货车、巴士和长途客车,凡是在 2001 年 10 月 1 日或之后首次注册为新车的上述车辆,都被认为符合欧洲三期粒子排放量标准;凡是在 2006 年 10 月 1 日或之后首次注册为新车的上述车辆,都被认为符合欧洲四期粒子排放量标准。在 2002 年 1 月 1 日或之后首次注册为新车的大型有篷货车和小巴,都会被认为符合欧洲三期粒子排放量标准。

不符合排放标准的车辆,可以通过改装使之符合相应的欧洲粒子排放量标准,从而符合"低排放区"排放标准。那些不能达到或者不符合"低排放区"排放标准的车辆在驶入"低排放区"区域时,则需缴纳相应费用。

---

① 欧洲三期与欧洲四期粒子排放量标准是指欧盟成员国家新生产的车辆所必须遵守的尾气污染物排放限值。

表 8-1　车辆类型与尾气排放标准的实施进度

车辆类型及定义		实施日期	规定的排放标准
重型货车。 超过 12 吨(净车重)的重型柴油引擎车辆,包括运载货物的货车、机动旅居篷车、机动运马栅车和其他专用车辆		2008 年 2 月 4 日 欧洲三期粒子排放量标准 2012 年 1 月 3 日 欧洲四期粒子排放量标准	所有符合欧洲三期粒子排放量标准的车辆同样符合“低排放区”标准。 从 2008 年 2 月 4 日起,“低排放区”排放标准即欧洲三期粒子排放量标准。在 2001 年 10 月 1 日或之后首次注册为新车的车辆都被认为符合此标准。 不符合排放标准的车辆,可以通过改装达到欧洲三期粒子排放量标准,从而符合“低排放区”排放标准。 如果在“低排放区”内使用不符合“低排放区”排放标准的车辆,则需支付每日费用。 从 2012 年 1 月 3 日起,规定的排放标准将升级为欧洲四期粒子排放量标准。所有符合欧洲四期粒子排放量标准的车辆都会于 2012 年符合“低排放区”标准。 在 2006 年 10 月 1 日或之后首次注册为新车的车辆都被认为符合此标准。 不符合排放标准的车辆,可以通过改装达到欧洲四期粒子排放量标准,从而符合“低排放区”排放标准。 如果在“低排放区”内使用不符合“低排放区”排放标准的车辆,则需支付每日费用
轻型货车。 3.5 吨至 12 吨(净车重)的重型柴油引擎车辆,包括运载货物的货车、机动旅居篷车、机动运马栅车和其他专用车辆		2008 年 7 月 7 日 欧洲三期粒子排放量标准 2012 年 1 月 3 日 欧洲四期粒子排放量标准	
巴士和长途客车。 5 吨(净车重)以上、8 座以上加上司机座的柴油引擎客车			
大型有篷货车。 1.205 吨(空载)至3.5 吨(净车重)的柴油引擎车辆,以及2.5吨至3.5 吨(净车重)的机动旅居篷车		2010 年 10 月 4 日 欧洲三期粒子排放量标准①	从 2010 年 10 月 4 日起,排放标准即欧洲三期粒子排放量标准。 在 2002 年 1 月 1 日或之后首次注册为新车的车辆都被认为符合此标准。 不符合排放标准的车辆,可以通过改装达到欧洲三期粒子排放量标准,从而符合“低排放区”排放标准。 如果在“低排放区”内使用不符合“低排放区”排放标准的车辆,则需支付每日费用
小巴。 5 吨(净车重)以下、8 座以上加上司机座的柴油引擎车			

① 对于部分型号的机动车(主要是大型有篷货车和小巴),此阶段的执行时期被推迟至 2012 年 1 月 3 日执行,详细背景请见本章最后的思考部分,笔者注。

8.2.7 收费金额

只有那些符合欧洲三期粒子排放量标准的车辆才能在低排放收费区域内行驶，如果不符合规定的排放标准，则需要为车辆在此区域内行驶支付 200 英镑的每日费用（表 8-2）。收费日的执行时间为午夜到次日午夜。收费适用于全年的每一天，包括周末及公众假期。

表 8-2 车辆类型与收费标准

每日费用	实施日期	车辆类型	重量
100 英镑	2010 年 10 月 4 日	大型有篷货车、运马栅车	1.205 吨(空载)至 3.5 吨
		机动旅居篷车	2.5 吨至 3.5 吨
		小巴	5 吨以下
200 英镑	2008 年 2 月 4 日	货车、机动旅居篷车、运马栅车	超过 12 吨
	2008 年 7 月 7 日	巴士、长途客车	超过 5 吨
		货车、机动旅居篷车、运马栅车	3.5 吨至 12 吨

8.2.8 付费方式

“低排放区”政策的付费时间相当灵活，既可以在出行日之前的 6 个工作日以内付款，也可以在出行日当天付款，或在出行之后的首个工作日的午夜前付款，付款金额均一致。用户可使用借记卡、信用卡或支票支付费用。

付费方式也较为多样化，主要有在线支付、电话支付、邮寄支付等方式。既可以登录网址“tfl. gov. uk/lezlondon”，使用信用卡或借记卡全天 24 小时在线支付，也可以拨打 0845 607 0009（英国）或者（+44） 20 7310 8998（海外）进行电话支付，时间是周日到周五的 6:00—12:30 和周六的 6:00—10:00，或者开通一个账户，进入自动电话支持系统，实行 24 小时转账；还有邮政支付方式，下载并填写“低排放区”付费表格，以邮寄付款方式完成。

8.2.9 折扣与豁免

某些特定用途的车辆可以自动获得“低排放区”的费用豁免，因此无需向伦敦交通管理局注册。这些车辆主要有：(1)军用车辆；(2)1973 年 1 月 1 日前制造的历史性车辆；(3)专门为非道路用途设计和制造，但由于某些原因在公路上使用的车辆。这些车辆包括农林拖拉机、割草机、农业和农场机械设备、移动式起重机及公路与房屋建筑机械。此外，某些按照特殊要求制造和永久安装游艺设施的游艺经营者的车辆，有资格申请享受 100％折扣。

8.2.10 处罚规定

如果付款失败，车主将会收到罚款通知单。付款失败的界定大致包括以下情形：车辆不符合“低排放区”排放标准而在“低排放区”内行驶，并且没有及时支付相关费用；车辆不享有费用豁免或无资格申请100%折扣；未能在首个出行日之后的下一个工作日的午夜前缴交相关费用；在付款时提供了错误的车辆登记号码或错误的出行日期而导致付款失败；未向伦敦交通管理局注册，等等。

如表8-3所示，处罚标准相当严格，车主如果不按时缴费，将会面临数倍于正常收费标准的处罚。当然，该处罚方式也较为灵活，在罚款金额上既针对机动车型号（重量）制定出相应的处罚标准，在缴费时间上也为那些并非故意拖欠费用的车主提供一个缓冲的余地，督促其在14天内尽快补足费用。

如果在28天内不缴交罚款，罚金将会陡增至1 500英镑或750英镑（取决于车辆尺寸）。

表8-3　付款失败之处罚规定

罚款通知单(PCN)	如在14天内缴纳罚款，则罚款额减至	开始实施日期	车辆类型	重量
500英镑	250英镑	2010年10月4日	大型有篷货车、运马棚车	1.205吨(空载)至3.5吨
			机动旅居篷车	2.5吨至3.5吨
			小巴	5吨以下
1000英镑	500英镑	2008年2月4日	货车、机动旅居篷车、运马棚车	超过12吨
		2008年7月7日	巴士、长途客车	超过5吨
			货车、机动旅居篷车、运马棚车	3.5吨至12吨

8.2.11　应对措施

对于那些受此政策影响的车主和尾气排放超标的车辆，面临多种选择来应对“低排放区”政策的影响。例如，可以更新车辆，选择购买一台新车或较新的车辆，其生产日期要在表8-1所示的首次注册为新车的日期之后；或者重装引擎，选择新型引擎来取代原有引擎。显然，上述应对措施的代价将会比较大。车主也可以重组车队，即对单位内部的车辆进行调剂，确保只有那些符合“低排放区”排放标准的车辆才能在“低排放区”内行驶；还可以将车辆改装为天然气驱动，等等。需要说明的是，改装成以“生物柴油”为燃料的机动车是不符合“低排放区”尾气排放标准的。

如果机动车的所有者希望进入合格引擎名单之列，还可以在车辆上安装“微粒捕集器”或“过滤器”，该装置能够大量地减少汽车尾气粒状物质的排放，从而使其符合“低排放区”的排放标准。安装过滤器之后，必须经由“车辆与经营者服务机构（Vehicle and Operator Services Agency，VOSA）”认证，进行相应的烟雾测试工作，以确定引擎仍如预期中运作。如果车辆通过该测试，VOSA会发出“减少污染证书(Reduced Pollution Certificate,RPC)”或“低排放证书(Low Emissions Certificate,LEC)”①。不过,上述两个证书略有不同。“低排放证书”可以颁发给所有类型的车辆,而“减少污染证书”只能颁发给某些货车、巴士、长途客车以及其他一些重型特种车辆。

如果只是短期进入“低排放区”,建议考虑租车方式,当然要确保所租赁的车辆符合尾气排放标准。对于未能达标的车辆,如果租赁公司并未许诺支付污染费用,则需租赁者自行承担。

还需要说明的是,某些装有欧洲一期、二期粒子排放量标准引擎的车辆,在制造时已拥有符合 2008 年“低排放区”排放标准(即欧洲三期粒子排放量标准)的粒子排放性能,因此这些车辆无需改装,允许列入“合格引擎名单”,刊登在伦敦交通管理局网站上。

当然,最后的办法就是直接缴纳“低排放区”通行费(污染费)了。不过,伦敦交通部门还是强烈建议车主尽可能地让机动车的尾气排放达标。

8.3 伦敦“低排放区”政策影响评价的基本思路

在“低排放区”政策实施之前,伦敦交通管理局就委托相关部门和研究咨询机构,对该政策进行论证,从环境、健康、公平、可持续发展、经济等层面开展影响评价,这为该政策的制定、修正和实施以及后续评估奠定了坚实基础。由于政策研究的复杂性和综合性,各种影响评价其实是相互交叉的,只是在研究目标和研究重点方面略有侧重。

8.3.1 可持续发展影响评价

可持续发展是一个综合性的概念,是指社会、经济、环境等诸多方面的协调发展。按照伦敦市政府的设想,伦敦要想在可持续发展领域保持其世界城市的领先地位,走在世界城市前列,就必须保持强劲和多元化的经济增长;让所有居民能够共享未来的美好成果,即确保足够的社会包容性;并且在环境治理和资源利用方面取得长足进步②。

而可持续发展影响评价的目标是综合识别、评价“低排放区”政策实施后对伦敦及其周边地区造成的潜在社会、经济、健康和环境影响,及时发现问题并采取措施。从一定程度上说,该评价与伦敦市长和伦敦可持续发展委员会(London Sustainable Development Commission's,LSDC)确定的可持续目标有着密切的联系。

总体来看,“低排放区”政策能够降低尾气污染物排放,提高空气质量,增强居民健康水平,提升伦敦的地区和国际形象。少年儿童、老年人以及其他受空气污染影响较大的群体,以及居住在那些空气污染较为严重区域的居民,均将是该政策的最大受益者。那些生产机动车污染物减排装置的行业也会从中获益,而交通和物流业特别是那些小型工商业单位受到的冲击将会较大。

---

① Mayor of London,Transport for London. Low Emission Zone information leaflet[EB/OL]. [2013-10-10]. http://www.tfl.gov.uk/assets/downloads/roadusers/lez/lez-leaflet-jan-2012.pdf.

② Transport for London. Sustainable Development Impact Assessment of the Proposed London Low Emission Zone[R], 2006.

8.3.2 环境影响评价

环境影响评价的工作主要侧重从环境角度分析“低排放区”政策所带来的影响，识别其中存在的关键环境问题(表 8-4)，对其影响程度进行评估，并采取相应的治理措施①。

表 8-4　环境影响评价关注的主要问题

主题	关键问题
空气质量	汽车尾气排放导致的空气污染物浓度的增加幅度
	空气质量的改善
噪音	安装相关设施引发的交通噪音和施工噪音
	新型车辆的噪音削减情况
景观	景观特征的变化
	由于安装摄像头、标志牌以及其他相关设施带来的视觉干扰
生态	物种(包括那些珍稀、对环境敏感的物种)的分布和流失
	陆栖环境的变化
文化遗产	对那些具有考古和文化价值的文化遗产的损害
废弃物	由于机动车加速淘汰所带来的废弃物的增加

首先来看空气质量。一般来看，交通领域的空气污染主要来自于汽车尾气、轮胎和汽车制动磨损。表 8-5 显示了在没有实施“低排放区”政策和实施“低排放区”政策两种情境下，大伦敦地区交通领域的二氧化氮(NO_2)和 PM10 两大污染物质的排放情况。根据预测，未来若干年里，即使不采取措施，由于机动车的自然轮换，空气污染物排放也将呈现下降态势。但是就二氧化氮而言，无论是 2010 年，还是 2015 年，伦敦中心区仍然有相当范围地区的二氧化氮排放浓度超过 40 $\mu g/m^3$ 的欧盟限值。同样，就 PM10 而言，即使到了 2015 年，仍然有部分交通干道附近的 PM10 的浓度超过 23 $\mu g/m^3$ 的限值。

表 8-5　2005—2012 年伦敦空气污染物排放量(估测)　　单位:吨

年份	二氧化氮(NO_2)		PM10	
	未实施“低排放区”政策	实施“低排放区”政策	未实施“低排放区”政策	实施“低排放区”政策
2005	39 180	—	2 750	—
2008	33 850	32 560	2 460	2 400
2010	27 050	26 390	2 180	2 120

① Scott Wilson Planning, Environment & Landscape. Environmental Appraisal of the Proposed London Low Emission Zone: Environmental Report[R], 2006.

续表 8-5

年份	二氧化氮(NO_2)		PM10	
	未实施“低排放区”政策	实施“低排放区”政策	未实施“低排放区”政策	实施“低排放区”政策
2012	25 360	22 880	2 140	2 002
2015	21 630	20 680	2 040	1 990

而通过实施“低排放区”政策，将有助于改善伦敦市的空气质量，能够在一定程度上使得当地的空气质量更早地达到欧盟所规定的空气污染物限值标准。研究表明，就二氧化氮来看，假如实施“低排放区”政策，2012 年的二氧化氮排放量就能够控制在 22 880 吨，比同年不实施该政策情境下的理论排放量减少了 9.8%。再来看 PM10，假如实施“低排放区”政策，PM10 的排放量就能够在 2012 年达到 2 002 吨的排放目标，从而能够提前 3 年实现不实施该政策情境下在 2015 年才能达到的排放水平。

先前的研究数据显示，假如不实施“低排放区”政策，2008 年伦敦二氧化氮超标地区和 PM10 超标地区受影响人群将分别达到 137 万人和 49.5 万人，而如果实施“低排放区”政策，同年伦敦二氧化氮超标地区和 PM10 超标地区受影响人群将分别下降至 129 万人和 46.4 万人。到 2015 年，假如不实施“低排放区”政策，伦敦二氧化氮超标地区和 PM10 超标地区受影响人群将分别达到 44.35 万人和 4.6 万人，而如果实施“低排放区”政策，届时伦敦二氧化氮超标地区和 PM10 超标地区受影响人群将分别下降至 40.75 万人和 4.3 万人①。

表 8-6 和表 8-7 分别显示了“低排放区”政策在二氧化氮和 PM10 两种污染物减排方面的功效。从中可以发现，由于新的汽车尾气排放标准的施行，2012 年将是空气污染物减排成效最为显著的一年。二氧化氮超标地区的区域范围及其所影响的居民人数将分别减少 15.6%和 17.1%；而同期 PM10 超标地区的面积净减少 2.7 km^2，受影响的居民数量也从 9.6 万人减少至 7.9 万人。显而易见，随着污染物超标区域的不断收缩，也意味着那些曾经遭受空气污染侵害的居民将会从中获益。

表 8-6 “低排放区”政策的二氧化氮减排效果(估测)

年份	二氧化氮超标地区(>40 $\mu g/m^3$)的减少幅度		二氧化氮超标地区受影响人群的减少幅度	
	面积(km^2)	百分比(%)	人口(千人)	百分比(%)
2008	8.2	5.2	81	5.9
2010	3.3	3.7	33	4.6
2012	12.2	15.6	107	17.1
2015	4.1	7.4	36	8.1

① Mayor of London, Transport for London. London Low Emission Zone: Impacts Monitoring Baseline Report[R], 2008.

表 8-7 “低排放区”政策的 PM10 减排效果(估测)

年份	PM10 超标地区(>23 μg/m³)的减少幅度		PM10 超标地区受影响人群的减少幅度	
	面积(km²)	百分比(%)	人口(千人)	百分比(%)
2008	4.4	5.8	31	6.3
2010	2.0	7.5	12	7.8
2012	2.7	16.2	17	17.8
2015	0.5	6.4	4	7.8

需要说明的是,通过实施“低排放区”政策,2012 年伦敦中心区二氧化氮浓度的降低幅度大约在 0.7—1 μg/m³,尽管降幅微乎其微,但是可以将那些暴露于超标空气污染影响下的人口数量减少 17%。同样,2012 年伦敦市域范围内的 PM10 降幅甚至可能不足 0.1 μg/m³,但是依然可以将那些暴露于超标空气污染影响下的人口数量减少 18%①。可见削减空气污染物浓度的努力所能够带来的环境效益和社会利益不容小觑。

而且,上述估测数据在衡量空气中的悬浮颗粒物时还只是考虑了 PM10 指标,而没有考虑 PM2.5 指标。事实上,汽车尾气中的悬浮颗粒物(可吸入颗粒物)有 85%—90% 属于 PM2.5,由于汽车制动和轮胎摩擦形成的悬浮颗粒物大约有 55%属于 PM2.5②。道路交通对于 PM2.5 的贡献其实要远远大于其对 PM10 的贡献。随着 PM10 指标向 PM2.5 指标的过渡,“低排放区”政策对于 PM2.5 的削减幅度将高于该政策对 PM10 的削减幅度,由于空气污染降低所带来的各种经济社会环境效益将会进一步放大。

另外,“低排放区”政策对臭氧的影响目前还不甚明了。道路交通本身并不会产生臭氧,但是汽车尾气中的氮氧化物在转化成二氧化氮时离不开臭氧的参与。实行“低排放区”政策之后,空气中的氮氧化物浓度会有所下降,可能会在一定程度上导致臭氧的增加。具体结果如何,还需对臭氧的浓度进行实地监测。

其次来看噪音问题。噪音主要来自于两个方面:一是相关监测设施的修建会带来施工噪音;二是由于不达标汽车为了避开收费区域,会选择绕行线路,因而导致“低排放区”的外围地区局部路段的噪音增加。

在噪音治理层面,针对安装相关监测设备所带来的施工噪音问题,尽管其影响相对较小,但仍然可以采取如下相应措施来降低噪音:尽可能在白天施工;不使用设备时关闭电源;使用的设备符合欧盟噪音规定;做好设备维护工作,避免噪音超标。而对于“低排放区”外围地区绕行线路的交通流量增大可能带来的噪音增加问题,伦敦交通管理局认为这并不会引发很大问题。因为他们之前曾经对伦敦中心区交通拥挤收费政策的运行效果进行过长期监测,发现“内环线”③上的交通流量并没有出现显著增长,而“低排放区”政策对于外围收费边界的交通影响可能会与交通拥挤收费政策如出一辙。因此,他

①② Scott Wilson Planning, Environment & Landscape. Environmental Appraisal of the Proposed London Low Emission Zone Environmental Report[R],2006.

③ “内环线”是伦敦交通拥挤收费政策的收费边界,笔者注。

们有充足的信心和把握认为,“低排放区”政策的外围边界地区虽然也可能存在“绕行交通”所引发的额外交通压力,但通常也会像交通拥挤收费区政策那样迎刃而解。而且,不达标的车辆往往车体较宽,一般会在较为开阔的道路空间上行驶,相对于狭窄的路面,噪音对宽阔道路两侧经济活动的影响相对较小;重型汽车和卡车、巴士等车辆的运营商也担心绕行线路过度拥挤而有意识地避免进入。上述行为再加上其他一些管制措施,都将在一定程度上使得环线的交通压力处于可控状态①。

再如,在景观保护层面,“低排放区”政策的实施有可能影响到城市的景观质量,特别是监控设备和交通标志牌的安装对周边环境的损害。为了减少对景观质量的破坏,在监控摄像头及其相关设备的布置,乃至树木的保护等方面都有一些较为细致的要求。

8.3.3 健康影响评价

通过改善空气质量来减少空气污染对健康的负面效应,是伦敦“低排放区”政策出台的根本初衷。为了对“低排放区”政策引发的健康效应进行评估,伦敦交通管理局联合了“AEA 科技咨询公司环境部(AEA Technology Environment)”②和“职业医学院(Institute of Occupational Medicine,IOM)”等部门,专门开展了“健康影响评价”工作。

所谓“健康影响评价”,就是借助一定手段和相关分析方法,研究某项政策(或项目)对特定群体的健康带来的实际的和潜在的影响。“低排放区”政策的施行将会对居民健康产生直接的和间接的影响。通过实行更为严格的机动车尾气排放标准,可以有效降低空气中的污染物浓度,改善空气质量,进而有助于减少空气污染对健康的负面影响。当然,这只是对健康的直接影响,该政策还会通过相应社会经济因素的改变,对居民健康产生潜在的、间接的影响。通过分析、识别“低排放区”政策的潜在正面影响和负面影响,以此作为判断该政策是否具有可行性的重要依据。同时采取措施,最大限度地提升其正面影响,并努力降低其不利影响,还要消除健康领域的不平等现象③。

交通引发的空气污染会给居民健康带来许多严重的负面影响。汽车尾气的污染程度越高,就越会加剧呼吸疾病、心血管疾病和癌症的发病风险,减少居民的预期寿命。相关机构还对居民在交通污染下的暴露程度和哮喘病等呼吸疾病之间的关联性进行研究。一般来说,就儿童而言,越是靠近交通流量大的道路居住,就越容易接触到过敏源,从而越容易罹患各种呼吸系统疾病。研究发现,那些在交通干道附近居住的儿童罹患呼吸疾病的风险要比在其他地区居住的儿童高出 20%—30%④。尽管在空气污染(尾气排放)和某些疾病之间的关联程度仍然缺乏确凿证据,而且相关研究之间也尚未达成共识;但是削减尾气排放,降低污染强度,能够在一定程度上带来居民健康水平的提升,这一点却是毋庸置疑的。

而且,“低排放区”政策的实施有助于提高健康的公平性。在同样的空气污染水平条件下,不同群体遭受的健康风险有所不同,特别是对于抵抗能力较低的儿童和老年人口

---

① Scott Wilson Planning, Environment & Landscape. Environmental Appraisal of the Proposed London Low Emission Zone: Environmental Report[R],2006.

② “AEA 科技咨询公司”是一家以提供能源、交通与环境领域咨询服务为主要业务的公司,笔者注。

③④ Steve P, John N, Alison S, et al. London Low Emission Zone: Health Impact Assessment[R], 2006.

等弱势群体来说更是如此，因此存在所谓的“健康不平等”现象①。一般来看，那些社会经济地位较低的弱势群体由于饮食质量差、失业率高、难以享受到医疗机构的健康服务等原因，而更多地承受空气污染给身体健康所带来的伤害。或者由于靠近交通干道居住，而被迫承受更为严重的空气污染。不过，一旦实施“低排放区”政策之后，当地的空气质量将有所改善，上述弱势群体就能够从中获得更大的收益，这显然有助于缓解“健康不平等”现象。

如图 8-8 所示，“低排放区”政策还会引发一系列连锁反应，作用于健康的诸多影响因素，进而对居民健康产生影响，其中的具体作用机理这里不再赘述。总体来看，“低排放区”政策能够提升空气质量和环境质量，对居民的健康水平有一定推动作用，负面影响则主要表现在对社区交通的抑制方面，进而有可能加剧老年人和残疾人的社会隔离。

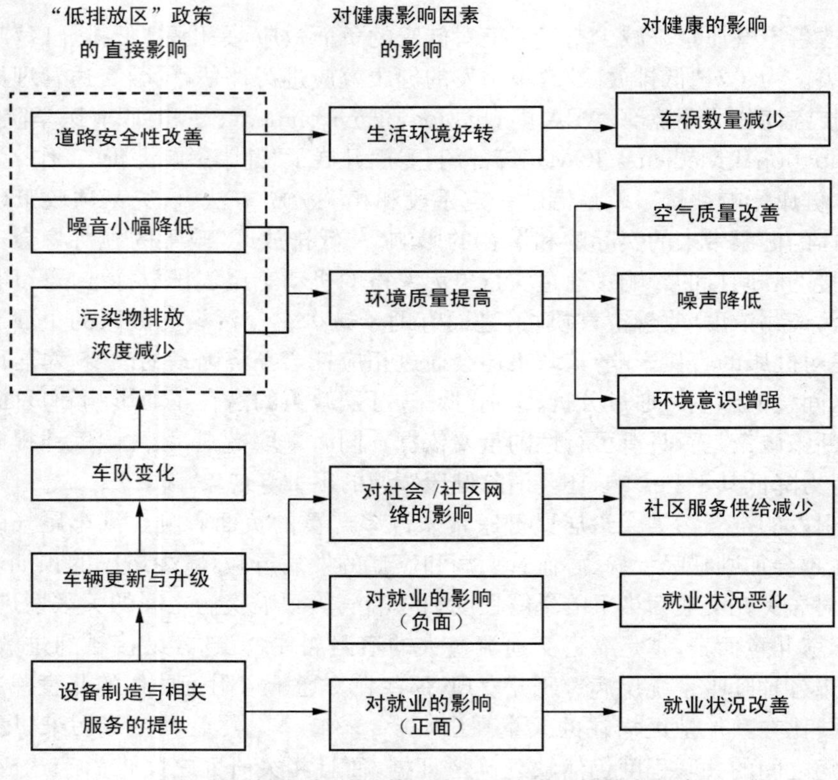

图 8-8 “低排放区”政策实施后可能产生的健康影响

空气质量的好转将在某种程度上改善居民（或特定群体和个人）的健康状况，但是要对具体的政策绩效进行评估，则是一项较为复杂的工作。伦敦对此采取了两种评估方法②：第一种方法由英国健康部下属的“空气污染物医学效应委员会（Committee on the

---

① Steve P，John N，Alison S，et al. London Low Emission Zone：Health Impact Assessment[R]，2006.

② Transport for London. Sustainable Development Impact Assessment of the Proposed London Low Emission Zone[R]，2006.

Medical Effects of Air Pollutants)”批准，被英国“环境、食品和乡村事务部(Department for Environment，Food and Rural Affairs，Defra)”所采用。第二种方法是“欧洲清洁空气(Clean Air for Europe，CAFE)”方法，为欧盟国家所采用。

表 8-8 显示了两种方法对“低排放区”政策的健康效益的估算情况。其中，“环境、食品和乡村事务部”所采用的“Defra”方法较为保守，该方法只考虑空气污染对健康产生的直接影响，诸如“过早死亡”“呼吸疾病导致住院”等症状，而没有考虑空气污染对健康产生的间接影响，诸如出行活动受到限制，等等。因此，该方法推算出来的健康收益偏少，2008—2015 年期间，“低排放区”政策所带来的健康效益大约在 1.6 亿英镑至 2.4 亿英镑，中间值大约为 2 亿英镑。

与之相比，欧盟国家所采用的“CAFE”方法则既考虑了空气污染引发的直接健康影响，也考虑到其间接健康影响。根据推算，2008—2015 年期间，“低排放区”政策所带来的健康效益大约在 2.4 亿英镑至 6.4 亿英镑之间，中间值大约为 4.4 亿英镑。

表 8-8 “低排放区”政策的健康效益估测(2008—2015 年) 单位:百万英镑

收益	“Defra”方法	“CAFE”方法
	低值—高值(Low—High)	低值—高值(Low—High)
直接健康影响	60—100	120—310
间接健康影响	20—20	30—80
非健康影响	0.9—0.9	0.8—0.8
伦敦内部收益	80—120	150—390
伦敦外部收益	80—120	90—250
总收益	160—240	240—640

8.3.4 公平影响评价

公众是政策执行的最终承受载体，从现实来看，政策执行所带来的效益(或损失)并非“平摊”到每个公众身上。也就是说，政策效应为公众所均摊与共享(或负担)的理想格局是难以实现的，某些具有特定属性的群体所获得的收益(或负担的损失)往往会有别于其他群体。

很显然，“低排放区”政策施行后，伦敦的空气污染水平的下降会在一定程度上改善全体居民的健康状况。不过，某些在此之前受空气污染威胁的高风险人群，特别是指那些原先居住在空气污染较为严重地区的居民以及由于体质较差而容易罹患疾病的群体，其获益幅度将会在一定程度上高于平均水平。

为此，识别相关的目标群体，评价该群体受某项政策的双重影响，进而采取应对措施，就成为公平影响评价的重要工作内容①。公平影响评价的首要目的就是识别某项政

① Gould E, Davies A, Bradbury A, et al. Proposed London Low Emission Zone Equality Impact Assessment-Final Report[R], 2006.

策对特定群体产生的积极或者消极影响。

所谓“公平目标群体”，主要是指以下人群：女性，黑人、亚洲人以及少数民族人口，青少年和儿童，老年人，残疾人，女性同性恋者和男性同性恋者，不同宗教信仰的群体，等等。空气污染具有天然的空间效应，针对不同目标群体的空间分布特点，可以大体评判其各自所承受的政策效益。

“低排放区”政策在改善空气质量方面呈现鲜明的空间效应，由于空气质量超标的区域大多集中在中心区及其邻近地域以及部分主干道，一旦实施“低排放区”政策，上述地区就自然而然地成为空气质量改善潜力最大的地区。而且，特定目标群体的空间分布往往会呈现一定的规律性，或者趋于聚集，或者相对分散，因此会或多或少地受到“低排放区”政策的影响。需要强调的是，特定目标群体的集中分布地域与空气质量超标区域之间的“吻合”程度，在一定程度上决定着这部分群体的获益大小。也就是说，通过对不同群体的空间聚集或分散特征与“低排放区”政策在改善空气质量方面的空间效果进行叠加，就可以大致判断特定群体从中受益的幅度。两者吻合程度越高，特定群体从“低排放区”政策实施当中所获得的收益就越大；吻合程度越低，获益程度就越低。

就人种来看，爱尔兰白种人、亚洲人种、黑色人种倾向于分布在那些空气质量没有超标的地区，因此就不太可能从“低排放区”政策实施当中获得显著收益①。而除了英国白种人和爱尔兰白种人之外的其他白色人种，则倾向于在空气质量超标地区居住，因此这部分群体就能够从“低排放区”政策实施当中获得显著收益。其中，对中国人来说，他们绝大多数分布在空气质量没有超标的地区，整体上不会从“低排放区”政策实施当中获得显著收益。不过，如图 8-9 所示，内伦敦地区仍然是中国人相对聚集的一个地带。对于这部分处于空气污染重灾区的群体来说，他们将从“低排放区”政策实施当中获得更多收益。

还有年龄、是否残疾和行动不便等诸多分析视角。就年龄来看，一般来说，儿童和老年人的体质较弱，比青壮年群体更容易受到空气污染的威胁。不过，伦敦绝大多数儿童和老年人并不居住于空气质量超标的中心地区，因此就不太可能从“低排放区”政策实施当中获得显著收益。反而是有一部分青年群体（16—24 岁）倾向于在伦敦中心区居住，因此他们能从“低排放区”政策实施当中获得更为显著的收益②。对于残疾人以及由于健康状况恶化而行动不便的居民来说，他们当中仍然有一定比例聚集在内伦敦地区居住，他们能够享受到空气质量改善所带来的收益。还有同性恋家庭，值得注意的是，同性恋家庭高度集中分布在内伦敦地区，因此他们更能够享受到“低排放区”政策所带来的收益。

此外，也可以从汽车运营商及其所涉及的行业和就业岗位角度来考虑公平问题③。表面看来，空气质量管制政策的作用对象仅仅是尾气排放尚未达标的机动车。不过深究起来，就会不难发现，某些行业可能拥有较多比例的不达标车辆，而某些“目标群体”恰恰可能在特定的行业就业。

---

①-③ Gould E, Davies A, Bradbury A, et al. Proposed London Low Emission Zone Equality Impact Assessment-Final Report[R], 2006.

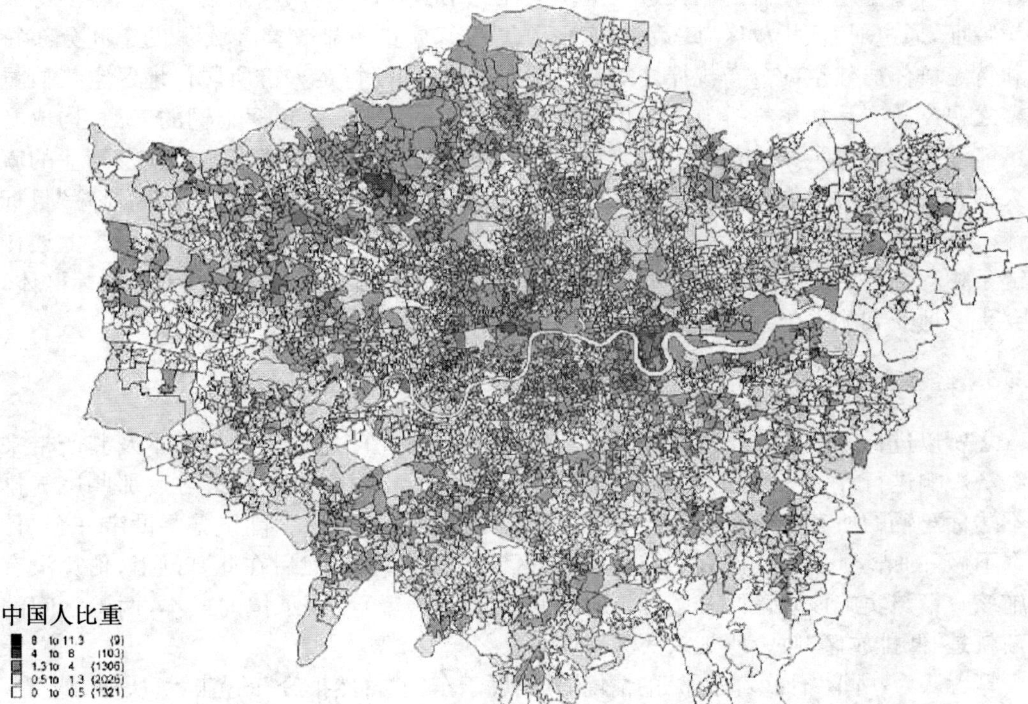

图 8-9　中国居民在伦敦的空间分布情况

毫无疑问,“低排放区”政策将会给那些使用超标车辆的运营商带来潜在的经济损失。但是,运营商从事的行业性质不同,所蒙受的经济损失可能会有所差异。一般来说,小型企业特别是那些从事零售、建筑以及商业服务等领域的小型企业更容易遭受汽车尾气排放政策的冲击。令人担忧的是,相对于白种人口的雇主,黑人和亚洲人拥有的商业企业往往以小型企业为主①。从伦敦全部企业和公司数量来看,小型企业占 49%,而黑人和亚洲人拥有的商业企业中,小型企业所占比例分别为 61%和 56%。其中,黑人拥有的企业大多从事房地产、商业服务以及批发零售业务;亚洲人开设的公司大多从事批发、零售和商业服务。而且,老板为女性的公司规模也一般偏小,平均雇员规模只有 7.9 人,低于 9.0 人的全市平均水平。再有,不同种族和国家的居民往往相对集中于特定的就业部门。同样是亚洲人口,在伦敦的批发和零售领域,就业人口较多地来自巴基斯坦、孟加拉国、印度等国家;在饭店和旅店行业,就业人口较多地来自孟加拉国和中国;印度人和巴基斯坦人则更多地从事交通通讯行业。相对来看,黑人更多地从事医疗健康与社会工作以及公共管理和交通部门的工作;女性群体较多地从事教育、医疗等部门中层次较低的岗位。

综上所述,“低排放区”政策通过实施对机动车尾气排放的管制措施,从两条主线,由诸多链条对特定的目标群体产生影响。一是从空气质量改善所涉及的重点区域出发,对

① 小型企业的雇员人数在 5 人以下,笔者注。

居住于空气质量超标地区的居民进行更多关注。结合相应的种族、宗教、性别、年龄等人口学特征，通过对“低排放区”政策实施之后的“空气质量明显改善区域”①的空间分布特点和特定群体居住空间分布规律之间的匹配程度，来判断特定人群所居住地区空气质量改善之幅度。二是从尾气排放管制的对象入手，分析尾气排放超标车辆的来源、构成乃至可能涉及的具体类型的行业。在研究行业特征的基础上，进一步追溯所涉及行业的就业人员，而后，通过提取就业人员的人口学特征，来有效地识别那些可能的“高风险”目标群体。这样就在尾气排放管制政策与特定的目标群体之间建立起了某种关联。上述作用链条相互纠缠，效应逐渐放大，通过一系列连锁反应，就会使得特定的“公平目标群体”将会更多地受到相关公共政策的影响。

8.3.5 经济影响评价

之所以进行经济影响评价，目的是对“低排放区”政策实施所引发的成本及其所带来的经济影响进行评估②。这里所说的成本，其实是实行“低排放区”政策之后那些尾气排放不达标车辆的所有者(或运营者)所须负担的额外成本。为此，首先需要设定一个“什么都不做”的情境，也就是没有实施“低排放区”政策的情境。然后在此基础上，估算没有实施该政策与实施该政策两个条件下，所有者(或运营者)所须承担的成本，两者之间的差额就是“低排放区”政策所带来的经济成本。

笔者认为，所谓“什么都不做”的情境，其实属于车辆“自然报废”的范畴。从理论上看，机动车都有其相应的报废年限，即使“什么都不做”，由于机动车的自然淘汰，所有者(或运营者)也要承担一定的机动车更替成本。按照常规的机动车更替速度，迟早有一天，所有存量机动车也会达到“低排放区”政策所规定的尾气排放标准，只是机动车的自然淘汰速度相对漫长而已。而“低排放区”政策的意义在于加速了机动车自然淘汰(或改装)的过程，与此同时，也在一定程度上提高了机动车所有者(或运营者)加快淘汰机动车的开销。

首先来看直接经济影响。如前所述，在“低排放区”政策的调控作用下，为了达到汽车尾气排放量标准，机动车使用者面临两个选择：一方面，安装减排设备，对现有车辆进行改装，配备微粒捕集器或过滤器来实现污染减排目标；另一方面，更新车辆或重组车队，即购买符合排放标准的新型车辆，或者组织车队中那些符合排放标准的车辆在“低排放区”内行驶。无论采取上述哪一种方式，“低排放区”政策都将会增加机动车使用者的运行成本。

有研究数据显示，不管是更换发动机还是安装减排装置，均是一笔不小的开支。例如：对于重型货车来说，安装微粒捕集器要花费 3 000—4 000 英镑，而要更换发动机，则要花费 20 000 英镑；对于长途客车来说，安装微粒捕集器要花费 3 500 英镑，更换发动机要花费 20 000 英镑；即使是轻型货车和小巴，安装微粒捕集器也需要花费 1 500 英镑。显然，尾气排放超标的车辆改装费用可谓是相当可观③。而运行成本攀升对经济、收入和

① 此处的“空气质量明显改善区域”，也就是“低排放区”政策实施之前的“空气质量超标区域”，笔者注。

② Steer D G. Proposed London Low Emission Zone—Economic and Business Impact Assessment[R], 2006:11.

③ Gould E, Davies A, Bradbury A, et al. Proposed London Low Emission Zone Equality Impact Assessment-Final Report[R], 2006.

就业等方面产生的影响主要取决于成本的传递方式，即是自行消化还是转嫁给消费者①。

这里以载重量在 3.5 吨以上的重型货车为例，来简要分析不同运营商的应对策略②。一般来看，以自营方式从事运输业务的公司被称为“自营运输公司”，这类公司一般以运输业为核心业务；而主要通过出租方式来提供运输服务的公司被称为“出租运输公司”，这类公司往往不以运输为核心业务。如表 8-9 所示，伦敦交通管理局曾经对货物公司进行过专门调查，并且根据重型货车的数量多少和公司的性质（是否以货物运输为主要业务），将重型货车的公司分为若干类型③。调查数据表明：总体来看，所有的货物运输商大多希望把成本转嫁给消费者；但是，各种类型运营商在应对“低排放区”政策所带来的成本压力时的策略还是有所不同④。

对于那些小型出租运输公司来说，其议价能力较低，而且它们的业务很可能从大型出租运输服务公司“分包”而来，难以有更多的发言权，因此它们更倾向于自行消化“低排放区”政策所带来的额外经济压力。不过，随着规模的扩大，出租运输公司掌控价格的能力提升，就有可能更多地将其经济压力转嫁给消费者。而对于自营运输公司来说，无论规模大小，它们都有足够的权力来调节价格，因此能够顺利地实现运营成本的转嫁。

表 8-9　重型货车运输公司的经济应对策略

	小型自营运输公司（%）	大型自营运输公司（%）	小型出租运输公司（%）	中型出租运输公司（%）	大型出租运输公司（%）
自行消化	0	0	90	50	0
成本转嫁	95	95	0	50	100
退出市场	5	5	10	0	0

图 8-10 显示了“低排放区”政策的直接经济影响的作用传导机制。如果额外成本被自行消化，将会减少公司利润，制约其投资能力；如果转嫁，其所提供服务的价格会上涨，额外成本将被分摊到更多的消费者头上，最终会引发经济领域的价格上涨压力，在一定程度上制约经济发展的活力。

其次来看间接经济影响。除了直接影响之外，从更宏观的视角来看，“低排放区”政策的间接经济影响同样不可忽视。间接影响主要是指“低排放区”政策引发的一系列直接影响所带来的次生影响。主要集中于三个领域：一是旅游业，包括宾馆、饭店以及文化娱乐场所，它们的营业活动可能会由于机动车尾气排放管制而受到一定的冲击；二是伦敦及其周边地区的汽车销售、保养与维修行业；三是相关零售业和服务部门，其商品和服务需要通过借助运输公司的重型和轻型卡车、小巴等相关类型的车辆来运输，大多属于

---

① Steer D G. Proposed London Low Emission Zone—Economic and Business Impact Assessment[R], 2006.

② 所有的重型汽车均属于伦敦“低排放区”政策的管制对象，笔者注。

③ 根据拥有重型汽车的数量，将自营运输公司分为大型自营运输公司（25 辆以上）和小型自营运输公司（25 辆以下）；还可以将租赁运输公司分为大型租赁运输公司（25 辆以上）、中型租赁运输公司（2—25 辆）和小型租赁运输公司（1 辆），笔者注。

④ Steer D G. Proposed London Low Emission Zone—Economic and Business Impact Assessment[R], 2006.

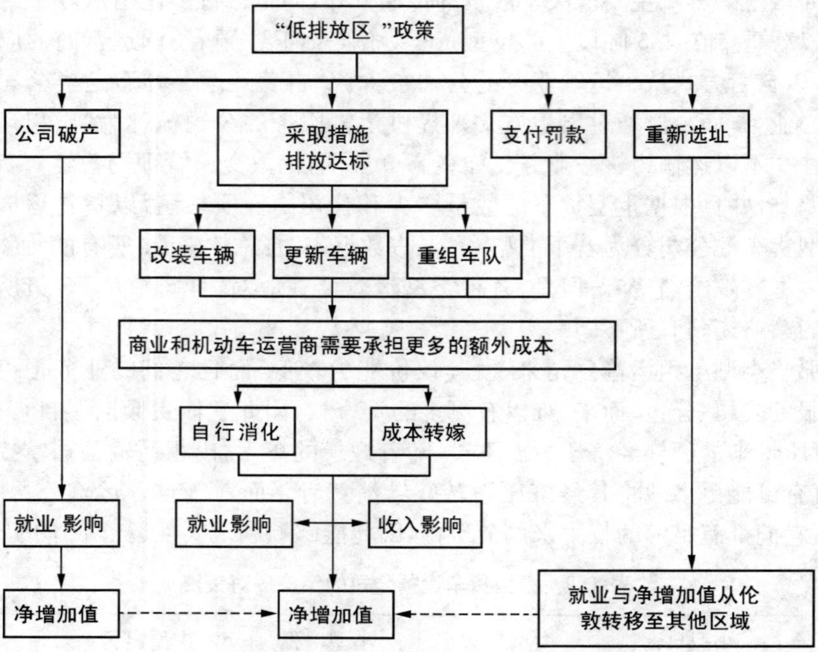

图 8-10 "低排放区"政策的直接经济影响

受到"低排放区"政策管制的对象,因此很可能也会受到运输公司相关经济活动的牵连[①]。

8.4 "低排放区"政策的经济学分析

当前关于交通问题的经济学研究较多地集中于对交通拥挤所产生的外部性问题的分析[②]。所谓外部性,是指某一经济主体未经交易,而对其他经济主体施加利益或成本的现象,即其行为是其他经济主体效用函数的因变量[③]。外部性会影响到资源的优化配置,实现帕累托最优要求边际个人成本等于边际社会成本,或者边际个人收益等于边际社会收益,但外部性的存在意味着两者将存在差异,因而不能达到资源配置的效率最优。要解决外部性问题,就必须使边际个人成本等于边际社会成本,从而达到将外部性问题内部化之目的[④]。

可以运用上述思想来解决机动车尾气排放所带来的外部性问题[⑤]。如图 8-11 所示,D 代表需求曲线,它也等同于边际个人收益(MPB)和边际社会收益(MSB),MPC 是边际

① Steer D G. Proposed London Low Emission Zone—Economic and Business Impact Assessment[R], 2006.

② 韩小亮,邓祖新.城市道路交通拥堵的经济学分析——基于计算经济学的模拟检验[J].财经研究,2006(5):19-31.

③ 何立胜,杨志强.内部性·外部性·政府规制[J].经济评论,2006(1):55-60.

④ 任宏,王春杨.城市道路交通拥挤问题的经济学分析和对策[J].经济地理,2007(4):649-652.

⑤ 此处的外部性,仅涉及尾气排放所带来的空气污染,暂不考虑其他相关外部性,例如交通拥挤引发的出行时间延长、交通安全、油耗增加等负面影响,笔者注。

个人成本，它与平均社会成本(ASC)相等。MSC是边际社会成本，在"无空气污染"状态下，它与边际个人成本相等，而一旦出现空气污染，MSC开始大于MPC，空气污染越重，两者之间的差距越大。Q_1、Q_2分别表示"理想污染""高污染"状态。

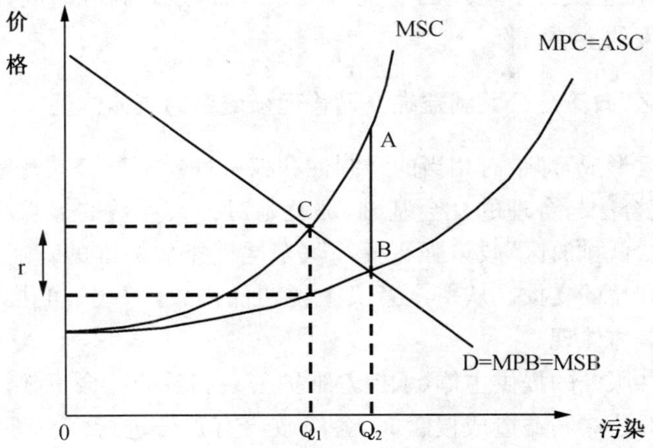

图 8-11 "低排放区"收费政策示意图

在自由市场条件下，机动车出行者仅仅考虑边际个人成本而非边际社会成本，市场的均衡点为边际个人收益与边际个人成本曲线的交点B，对应的实际空气污染水平将是Q_2，此污染水平要明显高于理想污染水平(Q_1)。因此B点是一个效益较差的均衡点，最有效的均衡点应该在边际社会收益与边际社会成本的交点C，此时对应的污染水平是Q_1，社会将获取区域ABC所代表的额外收益。

要使Q_2回归到Q_1的水平，克服机动车尾气排放污染所带来的外部性，就必须缩小边际个人成本与边际社会成本之间的差异，使得MPC向MSC靠拢。具体可以通过对机动车使用者收取数量为r的排污费，其中r为理想污染Q_1状态下，MSC曲线与MPC曲线之间的差额。

就伦敦"低排放区"政策实施的背景来看，由于机动车的尾气排放量直接关系到空气的污染水平，因此对进入大伦敦的机动车尾气排放指标做出限定，对进入该区域的超标车辆予以收费，就相当于提高了机动车使用者的出行成本，从而可以在一定程度上降低机动车进入该区域的出行频率，使大伦敦的空气由重污染下降到理想污染水平。

8.5 关于"低排放区"政策的基本评判

8.5.1 "低排放区"政策旨在改善空气质量，同时兼具交通流量调节功能

"低排放区"政策是与交通拥挤收费政策并行不悖的姊妹政策，其主导目标是减少局部地域范围内的尾气排放量，进而提高当地的空气质量，是一项名副其实的交通环保政策。在运行过程中，由于其能够在一定程度上抑制高污染车辆驶入大伦敦地区，因此也

或多或少地起到了减少市区机动车数量、缓解市区交通拥挤的效果。

不过，这只是该政策的余波效应，改善空气质量仍然是其首要主导控制目标。同理，交通拥挤收费政策由于抑制机动车在高峰时间内进入拥挤区域，在减少当地交通流量的同时，也在一定程度上缓解了当地的空气污染。当然，控制高峰时间内交通流量仍然是交通拥挤收费政策的主要目标。

8.5.2 “低排放区”政策是公共利益在交通管理领域中的具体体现

公共政策一旦形成，即带有相当的强制性和权威性。不过公共政策的制定并不具有随意性，需要有其合法与合理的社会基础，那就是对公共利益的追求和保护。作为一种行政干预手段，在“低排放区”政策强行提高汽车尾气排放标准的背后，其实是更广大居民所代表的公共利益的支撑。从一定意义上说，“低排放区”政策的推行，是公共利益在交通管理领域的具体体现。

政府作为公共服务的提供主体，承担着维护公共利益的社会责任。当居民的个体或者社会团体行为对公共利益造成侵害时，各级政府有责任进行强行干预，以最大限度地维护公共利益。伦敦“低排放区”政策的出台，是基于“汽车尾气排放对当地的空气质量和居民健康造成严重影响”这一客观事实之上的。为了避免少数人(高污染车辆的拥有者和运营商)对多数人的利益造成损害，政府就必须对少数人的出行行为(污染环境的行为)进行管制和干预。

8.5.3 “低排放区”政策的公共属性使其成为利益妥协与平衡的产物

公共政策的酝酿和形成是一个艰难的过程，要在多方利益团体的诸多利益诉求中寻找平衡点。从一定意义上说，公共政策其实是决策部门联合相关利益团体进行反复协商和妥协的产物，“低排放区”政策也不例外。在政策咨询环节，相关利益团体将会各抒己见，表达自己的利益诉求。只有瞄准共同利益，经过充分论证与多轮协商，才能够消除偏见。

公众咨询的复杂性从“低排放区”政策进度安排的调整中可略见一斑。此次意见征询主要采用在线方式，被调查者需要通过发送电子邮件来反馈意见。公众咨询的时间跨度为 6 周，从 2010 年 5 月 17 日开始，到 2010 年 6 月 28 日截止[①]。在咨询期间，总共有 4 213人次浏览“低排放区”政策网站。

在是否支持将大型有篷货车和小巴开始执行欧洲三期粒子排放量标准的时间从 2010 年 10 月 4 日延期到 2012 年 1 月 3 日这个问题上，被咨询者之间持有三种不同的看法：一是同意延期，即“大型有篷货车和小巴”于 2012 年 1 月执行欧洲三期粒子排放量标准；二是反对延期，即“大型有篷货车和小巴”于 2010 年 10 月执行欧洲三期粒子排放量标准；三是干脆不同意将“大型有篷货车和小巴”纳入“低排放区”政策，也就是说，无论是

---

① 后来由于接收公众咨询意见的电子邮箱故障等技术原因，公众咨询时间推迟至 2010 年 7 月 4 日结束，笔者注。

到2010年10月4日，还是到2012年1月3日，均无需执行欧洲三期粒子排放量标准。

首先来看前两个意见。同意延期的观点最符合伦敦交通管理局的设想，出于本国经济相对低迷的担忧，为了减轻相关利益团体的经济压力，伦敦"市长交通战略"公开宣称要将大型有篷货车和小巴尾气排放标准的执行时间从2010年10月4日延期到2012年1月3日。而反对延期者的担忧是，如果延期，恐怕会影响到当地空气质量改善目标的实现。不过，经过伦敦交通管理局的论证，即使延期执行，仍然可以在2011年实现欧盟规定的PM10限值标准。因此，这一担忧迎刃而解。

再来看第三条意见。其实，早在2006年举行的关于是否对"市长交通和空气质量战略"进行修正的公众咨询活动中，将"大型有篷货车和小巴"纳入"低排放区"政策管制范围的想法就已经被明确地提出来了；只是后来由于经济衰退，才迫使伦敦交通管理局考虑延期执行。对于干脆取消"大型有篷货车和小巴"尾气排放管制的想法，伦敦交通管理局对此并不认同，因为这部分车型对于尾气排放的贡献较为显著，倘若不加控制，将直接影响到空气质量目标的实现①。他们发现，大型有篷货车的数量很多，2008年伦敦道路交通排放的PM10和NO_x分别有大约21%和10%来自大型有篷货车，这一份额相对于其他车型来说是相当高的。而且，根据预测，2008—2031年期间，大型有篷货车的数量有望继续增长30%。因此，综合考虑上述因素，伦敦交通管理局认为，将大型有篷货车以及与其排放量相当的小巴、机动旅居篷车等机动车纳入"低排放区"政策的管控范围，还是相当有必要的。

可见，利益的协调与平衡乃至妥协是一个较为复杂的过程：决策者举行公众咨询的过程，其实并不是单纯倾听公众的呼声与质疑；更多地是一个通过听取质疑，有理有据地解释，论证当前政策设想的合理性，以消除舆论质疑，博得公众理解与支持的互动过程。

8.5.4 "低排放区"政策在执行过程中，不可避免地带有相当的政策风险

"低排放区"政策的实施，虽然有来自欧盟空气质量标准的压力，更多地却反映了伦敦当局在空气质量和环境保护领域不断改革和"自我开刀"的决心，也体现出领导者与决策者的魄力。毕竟，主动实施更为苛刻的尾气排放标准，对于经济发展终究会产生一定的阻滞作用。从一定意义上说，更严格标准的环境保护目标的实现是以牺牲短期经济发展为代价的。正因为尾气排放超标机动车辆所涉及的运营商和拥有者需要为此承担更高的经济代价，因此该政策注定将会遭遇来自诸多民间和社会团体的重重阻力。这确实考验着管理部门的政治智慧，甚至有可能"危及"决策者自身的政治生涯。

当然，斯德哥尔摩交通拥挤收费政策的实践表明，政治家在相关公共政策制定方面所持有的立场，也有可能会随着其政治意图和自身利益而左右摆荡，从而使得公共政策部分地沦为政客追逐权力的筹码②。这样一来，公共政策秉承的所谓"公共色彩"可能将大打折扣。我们在借鉴西方国家经验做法的基础上，也要努力吸取其公共政策制定中的

---

① Transport for London. Report to the Mayor on the Low Emission Zone Variation Order Consultation[R], 2010.

② 马祖琦，冯苏苇，余凯. 斯德哥尔摩"交通拥挤收费"政策述评[J]. 城市问题，2011(8):2-9.

教训，特别要注意避免决策者为了一己之利，而运用权力对公共政策进行任意扭曲，要特别留意提防公共权力的滥用。

8.6 理论思考

8.6.1 注重健康视角下公共政策的制定，从公共健康角度关注城市交通问题

正如伦敦交通管理局所指出的那样，“低排放区”政策出台的目的是“减少空气污染，提升居民的健康水平和生活质量”。对“健康”的理解，世界卫生组织早在其创建之初就已经明确，“健康”是整个身体、心理和社会的良好状况，而非仅仅是没生病或不虚弱。“健康”的内涵不仅仅局限于卫生和医疗水平改善这一传统“医疗”认知模式，而是包括身体健康、心理健康、精神健康等等，因而更多地受到社会、经济因素的制约①。

从公共健康视角来看，“低排放区”政策的影响是多层面的，在对道路安全和空气质量产生影响的同时，也作用于就业状况乃至社区服务的供给水平。上述直接影响和间接影响，通过对健康影响因子产生作用，而最终在一定程度上影响到居民的健康水平。

城市交通问题主要囊括资源与能源战略、土地规划与利用、居民出行方式、空气质量、居民健康水平等层面。由此可见，其涉及领域众多、牵扯面甚广，故单一视角下的有限对策往往难以妥善解决交通问题。鉴于健康水平与诸多社会、经济因子之间的密切关联，将城市交通及其相关问题的治理纳入“公共健康”这样一个多元视角之下来统筹考虑，指导“低排放区”公共政策的制定，或许更具有可操作性。

8.6.2 行政手段和经济杠杆并用，共同解决城市交通和环境问题

严格来看，只要存在机动车尾气排放现象，就会出现空气污染。但是，过分追求空气的洁净，社会、经济发展所付出的代价将是极度高昂的。考虑到大气环境具有一定的自我净化能力，在机动车尾气排放规模较小的情况下，所引发的空气污染对人体的影响可以忽略不计。因此在理论上，机动车尾气的排放存在一个污染的“理想规模（或区间）”。假如对机动车出行不施加限制，任由机动车尾气大量排放，以致空气污染超过了“理想规模”，空气污染水平会大幅度提高，严重影响到居民的健康水平；而空气污染低于“理想规模”，则经济发展又会受到很大程度的抑制，经济不发展，环境保护也就失去了存在的条件。因此结合特定时期经济社会发展的实际水平，来确定一个最优的污染排放规模（或者排放标准），是一个符合可持续发展理念的选择。

机动车尾气排放的外部性主要表现为空气污染及其带来的居民健康水平的下降。机动车出行者在进入某一地域时，考虑的只是自身需要承担的成本，即边际个人成本，并未考虑由于自身出行而给其他行为主体带来的外部性。对于那些机动车出行者来说，其行为往往具有负的外部性；对于非机动车出行者，其行为具有正的外部性。

---

① 马祖琦. 欧洲“健康城市项目”研究评述[J]. 城市问题，2007(5)：92-95.

可以运用“庇古”手段和“科斯”手段缩小边际个人成本与边际社会成本之间的差异，进而解决外部性问题①。运用“庇古”的“税收一津贴”思路，一方面可以通过向造成空气污染的机动车出行者征税，将负外部性造成的边际外部成本追加到出行者的边际个人成本之上；另一方面可以对非机动车出行者即空气污染的受害者给予补贴。还可以借鉴“科斯”定理，通过清晰的产权界定来消除外部性，即假设尾气污染的受害者拥有产权——不受污染的权利，而机动车出行者需要向受害者购买污染空气的权利。通过产权交易，污染者可以支付一定的补偿来弥补被污染者的损失，无论污染者还是被污染者都将从中受益。

8.6.3 强调公众参与和程序规范，维护公共政策制定的公平性与民主化

公平、公正是公共政策制定的重要目标，公共政策的制定既要最大限度地确保公共利益，也要在一定程度上适当照顾相关利益群体的利益诉求。

伦敦“低排放区”政策的制定就充分听取、吸收了相关团体和机构的建议。事实上，经过广泛的公众参与和对大量利益相关者的咨询活动，“低排放区”政策原有的某些关键设想被相应地进行了一些重大的调整。例如，在机动车尾气排放标准的实施进度方面，一些机动车运营商和组织的代表认为，重型货车、巴士和长途客车在 2010 年执行欧洲四期粒子排放量标准不太现实。市长在听取相关意见后决定将欧洲四期排放标准的启用时间推迟至 2012 年。这在一定程度上延长了缓冲时间，维护了相关群体的利益。

我国许多领域也开始逐渐尝试把公众参与的理念引入一些重大公共政策的制定和决策流程，这是一个重大进步。当然，我国在公共参与的广度、深度、实效与影响力等方面还有待于进一步加强。如何避免公众参与的“形式化”倾向，使公众力量对公共政策和公共决策的制定真正产生切实的影响，让公共政策能够更好地体现公众和相关利益群体的合理诉求，最大限度地确保公平、公正、公开，既是维护公众利益的重要保障，也是未来较长一段时期公共管理领域所要努力的一个方向。

8.6.4 设计严谨，论证充分，确保公共政策制定的可行性与严密性

公共政策的施行不仅仅局限于对某项特定政策自身条款的制定，除了做到设计严谨、方便操作、消除管理真空，更要考虑并关注到该政策在未来一定时段内对社会经济领域产生的多层面影响。只有科学全面论证、充分认识、合理估测政策可能带来的多重效应，才能准确把握事态进展，做到心中有底，确保主动；才能针对可能出现的问题，适时完善、调整政策内容，做到及时纠偏，确保调控对象和调控目标沿着预定的轨道和方向演进。

在“低排放区”政策出台之前，伦敦交通管理局就委托相关机构，从可持续发展、环境、健康、社会公平、经济等层面进行了充分的论证，对该政策可能产生的后果进行了评价与预测。

---

① 任宏，王春杨. 城市道路交通拥挤问题的经济学分析和对策[J]. 经济地理，2007(4)：649-652.

伦敦“低排放区”政策论证之初，在收费范围方面，曾经考虑过中心区拥挤收费区域、大伦敦市域、M25环线公路以及伦敦外围区域等多种方案，最后确定了以整个大伦敦市域为界。在调控对象方面，考虑到不同的车型，界定了不同的排放标准和实施日期。在影响群体方面，特别关注到该政策对弱势群体的影响，着重维护社会公平。在控制指标的选取方面，在政策制定初期，主要考虑PM10指标，后来又考虑添加NO_2指标，日后还有可能考虑采取更为严格的PM2.5控制指标。在车辆管制类型方面，伦敦交通管理局首先从重污染车辆入手，随着政策的推进，考虑将控制范围延伸，逐步将较轻污染的车辆乃至小汽车纳入其中。从注册车辆的归属地来看，着重考虑在大不列颠注册的车辆，同时兼顾在非大不列颠(包括北爱尔兰)注册的车辆。从管制车辆的类型来看，考虑了不同吨位、不同用途的车辆类型。从影响区域来看，既考虑到对伦敦本地的影响，也考虑到对低排放区域之外的影响。

8.6.5 注重综合治理，发挥协同作用，保持政策制定的连续性与持久性

作为一个世界级大都市，伦敦在积极改善交通领域方面的探索可谓不遗余力，实施了一系列影响深远的交通政策。在此之前，伦敦制订并实施了中心区交通拥挤收费计划，取得了较为明显的效果，之后政策的实施力度进一步加大，收费标准有所提高——“涨价”，收费范围有所扩展——“西扩”[①]。如今，又开始了“低排放区”政策的探索。不过，从政策导向来看，中心区交通拥挤收费政策的目标主要是缓解中心区的交通拥挤问题，而“低排放区”政策主要是为了改善整个城市的空气质量，在目标上与前者有所不同。从预期运作效果来看，两者似乎又相互关联、交叉，拥挤收费会抑制伦敦中心区的机动车交通流量，进而减少尾气排放；而“低排放区”政策在限制尾气超标车辆进入大伦敦市域、改善城市空气质量的同时，也顺带在一定程度上减少了进入大伦敦的机动车流量。从这一视角来看，两者似乎是姊妹关系，针对性各有侧重，但又殊途同归，属于同一问题的不同侧面。

当然，交通及其引发的诸多问题绝非单一政策所能够解决，减少机动车尾气排放亦非一日之功，还离不开其他相关政策的密切配合。应当指出，“低排放区”政策的影响毕竟有限，假如有相当一部分运输单位通过“重组车队”的方式来应对，那么，伦敦空气质量的改善将在一定程度上是以周边地区空气质量的恶化为代价的。其实，除了“低排放区”政策之外，伦敦也存在一些类似的交通污染治理政策措施，诸如，高污染车辆征收高额执照税、全国道路使用者收费政策、给那些安装尾气减排装置的车辆予以补贴等等[②]。

根据当年的最新消息，鉴于当时英国严峻的经济形势，时任伦敦市长鲍里斯·约翰逊(Boris Johnson)在2009年2月宣称，将考虑推迟“低排放区”政策第三阶段的执行时间。按照原有设想，“低排放区”政策第三阶段的目标是拟于2010年将管制和收费对象扩展至3.5吨以下的“大型有篷货车和小巴”。不过，上述政策设想对于此类型车辆的主

---

① 马祖琦.伦敦中心区“交通拥挤收费”的运作效果、最新进展与相关思考[J].国际城市规划，2007(3):85-90.

② Transport for London. Proposed London Low Emission Zone，Scheme Description and Supplementary Information，Public and Stakeholder Consultation[R]，2006.

要拥有者，即那些正在饱受当前经济危机困扰的小型商业企业以及个体运营者来说，无异于雪上加霜，因为这将进一步压缩他们原本已经不多的盈利空间。对此，鲍里斯·约翰逊表示，“我坚信这个新的政策调整设想将会在伦敦的环境需求和经济需求之间达成平衡，我们也会采取一些更富创造性的做法来减少排放”①。

后来，为了减轻相关超标车辆运营商和拥有者的经济负担，为他们符合尾气排放新标准留有更多的缓冲时间，同时帮助他们摆脱经济危机的困境，伦敦交通管理局于 2010 年 5 月 13 日决定，将部分型号机动车欧洲三期粒子排放量标准的执行时间从 2010 年 10 月 4 日推迟至 2012 年 1 月 3 日②。鉴于英国经济当时正面临着衰退的局面，要是再按照预定设想，于 2010 年 10 月实施新的尾气排放标准，相关行业将会面临更为庞大的经济压力，很可能会遭受进一步的打击。

不过在后来的公众咨询环节，有意见认为，如果延期的话，很可能又会在一定程度上威胁到伦敦空气质量目标的按期实现，这确实是一个无法辩驳的质疑。好在经过研究论证，伦敦交通管理局发现，即使延期执行新的尾气排放标准，但由于前期“低排放区”政策实施的累积效应，大伦敦地区的空气质量仍然可以在 2011 年实现欧盟规定的 PM10 限值标准。当然，在伦敦中心区附近，还存在一些空气质量有可能超过欧盟限值的高风险区域。对此，相关部门采取了一些新的应对措施，例如：在伦敦全市范围内对出租车和私人租赁车辆的使用年限设置门槛；在空气质量恶化地区使用除尘物质；减少机动车的空驶现象；等等③。

的确，在是保护环境还是刺激经济发展方面，伦敦确实面临着两难选择。当然，伦敦也在积极采取其他一系列措施，来继续推动空气质量的改善，例如，添置混合动力公交车、开展低碳排放技术研究、减少交通拥堵、鼓励自行车出行等等。总之，只有多管齐下，进行综合治理，才能实现较好的运作效果。

---

① 参见 http://www.london.gov.uk/view_press_release.jsp? releaseid=20757 相关内容。

② Transport for London. The Greater London Low Emission Zone Charging (Variation) Order 2010[R], 2010.

③ Transport for London. Report to the Mayor on the Low Emission Zone Variation Order Consultation[R], 2010.

9 美国内城地区的城市贫困问题

内城(inner city)在美国具有特定的内涵。本章在简要回顾美国的内城概念以及相关背景的基础上,对美国内城的人口经济社会特征进行了总结,接着从八个侧面介绍了美国内城贫困问题的分析视角和理论假设,分别是:经济结构转换、人力资本不足、就业歧视、文化和行为、空间失衡、人口流动、内生增长不足以及公共政策。然后对内城贫困引发的公共服务和健康问题进行了分析并展开讨论,最后针对内城贫困的机理、歧视性政策、社会保障政策、社区建设、公共政策、社会公正等角度进行了思考。

9.1 内城的概念及其相关背景

内城在美国具有特定的经济内涵与空间内涵。所谓内城,就是专指那些经济发展萧条(失业率高、家庭收入低)的城市社区。美国"为了建设富有竞争力的内城而努力(Initiative for a Competitive Inner City,ICIC)"组织将那些满足以下三个条件中的任意两个条件的社区界定为内城①:

●贫困率是当地平均水平的1.5倍及以上;

●家庭收入中位数不足全市平均水平的50%;

●失业率达到当地平均水平的1.5倍及以上。

早在20世纪初期和中期,美国就出现了一种新的区域经济社会现象——郊区化,城市结构和经济发展格局面临着新一轮的空间重组,郊区化进程于"二战"之后的五六十年代达到顶峰。在此期间,先后爆发了四次浪潮②:首先是人口(中高收入阶层)的外迁,其次是工业、零售业、办公室的依次跟进。与郊区化进程同步,美国部分中心城市出现衰退的迹象,内城贫困问题不断加剧。可以说,伴随着人口、财富和社会资源的空间重组,内城地区作为有色人种和外来移民的聚集地,成为贫困、疾病、犯罪、衰退等众多不良社会现象的代名词,郊区则成为各种社会问题的避难所。

有数据显示,1996年美国中心城市有19.6%的居民生活在贫困线之下,而在郊区只有9.4%的居民生活在贫困线之下,中心城市居民的贫困率是郊区的2倍以上③。这似乎在一定程度上表明,作为贫困地区的内城地区与中心城市之间呈现某种程度的空间关联。

---

① 参见 http://www.icic.org/research－and－analysis/data－and－research－definitions,2013-9-16 相关内容。

② David B. Cities and Towns[M]. London:Bell & Hyman,1983:48-55.

③ 参见 http://www.huduser.org/Periodicals/ushmc/spring98/summary-2.html#table3,2013-9-16 相关内容。

从空间分布来看，内城地区通常邻近中心城市，因此有时候内城地区也特指那些位于中心城市的贫困居民聚居的地区。图 9-1 显示了洛杉矶—长滩地区贫困率与地域类型之间的关联。可以看出，洛杉矶中心城市绝大多数地带的贫困率高于 18.0%，而在外围郊区，贫困率低于 13.1%。洛杉矶市居民贫困率的空间分布格局在一定程度上表明，中心城市（内城）与郊区之间的贫困率确实存在显著的空间差异。

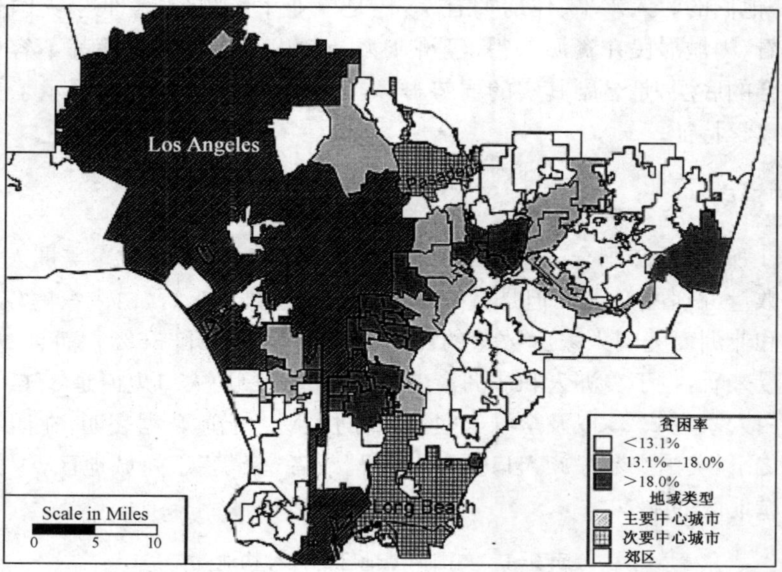

图 9-1　美国洛杉矶—长滩地区贫困率与地域类型之间的关联

一般来看，内城地区与中心城市的关联度或者空间重合度之高低，在很大程度上取决于中心城市自身的发展背景和发育水平。这里还有必要区分两种类型的中心城市：一种或是因为属于新兴城市而能够保持不断扩张，或是由于吸引力较强，使得中心城市的人口保持继续增长。此类中心城市并没有出现衰退的迹象，因此与内城并不存在必然联系。另一种则是传统的老牌城市，由于发展相对停滞甚至出现衰退，公共服务设施相对老化，导致当地的生活质量下降。随着大量中高收入居民的外迁，当地人口总量有所下降，居民层次不断降低。对于后一种类型，中心城市和内城可以通用。

需要说明的是，"贫困"和"居住在贫困区"之间有很大的不同：前者仅仅表示居民个人的贫困，是通过收入水平来测定的；而后者主要是指整个社区的贫困水平，即特定区域内贫困居民的发生率。例如，在 1980 年，美国有 4 750 万人居住在 100 个最大的中心城市之中，其中 810 万人属于贫困居民。居住在贫困区的人口有 1 550 万人，其中只有 520 万贫困居民。由上述数字可以推算，美国有 290 万贫困居民不在贫困区居住，有1 030 万的居民虽然在贫困区居住，但他们并非贫困居民①。

① Laurence E L Jr. , Michael G H McGeary. Inner-city poverty in the United States, Committee on National Urban Policy, Commission on Behavioral and Social Sciences and Education[J]. National Research Council, 1990(8): 69-70.

9.2 内城人口经济社会特征分析

为了更好地了解美国内城居民的相关特征，ICIC组织曾经对内城居民进行过专门调查，发现有色人种和少数民族人口构成了内城地区的居住主体。而且，对于这部分群体来说，无论是他们的收入水平、住房拥有率，还是就业率，都要显著低于美国全国平均水平。总体来看，内城居民在资源获得、经济压力乃至生活质量等方面都不容乐观。他们大多处于社会的底层，是名副其实的弱势群体，以下数据从诸多方面展示了美国内城贫困居民的人口学特征。

9.2.1 人种构成

如表9-1所示，从美国全国家庭数量来看，白人家庭占72%，拉丁美洲人和非洲裔美国人的家庭数量分别占12%。但是就内城地区的家庭数量来看，白人家庭仅仅占32%，拉丁美洲人和非洲裔美国人家庭数量的比重分别升至19%和36%。而且，从内城家庭户均人口数量来看，拉丁美洲人和非洲裔美国人家庭的户均人口规模是3.11和2.52，明显高于内城白人家庭2.25以及全国家庭2.42的水平。上述数据表明，在诸多社会经济因素的驱动之下，美国少数民族人口大量"滞留"或者"聚集"于内城地区，少数民族人口成为美国内城地区的主体。

表9-1 美国内城地区的人种构成

种族	占内城全部人口的比重(%)	占内城全部家庭数量的比重(%)	占美国全部家庭数量的比重(%)
拉丁美洲人	31	19	12
非洲裔美国人	42	36	12
白人	23	32	72
其他	4	13	4

9.2.2 收入水平

内城居民往往是收入水平较低的群体，根据1999年美国消费者数据库和1999年内城购物者调查资料显示，在内城购物者中，年收入低于15 000美元的家庭比重高达45%，其次是年收入介于15 000—24 999美元的家庭，所占比重为20%，家庭年收入在50 000美元以上的比重仅为11%。与之对应，从全国来看，年收入在50 000美元以上的家庭比重达到34%，而年收入低于15 000美元的家庭比重仅为20%。

9.2.3 住房拥有率

"拥有属于你自己的住房"一直是美国人的梦想，然而，与收入水平相对应，内城居民的住房拥有率仅为36%，远远低于67%的全国平均水平。其中，内城白人居民的住房拥有率为44%，虽然明显高于拉丁美洲人27%的平均水平，但是仍然低于全国平均水平。住房拥有率偏低，在很大程度上影响到居民的购买能力。

9.2.4 就业率

ICIC组织的一项关于对内城购物者的调查数据显示，总体来看，内城的就业率低于全国平均水平(图9-2)。在内城被调查者当中，有大约39%的居民没有工作，比全国29%的平均水平高于10个百分点。在被调查者的配偶当中，有25%的人没有工作，比全国18%的平均水平高出7个百分点。值得注意的是，在被调查的拉丁美洲人当中，其配偶没有工作的比重只有11%，低于美国全国平均水平。而对于非洲裔美国人和白种人被调查者来说，其配偶没有工作的比重分别高达40%和24%。相关研究还指出，非洲裔被调查者的配偶和白种人被调查者没有工作的比重均达到了40%，部分原因主要是由于他们的退休率较高所致。

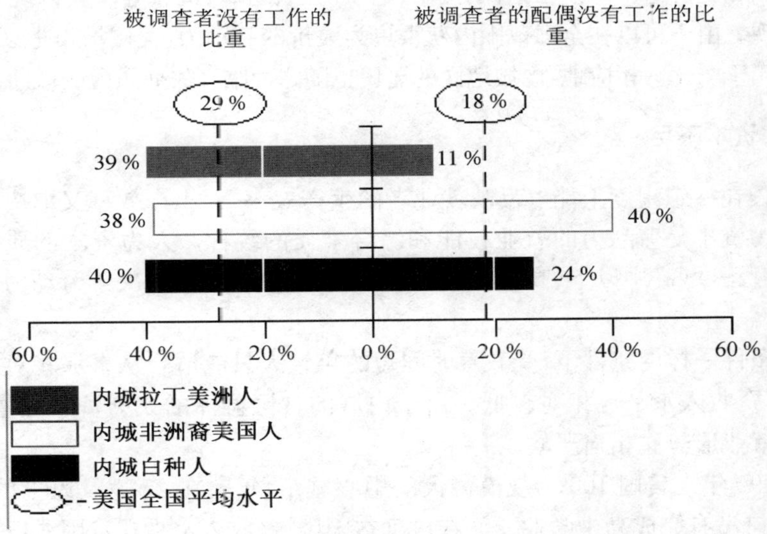

图9-2 美国内城地区不同种族的就业情况

9.3 美国内城贫困问题的分析视角和理论假设

为了应对日益严峻的内城贫困问题，美国采取了一系列措施，但是经过几十年不懈的努力，治理效果却并不显著。这说明贫困问题的形成机制相当复杂，有不少学者基于不同的假说，从各自视角出发，试图对贫困的成因进行解释。应当指出，这些研究视角均能够在一定程度上解释内城贫困的机理，但是各自的重要性可能会有所差异。迈克尔·泰茨(Michael Teitz)等学者将内城贫困概括为八大假说。各种分析视角和理论假设的基本观点如下[①]：

9.3.1 经济结构转换

该观点试图从经济结构的转型来解释内城贫困问题。传统经济条件下，中心城市是工业活动的优先布局区位，因而能够为贫困者和少数民族提供一定的就业岗位。20 世纪晚期，伴随着产业结构的调整，中心城市提供就业的能力显著下降，就业机会大量流失，从而导致内城贫困问题。

“二战”以后，美国经历了巨大的战争创伤，再加上大量老兵复员返乡，结婚生育，人口出生率骤增，形成所谓的“婴儿激增”。与之相应，劳动力的供给也大幅增加。不过与此同时，在纽约、费城等一些老牌工业城市，制造业的就业机会开始出现下降的迹象。最初是由于技术进步和市场力量的影响，使得在内城布局制造业的利润下降，造成内城的产业吸引力弱化。而到了 20 世纪 80 年代，美国制造业的衰退更多地来源于海外的竞争。面对以日本为首的消费品生产市场全球化浪潮的冲击，美国制造业遭受了沉重的打击，工厂关闭和工人失业现象相当普遍。即使在钢铁、汽车、电子产品、纺织、机械等一些传统优势行业，形势也不容乐观。由于可以在全球范围内获得更为廉价的劳动力，美国城市地区的就业优势和产业优势趋于弱化。相应地，内城地区的居民也随之面临高失业风险的威胁。

9.3.2 人力资本不足

收入增长在一定程度上能够反映就业者的生产效率，而生产效率又取决于人力资本的质量。人力资本是劳动力的就业技能和综合素质的统称。人力资本的质量取决于劳动力的受教育程度（高中以下、高中、大学）和技能培训水平，还取决于劳动力的工作年限和工作经验。

在其他条件一样的条件下，受教育时间短的年轻人只能适合从事那些对技能要求不高的岗位，工资收入水平也相对较低。由于内城的贫困群体的人力资本质量不容乐观，其所面临的就业形势亦相当严峻。

例如，1990 年在美国 100 个规模最大的中心城市，年龄在 25 岁及以上的人口当中，有 28％的人口没有完成高中学业。而在极度贫困区域（收入水平在贫困线以下的居民比重超过 40％），这一比例更是高达 53％[②]。

根据卡萨达（Kasarda）等学者的研究，城市就业岗位所需要的受教育水平与少数民族居民实际受教育水平之间的差距呈现不断拉大态势，他们将这种现象称之为“技能失衡”[③]。而且，卡萨达的研究还发现，1969—1982 年期间，未完成高中学业的白人男性的失业率从 4.3％增长到 17.7％，而同期同等受教育水平的黑人男性的失业率从 6.6％增

---

① Michael B T, Karen C. The causes of inner-city poverty: eight hypotheses in search of reality[J]. Cityscape: A Journal of Policy Development and Research, 1998, 3(3): 33-70.

②③ Kasarda, John. Inner-city concentrated poverty and neighborhood distress: 1970 to 1990[J]. Housing Policy Debate, 1993, 4(3): 253-302.

加至29.7%[①]。这在一定程度上表明，即使受教育程度相同，中心城市的黑人与白人的失业率也大相径庭。中心城市黑人失业率的增加幅度几乎是白人的两倍，预示着中心城市的黑人与白人之间的失业率差距正在不断扩大。

而且，同样是在1969—1982年期间，中心城市那些接受过大学教育的白人的失业率从1.6%增加到4.4%，而同等受教育水平的黑人的失业率从3.7%增加到16.1%。上述数据似乎表明，在中心城市，白人比黑人能够更为容易地享受到更高教育水平所带来的额外收益。也就是说，即使黑人的受教育水平有所提高，其就业的稳定性仍然不足，失业率仍然要远远高于同等受教育水平的白人，这显然不是人力资本视角所能够解释得了的。

9.3.3 就业歧视

研究表明，在就业歧视或曰工资歧视的作用下，将会直接导致内城居民的长期贫困。

假如各类社会群体之间的就业与收入差异单纯是由于人力资本差异所致，那么可以通过提高贫困居民的受教育水平，加强技能培训，提升劳动力的就业技能等相关措施来弥补贫困居民在人力资本质量方面的不足，从而达到缩小居民间收入差距、改善贫困状况之目标。但是，事实并非如此。即使在人力资本质量同等的条件下，白人与黑人、男性与女性之间的就业机会和收入水平仍然存在显著差异，就业市场中的歧视行为可以说是其中一个重要的分析视角。

从现实来看，种族和性别歧视现象充斥着整个劳动力市场，在相当程度上"人为掐断"了那些有能力胜任特定就业岗位的贫困居民的就业渠道，加大了他们的就业难度，使他们难以充分施展自己的潜力，获得相应的就业机会。可以说，就业歧视和性别歧视行为在相当程度上强化了收入不平等的固有格局，加剧和助长了城市贫困问题。

就业歧视会强化行业隔离，拉大行业之间的收入差距。一般来说，某类行业的少数民族或女性员工比例越高，该行业的收入水平就越低。而随着少数民族和女性员工的大量涌入，又会进一步压低该行业的工资水平[②]。而且，对于同等就业技能和重要性的岗位来说，雇主往往会针对种族和性别来设置不同的工资标准，从而形成工资歧视。即使少数民族居民与白人的受教育背景和工作技能完全一致，在面对同样的工作机会时，他们获得的面试机会与就业机会也要显著低于白人，这就是所谓的就业歧视[③④]。而且，即使在同一种族内部，歧视现象也同样存在。约翰逊进行的一项关于洛杉矶就业市场的研究显示，在受教育水平、收入、家庭背景和居住地等因素类似的情况下，肤色较深的黑人男

---

① Kasarda, John. Urban change and minority Opportunities[M]// Paul P. The New Urban Reality. Washington, DC: The Brookings Institution, 1985.

② England, Paula, George F. Households, Employment, and Gender: A Social, Economic, and Demographic View[M]. New York :Aldine Pub. Co., 1986.

③ Cross, Harry, Genevieve K, et al. Employer Hiring Practices[M]. Washington, DC: Urban Institute Press, 1990.

④ Turner, Margery, Michael F, et al. Opportunities Denied, Opportunities Diminished: Discrimination in Hiring[M]. Washington, DC: Urban Institute Press, 1991.

性获得就业机会的可能性要比浅色皮肤的黑人男性低52%左右[①]。

总之，就业歧视行为对于内城居民贫困的影响是全方位的。从其他领域来看，既有对有色人种、妇女的种族歧视与性别歧视，也有针对低收入阶层和低收入区域的阶层歧视和空间歧视，这突出地反映于就业政策和住房政策之中。甚至在美国城市住房开发战略和相关财税政策的制定方面，也往往倾向于损害穷人的利益。

9.3.4 文化行为

相对于其他因素，贫困人口的文化行为究竟在多大程度上影响着贫困，仍然富有较强的争议性。一般的观点是，贫困人口受其自身的价值观和行为的影响，构成了一个相对独立的社会。19世纪的城市改革家认为，不仅需要改善贫困人口的物质环境，还要扭转其不良的价值观[②]。一些社会学家和人类学家还提出了"贫困文化"的概念[③]。

20世纪60年代，美国爆发了"向贫困开战"的社会运动。但是，反对的声音认为，补贴措施的大量实施有可能会影响到穷人的工作动机，助长不劳而获的思想，甚至会形成福利依赖。支持者则认为，经过20年的努力，是可以通过收入补贴、改善受教育程度、加强就业培训来解决贫困问题的。

不过，到了80年代，美国内城的贫困问题依然没有得到解决，甚至更加恶化。此时人们才逐渐意识到，贫困文化和行为确实能够在相当程度上"维系"甚至"强化"着居民的贫困状态。单纯通过福利补贴的方式来应对城市贫困问题，其实在一定程度上弱化了个人对提升自身经济地位的危机意识，甚至会鼓励贫困的代际继承。

9.3.5 空间失衡

空间失衡是住房歧视和空间隔离的产物。在美国郊区化浪潮中，产业的外迁带走了大量的就业机会，以白人为主的中高收入阶层纷纷逃离中心城市而前往郊区。这样一来，伴随着富裕阶层的外迁，一方面各种资源和就业机会也随之外流；另一方面，内城居民在就业市场和住房市场上经常遭受不公正的对待，较少了解郊区相关的就业机会和住房信息。内城贫困居民由于遭受歧视和缺乏相应的经济实力，导致其"流动性"受到严重抑制，被迫滞留于内城。上述诸多方面共同影响，就会导致居住地与工作地之间的空间隔离，突出地表现为内城劳动力和郊区工作机会之间的空间错位，形成所谓的"空间失衡"[④]。

表面上看，空间失衡主要表现为就业与居住之间的结构失衡。制造业的外迁确实导致了内城地区低技能就业岗位和就业机会的大量流失。但与此同时，同处于市中心地区

---

① Johnson, James, Elisa B, et al. An empirical test of the cultural capital hypothesis[J]. Review of Black Political Economy, 1995, 23: 7-27.

② De F, Robert W, Lawrence V. The Tenement House Problem, Including the Report of the New York State Tenement House Commission of 1900[C]. London: Macmillan, 1903.

③ Lewis, Oscar. The Culture of Poverty[M]// Daniel P M. On Understanding Poverty: Perspectives from the Social Sciences. New York: Basic Books, 1968.

④ 也有学者将其翻译成"空间失配"，笔者注。

的金融、商业服务业等经济活动却在不断集聚，客观上又创造了大量的就业机会。只是内城居民人力资本的质量不高，难以从事这些信息化、知识型的就业岗位而已。

其实，从本质上来说，空间失衡更多地来自于根深蒂固的制度歧视。住房歧视最常见的形式是“种族导向”，少数民族居民特别是非洲裔美国人在购买住房时，往往会被故意引导至那些白人居民比重较低、收入水平和物业价值均不高的居住区①。这种歧视方式虽然难以从表面上看出端倪，但是却非常微妙，客观上加剧了种族的隔离。

应当承认，对于少数民族和低收入居民来说：无论是从其就业技能来看，还是从其住房支付能力来看，确实都不尽如人意；他们确实带有某种“天然劣势”，表现为收入低、信用差、违约风险高等等。不过长期以来的制度歧视，更在一定程度上“固化”了上述不平等格局，使得弱势群体的空间流动性严重弱化甚至无法自拔。可以说，内城的低收入者在就业市场和住房市场上的选择机会之所以被大幅压缩，所处的境遇之所以如此尴尬，在很大程度上是由一系列制度歧视因素促成的。

9.3.6 人口流动

美国郊区化的进程突出表现为人口的空间重新分布。中高收入阶层为了在郊区寻求更高的生活质量，纷纷逃离中心城市，带走了大量社会经济资源和就业机会，同时又有较低收入的人口继续涌入中心城市，填补留下的空白。

如图 9-3 所示，在美国密苏里州的圣路易斯(St. Louis)，1940—1950 年期间，正值美国郊区化浪潮的高峰时期，白人家庭大量从中心城市向外围郊区迁移，即所谓的“白人逃离”，中心城市则更多地成为黑人相对集聚的地区②。由于受到一系列歧视性契约条款的影响，黑人群体的流动性相当有限；即使黑人群体能够流动，也大多局限于特定区域。总体来看，美国黑人与白人的居住空间分化程度相当严重，内城居民与郊区居民之间的收入水平差异相当巨大，突出地表现为“内贫外富”“内黑外白”的空间分布特征。

这种所谓的“居住过滤”和“种族演替”现象对于那些流动性强的居民来说非常有利，因为他们可以借机寻求更高质量的生存空间；而对于那些仍然居住在内城的流动性较弱的有色人种居民来说，则是一种巨大的伤害，他们囿于种种条件的约束，流动性很差，而被迫滞留于内城。

这部分流动性较弱的居民或出于对社区的依恋和归属感而不愿离开，或由于就业歧视和住房歧视，缺乏必要的就业和居住方面的相关信息，而被迫滞留于内城。对内城居民来说，除了要面临那些成功人士外迁所造成的社区资源不足等方面的困难之外，还要面对外来移民在就业等方面的有力竞争，因为后者更善于抓住和利用当地的各种经济机会。在两方面的夹击之下，内城居民的就业前景不容乐观，贫困程度趋于恶化。总之，与人口的空间流动相伴，内城也经历了社会隔离和社会孤立以及社会资本不断流失的过程。

---

① Turner, Margery, Raymond S, et al. Housing Discrimination Study Synthesis[R]. Washington, DC: U. S. Department of Housing and Urban Development, Office of Policy Development and Research, 1991.

② 参见 http://mappingdecline.lib.uiowa.edu/map/，2011-12-8 相关内容。

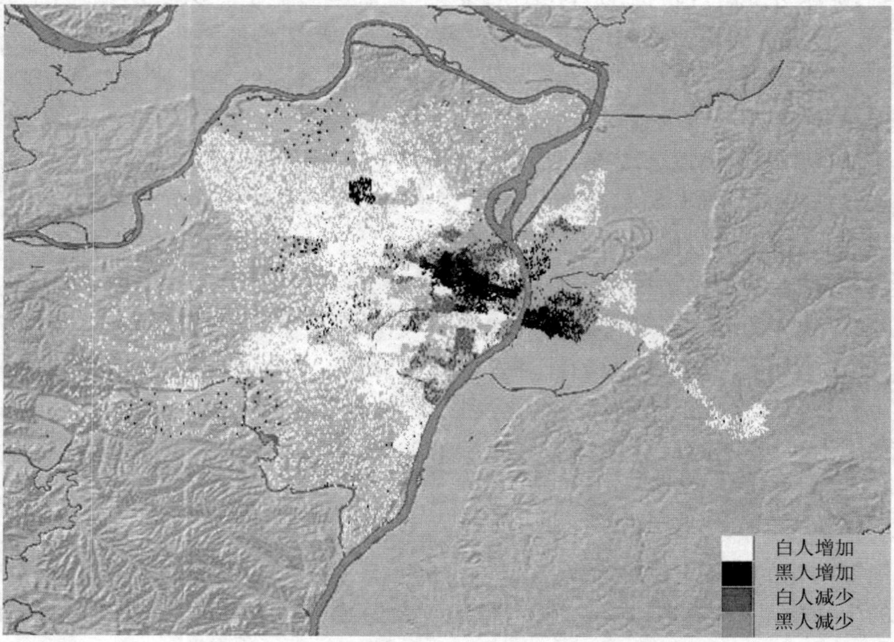

图 9-3　1940—1950 年期间美国圣路易斯的"白人逃离"

9.3.7　内需不足

如前所述,关于城市贫困的研究视角较多地停留在贫困居民自身,侧重人力资本、文化行为、种族歧视、工作技能等方面;除此之外,研究者也应当关注如何打造适宜的经济发展环境,来创造更多的就业机会,帮助内城居民摆脱贫困。当前,美国内城地区面临严重的内生增长需求不足的矛盾,制约了地方经济发展的活力。

从历史上来看,美国也曾经采取了一系列刺激地方经济发展的措施,主要是通过让大型企业在内城设立分厂的方式来吸引外部投资。不过 20 世纪 80 年代经济衰退以来,随着传统制造业的衰退和新兴商业服务业的兴起,以往那些对工作技能要求不高的就业岗位大幅缩减。在传统制造业的就业机会流失的同时,除了少量低收入行业之外,新兴商业与服务业的发育并没有给那些低技能甚至无技能的劳动力提供合适的就业机会,这在相当程度上压缩了贫困居民的生存空间。

鉴于上述新的形势,为了缓解内城地区就业岗位不足的矛盾,另外一个较为可行的策略就是转变发展思路,通过鼓励当地小型企业发展、利用贷款资金、建设产业孵化器等方式,来增强内城地区地方经济发展的活力①。

其实,在 20 世纪 20 年代,美国纽约的哈莱姆区(Harlem)和芝加哥的黑人聚居区是相当具有活力的。尽管当时也遭受贫困和歧视的困扰,但由于有大量黑人从事

① Blakely, Edward J. Planning Local Economic Development[M]. Newbury Park, CA: Sage Publications, 1989.

商业活动，其社区凝聚力很强。“二战”之后由于种种原因，内城地区那些少数民族居民经营的商业活动开始停滞不前，民权运动的兴起又增强了有色人种的流动性。那些原先从事商业服务活动的少数民族企业家(主要是非洲裔美国人)干脆趁机搬离内城，造成当地的市场经营环境迅速恶化，银行、超市等公共服务设施也逐渐退出内城市场。

可见，内城的发展成功与否，归根结底还取决于其自身经济活力的培育。地方经济活力低迷，内生需求不足，内城地区就缺乏自我扩张的经济基础。如必须要在本地打造一支强有力的经济队伍，扶持小型企业可以说是内城地区经济发展战略的一个重要选择。要努力发展本地经济，输血机制与造血机制并举，增强地方经济的独立性和内聚力，而不是将希望寄托在外部力量的介入和外部资金的导入方面，要着力减少对外部产业的依赖程度。

9.3.8 公共政策

公共政策的影响范围相当广泛，前面诸多研究视角和理论假设均或多或少地涉及相关公共政策的制定，内城贫困问题的解决也迫切要求从公共政策制定方面寻求突破。基于特定的分析视角，可以从中发现公共政策的些许痕迹，例如：人力资本不足，部分原因是由于教育公共支出力度不够；产业结构的转型更多地是来自于贸易政策的推动；人口流动的模式又受到移民法案的影响。除了特定领域的政策之外，这里更多考虑的是诸如城市更新、高速公路建设项目以及公共住房和福利政策等涉及城市整体发展战略方面的公共政策。

笔者认为，公共政策的制定往往具有一定的政策风险，也就是说，公共政策既有可能产生正面影响，也有可能产生负面影响。在“不经意间”，政策效应也有可能朝着与政策制定初衷相反的方向发展，可以将其称之为“政策的两面性”或“政策的双重效应”。

从现实来看，内城地区的贫困问题也在一定程度上受到了相关公共政策的推波助澜，例如，一些空间导向型的公共政策在帮助一部分居民摆脱贫困的同时，也在一定程度上阻碍了另外一部分居民的流动性，使其陷入贫困的泥潭。如果没有联邦政府对居民购买住房行为进行鼓励，并且投入巨资建设高速公路，那么中产阶级的外逃规模绝对不会如此之大[①]。如果不是政府在内城地区集中建设低收入住宅并且执行反歧视政策不力的话，那么少数民族群体或许能够更加方便地获得就业机会[②]。

由此可见，公共政策之间的作用机制较为复杂，甚至有可能产生意想不到的效应。针对当前存在的内城贫困问题，我们需要反思公共政策的合理性及其之间的协同效应。

---

① Jackson, Kenneth. Crabgrass Frontier: The Suburbanization of the United States[M]. New York: Oxford University Press, 1985.

② Massey, Douglas, Nancy D. American Apartheid: Segregation and the Making of the Underclass[M]. Cambridge, MA: Harvard University Press, 1993.

9.4 内城贫困引发的公共服务问题

伴随着20世纪五六十年代郊区化进程的推进，美国部分中心城市呈现衰退的迹象，内城贫困问题加剧。内城地区的贫困问题给居民的工作和生活带来了深远的影响，由于内城居民与郊区居民之间存在巨大的收入差异，导致公共服务和服务质量的空间不均衡现象非常明显。有研究显示，在那些低收入居民聚集的内城地区，超级市场的数量更少、规模更小。对于收入最低邮政区域的居民来说，其人均拥有的零售商店数量要比收入最高邮政区域的人均水平低30%左右①。

究其原因，内城地区的地块相对零散，使得零售商店的开发费用较高。由于对空间的需求过大，大型超市难以在内城地区找到适宜的区位，而郊区往往能够提供大块的、较低价格的土地②。而且，内城房屋和土地产权分化趋势明显，难以找到合适地块③。在美国郊区，很大一个地块往往为一家居民所有，而在内城，同样的地块可能属于多家居民，地块的整理可能需要耗费若干年时间，因此城市土地开发的难度和成本大幅度提高。此外，即使能够找到一些具有潜力的区位，也往往受到区划法规的限制④。总之，在内城地区进行大型零售业选址可谓困难重重。由于开发密度较高，能够找到一块面积媲美郊区大型超市地块的土地的可能性微乎其微。

而且，内城地区的零售业空间分布不均，给当地居民生活带来很大影响。图9-4显示的是洛杉矶县连锁超市的空间分布与服务范围，服务半径按照1英里计算，可以看出，在人口密度相对较高的内城社区，诸如康普敦(Compton)、里恩伍德(Lynwood)和拜尔(Bell)以及东部部分区域仍然有相当一部分居民处于超市服务的空白区域。

再有，内城的零售商品价格偏高，给原本收入偏低的内城居民带来较大经济压力。在新泽西州的纽瓦克，内城地区零售商品的平均价格比郊区高出38%⑤。一方面，内城地区设置商店的运营成本偏高，大型食品店通常向郊区聚集；另一方面，内城地区的超市数量少，即使有小型零售商店，也往往由于规模小、运营成本高，导致零售商品的价格普遍高于郊区。在内城地区，零售商的运营成本主要包括：保安、由偷窃造成的商品损失、工人补贴、债务保险、房地产税等等。还有零售商认为，内城居民的平均购买额度过少也是导致运营成本高昂的重要影响因素，由于居民购买额度较少，客观上需要更多的收银员，相应抬高了交易的费用。当然，大型超市的退出也在很大程度上助长了小型商店的涨价行为，从而形成恶性循环。对于收入本来就偏低的内城居民来说，这无异于雪上加霜。而且，内城小型零售业提供的食品较为有限，内城居民的选择范围狭窄，难以获得足

---

① Weinberg Z, Epstein M. No Place to Shop. Public Voice for Food and Health Policy[R], 1996.

② Richard L. The Drive-in, the Supermarket, and the Transformation of Commercial Space in Los Angeles, 1914—1941[M]. Cambridge, MA, US: The MIT Press, 1999.

③ Alwitt L F, Donley T D. Retail stores in poor urban neighborhoods[J]. Journal of Consumer Affairs, 1997, 31(1): 139-164.

④⑤ Bremner B. Looking downscale without looking down[J]. Business Week, 1990(10):62-67.

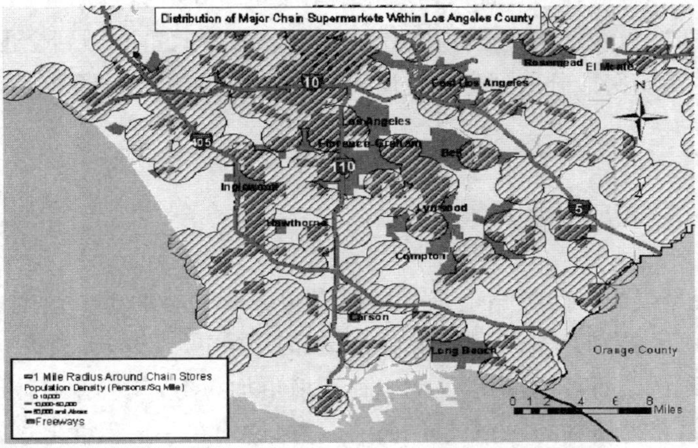

图 9-4　美国洛杉矶县连锁超市的分布与服务范围

够的食物和所需营养，且饮食质量低劣很容易引发相关疾病。

由于内城地区的食品价格偏高，内城居民更倾向于在所在社区外围寻找和购买相对便宜的食品，从而在一定程度上人为延长了购物出行的距离。阿尔维特(Alwitt)和当雷(Donley)在芝加哥的研究中发现，内城贫困社区的居民购买商品的出行距离通常要在 2 英里以上，很多情况下甚至要在 3 英里以上①。不过，内城居民的汽车拥有率偏低，主要依赖步行和公共交通，又在一定程度上增加了居民到外围地区远距离购物的出行难度。有数字显示，内城地区大约 1/3 的低收入租房户没有汽车，43%的居民只有一辆汽车。对于那些居住地域与外围郊区之间公共交通使用不便的内城居民来说，快速交通工具的缺乏在很大程度上影响到他们的出行范围和廉价商品的购买。

此外，内城地区的教育质量和人力资本的提高也不容乐观。贫困居民的子女在教育问题上面临失败的危险要比富裕家庭子女高出许多。在郊区化背景下，随着中高收入阶层的外迁，贫困人口大量滞留于中心城市和内城地区，形成了“内贫外富”“内黑外白”的居住分化与隔离的空间格局。而教育支出和教育质量主要依赖所在区域的财政收入，贫困区的财政收入很低，也就意味着低收入居民所在地区的教学资源匮乏、师资力量不足，教育质量也相应呈现下降态势。这就能够初步解释为什么在美国，中小学生的教育水平与其家庭物业价值之间有着较为密切的关联。可以说，由于贫困人口获取高质量公共服务资源的能力相当有限，生活质量不高，受教育水平较低，给贫困人口特别是儿童的身心健康带来许多负面影响。贫困人口较低的劳动力素质又会进一步影响到其自身潜力的提升和对未来就业机会的争取，使其在社会竞争中难免处于劣势地位，很容易陷入贫困的恶性循环而难以自拔。

总之，管理者必须对上述问题予以足够的重视，否则，贫困及其相关的负面效应会趋

① Alwitt L F, Donley T D. Retail stores in poor urban neighborhoods[J]. Journal of Consumer Affairs, 1997, 31(1): 139-164.

于强化，处理起来会更加棘手。针对内城贫困引发的一系列公共服务和公共资源配置不均衡的问题，需要努力做好相关公共服务设施的布局工作，争取做到全覆盖，尽可能地让公共服务能够更为均衡地分摊到每一位居民头上，让内城贫困居民能够享受到更多的便利和实惠。

9.5 贫困引发的健康问题

贫困对健康产生的负面影响也是公共健康领域所关心的重要话题。相对于中高收入阶层，低收入居民特别是贫困居民面临的健康问题更加严峻。贫困居民更加容易生病，更可能过早死亡。而且，贫困居民的生存环境更加恶劣，其所在居住区的医疗服务资源相对匮乏，难以获得便利的、高质量的公共服务，这均在一定程度上影响到他们的健康水平①。

结合相关的人口学特征，能够识别出相关弱势群体，不难发现他们发生贫困的可能性也会更大(图 9-5)。例如，就年龄来看，青少年、儿童的贫困发生率更高。根据 1999 年的数据，美国全国有 11.8%的人口生活在贫困线之下，其中 18 岁以下青少年、儿童的贫困率为 16.9%，明显高出成人 10%的水平，6 岁以下儿童的贫困率甚至高达 18%。就人种来看，有色人种和少数民族群体的贫困率更高。1999 年美国有 23.6%的黑人人口和 22.8%的西班牙裔人口生活在贫困线之下，而同期白人人口的贫困率只有 7.7%。再来看家庭类型，单亲女性家庭的贫困率为 27.8%，远远高于已婚家庭 4.8%的水平，而黑人和西班牙裔单亲女性家庭的贫困率更是分别高达 39.3%和 38.8%。

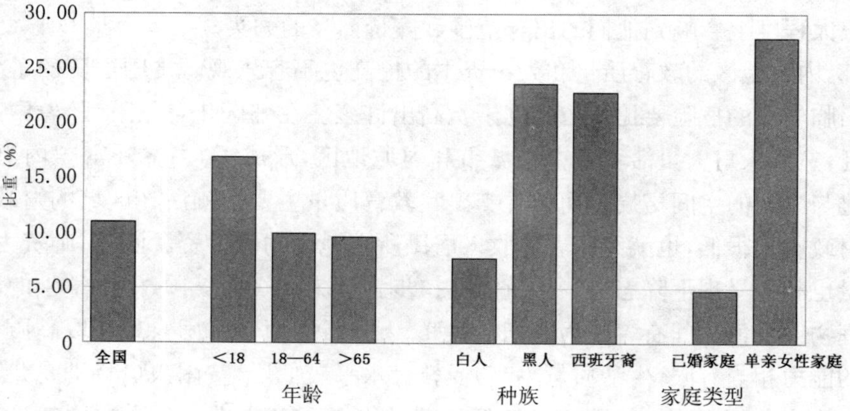

图 9-5 1999 年美国各类社会群体的贫困率

贫困人口面临的健康风险因子很多，例如抽烟、超重、缺乏运动乃至养成长时间静坐不动的生活方式等等。由于所在地区医疗公共服务资源不足等诸多方面的原因，他们发病的风险水平也要显著高于高收入人口，主要表现在，居民的社会经济地位越

① Diane R. Poverty and health[EB/OL]. [2013-09-19]. http://www.enotes.com/topics/poverty-health.

低，维持日常生活相对困难，精神压力很大，也容易养成不良的生活习惯和生活方式。那些社会经济地位偏低的居民很容易沉迷于酒精、尼古丁、毒品等物质。有研究显示，处于社会底层的居民沾染酒精的可能性几乎是富裕阶层的 3 倍，而沾染尼古丁和毒品的可能性更是大幅度增加，甚至分别达到富裕阶层的 8 倍和 9 倍以上（图 9-6）。

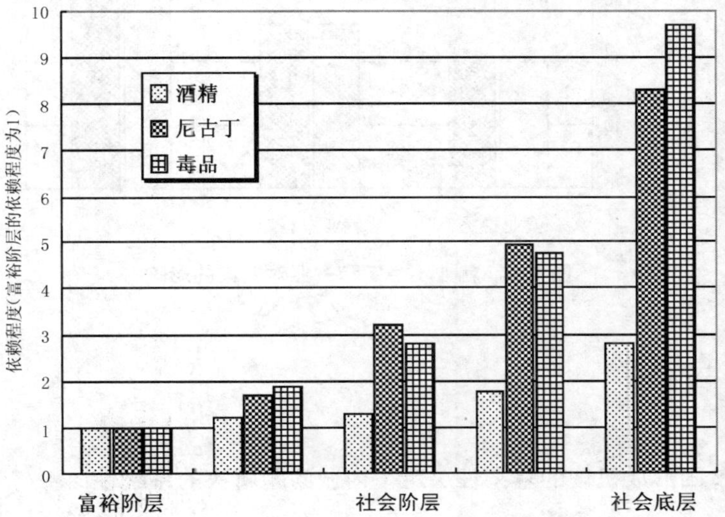

图 9-6　社会经济地位与酒精、尼古丁和毒品的依赖程度

而且，由于受教育程度低、工作技能不高、工作不够稳定，贫困居民经常面临失业风险的威胁。失业对健康的影响表现在两个方面：一是心理层面，由于就业不够稳定和失业风险偏高，贫困居民的焦虑感更强，为此承受的精神压力更大；二是经济层面，就业不稳定意味着收入不稳定，难以维持日常生活所必需的开支。

由于经济社会地位低下，他们往往受到排斥和不公正的对待，与主流社会之间的隔离感增强，在一定程度上强化了他们的焦虑情绪。从生理学意义上来看，在遭遇紧急情况时，人体的荷尔蒙会大量释放，神经系统也会得以充分的调动，以应对外部的突发事件。一般来说，短暂的应激反应并不会对身体造成多大损伤。不过，长期来看，身体的持续过激反应会对心血管和免疫系统产生影响。如果长期保持精神紧张，人体的抵抗力就会迅速下降，很容易罹患糖尿病、高血压、心脏病、脑卒中、抑郁症等疾病，这将严重威胁到人体的健康水平①。

如图 9-7 所示，无论是对于就业不稳定还是失业的居民来说，他们所面临的患病风险和精神压力均明显高于就业较为稳定的居民。

① Richard W, Michael M. Social Determinants of Health: The Solid Facts[R], 2003.

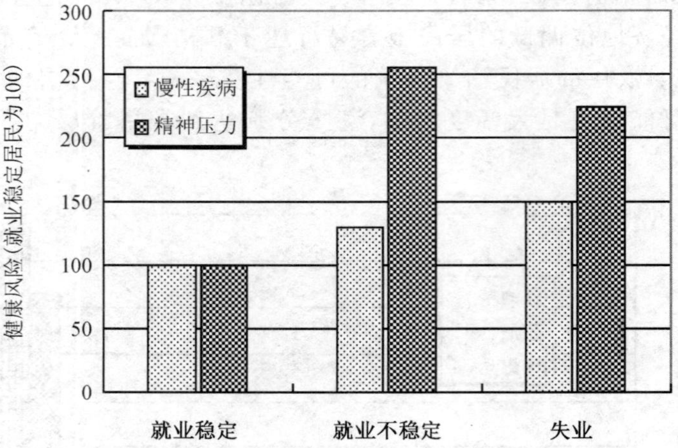

图 9-7　就业不稳定和失业对健康的影响

9.6　总结与思考

9.6.1　内城贫困形成机理的复杂性决定了内城问题解决的系统性

内城贫困问题虽然较为直观,但它作为一种外部表象,只是冰山之一角。在经济空间发展不平衡发展格局的背后,是诸多因素的相互作用。在本章关于城市贫困问题的分析视角和理论假设部分,许多学者从某一特定视角出发,试图解释内城贫困问题的形成机理。但是,由于内城贫困问题的形成机理相当复杂,涉及因素众多,仅从单一角度入手来解释内城贫困问题的生成机制,必然或多或少地带有一些局限性。因此,需要从多学科视角对贫困问题背后隐藏的社会经济影响因子及其相互作用进行系统分析。当然,相关公共政策的制定也不只是局限于某一特定视角和领域,也应当是多角度、全方位和战略性的。

9.6.2　歧视性政策是理解美国内城贫困问题的重要视角

美国的贫困问题之所以在内城具有高度的空间聚集特征,种族歧视难辞其咎。除了种族之间自然而然的分化和排斥之外,政府的歧视性政策助长了这一分化态势。其中包括空间歧视和贫富歧视,即相对于中心城市和穷人来说,相应政策的制定偏好郊区和中高收入阶层,例如,美国联邦政府和地方政府实行的严格的“红线制度”和对私人独户住宅优惠的政策,实质上具有强烈的歧视性和空间导向,可以说助长了种族的隔离态势,对加速居民的郊区化和加剧内城贫困起到了推波助澜的作用。

我国尽管没有种族之间的歧视政策,但并不代表我们的政策就是公平的。严格来看,即使对于同一项公共政策,不同群体基于各自的利益诉求,所承受的政策效应也是有所不同的。在相关公共政策的制定方面,要均衡各种利益群体的需求,更要特别关注政策作用对象中的弱势群体，努力避免特定群体的利益遭受严重损害的现象。

9.6.3 重新反思社会保障政策和反贫困项目

美国福利政策的失败以及社区建设项目的兴起也使得我们有必要反思其社会保障政策和反贫困项目。美国早在1935年即制定了社会保障法，走上了福利国家的道路。"二战"后，美国的社会保险事业发展迅速，社会保险、社会救济、社会福利方面的制度体系趋于完善，例如社会救济领域中对未成年子女家庭援助的计划、附加收入保障计划、食品券补贴等等。但是，1996年的美国福利改革取消了长达60年之久的联邦政府对贫困家庭的资助。

美国的福利政策虽然取得了一定积极效果，然而其负面影响同样不可忽视。战后覆盖面广泛的福利保障使一些人在公平和效率的问题上产生了模糊概念。相对于早期资本主义发展强调无情竞争、适者生存而完全忽视公平、正义等社会道德存在的做法，既广且深的社会保障项目又使一些人不劳而获的劣根性膨胀①。长期的实践证明，一味地对贫穷社区进行资金上的帮助无疑只是一种短期行为，并不能真正将孤立贫困的落后社区解救出来。不断扩展的福利项目对穷人来说甚至是一种伤害，使他们可以游手好闲，助长了不法行为②。

9.6.4 加强社区建设是对抗贫困问题的重要着力点③

20世纪30年代的经济危机和第二次世界大战使美国城市遭受了极大的打击。针对城市的贫困问题，美国联邦政府采取了各种措施，包括中心区改造、贫民窟清理、"向贫穷开战"等项目，以及长达60多年对贫困家庭的资金援助等等，但收效甚微，内城贫困问题并未得到根本解决，甚至某种程度上还在进一步恶化。

始于80年代末的社区建设运动正是产生于这样的背景之下：在基金会的有力支持下，美国在各地相继开展了有针对性的社区建设项目，取得了较为明显的效果。社区建设运动充分吸取了以往反贫穷项目的经验教训，认识到贫困是一系列问题的症结，要立足社区，注重培育良好的社区网络关系，鼓励公众的广泛参与，强调居民自我救助、自我依赖。社区建设的重要意义在于它是一种观念的转变和思路的创新：它摒弃了以往在消除内城贫困问题上短视低效的做法，不再单纯依赖高福利政策下的政府资金援助，以及短期孤立的福利项目；而是转而强调一种社区关系网络的营造，通过广泛的社区参与，提高社区居民自我依赖、自我完善、自我发展的能力，培育真正有生命力的社区。

9.6.5 充分发挥公共政策应对城市贫困问题的综合调控作用

有学者认为，公共政策只是城市贫困问题的驱动因素之一，但并非主导影响因素。笔者认为，公共政策恰恰在包括内城贫困问题的许多城市问题当中起到主导作用。前面

---

① 韩亚辉. 美国的贫困问题与社会保障政策[D]：[硕士学位论文]. 济南：山东师范大学，2000：43.

②③ 胡伟. 美国解决内城贫困问题的新对策[J]. 城市问题，2001(1)：51-54.

关于内城贫困问题研究的若干分析视角及其诸多根源当中其实都或多或少地留有公共政策的作用痕迹。

甚至可以说，内城贫困问题的产生和加剧，在某种程度上是某些公共政策在“不经意间”形成的“副产品”，更多的是公共政策调节不力的产物。基于政府视角的公共政策承担着弥补市场缺陷、维护公共利益的重任，理应在消除贫困、保障社会公平方面发挥其应有职能。公共政策引导着各类生产要素的流向和相关社会经济活动的运行，在很大程度上影响着社会经济格局的重塑。

其中，城市规划与管理领域的公共政策要充分发挥其应有的综合调控作用。城市规划过程是引导城市发展，实现城市的可持续发展，增进和保障公共利益的过程。城市规划不仅要研究空间布局，更要重视维护隐藏在布局与功能之后的利益关系，维护社会利益和社会公正。城市规划引导着土地利用方式和开发时序，在制定城市发展战略、解决城市问题以及建设健康城市方面均起着极为重要的作用，从这一角度来看，城市规划不仅仅局限于僵硬规则的制定，更主要的是对城市社会问题的回应①。因此，有必要借助相应的城市规划政策，发挥其杠杆作用，引导、调控各类经济活动，解决城市的贫困问题。

9.6.6　公平公正，追求社会稳定和谐，共享现代化成果

以人为本，追求社会公平与社会公正是贯穿健康城市化的一条重要主线。城市化的成果应当普惠于城市的每一位成员，这是城市和谐的基本前提。在美国，贫困问题在有色人种和移民之中特别突出，因为在城市化进程中，他们的利益受到剥夺，往往被排斥于主流社会之外。反观我国，在城市化高速推进和大规模城市建设进程之中，有相当一部分群体受到了强烈冲击，他们或者利益受到损害，或者发展机会被无情剥夺，或者自身竞争力处于弱势地位而难以自拔。这部分受到社会转型冲击的人口主要包括失学儿童、下岗工人、孤寡老人、农民工、外来人口、动拆迁居（村）民等等，涉及教育、培训再就业、困难救助、利益补偿、社会保障等诸多问题；倘若解决不好，他们往往会构成城市贫困居民的主体。

特别是在城市的形态开发和改造过程中，低收入居民集中区域往往成为优先改造的对象，受到的影响最大。假如漠视他们的存在，盲目地予以压制和排斥，充其量只能是把贫困问题从一个空间转向另一个空间。要尊重以贫困居民为代表的弱势群体，从各方面关心他们，尽可能解决他们的困难，保证他们的体面生存。只有让所有市民普遍受益，实现和谐共处，有效整合各利益阶层的价值取向，才能增强城市凝聚力和社会稳定。同时也应当看到，贫困问题的解决将是一个长期的过程。

---

① 何明俊. 作为公共行政管理的城市规划[J]. 城市规划，2005(12)：41-44.

10 美国内城地区的“红线歧视”现象

“红线歧视”是美国保险领域研究的热点问题之一。本章在简要介绍“红线歧视”概念及其相关背景的基础上，对美国内城的人口经济社会特征进行了总结，随后从汽车保险、住房抵押贷款保险以及其他公共服务领域三个视角概括了“红线歧视”的具体表现。并且，从种族歧视和信用不足两个层面分析“红线歧视”的形成机理与观点之争认为：种族问题仍然是理解“红线歧视”现象的重要视角；要全面认识“红线歧视”现象复杂深刻的社会经济背景；制定合理的公共政策和发展战略，维护社会公平与公正；从区域层面应对“红线歧视”问题，减少负的外部性；充分发挥政府力量对市场扭曲负面影响的矫正作用。

10.1 “红线歧视”的概念及其相关背景

所谓“红线歧视”，简要来看，是指银行、开发商、政府以及其他一些信贷机构用红线在地图上圈定范围，拒绝为处于“特定”地理空间的社区[①]的居民提供某种商品和服务的行为[②]。落实到保险领域，具体是指保险机构拒绝为低收入居民、有色人种和少数民族聚居区的居民提供保险服务，或者收取更高费用的做法。

“红线歧视”现象的普遍存在，对美国的经济社会发展产生了相当深远的影响。由此产生许多疑问：从理论上看，城市在相关公共服务的提供方面，应当合理配置社会经济资源，实现公共服务在空间层面的均等化供给。但是，在办理抵押贷款和相关保险业务以及其他相关公共服务领域，相对于其他区域的居民，内城居民需要交纳更高的费用，原因为何？这种做法是纯粹的市场行为与合理的市场选择，还是在一定程度上来自社会制度层面的种族歧视和收入歧视？为何低收入居民和少数民族的居住格局呈现相对聚集于内城的空间特征？为何作为弱势群体的低收入居民反而要承受同时来自于市场和制度层面的双重经济压力？这些疑问，迫使我们去寻求更深层次的社会经济动因，对“红线”产生的社会经济文化背景、在保险领域的运作机制和研究观点之争进行系统的总结。

---

① 特定社区一般是指那些处于内城的由低收入居民、有色人种和少数民族人口构成的聚居区，笔者注。

② Gary W. Insurance redlining and government intervention[EB/OL]. [2007-10-01]. http://www.fee.org/publications/the—freeman/article.asp? aid=4891.

10.2 “红线歧视”的具体表现

10.2.1 汽车保险领域中的“红线歧视”现象①

在汽车保险领域，“红线歧视”现象表现为，保险公司或者其他信贷机构对聚居于内城社区的低收入者和少数民族居民征收更高比率的保险费的行为。通常来看，保险公司往往依照当地的事故发生率来确定保费，也就是说，保险公司将居民所需要缴纳的保险费用与信用额度直接与其所居住的特定地域的事故发生率挂钩。虽然内城贫困地区居民的支付能力较低，但是其面临的交通事故风险较高，反而需要缴纳更高的保险费用，由此在一定程度上造成了社会的不公平。

从现实来看，由于城市地域空间的开放性，城市的机动车交通流量总体上呈现出空间分布不均衡的格局，表现为，城市的某些区域由于需要承担其他区域涌入的交通流量，导致该区域的交通流量猛增，明显高于其他区域，而内城地区恰恰属于此类型的区域。这样一来，内城地区居民由于所处的交通环境更加复杂，发生交通事故的风险会加大。为了更加有效地规避交通事故带来的索赔风险，保险公司要求内城地区的居民支付更高的保费。

美国学者的研究证明了这一观点。如图 10-1 所示，保罗·昂(Paul Ong)将洛杉矶市划分为市中心区、内圈层和外圈层三大圈层。然后在此基础上，对每个圈层的交通流量指标进行了比较分析。

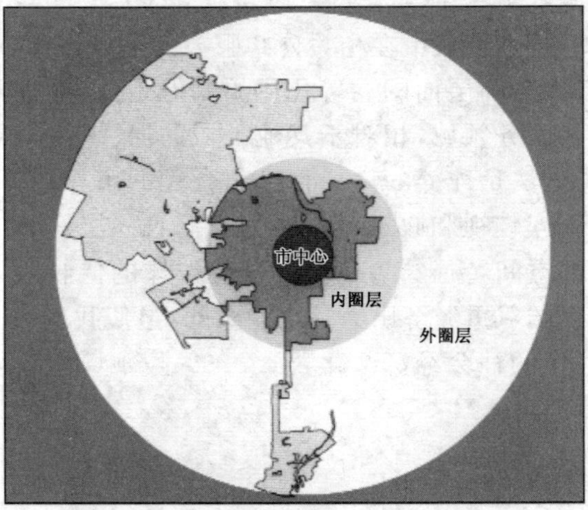

图 10-1 美国洛杉矶市的地域划分

图 10-2 比较了洛杉矶市三大圈层的相关交通指标。其中，“路网密度”可以用每平

① Paul M O. Auto Insurance Redlining in the Inner City[R], 2004:40-41.

方英里的道路里程来表示,"交通流量"可以用每平方英里的车・英里来表示,"机动车密度"可以用每平方英里的机动车数量来表示,"出行距离"可以用居民平均出行的千米数来表示。

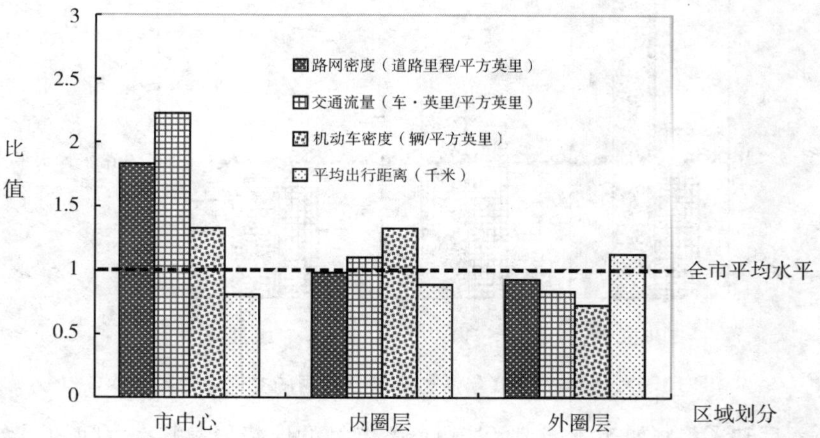

图 10-2 洛杉矶市各圈层交通密度及其与全市平均水平比较

统计结果显示,市中心的路网密度接近全市平均水平的 2 倍,内圈层的路网密度与全市平均水平基本持平,而外圈层的路网密度则低于全市平均水平。横向比较来看,交通流量的区域差异则更加明显。其中,市中心的交通流量是全市平均水平的 2 倍以上,而外圈层地区的交通流量则显著降低。从机动车密度和出行距离来看,尽管市中心地区人口的居住密度较高,但由于居民的收入水平低,平均每户家庭所拥有的机动车数量较少。而且,由于靠近城市中心,内城地区居民的出行距离也较短,因此他们的平均出行距离和机动车密度两项指标并不高。与之相比,外围圈层人口的居住密度较低,尽管居民的汽车拥有率较高,但是由于空间面积庞大,机动车密度并不高。不过,值得注意的是,外围圈层居民的平均出行距离要显著高于其他区域。

综上所述,洛杉矶市内城区域的交通流量显著高于其他区域,但该区域居民的出行距离低于全市平均水平,仅仅是外围圈层的 3/4 左右。反观外围圈层,交通流量并不高,但是居民平均出行距离却跃居首位。从一定意义上说,内城区域的交通流量虽然突出,但并非完全由本区域居民出行所致,其中有相当比重的交通流量是外圈层居民的出行所造成的。

一般来说,事故发生率与交通密度之间呈现较强的相关性。如图 10-3 所示,"事故里程密度"可以用每车・英里的事故数量来表示,"事故空间密度"可以用每平方英里的事故数量来表示,"事故车辆密度"可以用平均每辆本地机动车发生的事故数量来表示。

随着交通密度的提高,每车・英里的事故发生率相应提高。其中,市中心每车・英里发生事故的可能性是外圈层的 1.5 倍以上。更为严重的是,无论从每平方英里发生事故的可能性,还是从平均每辆汽车发生事故的可能性来看,市中心地区均比外围圈层高出 2 倍以上。这在相当程度上表明,市中心发生交通事故的风险要高于外围郊区。

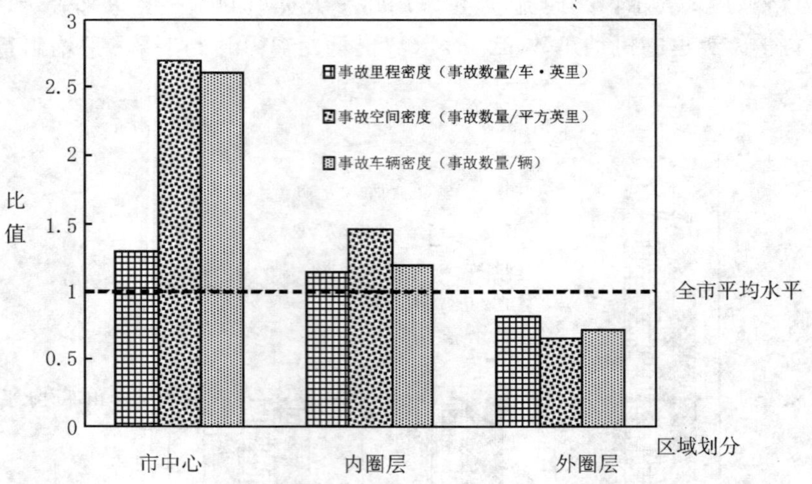

图 10-3　1994—2002 年洛杉矶市各圈层的交通事故发生率

图 10-4 反映了洛杉矶市不同地区居民所需缴纳的保费与索赔率之间的关系。内城地区居民发生人身伤害事故和进行索赔的可能性最高，因此保险公司收取的保费也相应提高。

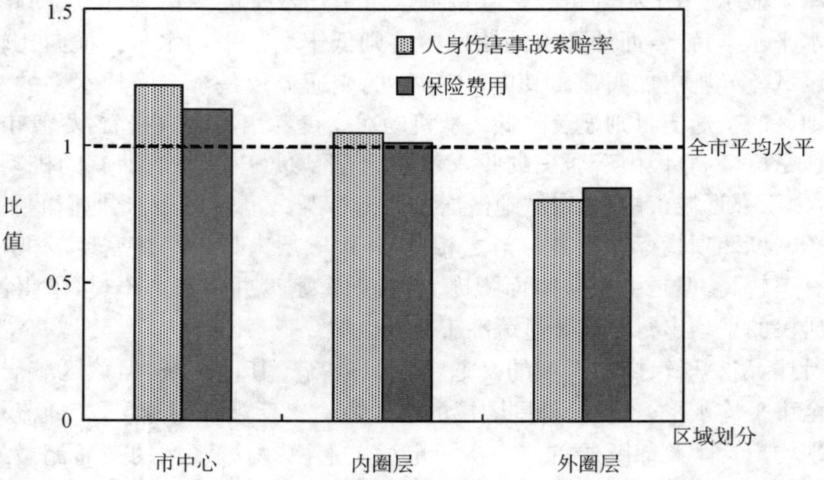

图 10-4　洛杉矶市各圈层的人身伤害事故索赔率与保险费

很明显，对于保险公司来说，内城区域的机动车交通流量越大，车祸的事故发生率也相对较高，因此保险公司面临索赔的风险级别相应提高，为了有效规避风险，需要对内城区域的居民收取更高额度的保险费。这样，在“交通流量—事故发生率—索赔风险—保险费率”之间形成了一个逻辑合理的链条。就保险公司看来，他们依照风险之高低来收取保费的做法符合市场经济规律，看似是合理的经济行为，似乎不存在任何歧视行为。

但是，问题的关键在于，内城区域较高的交通流量有相当一部分其实来自于外围郊区圈层，整个区域交通流量分布不均所带来的经济负担被转嫁到内城居民身上，内城要为整个市域范围内的交通流量产生的负的外部性买单。

雪上加霜的是，内城地区恰恰集聚了更多的弱势群体，内城地区居民的收入水平较低，有色人种的比例更高（图 10-5）。市域范围内的交通流量产生的负外部性反而要让本已经处于弱势地位的内城居民来负担，这一局面极具讽刺意味。对于内城居民来说，这显然是不公平的。

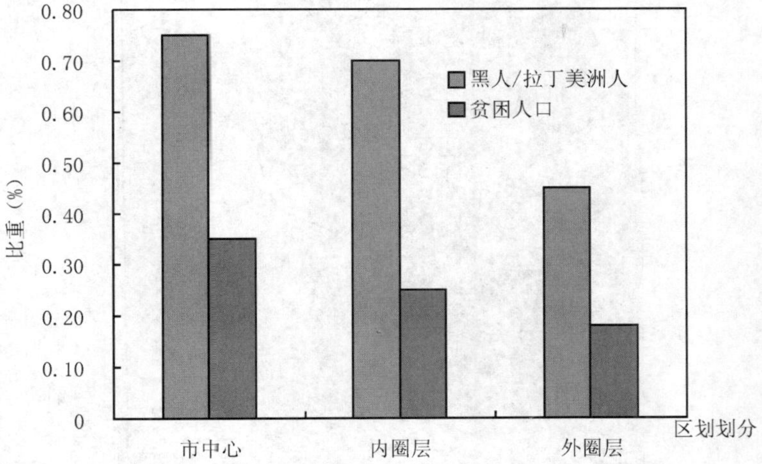

图 10-5　洛杉矶市各圈层的有色人种比重和贫困率

10.2.2　住房保险领域中的"红线歧视"现象

"红线歧视"的做法还广泛存在于住房贷款与保险领域。事实上，"红线歧视"的做法最初就是起源于住房抵押贷款领域，是随着 20 世纪 30 年代"大萧条"时期，美国"联邦住宅贷款银行署（Federal Home Loan Bank Board）"以及房主贷款公司等机构的建立而实行的。1940 年，美国联邦住宅贷款银行署为抵押贷款机构提供相关统计资料，将美国的社区划分为"高风险"和"低风险"区域，指导其贷款行为，并且建议其不要对那些高风险区域进行住房抵押贷款[①]。房主贷款公司则为加州的奥克兰和伯克利提供了一个更为详细的调查报告，按照住房抵押贷款风险之高低将城市社区分为 4 个等级，分别用 A、B、C、D 表示，在地图上用绿、蓝、黄、红 4 种颜色标出，用以表示该社区偿还贷款的安全系数，形成所谓的"住宅安全地图"，也可以称之为抵押贷款风险地图（图 10-6）。

值得注意的是，住宅价格因素其实并不是贷款风险"安全"与否的主导影响因素。居住区域的分级主要考虑以下因素：该地区住房的购买或者租赁需求；当地居民的住房拥有率；建筑时间和建筑结构；住房所在地区的经济稳定性；居民的社会地位和层次；公共服务设施的供给水平；除此之外，还考虑学校的可达性以及教堂、商业中心、交通便利性、地形地貌等情况。可见，居住区的分级不仅仅考虑住宅自身，还更多地受到外围居住环境的影响[②]。

---

① 孙群郎. 美国城市郊区化研究[M]. 北京：商务印书馆，2005：149-150.

② 参见 http://cml.upenn.edu/redlining/PDFs/HOLC1937/libroexplanation.pdf，2013-9-11 相关内容。

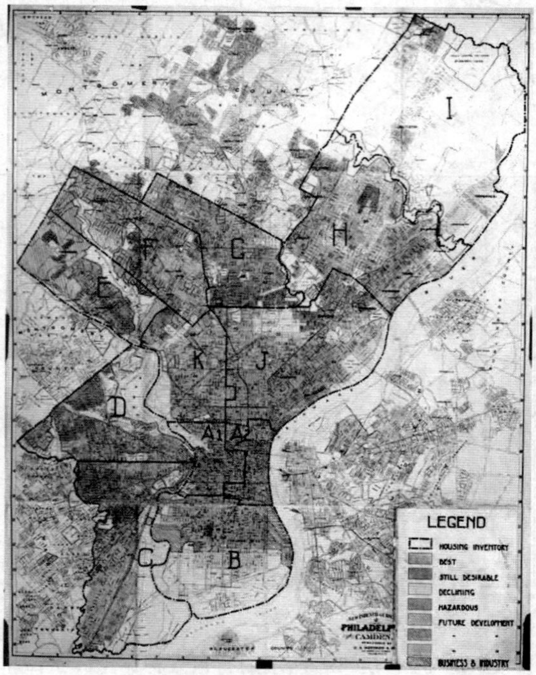

图 10-6　美国费城住房抵押贷款风险地图

A 类社区作为名副其实的热点区域，是新建的环境良好的同质型社区，居民多为中上阶层人士。贷款公司对于此类社区表现出极大兴趣，他们愿意予以最大限度的贷款支持，贷款期限大约为 10—15 年，贷款额度可达住宅评估价值的 75%—80%。

B 类社区的房屋质量也还不错，只是建设年份略久，贷款公司仍然愿意向 B 类社区的贷款人提供优质贷款，但是其贷款承诺①的限制条件更加严格，贷款额度要比 A 类社区低 10%—15%。

C 类社区住房老化和衰败的程度较为严重，低收入阶层较多，而且交通条件不够便利，公共服务设施不够完善，税收负担较重，住宅修缮和维护不够。由于该类社区的建筑质量低劣、居民构成异质化程度较高，贷款公司不太情愿给予此类社区贷款，而且贷款承诺的借贷比例也明显低于 A、B 两类社区。

D 类社区是住宅质量最差、居住环境最为恶劣的社区。有色人种大量入侵②，住房拥有率不高，房屋修缮和维护工作严重滞后，故意破坏公共财产的行为经常发生，居民收入不够稳定。有鉴于此，贷款公司往往不愿意给当地居民贷款，就算给予贷款，条件也会相当苛刻。

总之，在房地产经纪人和贷款公司眼里：A 类社区偿还抵押贷款的可能性最大，安全系

① 贷款承诺是指商业银行等金融机构做出的在一定期间内以确定条款和条件向承诺持有者（潜在借款人）提供贷款的承诺，笔者注。

② 在美国的住房市场中，有色人种的入侵被认为是居住品质"恶化"的标志，笔者注。

数最高;B类为情况尚好的社区,居民的社会地位稍低于A类社区,安全系数次之;C类属于开始衰败的社区,其居民地位更低,安全系数次于前两类社区;D类则是已经衰败的社区,居民处于社会的最底层,向其提供贷款的安全系数最低。尽管房地产经纪人和贷款公司公开宣称,他们所划分出来的住宅安全地图并不意味着那些支付能力较低的C类和D类社区的居民就没有机会获得优质贷款。但是他们也同时承认,C类和D类社区的居民即使能够获得相应的住房抵押贷款,也不能像A类社区和B类社区的居民那样条件宽松①。

抵押金融机构在办理住房贷款时,首先要确定借款人的还贷能力,为了最大限度降低风险,就需要慎重评估申请贷款者的"信誉"②。对于那些低收入者、有色人种来说,需要对所申请的贷款付出更高的成本,甚至有时候由于信用评级较低而得不到足额贷款。例如,美国加州在投资联盟的研究报告表明,由于抵押歧视现象的存在,一些居民为此付出了高昂的代价。根据房地美公司(Freddie Mac)的做法,2005年该公司30年贷款的固定利率为5.87%,而那些受到红线歧视居民的贷款利率却高达9.45%,对应的年综合利率为9.68%③。

如表10-1所示,假如贷款者向借贷公司贷款24.8万美元,偿还期限为30年。如果按照5.87%的低利率测算,每月只需支付1 466.22美元,贷款期间所需要额外支付的利息总量为27.98万美元;如果按照9.45%的利率进行贷款,贷款人每月需要支付的费用上升至2 076.27美元,贷款期间所需要额外支付的利息总量将高达49.95万美元④。由此可见,如果按照高利率偿还贷款,每月需要比正常利率条件下多支付610.05美元,总共需要多支付21.96万美元的利息,这将是一笔非常大的额外开支。据保守估计,在高贷款利率状态下,加州有色人种每月要为此多支付1.09亿美元,合每年13亿美元以上。

表10-1 不同利率条件下的还款额度

(贷款金额为24.8万美元,偿还期限为30年)

利率(%)	每月还款额(美元)	30年的利息总额(美元)	每月还款额差额(美元)	利息差额(美元)
5.87	1 466.22	279 839.64	—	—
6.87	1 628.35	338 207.79	162.13	58 368.15
7.87	1 797.31	399 032.13	331.09	119 192.49
8.87	1 972.31	462 031.76	506.09	182 192.12
9.00	1 995.46	470 367.07	529.24	190 527.43
9.45	2 076.27	499 459.83	610.05	219 620.19

① 参见 http://cml.upenn.edu/redlining/PDFs/HOLC1937/libroexplanation.pdf,2013-9-11相关内容。

② 保罗·诺克斯,史蒂文·平奇.城市社会地理学导论[M].柴彦威,张景秋,译.北京:商务印书馆,2005:176-180.

③ "年综合利率"也可以称为"年杂费利率",由于年综合利率除了计算利息之外,还包含办理抵押贷款所需要花费的各种杂费,因此略高于实际贷款利率,笔者注。

④ The California Reinvestment Coalition. Who Really Gets Higher-Cost Home Loans? Home Loan Disparities by Income, Race and Ethnicity of Borrowers and Neighborhoods in 14 California Communities in 2005[R],2006:8.

而且,不同种族居民获得高成本贷款的比率呈现较大差异。如图 10-7 所示,非洲裔美国人获得的贷款中有 52.60%属于高成本贷款,西班牙裔或者拉美裔居民高成本贷款的比例高达 50.80%,而对于非西班牙裔白人来说,高成本贷款的比例只有 16.80%,前者是后者的 3 倍以上!

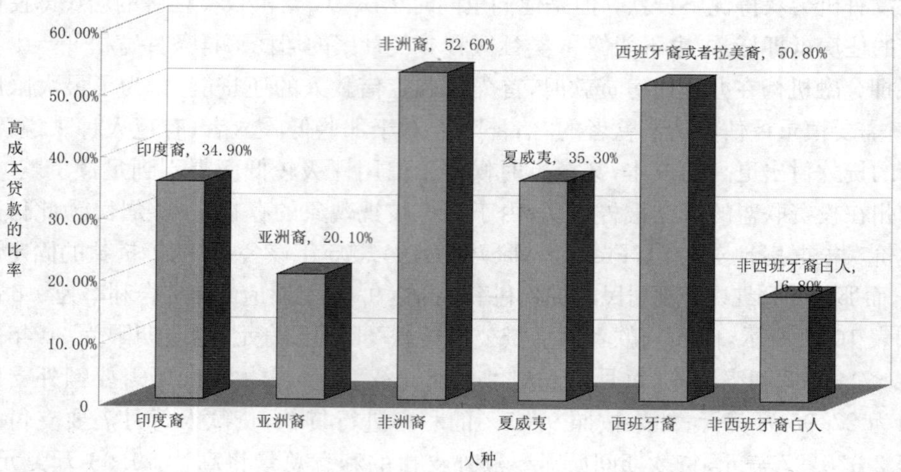

图 10-7　2005 年加州按照种族划分的高成本贷款比率

此外,依据不同社区类型和收入类型划分的高成本贷款比率之间的差异也相当大(图 10-8)。对于少数民族社区(少数民族居民比重占到 80%—100%)来说,居民获得高成本贷款的比率高达 51.4%,而对于以白人为主的非少数民族社区(少数民族居民比重低于 10%)来说,这一比例只有 13.4%。对于低收入社区居民(收入水平低于当地收入中位数的 50%)来说,获得高成本贷款的比率高达 50.1%,而高收入社区居民(收入水平高于当地收入中位数的 120%)获得高成本贷款的比率只有 20.1%。

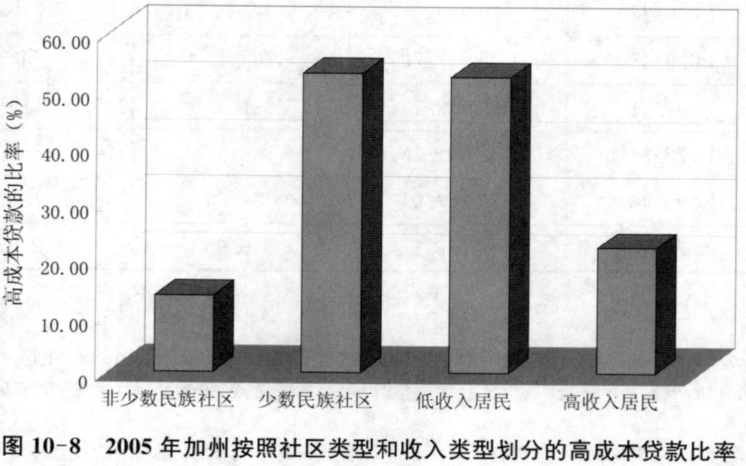

图 10-8　2005 年加州按照社区类型和收入类型划分的高成本贷款比率

显而易见,有色人种、少数民族社区和低收入社区居民在办理住房抵押贷款时,受到了不公正的对待,他们的购房成本要大许多。在收入一定的情况下,住房成本支出的大幅增加无疑意味着其他支出费用的减少，这对于收入本来就很低而且有色人种相对聚集的内城居民来说，简直就是雪上加霜。高成本贷款在很大程度上影响到居民的生活质量，由于没有足够收入和贷款用来改善住房条件，造成当地社区居住品质和房产价值下降，成为内城衰退的诱因之一。

雷克斯和墨尔在1967年通过对英国工业城市伯明翰的一个内城地区斯帕克布洛(Sparkbrook)住房保险与种族的关系进行研究，提出了"住房阶级"理论，认为在物质生产领域中发生的为争夺生活机会而进行的阶级斗争同样可以发生在住房消费领域，那些在城市生活中为了获得稀缺的住房资源而展开的斗争则是另一种形式的阶级斗争①。

对于支付能力较低的居民来说，他们只能在住宅市场中选择那些房龄较长、品质一般、公共服务条件相对恶劣的住房，而这又恰恰成为贷款公司在考虑是否提供贷款的诸多风险因素之所在，贷款公司同样出于"市场"角度，借机抬高有色人种和低收入居民的贷款或还款成本，来规避相应的违约、火灾、犯罪等一系列风险。可以说，由于住房抵押贷款领域"红线歧视"现象的存在，有色人种和低收入居民的还款玉力更大，承受的经济负担更重，这同样也是不公平的。

"红线歧视"最为直接的一个后果就是，让整个保险市场陷入了"穷人负担更重"的怪圈。相对于中高收入阶层，低收入者所蒙受的经济负担要比前者大许多。这是因为，缴纳保险费用的成本在低收入家庭总收入的比重较大。对于低收入者来说，由于自身面临的"风险"较高，他们往往被剥夺了进入"标准保险市场"的机会，只能转向成本更高的非标准市场。一旦他们缴纳了更高额度的保险费用，就缺乏足够的钱用于基本生活、交通、医疗等方面的开支。

综上所述，发生在汽车保险、住房抵押贷款等诸多领域中那些看似合理的"市场经济"行为的背后，其实更多地带有了鲜明的"制度歧视"的特征。这种嵌套于"空间"层面的歧视行为是由一系列复杂经济社会因素和制度因素造成的。这种制度层面上的歧视，带有深远的社会影响，甚至会对低收入阶层和少数民族居民产生毁灭性的打击。前面的案例表明，在强制性保险和汽车保险"红线歧视"现象的双重夹击下，竟然硬生生地"制造"出许多因为不参加汽车保险或未缴纳罚款而被捕入狱的罪犯。

10.3 "红线歧视"的观点之争：种族歧视、信用不足，还是风险过高？

"红线歧视"的做法属于"制度歧视"范畴。芬伯格(Feenberg)用"形式偏见"的概念来描述这种带有歧视的社会机制，认为只要合理化的体系或制度是按照有利于特殊社会群体的方式来建构的，形式的偏见就会出现；并且进一步指出，在抵押贷款和保险业务领域，像"红线歧视"这样建立在种族或性别基础上的"合理的"分类和规则，能够被不带偏

① 蔡禾，张应祥. 城市社会学：理论与视野[M]. 广州：中山大学出版社，2003：192-195.

见的个人在完全善良天真之中公平实施，但是却带来了充满偏见的后果[①]。关于“红线歧视”的理论之争主要集中在其驱动机制的研究上。

10.3.1 种族歧视

关于“红线歧视”政策的起因问题，学者之间展开了激烈的争论。一方观点认为，种族问题如今并不是住房抵押贷款能否成功的主要影响因素，主导抵押贷款模式的其实是人口的其他社会经济特征以及住房本身；另一方的研究则认为，保险领域中的种族歧视现象继续存在，甚至发挥着主导作用。

胡拉(Hula)对美国全国的住房抵押贷款资料进行研究，发现“红线歧视”与社区居民人种构成的关系甚微[②]。施尔(Shill)和沃切特(Wachter)通过对波士顿和费城的研究发现，“红线歧视”现象并不存在[③]。佩乐(Perle)采用线性回归方法对底特律市进行了研究，最初得到的结论是人种与抵押贷款之间呈现显著相关，但是后来又采用逐步回归方法证明两者关系并不明显。

施莱尔(Shlay)对芝加哥和巴尔的摩的研究表明，基于种族的抵押贷款歧视现象依然存在[④⑤]。珂菲(Coffey)与乔戈尔(Gocker)研究了俄亥俄州居民的抵押贷款申请资料，发现黑人与白人之间以及内城与郊区之间均存在“信用差异(credit gap)”[⑥]。威利(Wyly)与郝勒威(Holloway)的研究表明，亚特兰大的“红线歧视”现象仍然存在[⑦]。斯奎尔斯(Squires)和奥克纳(O'Connor)对密尔沃基市的研究表明，不同种族与收入阶层的居民之间确实存在贷款差异[⑧]。西尔费曼(Silverman)对底特律市314个人口普查区的数据运用多元回归模型进行研究，发现抵押贷款的空间差异特征明显，无论是从贷款成功率还是从抵押贷款的额度来看，有色人种都处于不利地位，其中非洲裔美国人口在社区中的比重高低对贷款数额多少和成功与否产生负面影响[⑨]。

此外，斯奎尔斯认为在住房抵押贷款所涉及的评估指标当中，最重要也是最富有争

---

① 安德鲁·芬伯格. 合理性的合理批判[J]. 科学文化评论，2006(5)：63-76.

② Hula R C. Neighborhood development and local credit markets[J]. Urban Affairs Quarterly, 1991,27(2)：249-267.

③ Schill M H, Wachter S M. A Tail of two cities: racial and ethnic geographic disparities in home mortgage lending in Boston and Philadelphia[J]. Journal of Housing Research, 1993,4(2)：245-275.

④ Shlay A B. Not in that neighborhood: the effects of population and housing on the distribution of mortgage finance within the Chicago SMSA[J]. Social Science Research, 1998,17(2)：137-163.

⑤ Shlay A B. Financing community: methods for assessing residential credit disparities, market barriers, and institutional reinvestment performance in the metropolis[J]. Journal of Urban Affairs, 1989,11(3)：201-223.

⑥ Coffey B, Gocker J C. Racial disparities in mortgage lending: the example of urban Ohio[J]. Social Justice, 1998,25(3)：115-127.

⑦ Wyly E K, Holloway S R. "The color of money" revisited: racial lending patterns in Atlanta's neighborhoods [J]. Housing Policy Debate, 1999,10(3)：555-600.

⑧ Squires G D, O'Connor S. Color and Money: Politics and Prospects for Community Reinvestment in Urban America[M]. NY: State University of New York Press, 2001.

⑨ Robert M S. Redlining in a majority black city?: mortgage lending and the racial composition of Detroit neighborhoods[J]. The Western Journal of Black Studies, 2005,29(1)：531-541.

议的两项约束指标是住房最高建造年份和住房最低价值[①]。例如，信贷机构拒绝为那些建造年份在 1950 年之前或者价值低于 10 万美元的住房提供抵押款。很显然，低收入群体购买的住房价值一般较低，建造年份较老。从信贷机构出台的住房抵押贷款的条款来看，尽管似乎并没有明显的针对种族划分的指标；但是从社会公平的角度来看，单凭上述两项指标，就可以把内城绝大多数低收入居民和有色人种排除在“住房抵押贷款”大门之外，实质上这也是一种借助信用不足之实来实行排他性条款的“变相歧视”。

10.3.2 信用不足

除了种族歧视之外，信用问题究竟在多大程度上作用于保险领域？是否有一定的市场经济规律在发挥调节作用？纯粹的市场调节是否奏效（或者说是否存在市场扭曲行为）？是否需要政府的行政干预？

一般来说，美国居民在办理汽车保险时，信贷机构需要考察的因素主要有：信用记录、驾驶经验、曾经被其他公司拒保的记录、年龄、职业、居住稳定性、就业稳定性、非自身过错型事故的索赔情况、婚姻状况、车辆类型以及购买其他保险的情况。在办理抵押贷款保险时，信贷机构需要考察申请人的信用记录、生活方式、就业、婚姻等诸多因素，以确定居民的风险级别。此外还要考察申请人购买住房所在社区的居住密度、住房构造、盗窃率等数据。很明显，保险申请成功与否与费用高低不仅仅局限于种族问题，还涉及其他诸多因素。

戈尔斯特(Galster)通过对美国俄亥俄州的保险情况的调查研究发现，信贷机构并没有对少数民族居民收取更高保险费，因此在整个州层面，不存在所谓的“红线歧视”现象[②]。但另外一位学者丹尼(Dane)认为，将研究视角建立在州层面具有明显的局限性，因为空间尺度过大，在一定程度上掩盖了相关信息[③]。他认为，应当辩证看待“红线歧视”政策，该政策既有合理的一面，又带有鲜明的种族色彩。在白人相对集中的非大都市区与乡村地区，由于居民距离专业消防机构较远，发生火灾的风险较高，保险费要相应高一些，这当然合乎情理。但是，如果对聚居于城市社区的少数民族居民征收更高的保险费，则显然是由于歧视所致。

鉴于有色人种的信用相对较低，信贷机构对信用差的申请者征收较高的保险费用，一定程度上也是为了最大限度地规避风险。哈林顿(Harrington)和尼尔豪斯(Niehaus)对汽车保险市场的赔付率与社区少数民族人口的比重的相关性进行研究，发现在黑人相对集中的城市社区，责任求偿的数量要高出 36%，事故求偿的数量要高出 48%[④]。毫无疑问，信用问题确实在一定程度上迫使保险公司提高贷款门槛。

---

① Gregory D S. Racial profiling, insurance style: insurance redlining and the uneven development of metropolitan areas[J]. Journal of Urban Affairs, 2003, 25(4): 391-410.

② 参见“Do Home Insurance Base Premium Setting Policies Create Disparate Racial Impacts?”一文相关内容。

③ 参见“Potential for Racial Discrimination by Homeowners Insurers through the Use of Geographic Rating Territories”一文相关内容。

④ Harrington S E, Greg N. Race, redlining, and automobile insurance prices[J]. Journal of Business, 1998, 71(3): 439-480.

可见,“红线歧视”条款的出台并非空穴来风,在一定程度上是基于对低收入和有色人种聚居区的高风险的客观反映。但昂和斯托尔(Stoll)认为,“红线歧视”所带来的相关费用的高出幅度是否与由于信用不足而导致的风险高出幅度相互对应,信贷机构是否从中攫取了更多的利润,这些才是问题的关键之所在①。

10.3.3 风险过高②

如前所述,汽车保险公司公开宣称,之所以要对客户收取更高保费,是基于对后者“风险过高”的忧虑,但是事实并非如此。1994 年美国得克萨斯州公共安全局(Texas Department of Public Safety)的统计数据表明,在遭遇交通事故方面,少数民族居民与白人客户之间并不见得有多大区别。

其实,更微妙的原因则在于,通过办理“非标准保险”(或者贷款)业务,可以获得比“标准保险业务”更多的经济利润。可见,在如此冠冕堂皇名义的背后,其实更多的是保险公司作为企业追求更高经济利益的“市场”行为。当然这种“市场”行为的背后,也在很大程度上带有“制度歧视”的特征。

例如,1994 年美国海外私人投资公司(Overseas Private Investment Corporation, OPIC) 对保险公司制定的承保条款进行了调查,研究发现,有 56%的汽车保险客户有职业限制,有 51%的客户有就业稳定性限制。其他的一些限制条件还包括房屋所有权归属(home ownership)和居民居住时间长短,等等。而且,美国得克萨斯州的一个汽车保险商的保险条款还对残疾人进行歧视,对其残疾程度究竟是否会影响到驾驶行为反而并不关心。

此外,得州汽车保险规划协会(Texas Auto Insurance Plan Association, TAIPA) 在 1993 年 7 月到 1994 年 6 月期间的承保数据表明:该公司有 75%的保险客户所遭遇的交通事故并非由于自身过失引起的;但是由于该公司的保险客户大多来自于低收入阶层和少数民族居民,他们只能获得(或被迫选择)那些成本更高的汽车保险服务。这样一来,这些绝大多数驾驶习惯良好、没有违反交通法规的居民会为此支付更多的保险费用。

在歧视性汽车保险政策的压力之下,许多处于弱势的消费者干脆放弃汽车保险服务,因为,即使被查处,罚款金额也要远远低于高昂的汽车保险费用。可是一旦被发现没有办理汽车保险,他们又将面临牢狱之灾。在美国的理查德森监狱关押的 5 000 名囚犯中,有 1/3 的犯人正是由于没有缴纳或未参加汽车保险的罚款而被捕入狱的。显而易见,“红线歧视”政策抬高了弱势群体参加汽车保险的成本,使他们不愿意参加汽车保险,客观上“造就”了一大批“非法”驾驶群体③。

---

① Paul M, Michael A S. Redlining or Risk? A Spatial Analysis of Auto Insurance Rates in Los Angeles[R], 2006.

② The Center for Economic Justice. Auto insurance redlining in Texas: availability worsens[EB/OL]. [2013-09-13]. www. cej—online. org/avail. pdf.

③ 强制性保险政策将那些不参加汽车保险就开车上路的行为认定为非法,笔者注。

10.4 思考与启示

10.4.1 全面认识“红线歧视”现象复杂深刻的社会经济背景

在美国，“红线歧视”的表现非常普遍，影响面相当广，延伸至许多领域，具有复杂的社会、经济背景，保险领域只是其中一个突出侧面。其中既蕴含着市场经济条件下信贷机构为了规避风险而做出的经济行为合理的选择，也暴露出信贷机构凭借“信用评估”之机，采用一些排他性条款而对某些种族的“变相歧视”；既有郊区化浪潮下中高收入阶层追逐“美国梦”驱动下的逃离和外迁，也有大量有色人种和低收入者集聚于内城而导致的城市贫困问题；既有内城税基下降、经济停滞、基础设施老化等造成的城市衰败和相应的城市复兴战略，也有因为排他性规划和住宅法令、地产集团的种族契约以及联邦政府住宅政策的种种限制，而形成的“内贫外富”“外白内黑”空间分布格局。

“红线歧视”形成机理的复杂性决定了内城问题解决的系统性。上述各种影响要素之间相互交织，牵一发而动全身。从空间层面来看，内城地区是“红线歧视”的多发区和重点防范区域；从人口社会经济特征来看，低收入居民和少数民族以及有色人种是“红线歧视”的主要作用对象。为此，要充分认识“红线歧视”问题的复杂性，治理的对策也应当着眼于系统性和全面性的视角，制定综合性应对措施，形成合力。

10.4.2 种族问题仍然是理解“红线歧视”现象的重要视角

美国种族歧视问题的传统可谓根深蒂固。尽管1975年美国通过了“住房抵押披露法案”，要求银行向所在社区公布其借贷信息，在相当程度上推动了住房抵押贷款的公平性；但是种族问题仍然强烈地影响、塑造着美国的居住空间分布格局。

前已论述，信贷机构基于申请人的信用而抬高保险费的做法符合市场经济规律，其行为不过是反映了市场行情。但是问题在于抵押贷款“红线歧视”行为并非单纯由于所谓的“信用”问题所致，种族问题仍然是摆在美国有色人种与白人以及低收入者与中高收入者面前的一道鸿沟。1968年，美国“全国民事动乱咨询委员会”（又称克纳委员会）指出：“美国正在分裂为两个社会，一个主要是黑人和穷人社会，位于中心城市；另一个以白人和富人为主体，位于郊区和城市的外围地区”[①]。

而且，内城之所以成为“红线歧视”的主要作用区域，是由于抵押贷款政策具有强烈的空间指向性。除了社会不同收入阶层之间自然而然的分化和排斥之外，“红线歧视”政策进一步助长了内城与郊区之间的社会分化态势，加剧了居住的隔离。我国尽管没有种族歧视政策，但是在快速城市化推进过程中，面临着利益主体多元化的态势，相关政策的制定方面也要均衡各种利益群体特别是弱势群体的需求，努力避免特定群体的利益受到严重侵害的现象。

---

① 孙群郎. 美国城市郊区化研究[M]. 北京：商务印书馆，2005：343.

10.4.3 制定合理的公共政策和发展战略，维护社会公平与公正

政策的制定是一个相当复杂的系统工程，需要协调不同群体的利益，努力确保社会公平，维护社会公正。前文对保险领域“红线歧视”的分析显示：一方面，低收入者和有色人种大量集聚于内城地区；另一方面，低收入者和有色人种又是“红线歧视”的主要作用对象，两方面的结合使得“红线歧视”带有强烈的“空间偏向”。而正是由于各种社会经济资源的“空间偏向”特征，强化了固有的格局，反过来又进一步加剧“红线歧视”行为。为此保险领域的“红线歧视”在一定程度上也反映了空间偏向与种族偏向的叠加。

“红线歧视”政策的背后，虽然有其特定的市场经济规律在运作，但是，政府也不应该放手不管，否则这种固有的空间分化格局将会继续强化，从而陷入恶性循环。政府应当积极采取措施，努力消解造成空间不公平的种种社会经济动因，全方位改善低收入居民的劣势地位，促进贫困人口的就业，提升他们的“信用水平”和“生活居住质量”。

其中，城市规划作为政府的一项重要职能，对于消解“红线歧视”现象起到决定性的作用。城市规划过程是引导城市发展，实现城市的可持续发展，增进和保障公共利益的过程。城市规划不仅研究空间布局，更要重视维护隐藏在布局与功能之后的利益关系，维护社会利益和社会公正。从这一角度来看，城市规划不仅仅局限于僵硬规则的制定，更主要的是对城市社会问题的回应。因此，政府有必要借助相应的规划政策，发挥其“杠杆”作用和应有的综合调控作用，保持空间开发和政策导向的公平性。

10.4.4 从区域层面应对“红线歧视”问题，减少负的外部性

区域发展战略和相关政策的制定要均衡各种利益群体之间的需求，努力维护社会公平，追求社会公正，保持社会稳定，努力避免特定群体的利益受到严重损害的现象。以人为本，追求社会公平与社会公正是贯穿健康城市化的一条重要主线。城市化的成果应当普惠于城市的每一位成员，这是城市“和谐”的基本前提。只有让所有市民普遍受益，实现和谐共处，有效整合各利益阶层的价值取向，才能增强城市凝聚力、维持社会稳定。

保险政策的制定要充分考虑到区域发展的整体性，就汽车保险来看，由于交通的流动性强，内城高度集聚的交通流量中很大份额是由于郊区居民的跨区域长距离出行所致，而郊区居民却能够享受较低的保险费用，由此带来的外部效应被转嫁到内城居民头上。

从公共服务的角度来看，如何确定一个合适的边界，对相关的服务进行“打包”，是政策制定者应当慎重考虑的问题。要充分认识区域发展的整体性，内城并非超脱于郊区而独立存在，内城地区面临的问题实际上是郊区“转嫁”“遗留”而来，郊区居民应当承担相应的社会责任，以维护社会公平。基于区域发展的整体性考虑，从区域层面来寻求解决对策，是一个合情合理的选择。

10.4.5 充分发挥政府力量对市场扭曲负面影响的矫正作用

商业银行和信贷机构带有很强的逐利性，注定了它们必然以追逐自身利益最大化为

根本出发点。基于银行的角度，所谓的“红线”，实质上是“红色警戒线”，无论对于开发商还是信贷机构来说，都属于投资和贷款的高风险区域。所谓的“安全”，其实是公司和企业追求经济利益最大化的市场选择。基于政府的角度，被红线圈定的区域，也往往是社会问题集聚、社会矛盾突出的区域。政府力量不应当屈服于市场力量，而应该及时纠正市场的扭曲。鉴于“红线歧视”条款对社会公正的侵害，政府有必要对其进行相应的行政干预。

当然，这种干预应当是间接的干预，而非强制要求银行和信贷机构修改保险条款，降低保险费用。沃尔夫勒姆(Wolfram)的分析表明，政府对“红线歧视”保险条款的直接干预并不可取，一旦政府强制要求保险公司以更低价格提供保险服务，保险公司无非有两种选择，要么降低服务质量、缩小保险范围，要么由于成本风险成本过高而退出市场，两种选择对消费者均无好处，反而适得其反，造成效率低下，偏离行政干预的初衷。他认为，居民收入低才是问题的关键所在：正是由于居民收入低，才只能居住在建造年份较老的房屋；正因低收入者聚居，才导致社区的治安、消防等社会问题突出[①]。

因此，政府有必要加大力度完善法规，通过创造更多的就业机会，推动教育普及，改善劳动力素质，加强社会治安，以及采取均衡化的区域发展战略等一系列扶持措施，提升内城地区弱势群体的“信用得分”，从源头上避免“红线歧视”现象。

---

① Gary W. Insurance redlining and government intervention[EB/OL]. [2007-10-01]. http://www.fee.org/publications/the-freeman/article.asp? aid=4891,2007-10-1.

11 国外灾害治理的体制与机制

11.1 引言

我国的国土面积十分辽阔,跨越了相当幅度的经度和纬度。各地区相互之间在水文条件、地质条件、气候条件等方面存在明显的区域差异。由于水热条件分布严重不均,在一定程度上导致我国自然灾害频发。一般来说,我国的自然灾害主要包括江河洪水、雪灾、地震、台风、泥石流、滑坡等等。

由于我国人口众多、分布广泛,几乎每一次严重的自然灾害发生,都要造成巨大的经济损失和人员伤亡,给国民经济的平稳运行带来相当大的扰动。特别是对于人口密集、建设强度极大的城市地区来说,任何一个微小的疏忽,都有可能带来难以预计的恶果,严重威胁到居民的生命和财产安全。

特别是近些年来,我国自然灾害频发,给居民生产生活带来严重影响。看似简单的城市内涝,为何"年年都说解决",却又"年年治理不好"。据住房和城乡建设部 2010 年对 351 个城市进行的专项调研结果显示,2008—2010 年期间,全国 62%的城市发生过城市内涝,内涝灾害超过 3 次以上的城市有 137 个,其中 57 个城市的最大积水时间超过 12 小时①。

如果说,难得一见的极端天气,在短时间内造成城市内涝还有情可原的话,那么对于一些强度较小的降雨,却仍然超过当地的排水能力,就令人匪夷所思了。之前看似小概率的内涝,为何又演变成"一年一遇"乃至"一年多遇"的常态事件?在自然灾害事件的背后,究竟有没有人为因素在助长,则是笔者更为关注的话题。一时的不重视,换来的则是长期的不解决,造成历史遗留问题的大量积压,由此埋下的隐患将具有巨大的风险和不确定性。

有鉴于此,本章从管理体制与机制视角入手,对国外灾害治理的体制和机制进行研究,对国外灾害治理的经验与教训进行总结,反思、探求我们国家防灾与减灾的改进思路,期望通过灾害治理体制和机制的改革,从源头入手,增强城市抵御自然灾害的能力,以更好地服务于国民经济的平稳运行与社会的稳定和谐发展。

11.2 世界典型国家灾害治理的体制与机制概况

11.2.1 美国

美国的灾害应急管理体制可追溯至 1803 年颁布的《国内灾害救助法案》,而作为一个囊括法律体系、行政组织管理体系以及行动计划在内的整体性国家灾害应急管理体制

---

① 参见 http://news.ifeng.com/opinion/special/neilao/,2013-9-7 相关内容。

与机制，则是在20世纪三四十年代才真正开始建立并且逐步趋于完善的。这里简要介绍美国的“事故指挥系统(Incident Command System，ICS)”和“国家事故管理系统(National Incident Management System，NIMS)”。

“事故指挥系统”萌芽于20世纪70年代美国加利福尼亚州的一场森林野火，在13天时间里，大火造成16人死亡，有700栋建筑物被烧毁，过火面积超过50万英亩，平均每天的经济损失高达1 800万美元。尽管各级部门竭尽所能参与救援，但是由于沟通和协调不力，严重影响了工作效率。针对救援中暴露出来的种种问题，美国国会要求林业局(U.S. Forest Service)设计一套系统，以期在部门协调与调配救灾资源的能力方面有一个大幅度提升。一个旨在应对潜在危机的消防资源系统(Firefighting Resources of California Organized for Potential Emergencies)由此诞生，其应用范围迅速从消防领域扩展至其他领域，这就是“事故指挥系统”的前身①。

“事故指挥系统”的基本架构包括7个方面②，分别是：(1)标准化，组织架构通用，每一职位的权责和功能均实现标准化。(2)特定功能，参与合作的每一个单位只负责执行所分派的任务。(3)管理幅度有限，下属单位的人数被限制在上级主管人员的管辖能力和范围之内。(4)单位完整性，有助于团队合作。(5)统一指挥，保证管理的权威性。(6)目标管理，通过特定目标的实现与否来进行评估。(7)全面的资源管理，应急所需的资源实行统一调配。

在2001年美国本土遭受“9.11”恐怖袭击之后，美国前总统布什指示国土安全部长在“事故指挥系统”的基础上，构建一套“国家事故管理系统”，并于2003年2月28日签发了美国国土安全部第5号总统令，要求在全国范围内实行“国家事故管理系统”。“国家事故管理系统”为各级政府部门、非政府部门以及私人团体之间的无缝合作提供一套系统的指导方法，以更好地预防、保护、应对、恢复、缓解特定事故及其所带来的不良影响，最大限度地减少人员伤亡和财产损失，无论这些事故发生的原因、规模、地点，还有复杂性如何③。

美国的“国家事故管理系统”由5项要素构成④，分别是：(1)准备。包括准备计划、程序和规范、培训和演习、相关人员资格的认证、相关设备检验等等。(2)通讯和信息管理。这是确保信息畅通的重要保障，主要包括兼容性、可靠性、可扩性、便携性以及通讯信息系统的稳定性和冗余度。(3)资源管理。必须确保人员、设备、补给等资源流动的通畅，以适应特定事件的目标要求。(4)指挥与管理。通过提供灵活的、标准化的架构来进行协调，改进事故管理的效率。(5)持续的管理与维护。主要涵盖两个部分，一是国家整合中心，主要为“国家事故管理系统”提供战略性的方针、监督和协调；二是支撑技术，国家整合中心与美国国土安全部科学与技术中心联手，对事故管理相关技术的开发进行监督。

---

① 参见 http://www.fema.gov/txt/nims/nims_ics_position_paper.txt，2011-10-3 相关内容。

② 宋健敏，丁元.应急管理中的统一指挥与多元合作——美国灾害应急管理机制ICS与NIMS的比较分析及其启示[C]//上海财经大学公共治理研究中心.灾害管理研讨会论文集.上海：上海财经大学，2010.

③ 参见 http://www.fema.gov/emergency/nims/AboutNIMS.shtm，2011-10-3 相关内容。

④ U.S. Department of Homeland Security. National Incident Management System[R]，2008.

11.2.2 印度

印度是世界上受灾害最为严重的国家之一。有80%的国土面积容易遭受龙卷风、洪水、泥石流、干旱、地震等各类灾害的威胁。每年由于自然灾害带来的直接经济损失占印度GDP的2%以上。雪上加霜的是,那些社会经济状况较为落后的地区经常遭受旱灾和洪灾。

如图11-1所示,印度的减灾战略是建立在一系列政策、制度安排与技术支撑的相互配合与协调基础之上的。其中,在政策层面,印度制定了一系列法律、法规,例如,出台灾害综合质量方案,制定建筑标准,构建风险共担与转移机制,等等。在制度层面,明确各级政府与非政府组织之间的职能分工。州政府是自然灾害的管理主体,中央政府会在资源调配、制度设计以及动用准军事或者军事力量方面提供帮助。在技术层面,印度在灾害治理领域拥有一流的信息和通讯技术,可以快速收集信息,提高政府职能部门的快速反应能力和决策水平,增强快速应对危机的能力。特别需要指出的是,空间技术在灾害信息的处理与传播方面作用巨大。地理信息系统可以将不同来源的信息进行加工、处理与整合,制成专题地图,为指导防灾决策服务。

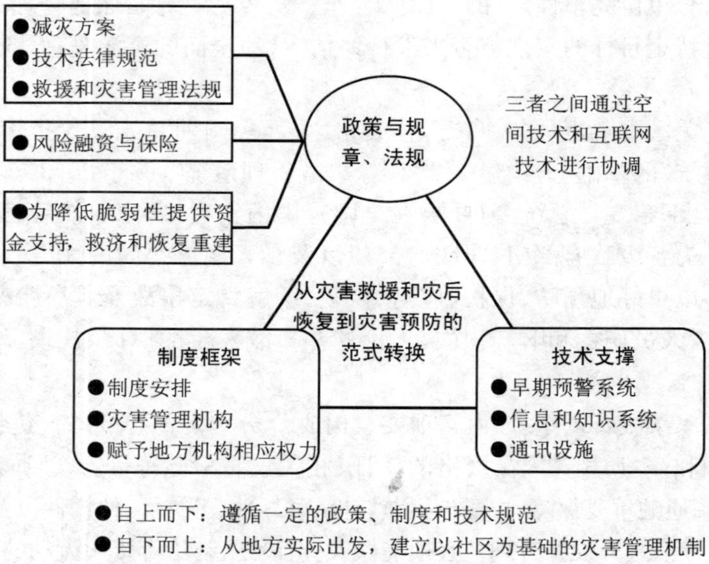

图11-1 印度的减灾战略与国家响应机制

11.2.3 日本

日本列岛地处亚洲大陆和太平洋之间的大陆边缘地带,由于地理和气候条件特殊,台风、暴雨、暴雪、地震和火山活动相当频繁,经常导致人员伤亡和财产损失的情况,诸如1923年的关东大地震,1959年的伊势湾台风,1995年的阪神淡路大地震等巨灾事件,特别是2011年发生的强震和海啸及其引发的福岛核电站爆炸,几乎给周边区域带来毁灭性的打击。

在应对灾害问题上,日本将重心放在了"防"上,认为自然灾害不可避免,但可以通过努力尽量减少损失。正是由于遵循了“防患于未然”的思维模式，使得日本的灾害管理保持世界领先水平[①]。

如图 11-2 所示，在日本，从中央政府到都道府县，再到市村町地方基层政府，均建立了相应的灾害管理行政体系[②]。其中，中央一级建立了中央防灾会议，这是日本防灾领域最高的行政权力机构，主要负责制订防灾基本计划，商讨其他关于减灾的重要问题，还起着重要的组织协调作用，负责协调各中央政府部门之间、中央政府机关与地方政府以及地方公共机关之间防灾方面的联系。在地方政府一级，分别建立了都道府县防灾会议和市町村防灾会议，负责制订地方的防灾基本计划以及其他计划。由于日本实行地方自治体制，地方主要根据国家防灾基本计划的要求结合本地区的特征，制订出本地区的防灾计划。当灾害发生进入紧急状态时，市村町政府首先建立灾害对策指挥部，提供灾害救援。如果灾害级别提升，则需要在都道府县一级直至中央一级建立灾害对策指挥部。

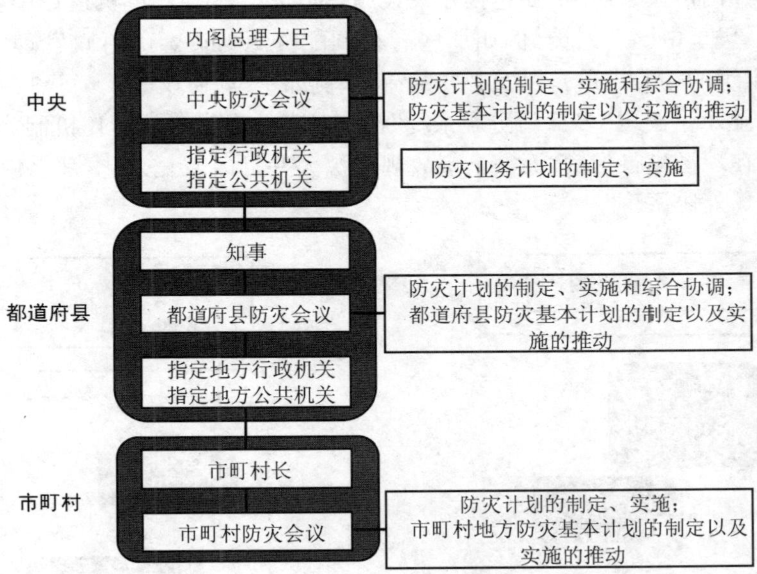

图 11-2　日本灾害管理的机构组成

11.3　国外灾害治理的经验借鉴

11.3.1　政府主导，着力提高各部门共同应对灾害的协作能力

中央政府和地方各级政府作为国家的公共管理部门，在灾害治理方面拥有得天独厚的优势，能够运用强有力的行政力量进行统筹协调，有助于集中优势资源，调动全国各部

① 方茜. 日本灾害管理之“防灾”[J]. 现代人才，2008(3)：60-61.

② 袁艺. 日本的灾害管理(二)——日本灾害管理的行政体系与防灾计划[J]. 中国减灾，2004(12)：54-56.

门的积极性，使之共同参与灾害治理。特别是在重大灾害和危机事件面前，强有力的政治动员和行政干预是十分必要的，有助于举全国之力，迅速地施展救援。不过，各级政府机构和与非政府组织的数量众多、目标各异，倘若缺乏统一的协调，反而可能会出现内耗，不但会造成资源的浪费，还将会阻碍灾害治理目标的实现。特别是在"行政区经济"现象运行仍然高度强化的今天，不同行政区之间在面对共同的危机时，更需要在体制与机制上予以协调。为此，要着力增强各部门与各团体应对灾害的协调能力，需要构建一种多部门联合特别是跨行政区联合的运作机制，及时整合各部门资源，形成合力。

在这方面，美国的"多部门协调系统（Multiagency Coordination Systems，MACS）"就较好地做到了这一点①。作为 NIMS 的一个重要组成部分，"多部门协调系统"的主要功能在于在事故现场之外进行协调，并且优先动用相关资源，进而促进事故现场各项活动的协调。"多部门协调系统"主要包括相关设施（例如交流中心、危机运作中心、市政厅），设备（例如计算机、电脑），人员（例如那些有权调配资源与资金的行政管理人员，或者来自于非政府组织的相关人员），以及必要的流程（例如手续、协议等）。

图 11-3 显示了美国"多部门协调系统"在应对事故发生时的运作机制。当事故规模尚小时，可以在现场进行指挥，而一旦事故规模扩大并且区域复杂化，那么就需要联合指挥，并且进行场外协调。

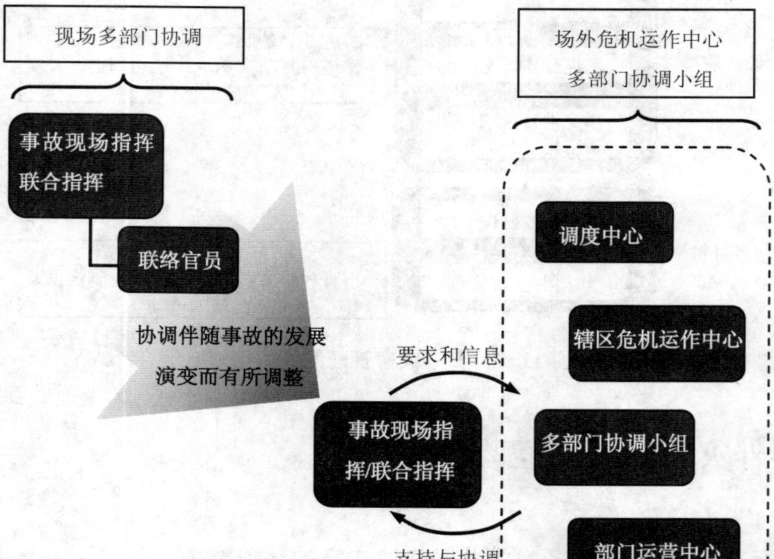

图 11-3　美国"多部门协调系统"示意图

① U. S. Department of Homeland Security. National Incident Management System[R]，2008.

11.3.2 技术支撑，注重发挥地理信息系统的综合与集成优势

在灾害治理中，对于灾害进行及时跟踪、观测与预报是十分必要的，这离不开先进技术特别是地理信息系统的支撑，地理信息系统可以充分发挥其信息搜集与信息整合的综合集成优势，利用数据挖掘、空间分析等技术手段实现图像的可视化，能够更为直观地表现出灾害的分布范围、移动方向，从而有助于确定相应的规避方案。

印度在自然灾害预测预警系统建设方面的经验就值得借鉴。为了加强自然灾害的预测预警，印度政府建立了一个集预报、监控和早期预警发布为一体的预测预警系统，在防范和应对各类自然灾害方面扮演着重要角色。该系统主要由气象警报系统、国家遥感预警系统、地震观测系统、干旱预警系统、洪涝预报系统、飓风警报系统等子系统组成[①]。以飓风警报系统为例，印度农业部专门成立了飓风灾害控制中心，为了及时提供飓风警报信息，在印度沿海岸线地带广泛安装了能观测到方圆 400 km 内的热带风暴的高能量飓风观测雷达(CDRS)，对飓风警报工作起到了极大的作用。与之配合，气象卫星能够提供相关的卫星图像信息，能够从更大尺度观测热带风暴的发展和移动趋势。

11.3.3 全民动员，大力培育社会公众的风险意识与避灾能力

在强大的灾害面前，倘若公众缺乏防灾意识，那么即使知晓灾害何时来临，也可能由于缺乏相应的防护与逃生经验而难以幸免。因此，普及灾害相关知识，增强公众对灾害的敏感性，培育公众的风险意识，也就变得极为必要和迫切。

日本在宣传灾害知识和防灾方面的做法特别值得借鉴。例如：为了帮助更多的日本人了解和认识自然灾害，日本各地建设了富有特色的防灾中心，其不仅仅作为当地的防灾教育基地，也是救灾物资储备基地；还编制了市民防灾手册，介绍当地常见灾害及其灾民防灾和自救方法，并拥有多语种版本，方便外国居民学习。各灾害管理机构也有大量报纸、杂志等印刷的防灾宣传品、编制的救灾手册，里面详细介绍避难的地点和面对相关灾害时的应对措施，等等[②]。除此之外，政府还定期举办多种多样的防灾培训和演练，通过模拟场景训练来强化避难体验，甚至从幼儿开始就重视防灾训练(图 11-4)。正是这种定期的演练，使日本民众对灾害时刻保持紧绷状态，同时也造就了他们极其镇定的心理素质，能够淡然应对突如其来的灾难。可以说，无时无刻不在强化的避灾意识已经融入到日本民众的骨子里，全民动员应对自然灾害已经成为他们生产和生活的一项必备内容。

在日本，灾难的多发性造就了日本民众超强的危机感和忍耐力；国家的重视又使得灾害应急管理的理念深入人心；经常性的灾害疏散演练又培养了日本民众的快速反应能力，使之在面对自然灾害时，能够时刻保持冷静，随时进入实战状态。在重大灾害面前，他们能够沉着、从容地应对，及时快速地疏散，最大限度地避免了混乱。

---

① 姚国章. 印度灾害管理信息化建设[J]. 信息化建设，2008(2)：46-48.

② 袁艺. 日本的灾害管理(四)——防灾宣传、教育和防灾支援系统[J]. 中国减灾，2005(2)：51-53.

图 11-4　日本幼儿园的小朋友头戴“防灾头巾”,正在进行防灾训练

即使在 2011 年 3 月日本发生强震和海啸,随后引发福岛核电站放射性物质泄漏的重大灾难和危机面前,日本民众也临阵不乱、救援有序、迅速疏散。面对失去亲人的痛苦和恐怖的核泄漏事故,日本民众也表现出临阵不乱的国民秩序(图 11-5)。甚至是在逃难时刻,即便对面车道空无一车,也没一辆汽车占用对面车道(图 11-6)。其国民行为之规范、素质之高,令人钦佩。

图 11-5　地震发生后,日本民众排队打电话

图 11-6　逃难时刻,日本道路井然有序

这种看似有些“不太正常”的“淡定”背后,体现了日本民众“与生俱来”的风险意识和极其坚强的心理素质。当然,这更是全社会警钟长鸣、宣传深入人心、居民反复操练的结果。反观我国,在遭受核辐射波及后,“吃碘盐、戴围巾就能够防辐射”的谣言盛行,还引发了严重的抢盐风波。甚至在盐脱销以后,居民连酱油也不放过。更为严重的是,由于应对不力而引发的一系列次生灾害反而可能具有更强的毁灭性。据报道,我国有市民在抢盐途中引发车祸导致脾脏切除,成为日本发生特大地震及海啸以后,第一个在日本本

土以外的伤亡案例[1]。

在强震和海啸及其引发的福岛核电站爆炸事故后，之所以出现“日本地震，日本没疯，中国疯了”的局面：一方面固然反映出我国居民在面对危机时束手无策的高度恐慌心理，心理承受能力明显不足；另一方面，也在相当程度上反映了公共管理部门应对公共危机和灾害事件方面的能力还有很大的提升空间，由于没有及时发布权威、专业、科学的防护信息，舆论引导不足，导致信息失真、谣言四起。

11.3.4 法律保障，构建常规化、标准化和权威化的制度安排

完善的法律法规是灾害管理的重要制度支撑，能够为灾害管理提供常规化、标准化和权威化的制度安排。笔者认为，针对每一次灾害事故，救援和重建工作是首要任务，但是更重要的是，我们还要针对各类灾害的特殊性，及时总结灾害治理工作当中的经验，反思不足，积极整改，进一步完善法律法规，通过发挥法律和法规的权威性和强制力，来更好地推进灾害治理工作。在这方面，日本和美国的做法值得我们借鉴。

日本就制定了较为完善的灾害管理法律体系，使得其灾害管理能够有法可依。可以说，相关法律法规已经成为日本开展各类灾害管理活动的基础和依据。总结日本灾害法律体系的特点[2]：一是建立了灾害管理的基本大法——《灾害基本对策法》，明确了从政府到普通公民等不同群体的防灾责任，促进了综合防灾的行政管理和财政援助；二是建立了围绕灾害周期的“备灾—应急响应—灾后恢复重建”的各种专门法律或相关法律，使各类与灾害相关的活动尽可能有法可依；三是确立了以灾害事件推动的灾害法制建设机制。日本许多重要的灾害管理法律法规都是在巨灾的推动下颁布实施并不断改进的。

例如，1946 年发生的 8.0 级南海地震，造成 1 443 人死亡，促成了 1947 年《灾害救助法》的颁布。1959 年发生的伊势湾台风，造成 5 098 人死亡，促成了灾害管理基本大法——《灾害对策基本法》在 1961 年的颁布实施，该法目前已经修订了 23 次，以不断适应灾害管理各类活动的需要，成为一部较为完善的灾害管理的基本大法。1995 年，日本发生了阪神淡路大地震，造成 6 435 人死亡。这次大地震促使日本政府对其灾害管理进行反思，进一步加强了灾害管理工作。在法制建设方面，日本更是推动了《地震防灾对策特别措施法》(1995 年颁布)、《灾害对策基本法》(1995 年 6 月和 11 月两次修订)、《大规模地震对策特别措施法》(1995 年修订)、《特定非常灾害灾民的权利保护等特别措施相关法》(1996 年颁布)、《密集城市街区的减灾促进等相关法律》(1997 年颁布)、《被灾者生活再建支援法》(1998 年颁布)等一系列法律法规的出台和修订。

再来看美国，也是通过立法形式对灾害管理予以保障，联邦政府颁布了一系列自然灾害法，囊括了强制性政策、提醒政策、恢复政策、技术开发政策、技术推广政策、规章政策、投资与费用分担政策、系统管理政策、系统优化政策、指导性政策共计 10 类减灾政策[3]。其中以技术推广与提醒政策在立法中涉及最多，代表性的法律主要有：(1)洪水灾

---

① 参见 http://www.chinavalue.net/Story/40051.aspx，2011-10-3 相关内容。

② 袁艺. 日本的灾害管理(一)——日本灾害管理的法律体系[J]. 中国减灾，2004(11)：50-52.

③ 李翔. 美国的自然灾害管理体制、政策与立法[J]. 今日浙江，2008(3)：54-55.

害立法，包括1936年的《防洪法》及其补充条款，1968年的《国家洪水保险法》，1973年的《洪水、灾害、防御法》，1972年的《国家大坝监测法》，第11988号和第11990号总统令。(2)1974年的《灾害救济法》。(3)1977年颁布的《地震法》。(4)1976年颁布的《海岸带管理法》，等等。

11.4 总结与思考

11.4.1 思想上高度重视，从战略视角进行灾害治理的规划与部署

尊重生命、保护人民生命财产安全是城市灾害管理的一个重要原则。如今，许多灾害事件带有相当的综合性，已经很难区分到底是属于传统意义的"天灾"还是"人祸"。如果说，天灾是不以人的意志为转移的，其爆发或许还带有一定的客观性的话；那么，由于缺乏战略性的灾害应急规划与应对而造成防御能力严重弱化甚至丧失，进而导致更加严重的人员伤亡和财产损失，则更需要从主观方面寻找自身不足。

针对城市屡次发生的内涝问题，我们有没有想过，在当前由于降低防护等级而节省下来的建设成本与未来发生内涝所造成的重大经济损失和社会影响之间，究竟孰高孰低？我们的城市能否用较小的代价来提高防护等级，而避免更大的伤亡和损失？针对地震灾害，我们有没有想过，假如我国发生的唐山大地震和汶川大地震同样也发生在日本，他们的伤亡人数又会怎样，我们有没有从日本的经验做法中获得足够启示？

值得注意的是，在我国汶川大地震中，一项并没有多少技术含量、也没有占用多少资金，甚至根本算不上政绩的事前预防措施，反而创造了一个无人伤亡的奇迹。四川绵阳安县桑枣中学校长叶志平，多年来坚持动用十分有限的资金，对教学楼进行多次改造和加固，硬生生地让一个建筑质量原本并不过关的试验教学楼成功抵御了此次特大地震而没有倒塌。从2005年开始，叶校长每学期都要在全校组织一次紧急疏散的演习。在汶川地震发生时，该校2 200多名学生和上百名老师在1分36秒内撤离教室，无一人伤亡[①]。他的敬业行为和对社会的贡献，赢得了全社会的尊敬。

如果我们也能像叶志平同志那样，怀着对学生负责、对生命负责的高度历史责任感，高度重视建筑质量，高度重视对师生进行疏散训练，那么我们的防灾与抗灾能力也将有一个巨大的突破，而这恰恰是最本分、最简单不过的事情，完全不存在任何技术和资金障碍。笔者认为，叶志平校长的做法与日本的经验做法具有异曲同工之处，日本在应对自然灾害时所采取的许多措施，其实并不是所谓的高科技产品，并没有多少技术含量，但却十分奏效，也很人性化。在应对自然灾害面前，容不得半点虚假。我们能否领悟到其中的奥秘，取决于我们的思想重视程度和对生命的尊重程度，取决于城市管理者与决策者的政治智慧。

未来我国灾害治理的体制和机制的构建，可能更多地需要朝着这种"事前预防常态化"而非"事后治理应急化"的方向努力。在发生自然灾害时，通过前期的努力，尽可能地避

① 参见 http://news.163.com/11/0627/18/77IU8NI200011229.html，2013-9-7相关内容。

免次生灾害，最大限度地避免伤亡，提升居民在大灾面前的存活几率，其实就是最为“靠谱”的求援！

倘若在思想上高度重视，在应急机制、规划建设、资源调配、灾后重建等方面进行战略性部署，主动提高自身的防范能力，在灾害来临面前冷静应对，在灾害进行之中及时救援，在灾害发生之后全力进行恢复重建，把灾害治理的理念付诸灾前、灾中、灾后整个流程，那么，我们至少可以做到问心无愧。灾害面前存不得任何侥幸心理，30 多年前我们有唐山大地震，如今我们有汶川大地震，30 年后的大地震又会发生在哪里呢？我们虽然难以避免天灾的发生，但是可以及时总结教训、反思不足，采取积极措施，未雨绸缪，全力把可能由于人祸（体制机制障碍）所孕育的风险因素消灭于萌芽之中。

11.4.2 完善体制机制，从源头上增强城市抵御防范灾害的能力

灾害治理离不开完善的体制和机制保障。在应对突发自然灾害的过程中，强调灾害的极端特殊性无可厚非，但是将重点和舆论视线过多聚焦于救援过程本身，甚至渲染其中涌现出来的许多感人事迹，则其实在一定程度上偏离了灾害治理的目标，将会对公众产生很大误导。灾害治理绝不仅仅是管理部门的事情，更关乎每一位国民的生命安全。在强大的自然灾害面前，未雨绸缪、全民动员可真的不是一句口号！

在当前这种倾向于“重视外表、忽视本质”的城市建设价值观的背后，更多地暴露了管理体制的弊端与责任追究制度的缺失。基础没有打好，外表再怎么光鲜，一旦面临极端自然灾害，很可能会毁于一旦。城市规划建设标准偏低，将会严重弱化城市防范和抵御灾害的能力，甚至常规的灾害都可能会造成灾难性后果。与人口相对稀疏的农村地区相比，城市作为人口的聚居地，建筑物众多、经济活动高度聚集，在面临同样的灾害时，损失可能大相径庭。当前，在快速城市化进程背景下，尽管城市建设与形态开发的步伐加速，但是建设标准偏低，甚至建筑质量不达标等现象屡见不鲜，这些光鲜表面背后的看不见的风险因素，注定将会为日后的防灾埋下重大隐患。这在城市排水系统领域，表现为：我国绝大多数城市的排水设计标准严重偏低。按照 2011 年最新修订的《室外排水设计规范》，我国城市一般地区排水设施的设计暴雨重现期应为 1—3 年，重要地区为 3—5 年；但我国 70%以上的城市排水系统建设的设计暴雨重现期小于 1 年，90%老城区的重点区域甚至比国家规定的下限还要低①。即使是上海这样经济发达的大都市，2008 年城市排水管网覆盖率也只有 60%，其他许多城市的情况更加不容乐观。

在政绩心理、管理体制、投资体制等一系列因素的驱动下，“重地表、轻地下”已经成为我国城市建设的通病。市政建设标准关系城市的命运和居民的生命财产，然而从现实来看：一方面我们把能够体现“面子”的高楼大厦设计得几十年不落后，可以与发达国家媲美；而另一方面，作为“里子”的下水道排水系统却依然停留于“一年一遇”的低标准②。两者之所以形成了鲜明的反差，说明我们还没有在思想上引起足够的重视，在完善防灾

---

① 包丽敏. 解决城市内涝是清还一笔“良心债”[N]. 中国青年报，2013-07-25.

② 刘昌海. 排水标准“一年一遇”羞煞城市规划“50 年不落后”[EB/OL]. [2011-10-05]. http://opinion.people.com.cn/GB/14973352.html.

的体制与机制方面存在重大不足。

2011年六七月份，我国许多大城市遭遇强降雨，“逢雨必涝”“逢雨必瘫”几乎成为常态。“水漫金山”“泡汤城市”“到……去看海”“ 到……地铁站去看瀑布”，成为诸多网友的善意讽刺①②。

有分析指出，“光鲜亮丽的城市外表无疑让‘繁荣’和‘政绩’一览无余，而排水管网等一些看不见、摸不着的地下隐蔽工程却很难让人关注，相当多城市的地下排水管道口径小，管道老化，形成严重的‘肠梗阻’”③。目前，上海、武汉等特大城市的排水系统设计标准为“一年一遇”④，几乎每年都要发生内涝甚至多次内涝⑤。由于建设管理过程中顾此失彼，在暴雨来时必然会让城市窘态百出、狼狈不堪。反观国外，为防范城市内涝，城市排水标准普遍比我国高，纽约是“10—15年一遇”标准，东京是“5—10年一遇”标准，巴黎是“5年一遇”标准⑥。

其实，我们在古代就有千年不涝城市的典范。据2010年7月14日的《中国青年报》报道，在2010年6月21日，江西赣州市部分地区降水近百毫米，市区未现明显内涝，“没有一辆汽车泡水”，这都得益于一个建于宋代的叫作“福寿沟”的城市排水系统。有专家指出，以现在集水区域人口的雨水和污水处理量，即使再增加三四倍流量，排水系统都可以应付，也不会发生内涝，古人的前瞻性真令人赞叹⑦。

当然，由于城市的规模和地形地貌存在巨大差异，不同城市在应对同样强度的降雨时，面临的问题可能大相径庭，简单的城市间比较充其量也只能具有示范和启示意义。每个城市抵御内涝的能力，归根结底还取决于符合当地地域特点的科学的排水规划设计和防涝排水系统的建设和投入水平。

在快速城市化时期，我国的城市形态也在快速重塑，如果没有抓住时机，在建设初期即打造好地下的基础工程，一旦建设成型，未来的修补式改造将不可避免。或许是当前城市建设投资往往不愿意把钱“埋在地下”的心理在作祟，对于城市建设来说，基础没有打好，外表再怎么光鲜，一旦面临极端自然灾害，很可能会毁于一旦。

有专家指出，城市内涝不仅是技术性问题，更是一个投资管理问题。解决之道在于加大地下设施的投资，建立多层监管体系，要注重排水工程规划的长远性⑧。与其花费数年时间、于巨大的成本事后“亡羊补牢”，还不如未雨绸缪，防患于未然。从这一意义上说，“泡汤城市”不仅事关一时一地给民众和社会带来的伤害，更事关对“赊欠式”发展思

---

① 参见 http://finance.591hx.com/article/2011-06-20/0000040055s.shtml，2011-10-5 相关内容。

② 参见 http://china.rednet.cn/c/2011/06/24/2295012.htm，2011-10-5 相关内容。

③ 参见 http://zt.rednet.cn/20979/，2011-10-5 相关内容。

④ 一年一遇，一般是指城市按照年均最大降雨强度来确定的设计排涝标准，即平均每年会遭受一次内涝，笔者注。

⑤ 参见 http://sh.sohu.com/20110627/n311756357.shtml，2011-10-5 相关内容。

⑥ 吕云. 日本排水系统很先进巴黎下水道成旅游点[EB/OL].[2011-10-05]. http://china.rednet.cn/c/2011/05/31/2295619.html.

⑦ 刘昌海. 排水标准“一年一遇”羞煞城市规划“50年不落后”[EB/OL].[2011-10-05]. http://opinion.people.com.cn/GB/14973352.html.

⑧ 参见 http://news.china.com.cn/txt/2012-07/12/content_25892571.htm，2013-9-7 相关内容。

路的警醒和反思，事关当政者的执政方式和情怀[①]。

总之，排水标准的提高是个庞大工程，不仅在建设资金、管道维护方面需要巨大的投入，还要面临管道敷设空间不足、城市扩张速度过快、历史欠账严重等一系列瓶颈制约[②]。当然，城市排水系统建设只是市政建设领域"冰山之一角"，只有在体制、机制、资源配置等方面营造一种真正重视灾害治理的氛围，才能从根本上提升城市规划建设标准。

为此，从完善体制和机制入手，真正动员全社会的资源和力量，认真对当前的建筑标准和建筑质量进行反思，努力扭转当前的"赊欠式"发展思路，也就显得极为必要和迫切。要老老实实应对、踏踏实实做事，本着对当代人和子孙后代负责的态度，怀着敬业精神和历史使命感，来对待城市的防灾建设问题。

11.4.3 降低社会脆弱性，追求社会公平与公正，促进社会和谐

值得注意的是，灾害的影响及其所带来的损失并非会"平摊"到每个人身上。在不同地区和不同社会阶层之间，由于灾害而遭受的损失可能存在较大差异。也就是说，由于特定群体在面对同一灾害时的反应能力与规避能力有所差异，从而导致某些弱势群体可能会比其他群体面临更大的威胁，因此往往成为灾害的主要承受群体。

根据联合国发布的一组数据，在全世界因自然灾害而造成的遇难者当中，男女比例为1∶4。这意味着，每死亡一名男性，就有四名女性死亡，女性在灾害中遇难比例远高于男性[③]。究其原因，从生理角度来看，女性与男性在身体构造、体质和生理功能等方面都有显著差别，逃生能力弱于男性，后者体格相对粗壮、肌肉相对发达、肺活量也更胜一筹。但是，伦敦经济学院的一项关于性别差异与灾害死亡原因的研究表明，女性在灾害中处于不利地位，其实更多地来自于社会因素的作用。主要观点如下[④]：首先，男孩女孩的教育方式和培养方式有所不同，许多男孩子从小就会爬树、游泳，而女孩从小就被教导要矜持、小心；其次是受到社会道德规范的约束，在灾害来临时，男性因穿着更加随便，逃生速度更快；三是性别歧视，亚洲国家重男轻女的思想较为普遍，逃生机会被人为地优先安排给男孩；再有，灾害信息获取存在差异，女性参加防灾培训的机会较少，难免疏于防范。

上述研究表明，灾害的影响与波及范围带有鲜明的"社会"属性。弱势群体应对灾害的能力有限、脆弱性更强。所谓社会脆弱性，就是指那些能够影响社区灾后恢复能力的社会经济与人口学特征[⑤]。一般来说，可以通过相关的人口学特征指标对习惯弱势群体进行明确界定。传统的灾害治理研究经常侧重灾害在物质形态方面的表现，而往往忽略社会脆弱性所带来的不良影响。相对于其他群体，弱势群体更容易在灾害中丧生，即使幸存下来，也难以恢复至正常状态。

---

① 包丽敏. 解决城市内涝是清还一笔"良心债"[N]. 中国青年报，2013-07-25.

② 马姝瑞，等. 城市"内涝病"解药在何方？[EB/OL]. [2011-10-25]. http://china.rednet.cn/c/2011/06/22/2293648.html.

③④ 参见 http://www.mywtv.cn/zaihai/2012-12/27/content_771401.htm，2013-9-7 相关内容。

⑤ Juntunen L. Addressing social vulnerability to hazards[J]. Disaster Safety Review, 2005(4):3-10.

如图 11-7 所示，美国学者曾经对卡特里娜飓风（Hurricane Katrina）所带来的危害进行评估，并且试图探索人口学特征背后的社会脆弱性与积水深度以及死亡率等社会经济因素的分布情况及其相互之间的空间关联。

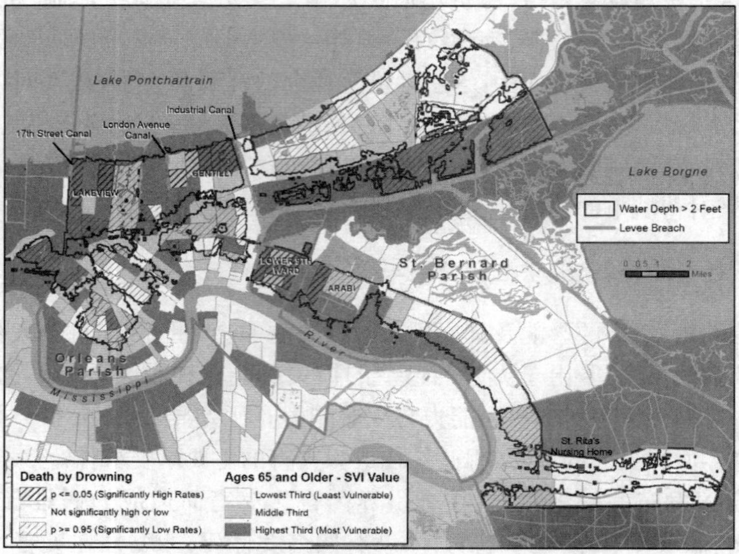

图 11-7　美国卡特里娜飓风死亡人数与老年人的社会脆弱性之间的关联

美国的实证研究表明，社会经济地位（收入、就业、受教育程度）、家庭构成情况（年龄、单亲家庭、残疾程度）、种族和语言、住房和交通出行能力等指标，都是能够反映社会脆弱性的具体变量①。相对来说，穷人没有足够的能力和财力来抵御可能发生的灾害，也缺乏从灾害中恢复至先前状态的能力。对于穷人来说，其房产价值虽然低于其他群体，但是在其家庭总资产中占据的份额往往居于主导地位。由于他们较少购买保险，一旦发生灾害事件，住房损毁所造成的冲击简直是灭顶之灾。而且，穷人还缺乏必要的社会保障支撑，尤其是那些失业者不能享受医疗和健康保险的扶持。而对于高收入群体来说，即使其家庭财产损失可能非常巨大，但可以通过相应的保险和其他投资渠道以及稳定的就业得以规避风险。

弱势群体在灾害面前所遭遇的一系列问题，在一定程度上暴露出社会不公平，这一点与美国的“红线歧视”现象颇为类似②。不同人口学特征和不同阶层的群体所掌握的社会资源存在差异，他们在同样的事件面前的抗打击能力迥然不同，由此在相当程度上产生了社会的不公平和不公正。这样一来，自然灾害先天具有的“自然”属性，其实更多地受到了一系列社会经济因素的控制，而在相当程度上带有明显的“社会”烙印。社会的和谐体现在让不同社会经济背景的群体能够趋于和谐共处、各得其所。基于社会公平的角

① Barry E F, Edward W G, Elaine J H, et al. A social vulnerability index for disaster management[J]. Journal of Homeland Security and Emergency Management, 2011, 8(1): 3-6.

② 马祖琦. 美国内城地区保险“红线歧视”问题研究[J]. 保险研究, 2008(3): 92-95.

度，我们需要特别关注那些更加容易遭受灾害冲击的弱势群体，着力改善他们的生活质量，努力帮助他们摆脱困境。

11.4.4 充分发挥城市规划与管理在灾害治理中的综合调控作用

城市规划过程是引导城市发展，实现城市的可持续发展，增进和保障公共利益的过程。城市规划不仅研究空间布局，更要重视维护隐藏在布局与功能之后的利益关系，维护社会利益和社会公正。

在灾害治理领域，城市规划与管理具有独特的优势，表现在，城市规划与管理注重城市与区域发展的整体性，这与灾害治理的特点是相吻合的，灾害往往具有一定的空间属性，需要基于区域视角来制定灾害治理的相关策略。而且，城市规划与管理追求和维护公共利益，代表着政府行为，反映了政府意志，具有相当强的权威性和综合调控作用。要实现对城市各项发展进行综合部署，引导城市健康、可持续发展，需要借助相应的政策调节，并且制定科学的、有前瞻性的规划战略。灾害治理显然也需要依托政府力量，通过制定相应的政策、法规来实现灾害治理的目标。

再有，城市规划与管理注重对城市社会问题的回应，而灾害治理是一个庞大的系统工程，灾害事件会产生一系列连锁反应，引发诸如失业、贫困、犯罪、无家可归等社会经济后果。单纯着眼于灾害自身的应对是无力应对上述问题的，必须从借助相应的城市规划与管理政策，发挥其“杠杆”作用，引导、调控各类经济活动，从产业政策、公共住房、城市安全、社会保障等方面予以解决，而这恰恰是城市规划与管理的优势所在。因此，城市规划与管理要充分发挥其应有的综合调控作用。

12 区域协调与公共服务的空间组织

在我国，适合作为行政管理单元的行政区被赋予了诸多非行政或业务职能，导致行政区成为组织一切经济社会活动、配置各类资源的基本运行单元和“超级载体”，由此在区域经济社会发展、城市规划建设及其相关公共服务领域产生了众多的“行政区经济”现象。

本章在着重分析总结“行政区经济”现象在城市规划建设和公共服务领域的几个典型案例的基础上，就行政区块与功能区块的相互关系展开探讨：认为“行政区块”与“功能区块”具有各自的功能，应当摆脱两者强行嵌套的固有弊端，并结合国内外公共服务空间组织的成功案例，总结行政区块与功能区块并行不悖的经验做法；认为要改变行政区独揽天下的单一格局，建议将政府的部分公共管理与公共服务职能转由服务区来承接，实现政府职能的精简。最后就“行政区经济”现象的阶段性与长期性、区划体制以及构建有限权能政府等问题进行了思考。

12.1 引言

在我国，行政区被作为组织经济、社会活动的基本单元，按照行政区组织生产、生活的做法渗透至社会经济的方方面面。

一方面，在长期计划经济体制的影响下，政府职能干预领域相当宽广，行政性职能与业务性职能不分；另一方面，管理单元性质相对单一，适合作为行政管理单元的行政区被赋予了诸多非行政或业务职能，导致行政区成为组织一切经济社会活动、配置各类资源的基本运行单元和“超级载体”。这表现在，行政区除了执行政治、行政管理功能外，还包揽了经济功能、司法功能、教育功能、文化功能、社会服务功能等等。随之产生的后果是：行政区演化为“利益区”、行政边界变成了“利益边界”，区域矛盾和恶性竞争现象十分突出，严重阻碍了城市和区域的可持续发展。

在区域发展中，行政区划犹如一道“看不见的城墙”，对区域经济社会的运行产生重大影响。尤其是在社会主义市场经济条件下，伴随着利益主体的多元化格局，由于行政区划引发的“行政区经济”现象愈发突出和激烈。

12.2 “行政区经济”的基本原理

12.2.1 “行政区经济”的内涵

刘君德教授于20世纪90年代初提出了“行政区经济”一说。所谓“行政区经济”，就是指“由于行政区划对区域经济的刚性约束而产生的一种特殊的区域经济现象，是我国在从传统计划经济体制向社会主义市场经济体制转轨过程中，区域经济由纵向运行系统向横向运行系统转变时期出现的具有过渡性质的一种特殊区域经济现象。”①

从理论上看，区域经济的运行应当突破行政区划界限，在市场力的配置下于更大的空间按照经济区网络进行合理组织，即作为两种不同类型的地域组织，“经济区”与“行政区”应当处于不同运行层面(图 12-1)。前者之划分着眼于经济因素，需要遵循市场经济规律，属于经济基础范畴；后者的划分则带有明显的政治色彩，是有意识的国家行为，属于上层建筑范畴。行政区的运行是政治过程，运行主体是各级地方政府，通过自上而下的纵向行政管理系统来组织；而经济区的运行是经济过程，运行主体是企业，依靠市场力量进行。

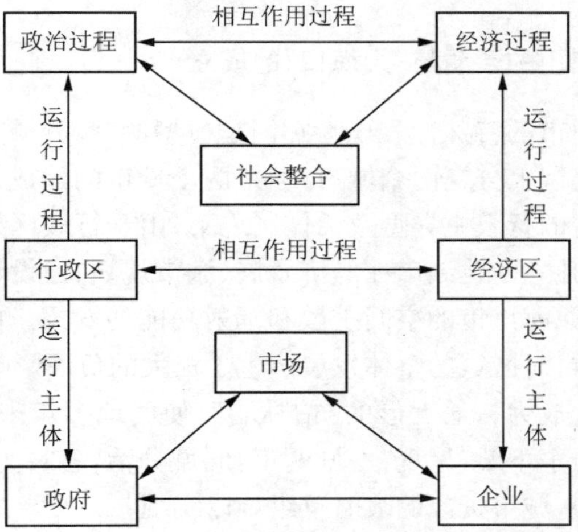

图 12-1 行政区与经济区相互作用图

12.2.2 “行政区经济”现象的本质

由于行政区的经济职能异常突出，经济发展当中隐含的行政行为色彩极为浓厚。行政力量成为区域经济发展的主导驱动力量，在对经济利益的争夺与冲突的背后，是各级政府行政行为的相互对抗。

从我国区域发展的实践来看，上级政区与下级政区之间，同级政区之间，城市与城市之间，城市与区域之间，区域与区域之间甚至城市内部各次级政区之间，均存在因“行政区经济”现象引发的大量矛盾与冲突。

从区域宏观层面来看，20 世纪八九十年代，各省市之间按照行政区划“画地为牢”，实行经济封锁和地方保护，所谓的“蚕茧大战”“棉花大战”等区域矛盾与恶性竞争现象非常普遍。从城市内部微观层面来看，大城市以两级政府、三级管理为特征的管理体制的改革在取得了巨大成绩的同时，也存在着类似的问题，表现为市级政区与区级政区的矛盾，

① 刘君德. 中国行政区划的理论与实践[M]. 上海：华东师范大学出版社，1996：31.

各区级政区之间的矛盾，行政区分割功能区，等等。

上述现象看似奇怪甚至有些可笑，但是当把这种现象放入“政府集经济利益主体和行政管理主体于一身，既是所辖区域的政治管理机构又是所辖区域的经济管理机构”这一特定情境下进行分析时，经济发展和利益冲突为什么会围绕行政区展开，行政力量为什么会干预区域经济的运行等问题就显得“合乎情理”了。由于政府的经济职能相当强，当本辖区陷入与外围政区经济利益的争斗中时，政府作为地方的管理主体和利益主体，也肯定会毫不犹豫地参与其中。因此，行政区演化为“利益区”、行政区边界演化为“经济利益的冲突边界”，就成为必然。

12.3 “行政区经济”现象的典型表现

12.3.1 原海口与原琼山的矛盾与“大海口”的成立

原海口市与原琼山市的特殊性表现为它们是典型的“跨界城市”。所谓“跨界城市”，是指两者虽然在行政建制上分属两个城市，但是两个城市的建成区连为一体、不分彼此、难以分割。在我国现行的行政主导型政治体制之下，由于行政区划对地方利益的刚性约束十分强烈，导致两个独立的建制市在经济发展、城市规划、建设和管理等方面存在着强烈的对抗，严重制约了原海口市的空间扩散和辐射功能的发挥。由此造成的体制壁垒和地域分割现象相当严重，对区域的整体发展产生了极大的负面影响。

行政区划界限演化成为一道无形的“柏林墙”，使两地多年来在市政规划、建设及管理之间的矛盾与摩擦纷争不断，呈现“一城两市，同城分治，各自为政，互不相让”的特征，受制于区划空间的割裂，城市资源的战略重组难以实现①。

首先是市政建设各自为政，出现了“一路两景、一管两径、一河两段”的怪现象。“一路”指的是龙昆南路，由于分属两个城市管理，导致风格迥异。“一管”指的是地下排污管，两市的地下水管口径大小不一，出现对接难题。“一河”指的是美舍河，琼山和海口分处美舍河的上游和下游，各自的污染治理工作不够同步。

其次是城市管理摩擦。例如，原海口与原琼山的交通部门因出租车抢夺运力市场而引起的摩擦，海口交通部门认为，琼山方面超量投入新车，给海口的出租车营运造成混乱，为此查扣了琼山百余辆出租车，上述矛盾后来由副省长亲自主持协调才得以初步化解②。

三是规划布局局促。早在海南建省创办经济特区之初，国务院就已批复了海口市城市的总体规划，范围为 1 127 km^2，包括原海口市的全部区域，原琼山市和澄迈县的部分区域（简称“1127 方案”）。但由于海口市辖区陆地面积只有 200 多 km^2，受市域空间的制约，“1127 方案”根本无法实施。海口城市重点设施包括机场、发电厂、菜篮子基地等不得

---

① 吴钟斌，庞文娟. 四个新区隆重挂牌——新海口市宣告诞生[EB/OL]. [2003-12-04]. http://unn.people.com.cn/GB/22220/30701/30703/2227842.html.

② 参见 http://news.sina.com.cn/s/2001-08-22/336973.html，2013-9-28 相关内容。

不建到原琼山市的地界内。

总之，两地在社会治安、交通管理、产业布局、资源开发、社区建设、环境保护等方面存在诸多摩擦①。“同城分治”的区划格局与“统筹协调”的规划目标之间的错位，暴露出当前我国区划体制与管理体制的特殊性。拆掉“城墙”，打破区划格局对区域经济社会运行所产生的割裂态势，优化城市经济要素的合理配置，避免无序竞争下的体制性损耗，也就成为历史发展的必然。

经过充分论证和慎重研究，国务院于 2002 年 10 月批准原琼山市与原海口市合并，新的海口市由此成立。调整后的新海口急剧扩大，人口由 80 多万增加到 150 多万，土地面积由原来的 236.4km^{2}骤增至 2 364.8 km^2，增幅高达 9 倍。区划格局的调整和行政版图的扩大，给大海口的发展带来了新的发展机遇，有助于解决先前海口城市发展面临的空间制约，也有利于调整优化城市空间布局和产业发展布局，更为有效地合理配置资源，进而增强中心城市综合实力，提升中心城市功能，充分发挥省会城市的聚集、辐射、带动作用。

客观地看，关于原海口与原琼山的合并，尽管有这样或那样的理由，诸如完善城市功能、提升城市能级、拓展城市经济规模、提高城市综合竞争能力等等。但是，区划对规划的割裂，不能不说是其中一个重要的推动因素。

12.3.2 上海“外滩一体化开发”与新黄浦区的成立

黄浦江边的外滩，是上海这座国际性大都市的主要标志。但是，在原黄浦区和原南市区“撤二建一”之前，外滩作为一个相对完整的功能区，却被黄浦区和南市区两个市辖区分割管理，由此带来了整体开发的矛盾，硬生生地形成了一个“南外滩”和一个“北外滩”②。其中，“北外滩”在原黄浦区境内，岸线全长 1km 左右，其沿江一侧是宽敞的滨江大道，另一侧则是一幢幢带有异国风味的近代优秀建筑。另一个南市区“外滩”则位于“北外滩”的南面，因此被称作“南外滩”。由于地处老城厢地区，“南外滩”地区的人口密度很高，始终没能形成一条滨江大道，导致上海的外滩景观带成了一条“断头路”。

南北外滩以区为界，景色各异，“泾渭分明”。可以说，行政区划体制的割裂，是两个“外滩”难以进行统一规划建设管理的关键因素之一。2000 年 6 月，经国务院批准，原黄浦区和原南市区“撤二建一”，设立新的黄浦区，以原黄浦区和南市区的行政区域为新的黄浦区的行政区域③。随着两区的撤并，“外滩沿江地区一体化开发方案”应运而生④。原先城市规划建设中功能区被行政区割裂的矛盾得以较好的解决，由此进入了一个城市规划建设的阻力明显减少，旧城改造步伐明显加快，体制性矛盾得以突破，城区空间布局逐

---

① 王慧敏. 拆掉“城墙”如何[EE/OL]. [2013-09-28]. http://www.people.com.cn/GB/jinji/20011022/586862.html.

② 高渊. 一道复杂的“算术题”——上海市中心城区行政区划调整之后[N]. 人民日报，2001-04-09.

③ 参见 http://www.gov.cn/gongbao/content/2000/content_60402.htm，2013-9-28 相关内容。

④ 上海市黄浦区规划局. 黄浦区总体规划纲要[EB/OL]. [2006-03-27]. http://www.zhaoshang-sh.com/2006/8-17/15-00-3385586.html.

步优化的崭新阶段。

12.3.3 上海曹家渡传统商业功能的相对衰退

从历史上看，曹家渡是上海市典型的由商业集聚而成的自然社区，曾与徐家汇等同为上海的商业副中心。回顾历史，上海市的城市行政管理体制由单一的高度集中管理向“一级半政府、两级管理”模式转变，进而过渡到“两级政府、两级管理”模式。1995 年以来，又逐步确立了“两级政府、三级管理”的新体制，在此期间，城市的规划管理权被逐渐下放，与之相应，区级政府的职能不断强化①。

由于曹家渡地处静安区、长宁区、普陀区三个市辖区交汇处，各区出于对曹家渡的地位和作用认识的不同，从自身的利益出发，难以实现对曹家渡的统一功能定位，从而使这一历史上形成的具有整体性特征、在上海有相当地位和规模的曹家渡商业社区逐步走向衰落，原本与徐家汇共同作为全市商业副中心规划的曹家渡，因不能按照统一的规划设想实施，建设、管理呈现一定的混乱。20 世纪 90 年代中期以来，曹家渡与徐家汇的差距不断拉大，失去了原有的地位与活力，后者已经发展为上海成熟的商业副中心，而曹家渡社区的行政分割，对旧城改造、道路拓宽、房产开发、环境整治、治安管理等方面都产生了明显影响，刘君德教授称之为“曹家渡现象”②。曹家渡由于地处上海三个城区的交接地带，相邻城区规划的错位导致这样一个历史悠久的、极具发展潜力的传统商业功能区被肢解。

12.3.4 河南五地大炮争抢一朵云

2004 年 7 月 9 日下午至 11 日凌晨，从河南省南阳市的上空向东北方向飘来一片携带丰富水汽的云团，这让久旱无雨而且此次有条件实施人工增雨的豫中南地区的平顶山市、驻马店市、漯河市、许昌市和周口市喜不自禁。不过，在 5 个城市竞相实施人工增雨、争相发射炮弹和火箭弹的争夺中，如何合理有效地利用和分配大气雨水资源，成为区域协作与竞争领域的一个颇具争议的话题③。

为了抢夺这片难得的丰水云团，缓解本地旱情，5 个城市都投入了大量的人力、物力和财力。据当地媒体报道，从 7 月 9 日晚 8 时至 10 日下午 5 时，仅漯河市就从 18 个发射点打出增雨炮弹 725 发、火箭弹 40 枚，耗资 20 多万元。与漯河一样，平顶山市、驻马店市、许昌市和周口市 4 个城市也为争夺这片云团费尽了心机。它们有的提前几天就架好了炮位，有的还临时招聘从炮兵部队退役的老兵进行增援。

在隆隆的“炮火”轰鸣声中，富含水汽的云块被无情地“撕成碎片”，5 个城市的旱情得到了不同程度的缓解。不过，各个城市的战果大相径庭，有的城市赚个“盆钵满贯”，有的城市则“广种薄收”。平顶山和许昌两市的人工降雨量最多，市区降雨量均超过 100

---

① 姚俭建，沈文玮，吴春林，等. 长效管理的公共政策保障——上海市“两级政府、三级管理”体制中公共政策体系的协调性研究[J]. 上海社会科学院学术季刊，1998(2)：137-146.

② 刘君德. 城市规划·行政区划·社区建设[J]. 城市规划，2002(2)：34-39.

③ 刘广超. 人工降雨五市争抢一片云　大气管理无法可依[N]. 中国青年报，2004-07-13.

mm，以至于达到“暴雨级别”；周口市区降雨量最少，仅为 27 mm，其辖区某县的降雨量甚至仅 7 mm。由于周口市处于云团移动的下风向，经过处于上风向的其他 4 个城市的“狂轰滥炸”，云团中的水汽被大量消耗。当云团最终漂移至周口市的上空时，尽管再一次被“暴打”，但雨量十分有限，仅达到“毛毛雨”级别。

处于下风向的周口市对平顶山市过多截留云雨的做法颇为不满，有气象专业人士认为平顶山市人工影响气候办公室反复播云的做法属违规行为。“那儿都暴雨成灾了，还在狂轰滥炸，这还有个规矩没有？”而平顶山市的官员则否认违规行为，他们认为天空漂浮的云层是流动的，任何人都有权利用，所以根本不存在抢夺和截留行为。

可见，如何合理利用分配区域之间的大气雨水资源，成为当前颇具争议的一个现实话题。一般来看，云团似乎是典型的纯公共物品，具有非竞争性和非排他性。也就是说，单个消费者（使用者）的消费行为不会对他人的消费产生影响，因此也就不可能把某些消费者排除在外。但是，事实并非如此。有学者认为，所谓的“非竞争性”和“非排他性”只是相对于私人物品来说的，并非意味着所有公共物品都具有完全的非竞争性，也不意味着所有的公共物品都具有相同程度的非竞争性①。与之类似，也有专家指出，“在一定时间内，同一片云系的云水资源如果没有及时从大气循环中得到补充，其拥有的空中水资源就是恒定的，如果在一个地方实施人工增雨，云系下游的地方降雨肯定就要减少”②。

事实上，完全非竞争性的公共物品难以存在，任何公共物品的消费均或多或少地存在一定的竞争性，从而导致消费者对公共物品的消费行为注定会对其他消费者产生影响，这就是公共物品消费所带来的“外部性”。令人欣慰的是，2010 年 3 月，豫鲁皖苏四省达成协议，在商丘建立区域性的人工影响天气重点作业区指挥中心，在每年春、秋两季，统一协调指挥当地的人工增雨作业。可以说，通过建立相应的协调机制，有助于减少区域之间的无序竞争，避免“行政区经济”现象的发生，确保区域性公共服务和公共物品的提供。

12.4　行政区块与功能区块的错位

伴随着区域利益主体地位的逐渐明晰，行政区经济现象继续强化，以行政区划单元为载体的分割切块式的管理模式必然会带来各自为政、缺乏衔接等问题，难以在行政区之间建立起高效的市场流通网络和合理的区域分工，功能区的发展被行政区肢解。

事实上，城市规划与行政区划有着密切的联系，但两者的侧重点有所不同。从理论上看，行政区是行政区划的基本单元，行政区的划分主要以行政管理为目标；功能区则是城市规划的基本单元，需要考虑特定的业务和行业特点，从而提供公共服务。这里仅就城市规划建设领域展开探讨。

首先，城市规划和行政区划的本质差异及其特点直接影响着功能区块与行政区块的

---

① 石绍宾．公共品消费的竞争性分析——从河南五市争抢降雨云层案例谈起[J]．当代财经，2006(2)：57-60.
② 参见 http://e.chengdu.cn/html/2010-03/16/content_125285.htm，2013-9-28 相关内容。

基本属性。城市规划是借助城市规划师，通过对城市土地使用及其变化的控制，解决城市发展中特定问题的过程。行政区划是国家根据政权建设、经济社会发展和行政管理的需要，遵循有关法律的规定，充分考虑政治、经济、历史、地理、人口、文化等各种因素，按照一定的原则，对全国领土进行不同层次、不同规模划分的过程。两者的性质和工作重点不同，但是它们的利益导向是一致的，即方便管理，提高城市居民的生活质量，增强城市的综合竞争力，实现城市的可持续发展。

其次，功能区块的培育离不开行政区块的支撑。在我国现行政治体制下，功能区块预期功能的培育需要以行政区为依托。因此，行政区划是城市规划的前提和基础，城市规划要受行政区划的影响和制约。

第三，功能区块反作用于行政区块，引导、影响着行政区划的调整。当城市发展到一定阶段，原有行政区划会变得越来越不切实际，相对滞后于城市的高速发展时，必须加以改革，城市规划就成为行政区划改革的重要参照因素。

从上述分析中可以看出两者紧密联系，但又不可混为一谈。然而，在现实生活当中，行政区往往被作为组织社会经济资源和提供相关服务的空间管理单元，当两者相互吻合时，或许矛盾并不突出，但如果功能区块和行政区块存在空间错位时，行政区划的刚性约束将会表现得尤为突出。“区划割裂甚至肢解规划”现象的形成，可以说是“行政区经济”现象在城市规划和建设中的典型表现。

在我国特定的政治背景和体制下，特别是在长期的计划经济体制向市场经济转轨过程中，利益主体地位逐渐强化，竞争格局逐渐明晰，相邻行政区之间的利益冲突较为频繁，跨界组织的管理难度非常之大。

由于行政区划的硬性割裂或壁垒，虽然属于同一功能区，但因位于不同市辖区，造成管理主体不一、生产要素难以自由流动、发展重点各异、功能区的景观特征迥异、资源配置严重失衡，最终导致功能区的发育严重受阻，甚至衰退消亡（表 12-1）。

表 12-1　功能区和行政区的空间形态组合

类型名称	特征	实例	发育情况
界内功能区	功能区的全部或绝大部分位于同一行政区内部	徐家汇	正常发育
跨界功能区	功能区块被两个或多个以上的行政区较为均匀地分割，各个行政区发展基础、经济实力、工作重点等各不相同	曹家渡、外滩风景区	发育受阻。其中，原南市区与原黄浦区撤二建一后，外滩改造和培育步伐加速
特殊功能区	初期被若干行政区分割，后来统一至一个行政区。由于被作为全市金融贸易的核心来培育，能够有效地开展统一规划建设	陆家嘴	正常发育

鉴于中心城区在上海市的重要地位，其所存在的行政区划体制问题，不仅仅制约了中心城区自身的经济社会发展，还会对整个城市的发展乃至城市竞争实力的提升产生深远的影响。因此，科学论证，适当调整行政区划，有效地缓解城市快速建设进程中由于行

政区分割功能区，功能区发育受阻而引发的种种不良现象，促进功能区的整体协调发展和快速发育，也就显得迫在眉睫。当然，除了行政区划调整之外，更重要的是构建相应的管理体制，按照功能区来组织和配置经济社会资源。

12.5 国内外公共服务空间组织的成功案例

12.5.1 美国纽约市——“特别区”

美国管理体制的一个重要特征就是存在大量的“特别区”①。“特别区”往往根据某一特定目的而专门设置，行使单一管理功能，在机构设置和财政来源方面相对独立于政府各职能部门，有自己的征税权。而且，在“特别区”服务单元的划分方面，不是以行政区划界限为依托，而是根据所提供服务功能的特点以及城市居民的实际需求，重新划定功能区。

纽约市政府是世界上最为庞大的市政府，包括 5 个区级政区，下设 59 个社区单元。虽然每个区级政区的平均人口规模在 140 万人以上，但是区级政府的权能却相对弱化，呈现典型的“强市弱区”体制。究其原因，正是由于为数众多的“特别区”承担了大量服务性职能，有效地缩减了政府的职能，极大地缓解了城市与区域管理的压力。

例如，纽约市拥有 33 个学校区、352 个消防区、354 个保健区、76 个警察区等等。上述管理单元的划分，均非局限于 5 个区级政区和 59 个社区单元的单一行政区划模式。“特别区”的边界与行政区界限不相吻合，一定程度上反映了美国城市与区域管理的灵活性与弹性(图 12-2)。

消防区　　　　　　　　保健区

① 马祖琦，刘君德. 国外大城市中心城区区级政区职能定位研究[J]. 城市规划，2003(3):43-48.

图 12-2 纽约行政区与特别功能区界限对比

12.5.2 美国:“纽约—新泽西—康涅狄格”大都市区“区域规划协会”

美国是一个地方自治传统浓厚的国家,“跨界城市”是一种较为普遍的经济社会文化现象。对于以纽约为代表的大都市区来说,同一片连续建成区常由众多自治行政管理单元分而治之。如何在维护诸多市、县等自治单元和利益主体的合法权益的同时,又最大限度保护区域整体利益,实现区域发展的目标?纽约大都市区在寻求区域管理和发展的协调机制方面卓有成效,涌现出许多成功案例。

为了解决特定的区域发展问题,美国先后成立了许多结构松散的、执行特定职能的非政府组织和区域协调机构,在具体经济社会领域,涌现出许多卓有成效的区域合作形式。“纽约—新泽西—康涅狄格”大都市区“区域规划协会(Regional Plan Association, RPA)”即是其中之一。

“纽约—新泽西—康涅狄格”大都市区的区域范围涵盖康涅狄格州的南部、新泽西州的北部、长岛地区以及哈德逊下游地区,具体由纽约州(New York)、新泽西州(New Jersey)和康涅狄格州(Connecticut)三个州的 31 个县构成。区域面积约 41 000 km^2(图 12-3),辖域人口高达 2 000 万人,是美国全国最大的都市区,也是世界上最大的城市密集区之一。

“纽约—新泽西—康涅狄格”大都市区“区域规划协会”是美国成立最为久远的区域规划组织,总的来说,“区域规划协会”是一个致力于为当地发展和投资提供政策建议,促进公共部门与私人团体的合作,制定区域性规划,参与直接与地方未来发展密切相关的公共事务的非官方和非盈利性组织。它主要针对纽约大都市区的发展,制定跨行政界限的综合规划,并鼓励政府与私人组织合作。其职责范围涉及土地利用规划、住房、交通、经济发展、环境治理以及社会政策的制定等方面。

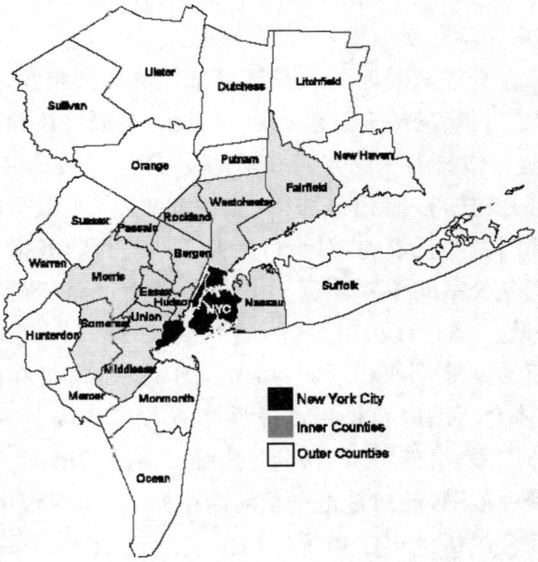

图 12-3　纽约大都市区区域构成

迄今为止，“区域规划协会”分别于 1929 年、1968 年和 1996 年开展了三次区域规划：其中，第一次规划的重点是构建交通网络，提高区域的通达性和相互联系；第二次规划主要侧重于景观保护，并鼓励纽约市地铁与一些郊区铁路并入大都市区交通管理局；在 1996 年发表的第三次区域规划——《一个处于危险境地的区域》中，认为 21 世纪规划的重点在于由 3 个“E”构成的生活质量的改善之上——即经济、环境和公平①，同时给出了五大努力的途径——绿地、中心、便捷、劳动力、治理，为促进区域可持续发展和提升区域竞争力指明了方向。

此外，针对一些具体的区域性问题，如供水、排水、垃圾处理等，各种专门的协调组织也在不断产生、变化乃至消亡，在纽约大都市区展现的是一种看似结构松散但又不失权威性的管理形态，采取的是以专门问题为导向的协调组织运行为主的管理模式。

12.5.3　上海黄浦区：南京东路“风景管理区”

黄浦区是上海中心商业区的核心区域，也是上海发展都市旅游的精华之地②。为了更好地管理旅游资源，维护市容环境，黄浦区于 1999 年左右在人民广场、外滩、南京路步行街、老城厢等四个风景区分别设立了相应的风景区管理办公室，主要侧重市容市貌、治安、绿化等方面的日常管理。

在此以南京路步行街为例，简要介绍南京东路“风景管理区”的相关背景。上海市政府按照《中华人民共和国行政处罚法》规定的相对集中行政处罚权的原则，在开展综合执

① Regional Plan Association. A Region at Risk: A Summary of The Third Regional Plan For The New York—New Jersey—Connecticut Metropolitan Area[R]. Regional Plan Association, Inc., 1996:5-16.

② 此处的黄浦区是指 2011 年 6 月原黄浦区和原卢湾区撤并之前的黄浦区，笔者注。

法试点的基础上，于 1999 年制定了《上海市南京路步行街综合管理暂行规定》，成立南京路步行街监察队，在南京路步行街范围实行综合执法[①]。

南京路步行街的综合管理概况如下[②]：从管理部门和执法组织来看，由上海市南京路步行街管理委员会负责步行街的综合管理和协调工作，黄浦区南京路步行街管理办公室负责步行街的日常管理工作。南京路步行街管理办公室下设南京路步行街监察队，受市、区有关行政管理部门委托，按照相关法律、法规和规章，实施行政处罚或采取强制措施。各有关行政管理部门就委托事项，对步行街监察队进行业务指导和监督。

南京路步行街管理办公室的主要职责[③]：一是负责南京路步行街地区范围内社会秩序、道路交通、规划、路政、工商行政、市容、环境卫生、户外广告、灯光、绿化、环境保护以及有关市政设施等方面的日常管理和组织、协调工作；二是审批在南京路步行街举行的展览、咨询、文艺演出、体育活动以及拍摄商业性影视片等各类公共活动，审批在南京路步行街范围内设置户外广告、沿街房屋门面装修、临时占路等事项。

南京路步行街的管理范围，最初是指东至河南中路，西至西藏中路的南京东路路段，南、北至两侧建筑物外墙，包括世纪广场等在内的公共区域。后来随着南京路步行街的进一步开发建设，逐步形成了以南京东路和南京西路为主干，周边支路为延伸段的南京路步行街地区。为了更好地促进该地区的繁荣繁华，保持优美整洁的环境和良好的社会秩序，上海市黄浦区人民政府于 2000 年 6 月根据城市规划和建设的安排，对南京路步行街的范围进行了调整。新的调整范围如下：西藏中路以东的范围呈“非”字形，东至河南中路，南至九江路，北至天津路折宁波路到六合路止；西藏中路以西为南京西路、西藏中路和九江路所形成的三角区域，包括南京路西藏路人行天桥（图 12-4）。

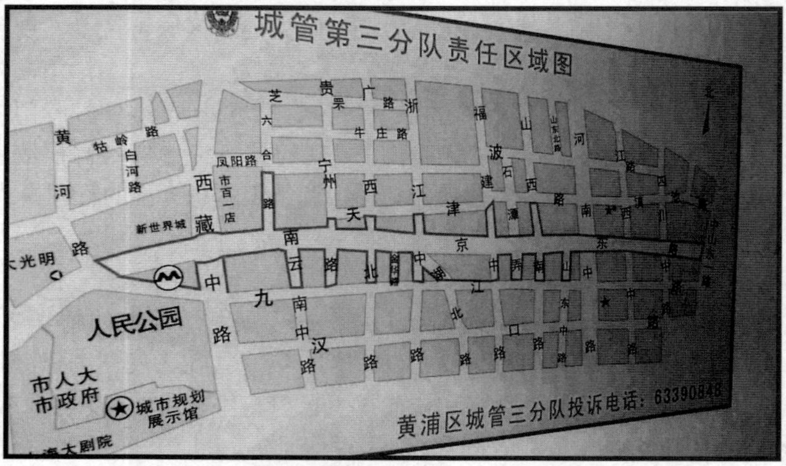

图 12-4　南京路步行街地区管理范围

① 参见 http://www.shtong.gov.cn/node2/node19828/node20062/node20072/node64307/userobject1ai67777.html 相关内容。

② 参见 http://www.shanghai.gov.cn/shanghai/node2314/node3124/node3177/node3183/u6ai366.html 相关内容。

③ 参见《南京路步行街管理办公室政务公开制度》相关内容。

黄浦区南京路步行街管理办公室和南京路步行街监察队作为当地的主管部门，遵循属地统一管理、精简高效的原则，肩负着对南京路步行街区域进行综合管理和综合执法的责任。这种不囿于行政区域界限，针对特定地域和特定业务进行功能分区，设置相应管理机构的做法，是一种相对弹性化的管理模式。而且，这种按照行业特点划分服务区域，进行相应业务机构设置的做法，与国外“特别区”的性质颇为类似，其运作方式，对于合理划分服务区域、完善城市管理与服务具有重要的参考价值。

12.5.4 上海市：邮政区

邮政区是邮电部门为了更为有效地提供邮件、储蓄、报刊等业务服务而专门划分的管理区或功能区。根据上海市邮政规划，邮局布局的基本原则是，每 8 万—10 万人设立投递局一处，服务范围为 3—4 km^2。投递局又分为区中心局和一般支局，支局下设邮电所。营业网点是按照 2.5 万—3.0 万人的服务人口规模进行设置的，服务范围大约 1 km^2。上海城区邮政机构的设置是按照“邮政局—区片局—邮政支局—邮政所、服务处、代办所”的体系进行的。其中，浦西 9 个中心城区分别设置市南区局、市西区局、市北区局。郊区、县各自设立“某某区（县）局”。

在服务片区层面上，各邮政分局较高层级服务区的大致范围划分还略带有与行政区对应的色彩，但是，在具体服务小区层面，邮电支局、邮电所、代办处的设置完全摆脱了现有行政区划格局的束缚，更多的是考虑并且遵循了最大限度方便业务管理工作开展的原则。图 12-5 反映了上海市中心城区邮政服务区的界限划分状况。其中，每一个邮政支局均严格对应着一个邮政编码，负责本管区内的邮政通信服务。而且，根据服务范围大小、业务量多少以及特殊需求，对具体业务量较大的区域，还可以增设若干邮电所和代办处，实行专门服务。例如，曹杨邮电支局下面就增设了长风新村和华东师大两个邮电所。“上海师大邮电局”的设置是另外一个非常典型的例子。图 12-5 中左下角邮政编码为 200234 的方形区域，其服务区呈现规则的正方形，其设置显然是为了满足上海师范大学对邮件服务的特殊需求而专门考虑的。

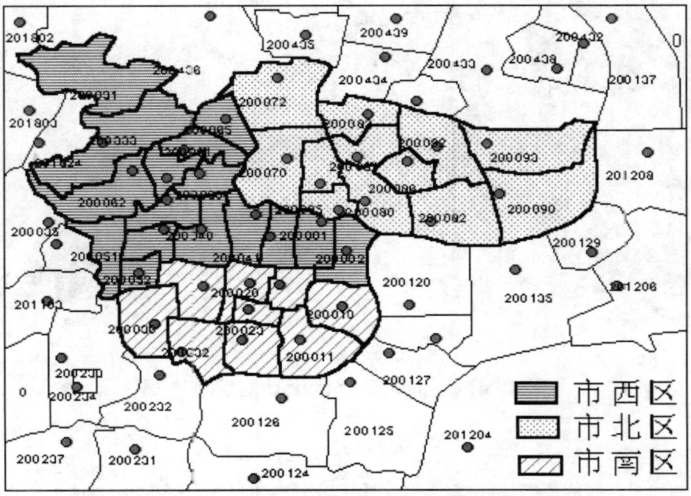

图 12-5 上海市城区邮政编码示意图(局部)

12.5.5 上海市原浦东新区:六大功能区域

自20世纪90年代初成立以来,浦东的开发开放取得了举世瞩目的成就。不过,在经济、社会发展今非昔比、各方面都取得了长足进步的同时,也暴露出一些问题,突出地表现为城乡二元结构较为突出、空间发展不够均衡以及经济发展与社会管理之间呈现相对疏离等一系列问题与矛盾。应当指出,管理体制上的分割,是浦东城区、开发区和周边各镇在规划建设、产业发展、社会管理等诸多方面衔接和协调不力的内在根源。如何消除开发区的孤岛效应,实现开发区和行政区的整合,努力建设现代化、多功能的"城区",成为新时期浦东新区考虑的重要课题。

为此,浦东新区①自2004年开始了"区镇联动"体制的探索,于2004年9月率先成立了陆家嘴、金桥、张江、外高桥四大功能区域党工委、管委会,统筹协调以四大开发园区为核心的"陆家嘴、张江、金桥、外高桥"四大功能区域的经济与社会发展。2005年9月,又相继成立了川沙功能区域和三林世博功能区域。由此,浦东六大功能区域全覆盖的区划格局初具雏形。

图12-6显示了原浦东新区六大功能区域的空间分布。从区域组成来看,浦东六大功能区域的基本组织构成类型主要有:园区管委会(金融贸易区、开发区、港区等)、街道和建制镇。六个功能区域的区域组成呈现显著的差异,有的是园区和建制镇并存,有的是园区与街道并存,有的是"街、镇并存",有的则是"区镇合一",等等。

图12-6 原浦东新区六大功能区域布局

---

① 此处所涉及的浦东新区的范围是指2009年5月原浦东新区与南汇区合并,成立"大浦东"之前的原浦东新区,笔者注。

具体来看，陆家嘴功能区域由“一区一镇四街”组成，即陆家嘴金融贸易区、花木镇、潍坊街道、梅园街道、洋泾街道和塘桥街道，其中花木镇即将设立街道；张江功能区域由“两园三镇”组成，即张江高科技园区、孙桥现代农业开发区、张江镇、唐镇、合庆镇；外高桥功能区域由“一区三镇”组成，即外高桥保税区、高桥镇、高东镇、高行镇；金桥功能区域由“一区两镇三街”组成，即金桥出口加工区、金桥镇、曹路镇、金杨新村街道、浦兴路街道、沪东新村街道；川沙功能区域由川沙新镇（原川沙镇和机场镇撤并而成）构成；三林功能区域由“四街两镇”组成，即上钢新村街道、周家渡街道、南码头路街道、东明路街道、三林镇、北蔡镇。

“区镇联动”体制是浦东先试先行的重要举措，重点突出功能开发、统筹协调、资源整合、联动发展，多个功能区域组团发展。深化“区镇联动”的核心目标，就是要适应浦东功能开发的任务和要求，加速开发区的功能和产业向周边区域辐射延伸，加速开发区和周边区域发展的融合、资源的整合，在更大的范围、更广阔的空间统筹发展、运作资源，不断地释放能量、拓展功能，更好地解放和发展生产力[①]。应当说，浦东基于打破城乡二元管理体制的考虑，依托四个国家级开发区以及机场、港口、世博会等功能枢纽，通过组建六个功能区域，成立相应的功能区域党工委、管委会，对区域发展进行统一规划、统筹管理，为实现城郊一体化发展提供了一定的体制保障[②]。

2009 年 5 月，国务院批复了上海市《关于撤销南汇区建制将原南汇区行政区域划入浦东新区的请示》，同意撤销上海市南汇区，将其行政区域并入上海市浦东新区。两区合并后，上海浦东新区管理体制开始了新一轮重大战略调整，在取消原有的六大功能区的同时，建立几大开发区管委会，以实现扁平化的管理体制。

虽然当前功能区域已不复存在，原南汇区也被并入浦东新区，“大浦东”的区划格局呈现新一轮调整，但功能区域曾经作为浦东新区的次级管理单元，其历史意义与存在价值不可低估，对其管理体制与运行机制做简要回顾性总结研究，对于探索浦东新区未来的行政体制和区划体制仍然具有重要意义。

12.6 总结与思考

12.6.1 高度集权的政府行为是我国“行政区经济”现象存在的根源

行政区与经济区的发展及其相互之间的空间联系只是外部表象，两者的关系实质上是政府与市场的关系。在行政区和经济区的背后，更多体现的是行政力量和市场力量的较量。

我国现阶段“行政区经济”现象之所以强烈，其根源就在于高度集权的政府行为。由于政府职能转变不到位，对区域经济的干预，无论在广度上还是在深度上，均远远大于市

① 参见 http://www.sh.xinhua.org/2004-10/10/content_3002905.htm，2004-10-10 相关内容。

② 参见 http://news.xinhuanet.com/politics/2006-06/22/content_4732797.htm，2006-6-22 相关内容。

场手段的调节，最终导致经济区的形成处于行政区强烈笼罩之下，致使两者呈现高度一体的稳态格局。经济区的行政行为十分突出，行政区的经济色彩极为浓厚。因此，可以说，"强政府、弱市场"是"行政区经济"现象存在的根源。

12.6.2 辩证看待"行政区经济"现象存在的阶段性和长期性

"行政区经济"现象的存在，是我国在由计划经济时期向社会主义市场经济时期转轨过程中，政府职能转变不到位，全能型政府和"强政府、弱社会"格局尚未发生根本性转变的特定背景下的过渡性产物。

所谓阶段性，是指"行政区经济"现象是动态的、不断变动的过程，在不同时期，其对区域经济发展的刚性约束作用是不同的，甚至在特定时期、特定背景、特定地域有所强化。同时，"行政区经济"现象又非区域经济协调发展的终极模式，而仅仅是处于其中的一个环节。

所谓长期性，是指政府职能的调整，社会和市场的发育，区域发展观念的转变，将是一个长期的过程。我们对此既不能盲目排斥，也不能消极等待，而应充分认识到其对区域发展的两面性，并且积极主动地通过多种手段弱化进而消除"行政区经济"现象的负面影响。

12.6.3 充分认识中外行政区划体制和公共服务供给方式的差异性

由于区域发展当中隐含的行政行为色彩极为浓厚，当遇到区域发展的矛盾和纠纷时，必然反映为不同行政区之间的冲突，因而行政区划成为一个重要的利益调节和资源重新配置的方式之一，以至于有的学者发出了"整到深处是区划"的感慨①。

与我国不同的是，美国、加拿大等一些具有地方自治传统的国家，设市制度相对灵活许多。其行政区划的一个主要特点在于，在一个大都市区内部，分布着若干自治市，各个自治市之间法律地位平等，财政上相互独立，相互之间有着明确的行政界限。这些自治市往往规模较小，相互之间在基础设施、公共服务等方面需要统筹考虑和统一规划建设，随着城市的不断发育，城市的建成区常常穿越行政界限，最终形成了法律地位上各自独立、形态上支离破碎，在经济、社会联系方面又紧密结合、融为一体的奇特景观。但是它们避开了区划体制的刚性约束，以服务区为载体，寻求弹性化的合作模式，较好地实现了区域协调和公共服务的空间组织问题。

其实，上海历史上曾经出现过一些肩负特定职能的区域，这一点与美国的"特别区"较为类似。回顾上海区级政区的发展历史，无论是当时的"团练局"，还是后来的"学区""警区"，起先均是以执行单一职能为主的，在机构设置、职能等方面还没有作为功能齐全的"行政区"出现，故将其统称为单一职能的"服务区"更为恰当②。只是新中国成立以后，随着城市区划和管理体制逐渐走向单一，多元的"服务区"逐步向单一的"行政区"演化。

---

① 参见 http://www.xzqh.org/bbs/read.php? tid=9792，2008-10-18 相关内容。

② 马祖琦.上海大都市区级政区虚实转化及其政府职能转变之互动[J].国史研究参阅资料，2006(22)：43-52.

12.6.4 构建有限权能政府，探讨“服务区与行政区分离”的双层管理模式

前面所述的诸多小案例均面临一个共同问题，即如何有效解决跨界管理问题，当规划与区划在空间上难以吻合时，如何避免区划对规划的割裂？

鉴于行政区块具有一定的刚性和稳定性，而提供特定服务的功能区块具有相当的灵活性和特殊性，能够结合具体业务特点加以动态调整。因而，通过加快体制创新，构建有限权能政府，探讨“服务区与行政区分离”的双层管理模式，也就显得非常必要和迫切。

由于区划的敏感性，单纯依赖区划的调整具有相当的局限性。为此，应当探讨更为灵活和弹性化的解决方式。要区分“业务职能”与“行政管理”职能，构建有限权能政府，按照各自的边界分别进行管理，对特定的公共物品（或服务）进行打包，使相关的服务在适当的边界被成功地内部化。

具体可以在某些领域，以政府职能转变为依托，逐步释放可以市场化的职能，积极尝试探索“行政区与服务区分离”的城市管理新模式（图 12-7）。将一些业务职能从政府部门剥离出来，由非政府团体来负责，因地制宜，按照所提供职能的特点重新组织与划分“服务区”。美国设置“特别区”的经验尤其值得借鉴。当公共服务（物品）资源配置的合理空间单元与所在的行政区空间存在错位时，在不触动原有区划格局的情况下，通过设置“特别（职能）区”或“服务区”，实现两者“同步运作、并行不悖”的运作格局，是一个合理的选择。

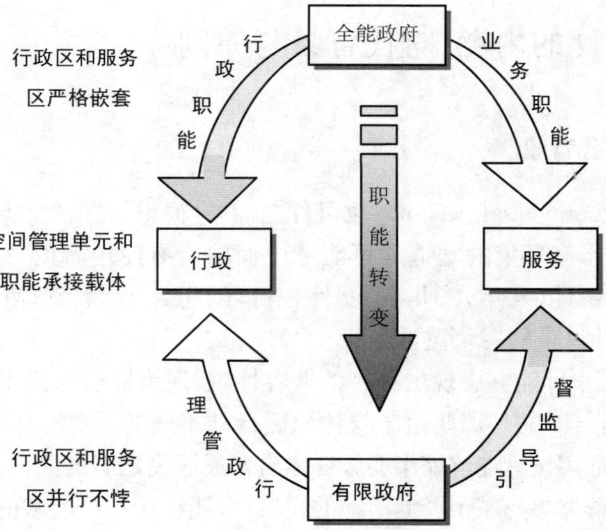

图 12-7 行政区和服务区双重管理模式图解

13 通用设计及其在城市规划建设当中的应用

通用设计是工业技术领域的一个重要理念和研究主题,从学科性质来看,城市规划与城市设计学科其实是归属于工业设计的范畴。随着工业化进程的推进,许多工业产品能够实现批量化和标准化生产。与之类似,城市也可以看作由一个个零散的部件组成。特定的城市建设项目会像工业产品那样,进行定制和规模化生产,并将相应的设计理念融入具体的城市设计和建设方案之中。

当然,目前城市规划领域的研究已经不局限于简单的形态规划和设计,而更多地关注社会功能的组织和社会问题的解决。物质的形态规划固然重要,但是在形态规划的背后,更多地应体现对社会问题的关注和对人的关心,后者更加重要。从这一角度上来讲,"以人为本"绝非一句空话。笔者认为,通用设计理念蕴含的珍贵品质在于"人性化",即是否很好地考虑到了人的需要,更确切地说,是考虑了不同群体的个性化需求。这一点,也是符合健康城市发展思路的。

本章在介绍通用设计起源的基础上,对通用设计的基本内涵、特征及其在国外城市轨道交通领域的表现进行了分析,最后就完善轨道交通等领域的通用设计进行了相关思考。

13.1 通用设计的内涵、时代背景与原则

13.1.1 内涵与时代背景

所谓通用设计(universal design),也可称之为"全民设计"或"全方位设计",是指相关产品的设计和物质形态环境的塑造尽可能考虑面向所有使用者的一种创造性的设计活动。对于某些特殊群体(老年人、儿童、女性、身体障碍者等)来说,使其尽可能多地参与其中,成为通用设计追求的一个重要目标。

一般来看,通用设计能够展现出很好的兼容性,表现为能够满足不同群体的个性化需求,其目标群体通常针对的是那些由于身体原因行动不便的弱势群体,更多地考虑了全体居民的客观诉求。通用设计能够缩小弱势群体与普通居民之间的能力差异,因此能够在一定程度上促进弱势群体参与城市公共活动的积极性,能够让尽可能多的居民享受到同等便利的公共服务。这有助于确保社会公平性,因此成为城市健康领域的重要环节。

通用设计理念的出现始于 20 世纪 50 年代,其形成有着深刻的社会经济背景①。首先是老龄化。老龄化越来越成为一种普遍现象。随着科学技术的进步,人类的身体健康水平得到了大幅度的提升,人口预期寿命不断延长,随之而来的问题就是人口的老龄化。无论

① 吴丹,刘国余. 通用设计的原则[J]. 苏州工艺美术职业技术学院学报,2004(1):39-40.

是老年人的生理功能，包括肢体力量、灵活程度、感官认知能力，还是其心理状态，均会发生显著的改变，这在一定程度上要求相关设施的设计应更好地满足这部分群体的特殊需求。

其次是行动障碍和身体受损伤的人口大幅度增加。由于疾病、事故、战争等负面事件的存在，会给相当一部分人口带来严重的身体伤害和功能损伤。而且，两次世界大战以及自然灾害，也遗留下来大量的伤残人员。他们的身体机能部分退化乃至丧失，行动异常不便，在日常生活当中往往会遭遇一系列障碍，严重影响到其生活质量。

还有就是设计理念的转变。工业设计的一个重要目的就是创造更加美好的生活，即无论是外部环境的塑造，还是单个产品和部件的使用，均要体现"人性化"的理念。目前，城市的日常生活环境对于身体健康、智力健全的人来说可能不存在任何困难，但是对于残疾人、病人、老年人、儿童、女性来说，仍然存在许多障碍。而消除这些障碍的过程，就是设计逐渐走向人性化的过程。通用设计理念的提出，正好顺应了这样的发展趋势。

在上述背景下，在美国、欧洲与日本等一些发达地区，出现了"无障碍空间设计"[①]，旨在帮助伤残者消除日常生活中出现的种种困难。美国北卡罗来纳州立大学的朗·麦斯(Ron Mace)教授[②]于 1985 年首次提出了通用设计的概念。他认为，只有那些能够被不同年龄和能力的群体所共同使用，而不需要进行专门化改造的产品与环境，才可以称得上符合通用设计的理念。

13.1.2 基本原则

一般来说，通用设计需要体现七大原则，具体内容如下[③④]：

一是公平使用原则。产品设计应该能让所有人都公平使用，并且在使用过程中对任何使用者都不会造成身体伤害或内心受窘。要避免隔离或者或歧视使用者；要确保使用者应有的隐私权和安全感；要能够对所有使用者均具有吸引力。

二是弹性使用原则。产品设计要迎合广泛的个人喜好与能力。要提供多种使用方式，以供使用者选择；要同时考虑并满足左撇子和右撇子的使用；使用户能够进行准确操作；能够适应各类用户的不同使用节奏。

三是简单直观原则。产品的使用方法简单直白，符合直观感受，最好让使用者能够无师自通，而不会受到使用者个体经验、知识、语言能力等方面的影响。要删除烦琐细节，做到简便；与用户的期望和直觉保持一致；适应不同读写和语言水平的使用者；根据信息重要程度进行编排；在任务执行期间和完成之后，要提供有效的提示和反馈。

四是信息充分原则。产品之设计能够有效地向使用者传达必要的信息，即感知性良好。要能够通过图像、语言、触觉等多种表达方式，把信息有效传达给使用者；要强化信息的可识别性。

五是容错能力原则。产品之设计能够最大限度地将使用者使用不当所引发的潜在危险降到最低。对不同元素进行精心安排，以降低危害和错误，对于一些容易导致操作

---

① 参见 http://en.wikipedia.org/wiki/Universal_design#Design_standards，2013-12-17 相关内容。

② 朗·麦斯(Ron Mace)教授是残疾人，笔者注。

③ 参见 http://baike.baidu.com/view/777397.htm，2013-12-17 相关内容。

④ 吴丹，刘国余．通用设计的原则[J]．苏州工艺美术职业技术学院学报，2004(1)：39-40.

失误的因素，可采用消除、单独设置和加上保护罩等处理方式；还要提供危害和错误的警示信息，在功能失效时能够启动安全模式。

六是节省体力原则。产品之设计应该尽可能让使用者有效并舒适地使用，而不需花费额外力气。允许使用者保持一种省力的肢体位置；使用合适的操作力（手、足操作等）；减少重复动作的次数；减少持续性的体力负荷。

七是合理尺度原则。产品之设计应当提供足够的空间和尺寸，让使用者能够方便地进行相关操作，而不受其身型、姿势或行动障碍的影响。例如，为坐姿和立姿的使用者提供观察重要事物的清晰视线，使其能够方便地进行相关操作；兼容各种手部和抓握尺寸；为辅助设备和个人助理装置提供充足的空间。

此外，通用设计还有三项附则：一是能够长久使用，具有经济性；二是品质优良，设计美观；三是对人体及环境无害。值得注意的是，以上原则主要强调了使用的便利性，除此之外，在具体设计时，还须考虑其他诸如经济性、工程可行性、文化、性别、环境等方面方面的因素，尽可能多地将使用者需求的设计特征整合至整个设计中。

13.2 通用设计在轨道交通中的应用

尽管通用设计的原则诞生于美国，但是通用设计理念在日本的应用无论从广度还是深度来看，比美国有过之而无不及，轨道交通就是一个处处渗透通用设计理念的典型领域。

13.2.1 轮椅升降机

日本绝大多数地铁站点均设置有楼梯，乘客需要来回上下穿梭，这一设计给行动不便人士带来了很大的障碍。而且许多站点没有足够的空间用来安装电梯，除非花费高昂代价来重新改造。

但是，人们越来越意识到创造一个无障碍环境的必要性。对于那些无法安装垂直电梯或传送带的站点，日本专门开发出了一种新型电梯（图 13-1），可以安装在楼梯上用来搬运轮椅，不使用时可以折叠起来，这样也不会影响平时正常的通行。与之类似，在我国的上海，部分地铁站点的楼梯也安装了类似的楼梯货物（轮椅）升降装置（图 13-2）。

图 13-1 日本地铁站的轮椅升降机

图 13-2 上海 1 号线衡山路地铁出口的楼梯升降装置

13.2.2 语音化信息

迄今为止，轨道交通所有相关信息都只通过大屏幕予以公布显示，乘客必须浏览所有信息，并从中选择他们所需要的相关信息。这样的信息系统并不能够提供贴心服务，也无法让乘客满意。最理想的情况是为每一位乘客提供个性化的引导服务，但由于工作人员有限，显然无法为乘客逐一服务。因此有必要开发一个界面友好，能为乘客提供一对一引导服务的计算机系统。

鉴于视力障碍人士无法获得屏幕上的显示信息，轨道交通技术研究所开发出一个专门为视力障碍人士指路的服务系统(图 13-3、图 13-4)[①]。存储有相关站点信息的集成电路(IC)芯片被嵌入盲道，其信息的读取是通过安装有内置天线的拐杖来实现的。通过这个系统，视力欠佳人士就能够借助便携式语音提示装置来获得相关信息。当盲人乘客走到重要的节点时，标签阅读器会通过专用的拐杖感应到盲人的存在，并将其所处的站点和过道信息，车次、座位、目的地信息，以及道路和交通信号等信息发送到处理器，处理器会将上述信息转化成语音，及时提醒盲人乘客。

图 13-3 日本:视力障碍人士引导系统

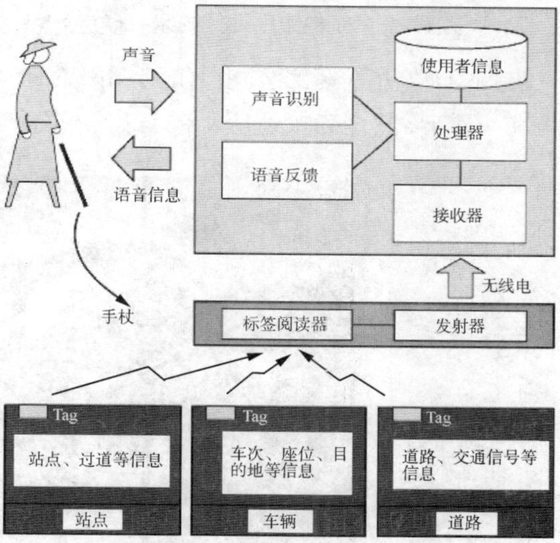

图 13-4 日本:视力障碍人士引导系统的运作流程示意

13.2.3 个性化设计

通过产品的个性化设计来满足特定群体的需求是通用设计的一个重要准则。例如，在轨道列车上设置残疾或老年乘客专用座椅，座椅两侧加装扶手，方便残疾人与老年人乘坐。为了方便盲人乘坐轨道交通出行，在地铁站点与列车车厢的适当位置设置盲文提示和楼梯盲道(图 13-5)。

① Koichi G. Passenger service technologies[J]. Japan Railway & Transport Review, 2000(24):50-55.

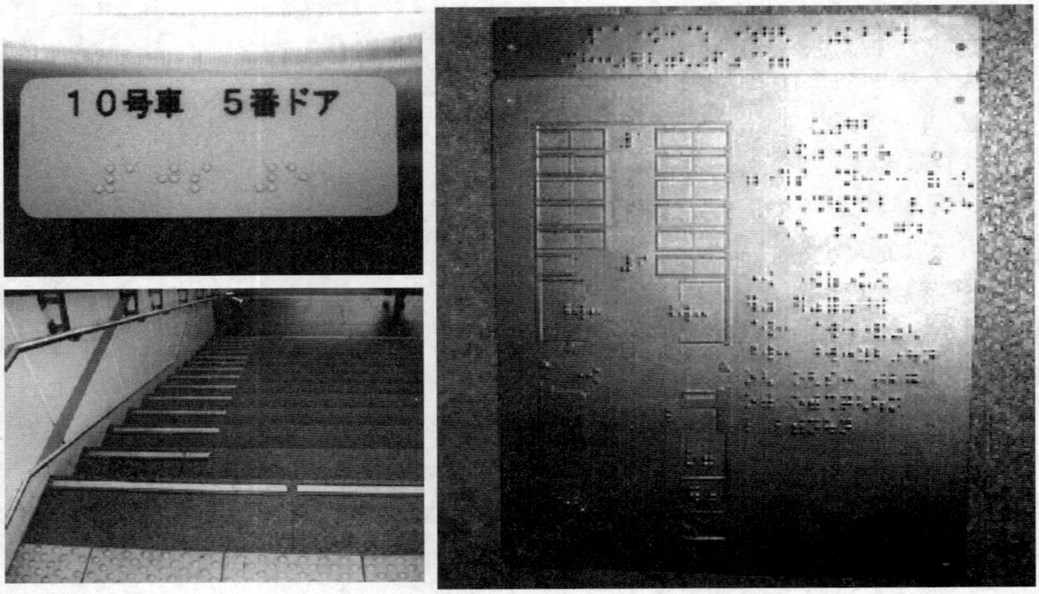

图 13-5　日本:地铁站点与列车车厢的盲道与盲文

再如,日本近铁集团公司(Kintetsu Worldwide Express,KWE)的系列列车车厢的拉手高度不一,显然是为了适应不同身高、不同年龄乘客的特殊需要而设计的(图 13-6)。

图13-6　日本:近铁集团公司系列列车车厢中拉手高度不同

13.2.4　小结

如今,通用设计理念在国内外地铁站点中的应用相当普遍。表 13-1 概括了日本轨道交通领域通用设计理念的表现及其一般特征。

表 13-1 日本轨道列车之通用设计特征分析

座位	为了方便乘客站起，坐椅两侧设置扶手
	侧壁有拉手
	高座椅
	座位空间大，相邻坐椅之间的干扰小
	座位顶部有拉手
环状抓手	拉环高度各不相同
	拉环触手可及
行李架	行李架高度较低
车门	列车车门空间宽敞
	地面设置荧光标识
	列车与站台的间距很小
	列车车门开启和关闭时有语音提示
	半自动列车车门上印有通俗易懂的提示
卫生间	空间宽敞
	为造瘘术病人提供专用设备
	配备婴儿座椅
其他	为坐轮椅者提供的升降梯
	列车标识通俗易懂
	发光二极管(LED)或液晶显示器(LCD)信息显示屏
	多种语言的公共信息发布系统
	轮椅专用停靠车位
	用盲文显示列车号码和车门所处的位置
	吸烟车厢与非吸烟车厢单独分离

13.3 总结与思考

13.3.1 以人为本，最大限度满足用户的差异化需要

人性化是通用设计理念所应坚持的一个重要思想，只有方便人的使用，迎合不同年龄与行动能力的群体的差别化需求，才真正称得上是“为了所有人的设计”。当然，通用设计不再把“人”作为笼统的整体概念来看待，而是通过将使用者具体化，来关注那些具有不同生活能力与活动能力的使用者的愿望和要求；并且，在此基础上制定可以被普遍接受的不以丧失个性和增加成本为代价的设计标准，从而实现对产品使用者的普遍关照。

日本在人性化设计领域考虑得就十分周到，甚至在斑马线也设置了盲道，其通用设计的理念值得我国借鉴。在日本，专门给盲人使用的交通信号提醒装置已经相当普及(图 13-7)。而在我国，笔者尚未看到类似的装置。

根据日本留学生介绍，他们在日本可以经常看到许多老人与残疾人随便外出。无论是道路，还是车站，各个环节都有服务人员提供帮助。除了良好的硬件设计之外，优质的软件服务也同样不可或缺(图 13-8)。

图 13-7　日本东京：路面的盲人信号机

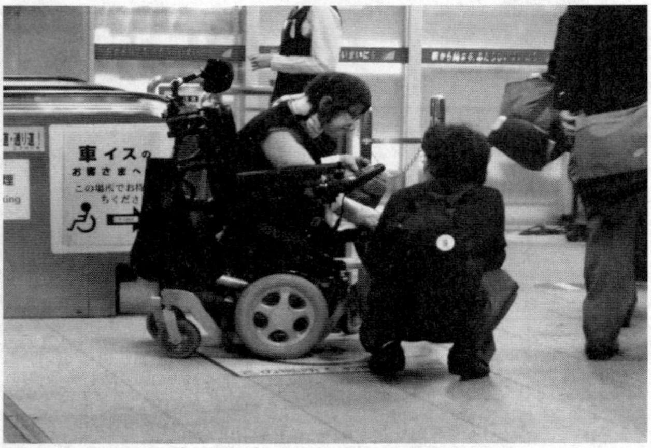

图 13-8　日本东京北区王子地铁站：轮椅乘客及其家人正在等待地铁服务人员的帮助

13.3.2　联合运输，构建无缝衔接的公共交通运输系统

地铁系统仅仅是公共交通的一个子系统，对于用户来说，只有在各种交通方式之间建立有效的换乘，才能满足日益多元化出行的需要。乘客假如在换乘另一种交通工具时，感到诸多不便，那么就会非常失望，因此，设计者必须注重保持通用设计理念的连续性、统一性与衔接性，将通用设计理念融入到各个服务环节。

为此，要努力开展多种交通方式之间的联合运输服务。例如，可以将相同走向、不同目的地的线路组织在一起，共同利用一个站台，在能够增强乘客乘坐吸引力、确保稳定客流量的同时，还能够帮助乘客节约更多的换乘时间，可谓一举两得。再如，推行"一卡通"服务，使得乘客凭借一张交通卡就可以很方便地换乘各种交通工具。还有，在信息公告栏上，可以提供多种类语言的翻译服务。

例如，香港地铁的一个重要特点就是换乘方便，很少有呈"十字交叉"的换乘站，更多的是两条线路并行一站到两站，可以"对面换乘"，可谓名副其实的无缝衔接。通过对面换乘，可以有效地让乘客快速转车，提高运营效率，减少滞留时间，缓解客流拥堵。无论是服务质量，还是乘客感受，都会得到巨大提升[①]。

① 尹世昌，李永宁．热点解读：香港地铁，不让你烦躁[EB/OL]．[2013-12-18]．http://cpc.people.com.cn/n/2012/1212/c83083-19869829.html.

与之类似,上海地铁系统有一些站点的换乘也较为方便,例如 4 号线与 6 号线的世纪大道换乘站点(图 13-9)。6 号线站台位于 4 号线站台的正上方,两者的最短垂直距离只有七八米,水平换乘距离相当短,乘客换乘颇为方便。

图 13-9　楼上楼下:上海地铁 4 号线与 6 号线的换乘距离相当短

不过,也有一些站点之间的换乘距离偏长,明显超过了大多数乘客的承受能力。继 2012 年网友评出上海地铁"你最不想走的换乘通道"后,2013 年 11 月份,上海网民又发帖吐槽"上海地铁十大坑爹换乘站"。除了上海火车站站、宜山路站这些"老大难"连续上榜外,徐家汇站、陕西南路站也纷纷上榜。该榜单还附有简短解说,引起众多网友的共鸣①。就排名来看,上海火车站站名列第一,依次还有宜山路站、中山公园站、人民广场站、徐家汇站、陕西南路站、东方体育中心站、莘庄站、虹口足球场站和静安寺站。

纵观上榜原因,主要分为以下几类:一是换乘通道太长、步行路程太远,这是引起不满最主要的因素;二是人流量过大、拥挤不堪;三是地铁站规划欠佳、换乘方式不够方便;四是站内硬件设施不够完善、环境欠佳②。

例如地铁上海火车站站,它位于 1 号线与 3 号线的交汇点,除了市区通勤的客流之外,还有相当比重的长途公路客运乘客和铁路客运乘客在此换乘。由于 2 条线路之间的换乘距离特别长,给那些携带较多行李的乘客带来诸多不便。

再如虹口足球场站,由于 3 号线站台位于地上四层,而 8 号线站台位于地下二层,该

①②　参见 http://sh.sina.com.cn/news/b/2013-11-06/095768892.html,2013-12-23 相关内容。

站点被喻为垂直落差最大的换乘车站。无论是垂直距离，还是水平距离都偏远，乘客需要花费不少时间来回奔波(图 13-10、图 13-11)。而且中间还有一段室外换乘通道，容易与路面交通产生交叉，存在一些安全隐患。不过，通过采取相应措施，这一状况已经有所缓解。随着软件和硬件方面的不断完善，目前该站点的换乘通道已经全部转为室内，还配备了多部自动扶梯，乘客换乘的便利性有了相当大的改善。

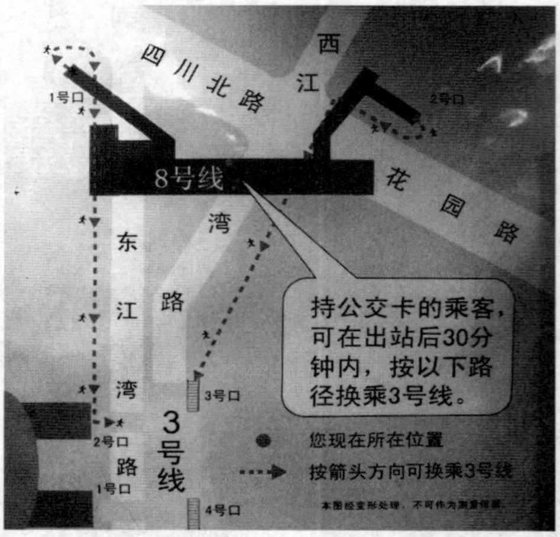

图 13-10　3 号线与 8 号线:烦琐的换乘线路

图 13-11　3 号线与 8 号线:换乘通道与路面交通产生交叉

客观来看，换乘距离较长也并非一无是处，也有一些是出于安全方面的考虑。上海地铁运营方表示，部分换乘通道较长，确实给乘客带来不便，但是客观上却给大客流运营构筑了一道安全屏障。有专家对此表示部分认同。社会学家顾骏认为，在流量大幅增加、运力和站台面积却不够的情况下，延长换乘通道、增加人流蓄积量，也是合理的管理手段。不过，地铁线路的规划设计也存在一定问题。比如 1 号线和 2 号线有没有必要在市中心交汇，就存在着一些争议①。还有专家提出，上海地铁部分换乘站之所以体验不佳，一方面是早期规划问题。因为当初规划地铁时并没有考虑成网，1、2、3 号线基本是单独建造，3 号线建成后才开始规划地铁网络。因此，跟 1、2、3 号线进行换乘的站点多数体验不佳。另一个原因则是建设协调问题。此外还需考虑绕开地下管线等因素②。

可见，对于地铁系统来说，其线路的规划和设计绝非单纯考虑换乘方便那么简单，既要考虑城市建设和建筑物的现状格局，又要照顾地下管线的走向，还有一系列部门协调和体制障碍，可谓困难重重。对于某些客观因素，我们可能难免顾此失彼，但是我们最需要做的，是尽可能地减少人为的失误，尤其是规划设计方面的失误，为所有居民提供更加优质的交通出行服务。

---

① 顾骏. 也说上海地铁的坑爹换乘[EB/OL]. [2013-12-23]. http://www.dfdaily.com/html/63/2013/11/7/1084999.shtml.

② 参见 http://sh.sina.com.cn/news/b/2013-11-06/095768892.html，2013-12-23 相关内容。

13.3.3 将通用设计理念贯穿轨道交通建设的全过程

值得一提的是，日本新型轨道交通系统在设计之初就已经制定了严格的施工标准，有意识地将通用设计的理念应用其中，并且通过各种手段来改善地铁设施的可达性。例如，日本福冈市(Fukuoka)交通运输局运营的地铁线路(Nanakuma Line)在规划设计时，规定列车与站台的最大水平间距必须在(52±2)mm之间，垂直落差不得超过5mm。不得不说，这种超前设计的确具有先见之明。假如前期设计论证不够合理，就会为后续的利用埋下极大隐患，由此引发的改造费用可能会大幅度提高。上海某些地铁线路就出现由于站台与列车地面高差过大导致乘客受伤，而不得不出台“增高”和“降轨”补救措施的尴尬局面。有报道称，在上海轨道交通6号、8号和9号三条地铁线路试运营的短短10日里，就已有19位乘客因列车与站台间的“高差”而受伤。有数据显示，8号线列车和站台的落差大部分在6—9 cm，极少数地方的落差甚至超过10 cm①。有专家表示，根据目前方案，在车门处铺设橡皮条使其“增高”4 cm，就可以将落差缩小至2—5 cm。然而，即使这样，上海部分站台与列车地面之间的高差距离日本地铁垂直落差不得超过5 mm的标准还有很大的差距，我们需要认真反思落差过大的原因及其改进思路。

13.3.4 氛围构建，提高全社会对特殊群体的关爱程度

当前我国许多城市已经在以地铁为代表的许多基础设施与公共服务设施方面引入通用设计的理念，例如人行道与地铁站台设置了盲道，入口处设置了坡道，公共厕所的马桶配备了专门为残疾人使用的扶手，等等。

但是，特别需要强调的是，将通用设计理念应用于公共服务设施的建设，只是从形态开发方面为各类特殊群体享受相关服务提供了物质保障。而整个社会氛围的构建，包括对特殊群体(不仅仅是残疾人)的关爱、尊重与接受程度，更能够温暖人心，有助于恢复他们重新融入社会公共生活的信心和决心，进而从心理层面调动其参与社会生活的积极性。

图13-12展示了加拿大温哥华在漫天飘雪的冬季，某处建筑物旁边的残疾人坡道竟然没有一点积雪，反映了加拿大社会关心特殊群体的氛围已经渗透至日常生活的方方面面，也透射出一种强烈、浓厚而又令人感动的人文关怀，这可能也恰恰是特殊群体所最期望得到的，也正是我们国家所要努力追求的。

反观我国，一些通用设计手法虽然已经被列入许多城市的常规设计范畴，不过我们恰恰缺乏其中最为宝贵的品质，那就是对包括残疾人在内的弱势群体不够关心，甚至过于冷漠，这一点尤其值得关注。虽然目前我国许多城市已经将通用设计的理念运用于城市规划和建设活动之中，但是单纯的形态规划和建设只是实现了第一步，绝非意味着人性化就能够理所当然地变为现实。

在现实生活中，单纯的形态规划和设计还缺乏强有力的外部环境支撑，导致规划设

① 参见 http://sh.sina.com.cn/news/20080108/092985829.shtml，2013-12-19相关内容。

图 13-12 加拿大:残疾轮椅通行的坡道铺有地热,不会积雪

计在一定程度上流于形式。例如,盲道装置在我国的大中城市比比皆是,但是有多少人亲眼见过盲人在盲道上行走?有报道称,山西太原恒山路十里铺路段的盲道,每百米的距离就有 35 处“Z”字转弯。显然这一设计思路存在先天缺陷,把本该方便盲人通行的盲道硬生生地设计成为仅仅具备美观功能的图案造型,这简直就是本末倒置①。而且,全社会尚未建立起真正关心盲人的氛围,盲道被侵占的现象大量出现,给使用者带来巨大不便(图 13-13)。由此设计和建设出来的盲道只能是形同虚设。究其原因,除了设计不周、维护不力之外,社会关心不够也是其中一个相当重要的原因,当然,更为根本的则是一系列体制层面的问题。

有观点认为,“在国外的机场,总是会看到许多的残疾人,特别是坐着轮椅的残疾人;但在国内的机场,却很少看到坐着轮椅的残疾人来乘飞机”②。笔者对此颇有同感,迄今为止,笔者在上海工作了近 10 年,在户外场所见过的残疾人却屈指可数。这让人不由纳闷,难道是外国的残疾人比我们国家更多吗?有数据表明,我国各类残疾人总数高达 8 500万人③。据此可以简单地判断,我国残疾人的比例并不低,只是残疾人外出参与公共活动的比例要远远低于发达国家。其中一个相当重要的原因就是,我们并没有为残疾人创造一个更加体面、舒适和便利的出行环境,没有营造一个包容残疾人的社会环境,极大地抑制了他们的出行意愿。

城市公共空间是人口大量集聚的场所,相关公共服务设施的设计,会影响到部分特殊群体使用的便利性。如何创造一个良好的社会氛围,让弱势群体能够享受到比一般人群更为优质、更为便利的服务。如何让弱势群体更加有尊严、体面地出行,直接影响到他

① 参见 http://news.163.com/photoview/00AN0001/29270.html,2013-12-19 相关内容。

② 参见 http://www.cjrjob.cn/? viewnews—36742,2013-12-18 相关内容。

③ 参见 http://www.jiaodong.net/news/system/2012/05/19/011553661.shtml,2013-12-19 相关内容。

图 13-13　盲道在我国面临许多尴尬

们的生活质量。他们应共享城市化的成果，而不是窝在家里。这值得我们深刻反思，也理应是我们所要努力的方向。

主要参考文献

· 中文文献 ·

[1] 安德鲁·芬伯格. 合理性的合理批判[J]. 科学文化评论,2006(5):63-76.

[2] 包丽敏. 解决城市内涝是清还一笔"良心债"[N]. 中国青年报,2013-07-25.

[3] 保罗·诺克斯,史蒂文·平奇. 城市社会地理学导论[M]. 柴彦威,张景秋,译. 北京:商务印书馆,2005:176-180.

[4] 边经卫. 对英国城市交通的4点体会[J]. 国外城市规划,1997(4):48-50.

[5] 蔡禾,张应祥. 城市社会学:理论与视野[M]. 广州:中山大学出版社,2003:192-195.

[6] 程磊. 世卫报告:空气污染已成为诱发癌症主要原因[EB/OL]. [2013-10-26]. http://www.leginfo.ca.gov/.const/.

[7] 戴维·鲁斯克. 没有郊区的城市[M]. 王英,郑德高,译. 上海:上海人民出版社,2011.

[8] 方茜. 日本灾害管理之"防灾"[J]. 现代人才,2008(3):60-61.

[9] 冯苏苇. 汽车产业化进程中的城市交通问题与对策[M]//王克强,张欣,王洪卫,等. 城市经济与土地政策:发展·绩效·改革. 上海:上海财经大学出版社,2008.

[10] 高峰,王俊华. 健康城市[M]. 北京:中国计划出版社,2005.

[11] 高渊. 一道复杂的"算术题"——上海市中心城区行政区划调整之后[EB/OL]. [2001-04-09]. http://www.people.com.cn/GB/shizheng/19/20010409/436158.html.

[12] 顾骏. 也说上海地铁的坑爹换乘[EB/OL]. [2013-12-23]. http://www.dfdaily.com/html/63/2013/11/7/1084999.shtml.

[13] 韩小亮,邓祖新. 城市道路交通拥堵的经济学分析——基于计算经济学的模拟检验[J]. 财经研究,2006(5):19-31.

[14] 韩亚辉. 美国的贫困问题与社会保障政策[D]:[硕士学位论文]. 济南:山东师范大学,2000.

[15] 何立胜,杨志强. 内部性·外部性·政府规制[J]. 经济评论,2006(1):55-60.

[16] 何明俊. 作为公共行政管理的城市规划[J]. 城市规划,2005(12):41-44.

[17] 胡伟. 美国解决内城贫困问题的新对策[J]. 城市问题,2001(1):51-54.

[18] 黄耿. 环形加放射的不足——试分析城市发展"圈层"模式的不利影响[J]. 城市规划,2000,24(3):57-59.

[19] 吉勒姆. 无边的城市[M]. 叶齐茂,倪晓,译. 北京:中国建筑工业出版社,2007:16-17.

[20] 孔宪法. 由健康城市运动反思地方发展愿景及都市规划专业[J]. 城市发展研究,2005,12(2):5-11.

[21] 兰胜. 当前我国土地供应问题分析[D].[硕士学位论文]. 杭州:浙江大学,2004.
[22] 李蕾. 国外用地许可相关制度研究——英国的规划许可制[J]. 国土资源情报,2006(7):30-36.
[23] 李翔. 美国的自然灾害管理体制、政策与立法[J]. 今日浙江,2008(3):54-55.
[24] 林兰,曾刚. 纽约产业结构高级化及其对上海的启示[J]. 世界地理研究,2003(3):44-47.
[25] 刘君德. 城市规划·行政区划·社区建设[J]. 城市规划,2002(2):34-39.
[26] 刘君德. 中国行政区划的理论与实践[M]. 上海:华东师范大学出版社,1996:31.
[27] 刘钧. 解决大城市交通问题的又一良方——评析伦敦实施道路拥挤收费[J]. 上海综合经济,2002(5):25-26.
[28] 陆锡明,王祥. 国际大都市交通发展战略[J]. 国外城市规划,2001(5):17-20.
[29] 马祖琦,刘君德. 国外大城市中心城区区级政区职能定位研究[J]. 城市规划,2003(3):43-48.
[30] 马祖琦,冯苏苇,余凯. 斯德哥尔摩"交通拥挤收费"政策述评[J]. 城市问题, 2011(8):2-9.
[31] 马祖琦. 城市健康视角中的公共住房政策研究——美国经验及其对我国的启示[J]. 未来与发展,2008(7):65-69.
[32] 马祖琦. 从"城市蔓延"到"理性增长"——美国土地利用方式之转变[J]. 城市问题, 2007(10):86-90.
[33] 马祖琦. 公共投资的溢价回收模式及其分配机制研究——国外经验借鉴与启示[J]. 城市问题,2011(3):2-9.
[34] 马祖琦. 伦敦中心区"交通拥挤收费"的运作效果、最新进展与相关思考[J]. 国际城市规划,2007(3):85-90.
[35] 马祖琦. 伦敦中心区"交通拥挤收费政策"——背景、经验与启示[J]. 国外城市规划,2004,19(1):42-45.
[36] 马祖琦. 美国的内城贫困问题[J]. 城市问题,2008(1):91-95.
[37] 马祖琦. 美国内城地区保险"红线歧视"问题研究[J]. 保险研究,2008(3):92-95.
[38] 马祖琦. 欧洲"健康城市"研究评述[J]. 城市问题,2007(5):92-95.
[39] 马祖琦. 上海大都市区级政区虚实转化及其政府职能转变之互动[J]. 国史研究参阅资料,2006(22):43-52.
[40] 任宏,王春杨. 城市道路交通拥挤问题的经济学分析和对策[J]. 经济地理,2007(4):649-652.
[41] 石绍宾. 公共品消费的竞争性分析——从河南五市争抢降雨云层案例谈起[J]. 当代财经,2006(2):57-60.
[42] 石忆邵,范胤翡,范华,等. 产业用地的国际国内比较分析[M]. 北京:中国建筑工业出版社,2010:39.
[43] 宋健敏,丁元. 应急管理中的统一指挥与多元合作——美国灾害应急管理机制 ICS

与NIMS的比较分析及其启示[C]//上海财经大学公共治理研究中心. 灾害管理研讨会论文集. 上海：上海财经大学，2010.
[44] 孙群郎. 美国城市郊区化研究[M]. 北京：商务印书馆，2005：149-150.
[45] 孙翔. 新加坡"白色地段"概念解析[J]. 城市规划，2003(7)：51-56.
[46] 谭峻，戴银萍，高伟. 浙江省基本农田易地有偿代保制度个案分析[J]. 管理世界，2004(3)：105-111.
[47] 汪晖，王兰兰，陶然. 土地发展权转移与交易的中国地方试验——背景、模式、挑战与突破[J]. 城市规划，2011(7)：9-13，19.
[48] 王利娜. 我国实行道路拥挤收费的可行性浅析[EB/OL]. [2002-11-27]. www.JSCD. GOV. cn.
[49] 王石川. 雾霾影响生殖，谁能安之若素？[EB/OL]. [2013-11-11]. http://opinion. people. com. cn/n/2013/1106/c1003-23452669. html.
[50] 王旭，俞阅. 近年来美国黑人的郊区化与居住区隔离[J]. 厦门大学学报（哲学社会科学版），2004(2)：65-71.
[51] 吴丹，刘国余. 通用设计的原则[J]. 苏州工艺美术职业技术学院学报，2004(1)：39-40.
[52] 徐和平，李明秀，李庆余. 公共政策与当代发达国家城市化模式——美国郊区化的经验与教训研究[M]. 北京：人民出版社：328-330.
[53] 许从宝. 健康城市与健康城市规划——当代国际健康城市运动基本理论引介及研究[D]：[博士学位论文]. 南京：东南大学，2006.
[54] 杨东援. "上海世博会"城市交通方案[J]. 交通运输系统工程与信息，2006(6)：19-21.
[55] 姚国章. 印度灾害管理信息化建设[J]. 信息化建设，2008(2)：46-48.
[56] 姚俭建，沈文玮，吴春林，等. 长效管理的公共政策保障——上海市"两级政府、三级管理"体制中公共政策体系的协调性研究[J]. 上海社会科学院学术季刊，1998(2)：137-146.
[57] 袁艺，日本的灾害管理(二)——日本灾害管理的行政体系与防灾计划[J]. 中国减灾，2004(12)：54-56.
[58] 袁艺. 日本的灾害管理(四)——防灾宣传、教育和防灾支援系统[J]. 中国减灾，2005(2)：51-53.
[59] 赵和生. 城市规划与城市发展[M]. 南京：东南大学出版社，2002：8.
[60] 周鹤龙. 美国大都市区交通规划及其启示[J]. 国外城市规划，2002(5)：50-52.
[61] 周向红. 健康城市：国际经验与中国方略[M]. 北京：中国建筑工业出版社，2008.
[62] 诸大建. 中国城市化：转变模式还是放慢速度？[N]. 解放日报，2006-08-08.

·英文文献·

[1] AEA Technology Environment. The London Low Emission Zone Feasibility Study：A Summary of the Phase 2 Report to the London Low Emission Zone

Steering Group[R],2003.

[2] Agis D T. WHO Healthy Cities Project: A Project Becomes a Movement; Review of Progress 1987 to 1990[C]. Denmark: WHO Regional Office for Europe, 1990.

[3] Ahlstrand, Ingemar. The politics and economics of transport investment and pricing in Stockholm[J]. Journal of Transport Economics and Policy, 2001,35(3): 473 - 489.

[4] Alwitt L F, Donley T D. Retail stores in poor urban neighborhoods[J]. Journal of Consumer Affairs,1997,31 (1):139 - 164.

[5] Anders K, Joel P F. Behavioral adjustments and equity effects of congestion pricing: analysis of morning commutes during the Stockholm Trial[J]. Transportation Research Part A , 2009(43):283-296.

[6] Anon. Data and research definitions[EB/OL]. [2013-09-16]. http://www. icic. org/research-and-analysis/data-and-research-definitions.

[7] Anon. Hunting for troubled suburbs[EB/OL]. [2013-09-16]. http://www. huduser. org/Periodicals/ushmc/spring98/summary-2. html#table3.

[8] Anon. Stockholm Municipality[EB/OL]. [2013 - 10 - 22]. http://en. wikipedia. org/wiki/Stockholm_Municipality.

[9] Barry E F, Edward W G, Elaine J H, et al. A social vulnerability index for disaster management[J]. Journal of Homeland Security and Emergency Management,2011,8(1):3-6.

[10] Barton H. Land use planning and health and well-being[J]. Land Use Policy, 2009, 26:115-123.

[11] Blair S N,Kampert J B,Kohl H W III,et al. Influences of cardiorespiratory fitness and other precursors on cardiovascular disease and all-cause mortality in men and women[J]. The Journal of the American Medical Association,1996,276 (3):205-210.

[12] Blakely, Edward J. Planning Local Economic Development[M]. Newbury Park, CA: Sage Publications, 1989.

[13] Bremner B. Looking downscale without looking down[J]. Business Week, 1990 (10): 62-67.

[14] CIVITAS. Background to the Stockholm Trial:practical example of how to implement congestion charging[EB/OL]. [2009-10-19]. www. curacaoproject. eu/ documents/stockholm-trial. pdf.

[15] Coffey B, Gocker J C. Racial disparities in mortgage lending: the example of urban Ohio[J]. Social Justice,1998,25(3):115-127.

[16] Cross, Harry, Genevieve K, et al. Employer Hiring Practices[M]. Washington,

DC: Urban Institute Press, 1990.
[17] Dahlgren G, Whitehead M. Policies and Strategies to Promote Social Equity in Health[M]. Stockholm: Institute for Future Studies, 1991.
[18] David B. Cities and Towns[M]. London: Bell & Hyman, 1983: 48-55.
[19] David L. Accessibility and the journey to work[J]. Journal of Transport Geography, 1998(6): 11-21.
[20] De F, Robert W, Lawrence V. The Tenement House Problem, including the Report of the New York State Tenement House Commission of 1900[C]. London: Macmillan, 1903.
[21] Diane R. Poverty and health[EB/OL]. [2013-09-19]. http://www. enotes. com/topics/poverty-health.
[22] Eliasson J, Hultkrantz L, Nerhagen L, et al. The Stockholm congestion-charging trial 2006: overview of effects[J]. Transportation Research Part A, 2009, 43(3): 244.
[23] Elliott D S, Pietro G, Gabriella C. The 21st century health challenge of slums and cities[J]. Lancet, 2005, 365: 901-903.
[24] England, Paula, George F. Households, Employment, and Gender: A social, Economic, and Demographic View[M]. New York: Aldine Pub. Co., 1986.
[25] Environmental Protection Agency Office of Air Quality Planning and Standards. AIR data: access to air pollution data[EB/OL]. [2013-05-16]. http://www. epa. gov/air/data/index. html.
[26] Ewing R, Dumbaugh E. The built environment and traffic safety: a review of empirical evidence[J]. Journal of Planning Literature, 2009, 23(4): 347-367.
[27] Flegal K M, Carroll M D, Kuczmarksi R J, et al. Overweight and obesity in the United States: prevalence and trends, 1960—1994[J]. International Journal of Obesity and Related Metabolic Disorders, 1998, 22(1): 39-47.
[28] Gary W. Insurance redlining and government intervention[EB/OL]. [2007-10-01]. http://www. fee. org/publications/the-freeman/article. asp? aid=4891.
[29] Genevieve G. Is Jobs-Housing Balance a Transportation Issue? [R], 1991.
[30] George G. Do Home Insurance Base Premium Setting Policies Create Disparate Racial Impacts? The Case of Large Insurance Companies in Ohio[R], 2000.
[31] Gould E, Davies A, Bradbury A, et al. Proposed London Low Emission Zone Equality Impact Assessment-Final Report[R], 2006.
[32] Greater London Authority. Industrial Land Demand and Release Benchmarks in London[R]. Final Report, 2011: 24-25.
[33] Greater London Authority. Supplementary Planning Guidance: Land for Industry and Transport[R], 2012.

[34] Greater London Authority. The London Low Emission Zone Feasibility Study: Phase I Report of The Steering Group[R],2001:7.

[35] Greater London Authority. The London Plan: Spatial Development Strategy for Greater London[R],2011.

[36] Gregory D. Squires, racial profiling, insurance style: insurance redlining and the uneven development of metropolitan areas[J]. Journal of Urban Affairs, 2003, 25(4):391-410.

[37] Harm J de B, et al. Human Geography: Culture, Society, and Space[M]. 4th ed. US: John Wiley & Sons, Inc. , 2003.

[38] Harrington S E, Greg N. Race, redlining, and automobile insurance prices[J]. Journal of Business,1998,71(3):439-480.

[39] Henrik G, Eva E, Muriel B H, et al. Framing the role of decision support in the case of Stockholm Congestion Charging Trial[J]. Transportation Research Part A,2009,43(3):258-268.

[40] Howard F. Urban sprawl and public health[J]. Public Health Reports,2002(5/7):201-217.

[41] Hugh B, Claire M, Catherine T. Healthy Urban Planning in Practice: Experience of European Cities[R]. Report of the WHO City Action Group on Healthy Urban Planning,2003.

[42] Hula R C. Neighborhood development and local credit markets[J]. Urban Affairs Quarterly, 1991,27(2):249-267.

[43] Jackson, Kenneth. Crabgrass Frontier: The Suburbanization of the United States [M]. New York: Oxford University Press,1985.

[44] Jacob R. How the other half lives[EB/OL]. [2013-10-30]. http://www.authentichistory.com/1898-1913/2-progressivism/2-riis/chap1.html.

[45] Johnson, James, Elisa B, et al. An empirical test of the cultural capital hypothesis[J]. Review of Black Political Economy,1995,23:7-27.

[46] Joseph M. Higher Density, Mixed-Use, Walkable Neighborhoods: Do Interested Customers Exist? [R]. National Association of Realtors, 2003.

[47] Juntunen L. Addressing social vulnerability to hazards[J]. Disaster Safety Review, 2005(4):3-10.

[48] Karolina I, Tim R. Building legitimacy for risky policies: the cost of avoiding conflict in Stockholm[J]. Transportation Research Part A,2009,43:251-257.

[49] Kasarda, John. Inner-city concentrated poverty and neighborhood distress: 1970 to 1990[J]. Housing Policy Debate,1993,4(3):253-302.

[50] Kasarda, John. Urban change and minority opportunities[M]// Paul P. The New Urban Reality. Washington, DC: The Brookings Institution,1985.

[51] Koichi G. Passenger service technologies[J]. Japan Railway & Transport Review, 2000(24):50-55.
[52] Kuczmarski R J,Flegal K M,Campbell S M, et al. Increasing prevalence of overweight among US adults: the National Health and Nutrition Examination Surveys, 1960 to 1991[J]. The Journal of the American Medical Association,1994, 272(3):205-211.
[53] Laurence E L Jr., Michael G H McGeary. Inner-city poverty in the United States,Committee on National Urban Policy,Commission on Behavioral and Social Sciences and Education[J]. National Research Council,1990(8):69-70.
[54] Lewis, Oscar. The culture of poverty[M]// Daniel P M. On Understanding Poverty: Perspectives from the Social Sciences. New York: Basic Books, 1968.
[55] Livingstone K. The challenge of driving through change: Introducing congestion charging in central London[J]. Planning Theory and Practice, 2004, 5(4): 490-499.
[56] Mayor of London. Transport for London, London Low Emission Zone: Impacts Monitoring Baseline Report[R],2008.
[57] Mayor of London,Transport for London. Low Emission Zone information leaflet [EB/OL]. [2013-10-10]. http://www. tfl. gov. uk/assets/downloads/roadusers/lez/lez-leaflet-jan-2012. pdf.
[58] Mayor of London,Transport for London. The Low Emission Zone Is Now in Operation[R], 2008.
[59] Melia S, Parkhurst G, Barton H. The paradox of intensification[J]. Transport Policy, 2011, 18(1):46-52.
[60] Michael B T,Karen C. The causes of inner-city poverty: eight hypotheses in search of reality[J]. Cityscape: A Journal of Policy Development and Research, 1998,3(3):33-70.
[61] Mumford L. The City in History: Its Origins, Its Transformations and Its Prospects[M]. New York, Harcourt: Brace and World Inc., 1961.
[62] National Academy of Sciences. Cities Transformed: Demographic Change and Its Implications for the Developing World[M]. New York: National Academies Press, 2003.
[63] National Highway Traffic Safety Administration. Traffic Safety Facts 2010: A Compilation of Motor Vehicle Crash Data from the Fatality Analysis Reporting System and the General Estimates System [R]. Washington, DC: NHTSA,2011.
[64] Paul M O. Auto Insurance Redlining in the Inner City[R],2004:40-41.
[65] Paul M O, Michael A S. Redlining or Risk? A Spatial Analysis of Auto Insurance

Rates in Los Angeles[R],2006.

[66] Quant Econ. Smart growth and its effects on housing markets: the new segregation, national center fcr public policy research[EB/OL]. [2007-06-17]. www.nationalcenter. org/NewSegregation. pdf.

[67] Regional Plan Association. A Region at Risk: A Summary of the Third Regional Plan for the New York—New Jersey—Connecticut Metropolitan Area[R]. Regional Plan Association, Inc. ,1996:5-16.

[68] Richardson T. Planning and the Big C: challenging auto dependence through conviction politics in London[J]. Planning Theory and Practice, 2004,5(4):490-499.

[69] Richard W, Michael M. Social Determinants of Health: The Solid Facts [R],2003.

[70] Robert M S. Redlining in a majority black city?: mortgage lending and the racial composition of Detroit neighborhoods[J]. The Western Journal of Black Studies, 2005,29(1):531-541.

[71] Rosanna T, Agis D T. Home Care in Europe: The Solid Facts[R],2008.

[72] Schill M H, Wachter S M. A tail of two cities: racial and ethnic geographic disparities in home mortgage lending in Boston and Philadelphia[J]. Journal of Housing Research, 1993,4(2):245-275.

[73] Scott Wilson. Planning, Environment & Landscape. Environmental Appraisal of the Proposed London Low Emission Zone — Environmental Report[R],2006.

[74] Sesso H D, Paffenbarger R S, Ha T, et al. Physical activity and cardiovascular disease risk in middle-aged and older women[J]. American Journal of Epidemiology,1999,150:408-416.

[75] Shlay A B. Financing community: methods for assessing residential credit disparities, market barriers, and institutional reinvestment performance in the metropolis[J]. Journal of Urban Affairs,1989,11(3):201-223.

[76] Shlay A B. Not in that neighborhood: the effects of population and housing on the distribution of mortgage finance within the Chicago SMSA[J]. Social Science Research,1988,17(2):137-163.

[77] Squires G D, O'Connor S. Color and Money: Politics and Prospects for Community Reinvestment in Urban America[M]. NY: State University of New York Press,2001.

[78] Staley S R. The sprawling of America: in defense of the dynamic city[EB/OL]. [2013-05-12]. www. rpi. org/hourland. html.

[79] Steer D G. Proposed London Low Emission Zone—Economic and Business Impact Assessment[R], 2006.

[80] Steve P, John N, Alison S, et al. London Low Emission Zone: Health Impact

Assessment[R],2006.

[81] Sven-Olov D, Niklas R, Ulf R. Congestion charges and retail revenues: results from the Stockholm road pricing trial[J]. Transportation Research Part A, 2009,43:306-309.

[82] The California Reinvestment Coalition. Who Really Gets Higher-Cost Home Loans? Home Loan Disparities by Income, Race and Ethnicity of Borrowers and Neighborhoods in 14 California Communities in 2005[R],2006:8.

[83] The Center for Economic Justice. Auto insurance redlining in Texas: availability worsens[EB/OL]. [2013-09-13]. www. cej-online. org/avail. pdf.

[84] Todd L. Evaluating Criticism of Smart Growth[R]. Victoria Transport Policy Institute,2004.

[85] Transport for London. Central London Congestion Charging: Impacts Monitoring Programme[R]. Preview of First Annual Report, 2003.

[86] Transport for London. Congestion Charging: Six Months[R],2003.

[87] Transport for London. Congestion Charging: Update on Scheme Impacts and Operations[R],2004.

[88] Transport for London. Impacts Monitoring: Fifth Annual Report[EB/OL]. [2013-10-27]. http://www. tfl. gov. uk/assets/downloads/fifth-annual-impacts-monitoring-report-2007-07-07. pdf.

[89] Transport for London. Non-statutory Consultation on the Future of the Western Extension of the Congestion Charging Zone: Report to the Mayor[R],2008.

[90] Transport for London. Proposed London Low Emission Zone, Scheme Description and Supplementary Information, Public and Stakeholder Consultation [R],2006.

[91] Transport for London. Report to the Mayor on the Low Emission Zone Variation Order Consultation[R],2010.

[92] Transport for London. Sustainable Development Impact Assessment of the Proposed London Low Emission Zone[R],2006.

[93] Transport for London. The Greater London Low Emission Zone Charging (Variation) Order 2010[R],2010.

[94] Transport for London. Third Annual Report, Congestion Charging: Impacts Monitoring, Update on Scheme Impacts and Operations[R],2005.

[95] Transport for London. Travel in London: Key Trends and Developments[R], 2009:194-196.

[96] Transport for London. Travel in London: Report 4[R],2011:118-119.

[97] Turner, Margery, Michael F, et al. Opportunities Denied, Opportunities Diminished: Discrimination in Hiring[M]. Washington, DC: Urban Institute Press,

1991.
[98] Turner, Margery, Raymond S, et al. Housing Discrimination Study Synthesis [R]. Washington, DC: U. S. Department of Housing and Urban Development, Office of Policy Development and Research, 1991.
[99] UNAIDS. Report on the Global AIDS Epidemic[R]. Geneva: UNAIDS,2004.
[100] U. S. Department of Commerce,Economics and Statistics Administration,U. S. Census Bureau. Demographic trends in the 20th century:Census 2000 special reports[EB/OL]. [2013-05-18]. www. census. gov/prod/2002pubs/censr-4. pdf.
[101] U. S. Department of Homeland Security. National Incident Management System [R], 2008.
[102] Weinberg Z, Epstein M. No Place to Shop. Public Voice for Food and Health Policy[R],1996.
[103] Wendell C. Debunking Friday the 13th: 13 myths of urban sprawl, heartland institute[EB/OL]. [2007-06-17]. http://www. heartland. org/Article. cfm? artId =12350.
[104] WHO. Health in the Green Economy:Health Co-benefits of Climate Change mitigation—Transport Sector [R], 2011.
[105] WHO,US National Institute of Aging. Global Health and Aging[R],2011.
[106] Windsor C. The Retail Survey: The Impact of the Congestion Charge on the Retail Sector[R]. London Chamber of Commerce and Industry,2003.
[107] Winton A. Urban violence: a guide to literature[J]. Environment & Urban ization,2004,16: 165-184.
[108] World Health Organization and United Nations Human Settlements Programme. Hidden Cities: Unmasking and Overcoming Health Inequities in Urban Settings [R],2010.
[109] World Health Organization. Global Status Report on Road Safety 2013:Supporting a Decade of Action[R],2013.
[110] World Health Organization. Phase V (2009—2013) of the WHO European Healthy Cities Network: Goals and Requirements[R],2009.
[111] World Health Organization Regional Office for Europe. Twenty Steps for Developing a Healthy Cities Project[R], 1997.
[112] Wyly E K, Holloway S R. "The color of money" revisited: racial lending patterns in Atlanta's neighborhoods[J]. Housing Policy Debate, 1999,10(3):555-600.

图片来源

图 2-1　源自：http://faculty. evansville. edu/mc42/Sp2004es103/ES103% 20CH9% 20Overpopulation. ppt

图 2-2　源自：马祖琦. 发达国家与发展中国家人口转变与城市化对比——兼论我国人口城市化的特点[J]. 国土开发与整治，2000(4)：16-20

图 2-3　源自：http://en. wikipedia. org/wiki/Slum

图 2-4、图 2-5　源自：http://esa. un. org/unup/CD-ROM/Urban-Rural-Population. htm

图 2-6　源自："Public Health in New York City in the Late Nineteenth Century"一文相关内容

图 2-7、图 2-8　源自：Jacob R. How the other half lives[EB/OL]. [2013-10-30]. http://www. authentichistory. com/1898-1913/2-progressivism/2-riis/7. jpg

图 2-9　源自：http://article. yeeyan. org/view/39879/247309

图 2-10　源自：http://q. 115. com/t-6849-6198. html

图 2-11、图 2-12　源自："Public Health in New York City in the Late Nineteenth Century"一文相关内容

图 2-13　源自：http://commons. wikimedia. org/wiki/File：Widnes_Smoke. jpg

图 2-14　源自：Devra D. The great smog[EB/OL]. [2013-11-12]. http://m. historytoday. com/devra-davis/great-smog

图 2-15　源自：Ivo V. The social benefits of peasoup fog[EB/OL]. [2013-11-01]. http://ivo. co. za/2008/04/01/the-social-benefits-of-peasoup-fog/

图 2-16　源自：http://www. who. int/csr/sars/map2003_04_28. gif

图 2-17、图 2-18　源自：WHO，US National Institute of Aging. Global Health and Aging[R]，2011

图 2-19 至图 2-23　源自：World Health Organization. Global Status Report on Road Safety 2013：Supporting a Decade of Action[R]，2013

图 2-24　源自：http://geography. howstuffworks. com/terms-and-associations/urban-sprawl2. htm

图 2-25　源自："Public Health in New York City in the Late Nineteenth Century"一文相关内容

图 3-1　源自：Dahlgren G，Whitehead M. Policies and Strategies to Promote Social Equity in Health[M]. Stockholm：Institute for Future Studies，1991

图 3-2　源自：http://tlweb. latrobe. edu. au/education/learning-materials/student_teacher_wellbeing/studentwellbeing_040. html

图 3-3　源自：Ingrid M K，Alexandre K. Promoting healthy aging in cities：the healthy cities project in Europe[J]. Journal of Cross-Cultural Gerontology，1991，12：287-298.

图 3-4、图 3-5　源自：World Health Organization Regional Office for Europe. Twenty Steps for Developing a Healthy Cities Project[R]，1997

图 3-6　源自：Agis D T. WHO Healthy Cities Project：A Project Becomes a Movement；Review of Progress 1987 to 1990[C]. Den mark：WHO Regional Office for Europe，1990.

图 3-7　源自：Rosanna T，Agis D T. Home Care in Europe：The Solid Facts[R]，2008

图 3-8　源自：Koen de R，Filip L，Stefan A，et al. Simulating the impact of urban sprawl on air quality and population exposure in the German rural area[EB/OL]. [2013-10-26]. http://www.sciencedirect.com/science/article/pii/S1352231008005864

图 3-9　源自：上海同济城市规划设计研究院编制的郑州宜居健康城总体规划整合方案

图 3-10　源自：打造"全域健康"主题城市报告二："宜居健康城"概念性规划示意及开发策略

图 3-11　源自：http://www.ph.ucla.edu/epi/snow/1859map/snowindex.html

图 3-12　源自：http://www.ph.ucla.edu/epi/snow/mapsbroadstreet.html

图 3-13　源自：http://www.ph.ucla.edu/epi/snow/snowcricketarticle.html

图 3-14　源自：Richard W，Michael M. Social Determinants of Health：The Solid Facts [R]，2003

图 4-1　源自：Howard F. Urban Sprawl and Public Health[R]. Public Health Reports，2002

图 4-2　源自：http://en.wikipedia.org/wiki/File：San_Jose_California_aerial_view_south.jpg

图 4-3　源自：U.S. Department of Commerce，Economics and Statistics Administration，U.S. Census Bureau. Demographic trends in the 20th century：Census 2000 special reports[EB/OL]. [2013-05-18]. 2002，www.census.gov/prod/2002pubs/censr-4.pdf

图 4-4　源自：Howard F. Urban Sprawl and Public Health[R]. Public Health Reports，2002

图 4-5　源自：http://www.ncpa.org/pub/ba287

图 4-6、图 4-7　源自：Todd L. Evaluating Criticism of Smart Growth[R]. Victoria Transport Policy Institute，2004

图 5-1　源自：http://www.nyc.gov/html/dcp/home.html

图 5-2、图 5-3　源自：http://www.nyc.gov/html/planyc2030/downloads/pdf/report_housing.pdf

图 5-4、图 5-5　源自：http://www.nyc.gov/html/planyc2030/html/theplan/theplan. shtml

图 5-6 源自:http://baike. baidu. com/image/90cebeec37ef8d292697910f

图 5-7 源自:http://data. london. gov. uk/datastore/package/historical-census-tables

图 5-8 源自:Transport for London. Travel in London:Key Trends and Developments [R],2009

图 5-9 源自:Greater London Authority. Industrial Land Demand and Release Benchmarks in London[R]. Final Report, 2011

图 5-10、图 5-11 源自:Greater London Authority. Supplementary Planning Guidance: Land for Industry and Transport[R],2012

图 5-12 源自:东京都的行政区划,http://www. metro. tokyo. jp

图 5-13 源自:http://www. metro. tokyo. jp/ENGLISH/PROFILE/overview03. htm; http://www. toukei. metro. tokyo. jp/tnenkan/2011/tn11q3i002. htm

图 5-14 源自:http://www. toukei. metro. tokyo. jp/tnenkan/2011/tn11q3i002. htm

图 5-15 源自:http://1jackieluis. wikispaces. com/City+Land+Use

图 5-16 源自:http://www. kankyo. metro. tokyo. jp/en/data/

图 5-17 源自:JR East Group. Sustainability Report 2011: Aiming for a Sustainable Society[R],2011

图 6-1、图 6-2 源自:http://www. london. gov. uk/approot/mayor/strategies/transport/

图 6-3 源自:http://www. london. gov. uk/approot/mayor/strategies/transport/pdf/final_ch04g. pdf

图 6-4 源自:作者自制

图 6-5 源自:Transport for London. Central London Congestion Charging: Impacts Monitoring Programme[R]. Preview of First Annual Report,2003

图 6-6 作者自制

图 6-7 源自:根据伦敦交通管理局相关统计数据绘制

图 6-8、图 6-9 源自:伦敦交通管理局"交通拥挤收费"年度报告

图 6-10 源自:Transport for London. Non-statutory Consultation on the Future of the Western Extension of the Congestion Charging Zone:Report to the Mayor[R],2008

图 6-11 源自:http://www. wiseupandpay. co. uk/index. html; http://www. mania. net/phpbb2/viewtopic. php? t = 505&postdays = 0&postorder = asc&start = 15&sid=21625cedc96b702cfe48d8a83a15187f

图 7-1 源自:http://en. wikipedia. org/wiki/Stockholm_Municipality

图 7-2 源自: http://www. curacaoproject. eu/documents/2nd-meeting/Congestion-tax-in-Stockholm-Louise-JM. ppt

图 7-3 源自:CIVITAS. Background to the Stockholm trial:practical example of how to implement congestion charging[EB/OL]. [2009-10-19]. www. curacaoproject.

eu/documents/stockholm-trial. pdf

图 7-4、图 7-5　源自：http://www. stockholmsforsoket. se/

图 7-6　源自：Eliasson J，Hultkrantz L，Nerhagen L，et al. The Stockholm Congestion-Charging Trial 2006：overview of effects[J]. Transportation Research Part A，2009，43(3)：244

图 7-7、图 7-8　源自：CIVITAS. Background to the Stockholm trial：practical example of how to implement congestion charging[EB/OL]. [2009-10-19]. www. curacao-project. eu/documents/stockholm-trial. pdf

图 8-1　源自：AEA Technology Environment. The London Low Emission Zone Feasibility Study：A Summary of the Phase 2 Report to the London Low Emission Zone Steering Group[R]，2003

图 8-2、图 8-3　源自：Transport for London. Proposed London Low Emission Zone，Scheme Description and Supplementary Information，Public and Stakeholder Consultation[R]，2006

图 8-4　源自：The London Low Emission Zone Feasibility Study：A Summary of the Phase 2 Report to the London Low Emission Zone Steering Group[R]，2003

图 8-5　Mayor of London，Transport for London. The Low Emission Zone Is Now in Operation[R]，2008

图 8-6　源自：http://en. wikipedia. org/wiki/File：London_low_emission_zone_sign_(detail). png

图 8-7　源自：Mayor of London，Transport for London. London Low Emission Zone：Impacts Monitoring Baseline Report[R]，2008

图 8-8　源自：Steve P，John N，Alison S，et al. London Low Emission Zone：Health Impact Assessment[R]，2006

图 8-9　源自：Gould E，Davies A，Bradbury A，et al. Proposed London Low Emission Zone Equality Impact Assessment[R]，2006

图 8-10　源自：Steer D G. Proposed London Low Emission Zone—Economic and Business Impact Assessment[R]，2006

图 8-11　作者自制

图 9-1　源自：http://www. huduser. org/Periodicals/ushmc/spring98/summary-2. html#table3

图 9-2　源自：1999 Consumer Database and 1999 Inner-City Shopper Survey

图 9-3　源自：http://mappingdecline. lib. uiowa. edu/map/

图 9-4　源自：Center for Regional Employment Strategies. Dynamics of the LA Supermarket Industry[R]，2003

图 9-5　源自：Diane R. Poverty and health[EB/OL]. [2013-09-19]. http://www. enotes. com/topics/poverty-health.

图 9-6、图 9-7　源自：Richard W, Michael M. Social Determinants of Health：The Solid Facts[R]，2003

图 10-1 至图 10-5　源自：Paul M O. Auto Insurance Redlining in the Inner City [R]，2004

图 10-6　源自：http://cml. upenn. edu/redlining/HOLC_1936. html

图 10-7、图 10-8　源自：The California Reinvestment Coalition. Who Really Gets Higher-Cost Home Loans? Home Loan Disparities by Income，Race and Ethnicity of Borrowers and Neighborhoods in 14 California Communities in 2005[R]，2006：8.

图 11-1　源自：Sanjay K S. Making a technological choice for disaster management and poverty alleviation in India[J]. Disasters，2009，33(1)：58-81

图 11-2　源自：袁艺. 日本的灾害管理(二)——日本灾害管理的行政体系与防灾计划[J]. 中国减灾，2004(12)：54-56

图 11-3　源自：U. S. Department of Homeland Security. National Incident Management System[R]，2008

图 11-4　源自：http://www. haixiababy. com/u/xlj/Blog. aspx/t-6618

图 11-5、图 11-6　源自：http://www. chinavalue. net/Story/40051. aspx

图 11-7　源自：Barry E F，Edward W G，Elaine J H，et al. A social vulnerability index for disaster management[J]. Journal of Homeland Security and Emergency Management，2011，8(1)：3-6

图 12-1　源自：周克瑜. 走向市场经济——中国行政区与经济区的关系及其整合[M]. 上海：复旦大学出版社，199：14-15

图 12-2　源自：http//：www. ci. nyc. ny. us/

图 12-3　源自：NYC Department of City Planning

图 12-4　源自：作者自摄

图 12-5　源自：作者根据上海地图册编绘

图 12-6　源自：上海市浦东新区国民经济和社会发展第十一个五年规划纲要，http://www. zhangjiang. cn/bbs/2007-11/9/20071191645171821115. html。

图 12-7　源自：作者绘制

图 13-1　源自：Koichi G. Passenger service technologies[J]. Japan Railway & Transport Review，2000(24)：50-55

图 13-2　源自：作者拍摄

图 13-3、图 13-4　源自：Koichi G. Passenger service technologies[J]. Japan Railway & Transport Review，2000(24)：50-55

图 13-5　Yoshihiko I. Easy-to-access rail—JR east's Initiatives[J]. Japan Railway & Transport Review，2006(45)：12-16

图 13-6　源自：Kazuo K. Universal design for railways—accessibility for everyone[J]. Japan Railway & Transport Review，2006(45)：6-8

图 13-7、图 13-8　源自：日本留学生长田麻子帮助拍摄

图 13-9 至图 13-11　源自：作者拍摄

图 13-12　源自：王一男，王力. 天大的小事：眯起眼睛看西方[M]. 北京：中国大百科全书出版社，2007

图 13-13　源自："盲道"在中国，http://news.163.com/photoview/00AN0001/29270.html

表格来源

表 2－1　源自：http://esa. un. org/unup/CD-ROM/WUP2011－F02－Proportion_Urban. xls

表 2-2　源自：http://news. 163. com/special/00013UQ3/london. html

表 2-3　源自：世卫组织关于颗粒物、臭氧、二氧化氮和二氧化硫的空气质量准则：风险评估概要

表 2-4　源自：www. unhabitat. org/documents/sowc10/r7. pdf

表 3-1　源自：http://www. martinfrost. ws/htmlfiles/dec2008/snow-cholera. html

表 4-1　源自：Todd L. Evaluating Criticism of Smart Growth[R]. Victoria Transport Policy Institute，2004

表 5-1　源自：http://www. nyc. gov/html/dcp/html/landusefacts/landusefactshome. shtml

表 5-2　源自：http://www. nyc. gov/html/dcp/html/census/popdiv. shtml

表 5-3、表 5-4 源自：Greater London Authority. Industrial Land Demand and Release Benchmarks in London[R]. Final Report，2011

表 5-5　源自：Greater London Authority. Supplementary Planning Guidance：Land for Industry and Transport[R]，2012

表 5-6　源自：http://www. toukei. metro. tokyo. jp/jsuikei/2005-2010/js11da0001. xls

表 5-7　源自：http://www. toukei. metro. tokyo. jp/tnenkan/tn-index. htm＃S50

表 6-1　源自：根据"Fact Sheets—Other Schemes around the World"相关资料整理

表 7-1　源自：CIVITAS. Background to the Stockholm trial：practical example of how to implement congestion charging. [EB/OL]. [2013-10-23]. www. curacaoproject. eu/documents/stockholm-trial. pdf

表 8-1 至表 8-3　源自：Mayor of London. Transport for London，The Low Emission Zone Is Now in Operation[R]，2008

表 8-4 至表 8-7　源自：Scott Wilson. Planning，Environment & Landscape. Environmental Appraisal of the Proposed London Low Emission Zone：Environmental Report[R]，2006

表 8-8　源自：Transport for London. Sustainable Development Impact Assessment of the Proposed London Low Emission Zone[R]，2006

表 8-9　源自：Steer D G. Proposed London Low Emission Zone—Economic and Business Impact Assessment[R]，2006

表 9-1　源自：Initiative for a Competitive Inner City，2nd Annual Inner-City Shopper Survey

表 10-1　源自：The California Reinvestment Coalition. Who Really Gets Higher-Cost

Home Loans? Home Loan Disparities by Income, Race and Ethnicity of Borrowers and Neighborhoods in 14 California Communities in 2005 [R],2006:8

表 12-1 源自:作者绘制

表 13-1 源自:Kazuo K. Universal design for railways—accessibility for everyone[J]. Japan Railway & Transport Review, 2006(45):6-8

后记

我于 2004 年进入上海财经大学工作，一开始并没有找准以后的研究方向，就通过阅读基础文献资料，慢慢摸索和识别研究主题。后来，开始对城市健康问题产生兴趣，并以“健康城市与城市健康”为题目，申报校内研究课题。在上海财经大学“211”三期重点学科建设项目的资助下，我顺利完成了课题，并陆陆续续发表了一些综述性文章。这些文章，奠定了本书的研究基础。

在图书出版任务确定后，我除了对初稿的文字和观点进行系统修改之外，把更多的精力放在本书第一章的写作上，以更加突出健康城市研究的重要性和紧迫性，希望对后面相关专题的研究有所掌控。本书的综述性较强，在写作过程中，查阅了较多的国内外文献，花费了较长的理论思考时间。虽然各个章节可能自成一体，但似乎都能够纳入健康城市化的主题研究之下。

值得一提的是，本书稿一开始并没有被纳入系列丛书，后来我的导师刘君德教授得知我之前曾经对健康城市有所关注，随即向东南大学出版社的徐步政老师大力推荐，在他们的关心之下，才得以有此书稿的意外收获。

在此，首先我要感谢博士学习期间的导师刘君德教授和师母吴其宝女士，是刘老师和师母的细致和认真，纠正了我的入学成绩，才使我得以顺利进入华东师范大学就读。我至今经常感慨，要不是当年刘老师和师母亲自跑到研究生院查询成绩，我的命运又会怎样？我还清晰地记得，在刚刚入学时，刘老师拎着师母准备好的水果亲自跑到宿舍来看望我，使我倍感意外，深受感动。

无论是在华东师范大学的三年学习生活，还是现在，我始终得到了导师刘君德教授和师母的关心。在毕业之后的十年时间里，刘老师继续指导着我，不仅给予我参与课题研究的机会，同时也给予我许多经费资助。能够在毕业之后仍然长时间和导师保持着密切的学术研究联系，继续聆听他的指导，我是非常幸运的。我希望带着感恩的心，好好工作，善待他人。

其次，我要感谢东南大学出版社的徐步政老师和孙惠玉编辑，他们都是城市与区域研究领域的专业编辑，他们的辛勤校稿、细心编排和定期督促，减少了书稿的文字错误，也使得此书稿得以按期完成。

还要感谢上海财经大学公共经济与管理学院的冯苏苇老师，在我没有申请到课题和经费资助的日子里，她主动提供研究选题和课题经费，我们就交通拥挤收费、牌照拍卖、就业通勤等问题进行了辛苦而快乐的合作研究。

另外，本书稿的主要成果在《城市问题》《国际城市规划》《保险研究》等杂志上发表，在此感谢上述杂志的支持。特别感谢《城市问题》编辑部辛章平老师的关心。

最后，感谢我的工作单位，上海财经大学公共经济与管理学院提供的工作环境，我将踏实工作，进一步提高教学与科研质量。

我不善于表达情感，之前没有很好地处理工作与生活的关系。在阅读文献和写作过程中，有时候感觉情绪较为低落，对家人关心不够，也给家人带来了不少精神压力。所以我想借此书的出版，作为一个转折点，更多地关爱家人。

谨以此书纪念过去的十年。

马祖琦

2014 年 9 月 8 日